사회시학
응답하는

현대의 지성 161
응답하는 사회학
인문학적 사회학의 귀환

제1판 제1쇄 2015년 10월 8일
제1판 제3쇄 2023년 2월 28일

지은이 정수복
펴낸이 이광호
펴낸곳 ㈜**문학과지성사**
등록번호 제1993-000098호
주소 04034 서울 마포구 잔다리로7길 18(서교동 377-20)
전화 02) 338-7224
팩스 02) 323-4180(편집) 02) 338-7221(영업)
전자우편 moonji@moonji.com
홈페이지 www.moonji.com

ISBN 978-89-320-2775-3

현대의 지성 161

응답하는 사회학

정수복 지음

인문학적
사회학의
귀환

사회학

문학과지성사
2015

사회학의 새로운 미래와
미래의 새로운 사회를 꿈꾸는 모든 사람들에게

숨 쉬고 느끼며 괴로워하고 사랑하는 인간을 그려야 한다.

—에드바르 뭉크

작가란 결국 자신의 강박관념에 대해 쓰게 되어 있다. 자주 출몰해서 괴롭히는 것, 절대 잊을 수 없는 것, 자신의 육체가 풀려나기를 기다리고 있는 것을 이야기로 엮는다. 당신을 가장 괴롭히는 강박증에는 힘이 있다. 당신이 글을 쓸 때마다 언제나 같은 곳으로 돌아가게 되는 이유가 바로 이 때문이다.

—나탈리 골드버그

나는 한번도 울어본 적이 없다. 왜냐하면 나의 눈물들은 생각들로 변했기 때문이다. 이 생각들은 눈물과 마찬가지로 쓰라리지 않을까?

—에밀 시오랑

'사회학자/작가'의 색다른 사회학

책의 서문은 책의 맨 앞에 실리지만 맨 마지막으로 쓰는 글이다. 이제 나는 책이라는 형태의 긴 편지를 독자들에게 띄워 보내면서 위에 제시한 세 개의 인용문을 천천히 다시 읽어본다. 그렇다. 나는 이 책을 쓰면서 뭉크의 말대로 숨 쉬고 느끼며 괴로워하고 사랑하며 살아가는 사람들의 삶을 생생하게 그려보려 했고 나탈리 골드버그의 말대로 자주 출몰하여 나를 괴롭히는 문제들과 정직하게 대면하려 했으며 감상에 젖는 대신 에밀 시오랑의 말대로 눈물을 생각으로 전환시키려고 노력했다.

이 책에는 2002년에 시작하여 2011년까지 10년 동안 계속된 나의 두 번째 파리 체류 시절에 쓴 글들과 2012년 귀국 이후 2015년 오늘에 이르기까지 서울에서 쓴 글들이 사이좋게 동거하고 있다. 파리에서의 자발적 망명 기간 동안 나는 사회학자에서 도시를 걷는 '작가'로 변신했다. 그러나 한번 사회학자가 된 나는 사회학자의 시선을 떨쳐버리지 못했다. 그래서 귀국 이후 어느 기관이나 조직에 소속되지 않는 독립적인 '사회학자/작가'로서 그리 쉽지 않은 길을 걸어가고 있다. 언제부터인가 나의 직업적 정체성을 이루는 '사회학자'와 '작가'라는 두 요소는 내가 글을 쓸 때 따로 분리되지 않고 늘 함께 작용한다. 그러나 어떤 책에는 작가의 요소가 더 강하게 나타나고 다른 책에는 사회학자라는 정체성이 좀더 뚜렷하게 드러난다. 파리 망명생활 이후 펴낸 책들 가운데 『파리를 생각한다』『파리의 장소들』『책인시공』『책에 대해 던지는 일곱 가지 질문』 등이 작가로서 쓴 글에 가깝다면, 『한국인의 문화적 문법』『삶을 긍정하는 허무주의』『도시를 걷는 사회학자』 등은 사회학자라는 정체성이 드러나는 책이라고 할 수 있다. 이번에 펴내는 책 『응답하는 사회학—인문학적 사회학의 귀환』은 제목에서부터 사회학이라는 말이 두 번씩이나 나온다. 그럼에도 불구하고 이 책은 통상의 사회학과 일정한 거리를 유지하는 작가가 쓴 사회학 저서이다. 오로지 합리적 '설명'만을 추구하는 기존 사회학의 테두리를 파격적으로 뛰어넘어 저자와 독자가 '감동'을 공유하는 '예술로서의 사회학'을 주장하고 있기 때문이다. 본래 사회학이라는 학문의 이름은 19세기 초반 프랑스의 사회학자 오귀스트 콩트가 작명한 것이다. 그가 붙인 sociologie라는 이름이 영미권으로 건너가 sociology가 되었고 이것을 일본학자들이 '社會學'이라고 번역했고 우리는 그것을 그대로 사용하고 있다. 프랑스어나 영어 속에 들어 있는 'logie/logy'는 논리와 이성이라는 뜻을 담고 있고 그것을 사회학이라고 번역했을 때 '학'은 '과학'을 의미했다. '과학'으로서의 사회학이라는 말 속에는 감성과 감동이 들어가서는 안 된다는 뜻이 들어 있다. 그러나 이 책에서 나는 사회학이 문학예술과 대화함으로써 더욱 풍요로운 학문이 될 수 있음을 주장하고 있다. 문학예술만이 아니라 인접 사회과학은 물론 여러 분야의 인문학과도 대화하면서 '인문학적 사회학'이라는 '오래된 미래'를 모색하고 있다. 나의 이런 시도는 사회학이 사회를 구성하는 사람들이 자신의 삶과 그 삶이 이루어지는 사회를 깊이 들여다보는 성찰 능력을 증진시키는 데 기여하는 학문이라는 뜻을 담고 있다. 예술로서의 사회학, 인문학적 사회학, 성찰적 사회학은 하나로 이어지는 연속체이다. 과학으로서의 사회학이 차가운 사회적 사실을 논리적으로 설명하는 것으로 끝난다면 문학예술 그리고 인문학과 대화하는 인문학적 사회학은 사회 구성원들이 마음의 문을 열고 자신의 삶을 자신이 살고 있는 사회와 연관하여 생각해볼 수 있도록 돕는다.

세상에 휘둘리지 않고 자기 나름대로 중심을 잡고 살아가기 위해서는 우리가 살고 있는 세상이 어떤 세상이고 그 세상이 나에게 알게 모르게 강요하는 삶의 방식이 어떤 것인가를 냉철하게 파악할 수 있는 지적 능력이 필요하다. 세상의 판세를 읽을 줄 알아야 그 안에서 내가 어떻게 운신해야 할지를 판단할 수 있다. 주어진 삶의 조건에 의해 나도 모르게 끌려 들어온 인생의 행로를 그저 흐르는 물처럼 살다가 바람처럼 사라지는 것도 하나의 삶의 방식이다. 그러나 우리들 각자가 자신의 내면에 양도할 수 없는 주체성을 가지고 있다면, 모든 사람은 자기만의 고유한 삶을 창조할 수 있는 권리와 의무 또한 가지고 있다. 그 권리를 행사하고 그 의무를 수행하기 위해서도 우리들 각자는 어떤 사회에서 어떤 위치에 처하여 어떤 삶을 강요당하고 있는가를 파악할 수 있어야 한다. 그러지 않으면 우리는 '보이지 않는 얼굴'과 '들리지 않는 목소리'가 지시하는 대로 움직이는 '춤추는 허수아비'나 '즐거운 로봇'에 지나지 않는 삶을 살아가게 된다. 인문학적 사회학은 바로 그 지점에서 사회적 삶에 개입하여 사람들이 자신의 삶의 주인이 되도록 돕는 사회학이다.

과학으로서의 사회학은 "세상은 어떻게 움직이는가"를 설명하려고 애써왔다. 그동안 사회학자들은 "그런 세상에서 나는 어떻게 살 것인가"라는 문제를 '주관적 가치판단'의 문제라고 여겨 학문의 영역에서 배제하고 각자의 판단에 맡겼다. 그 결과 과학으로서의 사회학은 세상을 어느 정도 설명했지만 자신의 삶을 주체적으로 꾸려가면서 인간적인 삶이 가능한 사회를 만드는 일에 참여하는 주체의 형성에는 별로 기여하지 못했다. 그러나 세상은 그 안에서 살아가는 인간의 의지와 상관없이 그저 그렇게 있는 대상이 아니라 인간들이 갈등과 합의, 통합과 배제 등 여러 형태의 상호작용을 통하여 만들어가는 창조물이다. 사회학은 완전한 사회의 설계도를 만들고 그것을 실현할 기술을 제공하는 사회공학social engineering이 되어서는 안 된다. 그런 식의 사회학은 자칫하면 숨막히는 사회를 정당화하는 수단이 되기 쉽다. 인간적인 삶이 가능한 인간적인 사회를 꿈꾸는 인문학적 사회학은 사회가 어떻게 움직이는

가를 설명하는 일과 더불어 모든 사람이 인간답게 살 수 있는 좋은 세상은 어떤 세상이며 그런 세상을 위해서 우리들 각자가 어떻게 살아야 할 것인가를 생각하게 만드는 역할을 해야 한다. 그러나 그에 앞서 사회학은 사회를 공기처럼 숨 쉬며 살아가는 모든 사람들에게 "나는 어떤 사회에서 어떤 위치에 처하여 어떤 삶을 요구받고 있는가"를 되돌아보는 기회를 제공해야 한다. 누구라도 주체적 삶을 살기 위해서는 자신도 모르게 자신에게 작용하는 보이지 않는 사회적 힘을 간파할 수 있어야 한다. 자신의 부모, 스승, 친구, 자신이 다닌 학교, 성별, 인종, 나이, 세대, 결혼 여부, 직업, 국적, 출신 지역이 현재 자신의 삶에 어떤 영향을 미치고 있는가를 거리를 두고 분석하고 성찰해볼 수 있어야 한다. '인문학적 사회학'은 자기 스스로를 대상화하여 비판적 거리를 두고 분석할 수 있는 능력을 키워주는 자기분석의 사회학이다. 주체적 삶은 바로 그런 성찰 작업에서부터 시작된다.

응답하는 사회학

이 책에서 나는 세 가지 질문과 요구에 응답하고 있다. 먼저 나는 "내가 생각하는 사회학, 내가 사랑하는 사회학은 어떤 사회학인가?"라는 내 마음속에 잠겨 있던 질문에 답하고 있다. 청소년 시절부터 문학과 예술에 관심이 많았던 나는 사회학을 하면서도 문학과 예술로부터 많은 영감을 받는다. 문학과 예술은 메마른 삶에 물기를 제공하고 답답한 삶에 일시적이나마 출구를 열어준다. 그런데 '과학'을 자처하는 주류 사회학은 문학과 예술을 멀리한다. 모든 학문에는 그 학문에 종사하는 사람들이 구성원을 이루고 있는 학계가 있고 그 학계에는 학문에 대한 정의, 학문하는 방법, 학문의 결과를 발표하는 방식 등에 대한 규범이 존재한다. 우리나라의 사회학계는 1950년대 6·25전쟁 이후 미국 사회학을 직수입하면서 과학으로서의 사회학을 지향하게 되었다. 사회적 세계를 거리를 두고 관찰하며 사실을 수집하면서 사실들 사이의 인과관계를 가설로 설정하고 자료를 수집하여 검증을 계속하다보면 진리에 도달할 것이라는 소박한 실증주의 사회학은 문학과 예술이 주는 영감을 필요로 하지 않았다. 그러나 사회는 과학으로만 재현할 수 없는 의미와 느낌의 공동체이다. 사회를 이루며 살아가는 사람들은 기쁨과 슬픔, 희망과 좌절을 경험하면서 그에 대한 설명을 요구한다. 내가 생각하는 사회학은 그런 요구에 응답하는 사회학이다. 응답을 하려면 설명에 앞서 공감이 필요하고 공감을 바탕으로 소통이 이루어져야 한다. 그러기 위해서는 사회학 안에 문학과 예술의 차원이 필요하다는 게 나의 생각이며 그런 주장을 급진적으로 표현한 것이 '예술로서의 사회학'이다. 무의미한 사회적 사실들을 모아 차갑게 설명하는 과학으로서의 사회학이 있다면 사람 사는 이야기에 귀 기울이며 따뜻한 감동을 주는 '예술로서의 사회학'도 가능하다. 이 책의 1부 "사회학이 예술을 만날 때"에는 두 편의 글이 실려 있다. 먼저 「왜 예술로서의 사회학인가?」라는 제목의 글은 내 삶의 경험 속에서 함께 자라난 사회학과 문학예술이라는 두 개의 관심을 하나로 이어보려는 노력의 산물이다. 이 글을 통해 하나의 사회학sociology이 아니라 여러 가지 방식의 사회학sociologies이 가능하다는 나의 생각이 이해받기를 바란다. 그에 이어지는 「어느 사회학자의 예술론」에서 나는 사회학자/작가의 입장에서 예술이란 무엇이고, 예술가는 어떤 삶을 살며, 예술작품은 어떻게 창조되고 향유되는가 등의 질문에 답을 찾아보려고 했다.

둘째로 이 책은 사회학자의 개인적 삶은 그의 학문과 어떻게 연관되는가라는 질문에 응답하고 있다. 나는 청소년 시절부터 "삶이란 무엇이고 세상은 왜 이렇게 돌아가며 그 안에서 나는 어떻게 살아야 할 것인가"라는 질문을 던졌고, 이후 사회학자로서 나의 지적인 삶은 그 질문에 대한 답을 찾는 과정이었다. 나이가 들어가면서 나름의 답을 찾게 되었지만 지금도 완전한 답은 찾지 못한 상태이다. 무릇 모든 학문은 학자 자신의 내적 요구로부터 시작할 때 깊이와 진정성을 갖게 된다. 인문학이나 사회학 분야는 더욱 그렇다. 학자 스스로에게 절실하게 제기되는 문제를 풀어가는 과정에서 그와 비슷한 문제로 고민하는 사람들에게 도움이 되는 지식이 만들어진다. 이 책의 2부 "사회학자로 산다는 것에 대해"에 실린 「패자의 윤리학—대학 밖 사회학자의 성찰적 자기 분석」은 나 자신의 이야기다. 1989년 박사학위를 받고 귀국한 이후 대학에 자리 잡지 못하게 된 과정을 사회학적으로 해명하고 그런 상황에서 어떻게 살아가야 할 것인가를 고민한 과정을 내보이고 있다. 누구나 다 승자가 되려고 하지만 모든 경쟁에는 언제나 패자가 있기 마련이다. 나는 이 글에서 '우아한 패자'로 살아가는 또 다른 길을 모색했다. 2013년 6월 "삶의 이론—새로운 삶의 패러다임을 찾아서"란 제목으로 열린 "사회이론학회 30주년 기념학술대회에서 발표한 이 글은 사회이론학회에서 펴내는 학술지 『사회이론』에 발표할 예정이었으나 사사로운 내용이 많이 나와서 나 스스로 출판하지 않기로 결정했던 글이다. "작가란 자기 노출증 환자"라는 말이 있지만 이 글이 나 자신을 너무 드러내고 있는 것은 아닌지, 나르시시즘에 빠져 있는 것은 아닌지, 지금보다는 더 늦게 내야 하는 것은 아닌지 등등 여러 가지로 고민했다. 이 책에도 넣을까 말까를 무수하게 고민하다가 결국은 넣기로 결정했다. 2부에는 이 글과 더불어 두 편의 글이 더 실려 있다. 앞쪽에 실린 「어느 사제 관계 이야기―배움의 길 위에서」는 내가 젊은 시절 만난 은사 박영신 교수 로부터 받은 가르침을 회상하고 반추하는 글이다. 공자와 석가모니, 예 수와 소크라테스의 가르침만이 아니라 세상의 모든 가르침은 사제 관 계를 통해 한 세대에서 다음 세대로 전달된다. 사제 관계는 인류의 문명 을 이어가는 데 결정적으로 중요한 인간관계의 유형이다. 세상을 살아 가는 데는 어떤 부모를 만나느냐도 중요하지만 어떤 스승을 만나느냐 도 그에 못지않게 중요하다. 특히 학문의 세계에 들어선 사람에게는 그 렇다. 나는 이 글을 쓰면서 학생들을 가르치는 스승들의 중요성을 다 시 한 번 인식했다. 이어지는 글도 스승에 대한 글이다. 직접 배운 관계 는 아니고 지금도 책을 통해 배우고 있는 관계이지만, 나에게 중요한 가 르침을 준 프랑스 사회학자 피에르 부르디외에 대한 이야기이다. 「피에 르 부르디외의 사회학적 자기분석」이라는 제목을 단 이 글은 부르디외 가 세상을 떠나기 직전에 마지막으로 출간한 저서 『자기분석을 위한 소 묘』를 단숨에 읽고 감동을 받아 쓴 글이다. 2004년에 쓴 이 글 뒤에는 2013년 여름 우연하게 부르디외의 고향 생가를 방문하고 나서 쓴 생생 한 기행문을 후기로 덧붙였다. 살아생전 사회적 이유로 고통받았던 한 사회학자의 삶과 앎을 이어보면서 나 자신의 삶과 학문을 돌아볼 수 있 었다.

셋째로 이 책은 동료들의 대화 요청에 응답하고 있다. 책을 쓰는 사 람은 누구라도 사람들이 자기가 쓴 책을 읽고 반응을 보여주기를 원한 다. 이 책의 3부에 실린 글들은 동료 사회학자들의 저작을 읽고 그들과 대화를 나눈 기록이다. 나는 사회학계라는 세계도 사람들이 모여 사는 공동체라면 사회학자들 사이의 상호 소통과 대화가 활발하게 일어나야 한다고 생각한다. 동료가 애써 발표한 저서를 읽고 그에 대해 자신의 소감과 생각을 이야기해주는 일은 동료 학자에 대한 예의일 뿐만 아니라 학계가 살아 있는 공동체로 유지되는 방편이기도 하다. 세 사람의 동료와 대화하는 세 편의 글은 짧은 '서평' 형식을 벗어나 관련된 주제를 깊이 파고드는 '사회학평론'이라는 나 나름의 새로운 글쓰기 장르를 선보이고 있다. 맨 앞에 실린 「소통하는 사회학」은 2014년 정월 초에 노명우의 『세상물정의 사회학』을 열광적으로 읽고 나서 평소에 사회학자들의 글쓰기에 대해 생각하던 바를 정리하여 쓴 사회학평론이다. 이 글을 쓰면서 사회학자들 내부의 소통을 벗어나 널리 대중과 소통하는 사회학자의 글쓰기는 어떠해야 할 것인가를 곰곰 생각해보았다. 이 글의 원본은 문화사회학회에서 펴내는 『문화와 사회』(2014년 봄/여름호)의 서평란에 실렸다. 「기억하는 사회학」은 조은의 자전적 소설 『침묵으로 지은 집』을 '사회인간학'의 관점에서 분석한 글이다('사회인간학'은 한 개인의 삶을 깊이 있게 이해하기 위해 한 사람이 살아온 삶의 역사를 그 사람이 속한 가족과 사회의 역사 속에 넣어 이해하고 최소한 3세대 이상의 역사를 고려한다). 파리 체류 시절 우연한 기회에 조은의 소설을 읽게 되어 깊은 감명을 받고 기본 틀을 잡아놓았던 것인데, 2012년 2월 서강대학교에서 조은 교수의 은퇴 기념으로 열린 문화사회학회 학술모임에서 발표하기 위해 완성시켰다. 그 모임의 이름은 '조은의 조금 다른 사회학'이었다. 「'우물' 밖으로 나온 사회학」은 2014년 11월 송호근의 역저 『인민의 탄생』과 『시민의 탄생』을 읽고 쓴 글이다. 매달 열리는 '푸른역사아카데미'의 저자 초청 서평회를 준비하며 기본 틀을 잡았고 서평회 이후 완성한 글이다. 이 글에는 오늘날의 한국 사회를 이해하기 위해서는 최소한 조선 후기에 시작되어 개화기와 일제강점기를 지나 해방 이후 분단에 이르는 한국의 근현대사에 대한 기본 인식이 전제되어야 한다는 나의 기본 생각이 깔려 있다. 근대와 함께 탄생한 사회학은 기본적으로 전근대-근대-탈근대라는 긴 시간축 위에 서 있는 역사사회학이다. 이 글은 한국사회사학회에서 펴내는 『사회와 역사』(2014년 겨울호)의 "서평과 반론"난에 송호근 교수의 답글과 함께 실렸다.

이 책에서 나는 사회학을 중심으로 하되 학문의 경계를 뛰어넘어 여러 분야의 저자들과 대화를 시도했다. 그러면서 동시에 사회학자와 일반 교양층 독자 사이에 소통의 다리를 놓으려고 했다. 이 책에는 시인, 소설가, 역사학자, 철학자, 인류학자, 건축가 등 여러 분야의 사람들이 등장한다. 나는 사회학이 인문학을 포함하여 다른 분야의 사람들과 허물없이 이야기를 나누면서 발전한다고 생각한다. 이 책에 등장하는 수많은 저자들은 현실에서는 뚝 떨어져서 살아가는 존재들이지만 이 책 속에는 옹기종기 모여 이야기를 나누고 있다. 나는 이 책에서 그들 한 사람, 한 사람이 각자 자기만의 목소리를 내면서도 서로 조화를 이루는 아름다운 대화공동체를 구성해보고 싶었다. 이 책에 인용문이 많은 이유는 독자들에게 등장하는 사람들의 육성을 직접 들려주고 싶었기 때문이다. 사회학社會學은 사회학司會學이라는 진담 어린 농담도 있지만, 어쩌면 나는 이 책에서 서로 다른 사람들이 잘 소통할 수 있도록 사회자司會者의 역할을 맡고 있는지도 모르겠다.

인문학적 사회학의 귀환

"잘살아 보세!"와 "중단 없는 전진!"을 외치며 반세기 이상을 달려온 오늘날 우리는 과거와는 비교되지 않을 만큼 물질적으로 풍요롭고 편리한 세상을 살고 있다. 그런데 어쩐 일인지 우리들의 삶은 갈수록 더욱 메마르고 각박해지고 있다. 힘겨운 세상살이는 우리들에게 우리들 자신과 우리가 사는 세상에 대한 질문을 던지게 만든다. 살기 힘들어질수록 우리들이 살고 있는 세상과 그곳에 존재하는 방식에 대한 질문이 절실해진다. "산다는 게 뭐람?" "도대체 세상이 어떻게 돌아가는 거야?" "앞으로 또 어떻게 살아가야 한단 말인가?" 같은 질문이 사람들의 머릿속을 유령처럼 맴돌고 있다. 최근 들어서 그런 질문에 답하는 학문을 인문학이라고 통칭하고 있다. 무슨무슨 인문학이라는 이름을 내건 '자기계발서'들이 무더기로 쏟아져 나오고 있다. 그런데 많은 경우 자기계발서들은 사회현상을 깊이 있게 분석하지 않고 있으며 사회를 있는 그대로 둔 상태에서 "나는 어떻게 살아남을 것인가"라는 질문에 대한 정답을 매뉴얼의 형식으로 제시하고 있다. 마치 어떤 재료를 어떻게 요리하면 맛있는 음식을 만들 수 있다고 가르쳐주는 조리법 책처럼.

그러나 인문학과 사회학 사이에 다리를 놓으며 사회가 돌아가는 방식을 설명하고 그 안에서 진정한 삶을 추구하는 인문학적 사회학은 정답을 제공하지 않는다. 오히려 각자 세상을 투명하게 인식하고 그러한 인식의 바탕 위에서 어떻게 살아갈 것인가에 대한 답을 스스로 찾을 수 있도록 용기를 북돋는 역할을 한다. 사회학은 정신적 혼란의 시기에 지적 갈증과 정신적 허기에 응답하는 학문이 되어야 한다. 사회 속에 몸

담고 부대끼며 살아가는 사람들은 계속 질문을 던지고 있는데 강단 사회학자들은 그런 발신을 무시하고 각자 자기 연구 업적을 쌓기에 바쁘다. 그러나 사회학이 직업적 사회학자들의 밥벌이를 위한 수단에 머물러서는 안 된다. 사회학은 모든 사람을 위한 공공公共의 지적 자산이 되어야 한다. 사회학은 사회학자들끼리의 지적 유희가 되기에는 너무나 아까운 학문이다. 나는 사회학이 우리들 각자의 삶과 우리들이 함께 사는 세상에 대해 질문을 던지면서 의미 있는 삶을 희구하는 모든 사람들의 지적 요구에 응답하는 학문이 되기를 고대한다. 그래서 나는 이 책을 다른 삶이 가능한 새로운 사회를 꿈꾸는 모든 사람들과 그런 꿈의 실현을 위해 연구하는 모든 사회학자들에게 헌정한다. 사회학을 사랑하는 사람은 사회학을 더욱 사랑하기를 바라며 사회학을 의심하는 마음을 가진 사람들은 이 책을 통해 사회학에 대한 오해를 풀고 사회학을 마음 놓고 사랑하기를 바란다.

1980년대 프랑스에서 유학생활을 마치고 귀국하여 사회학자로서의 삶을 시작한 이후 25년 이상의 세월이 흘렀다. 2000년대 10년 동안 계속된 자발적 망명생활을 마치고 귀국한 지도 4년이 가까워오고 있다. 이제야 비로소 나만의 사회학을 할 수 있을 것 같다는 생각이 든다. 나만의 음성으로 내 노래를 부를 수 있을 것 같고 내가 원하는 색깔로 나만의 감수성을 표현하는 그림을 그릴 수 있을 것만 같다. 그러니 늦었지만 '사회학자/작가'로서 나만의 사회학 작품을 열심히 만들어가야겠다. 이 책의 초고를 읽고 격려와 더불어 비판적 논평을 해주신 이윤영, 김기석, 조은 세 분께 감사드린다. 『파리를 생각한다』 이후 내가 쓴 모든 책의 초고를 읽어주는 이윤영 교수는 이번에도 책의 완성도를 높이는 데 중요한 지적을 해주었다. 오래된 글벗이기도 한 김기석 목사는 이 책의 초고를 읽고 약간 망설이던 나에게 용기를 주었다. 이 책의 본문에도 몇 번 등장하는 조은 교수의 논평은 특히 『침묵으로 지은 집』에 대한 나의 분석이 조금 더 탄탄한 글이 되도록 해주었다. 세 분의 격려 덕분에 내가 쓴 글에 조금 더 자신감을 갖게 되었고, 세 분의 비판 덕분에 부족한 부분을 메우고 불필요한 부분을 덜어낼 수 있었다.

책의 서문을 마감하면서 눈을 감고 꿈 하나를 꾸어본다. 강원도 어느 산골의 커다란 느티나무 아래에 사회학자, 기업가, 건축가, 대학총장, 스님, 시인, 인류학자, 대학생, 군 장성, 소설가, 비정규직 노동자, 교육학자, 정치학자, 기자, 목사, 국회의원, 출판사 편집자, 역사학자, 법관, 은행원, 음악가, 경찰, 교사, 농부, 방송인, 사진작가, 공무원, 심리학자, 사서, 시민운동가, 회사원, 화가 등이 이 책을 읽고 한자리에 모였다. 가까이 위치한 계곡에 폭포수가 떨어지는 시원한 물소리를 들으며 사람들은 우리가 어떤 사회에서 어떤 삶을 살고 있으며, 좀더 인간적인 삶이 가능한 사회를 만들려면 각자 무슨 일을 어떻게 했으면 좋을지를 진지하게 토론하고 있다. 그런데 갑자기 큰 소리가 들린다. "여보 뭐 하고 있어?!" 아내가 나를 흔들고 있다. 나는 꿈을 깨고 현실로 돌아온다. 이 책을 쓰는 오랜 기간 동안 지지와 더불어 비판을 아끼지 않은 아내 장미란에게 감사한다.

이 책을 펴내는 문학과지성사가 올해로 40주년을 맞이했다. 그동안 나는 문학과지성사에서 『새로운 사회운동과 참여민주주의』『녹색 대안을 찾는 생태학적 상상력』『파리를 생각한다』『파리의 장소들』과 번역서 『현대 프랑스 사회학』까지 모두 다섯 권의 책을 출판했다. 이제 같은 출판사에서 여섯번째 책을 펴내면서 그동안 무언의 격려를 보내주신 김병익, 정문길, 오생근, 권오룡, 이인성, 홍정선, 정과리, 주일우 선생님 등 문학과지성사와 관련된 선생님들께 감사드린다.

2015년 가을에
정수복

차례

3. '패자'의 윤리학—대학 밖 사회학자의 성찰적 자기분석

3부 한국 사회학의 새로운 길 찾기

1. 소통하는 사회학—노명우의 '대중과 소통하는 글쓰기'

2. 기억하는 사회학—사회인간학으로 읽는 조은의 소설

사회학이
예술을 만날 때

1부

왜 예술로서의 사회학인가?

과학을 예술의 관점으로, 예술을 삶의 관점으로 보아야 한다.

—프리드리히 니체

심장이 오늘 깨달은 걸 머리는 내일쯤 가서야 이해한다.

—제임스 스티븐슨

예술로서의 사회학이란?

새로운 학문은 지배적인 패러다임을 벗어나 자유롭게 생각하는 사유의 실험을 요구한다. 대중으로부터 멀리 떨어져 있고 학교 운영자들로부터 위협의 눈초리를 받으면서 위기에 처해 있는 강단 사회학을 새롭게 하기 위해서도 과감한 실험 정신이 필요하다. 그러기 위해서 사회학은 '과학'이라는 낡은 생각에서 벗어나야 한다. 나는 오래전부터 삶이 앎의 근거가 되는 사회학, 학문적 숙성과 인간적 성숙이 함께 가는 사회학, 개성이 드러나는 자기만의 사회학, 감동을 주며 마음을 위로하는 사회학, 내가 보고 듣고 느끼고 생각한 것들을 자유롭게 표현할 수 있는 사회학, 타인의 삶을 깊이 이해하는 사회학, 삶의 고통과 환희, 좌절과 역경에 귀 기울이는 사회학, 그렇게 함으로써 자유와 평등, 진리와 정의가 살아 있게 만드는 사회학을 하고 싶었다. 그런 사회학을 '과학으로서의 사회학'과 대비시켜 '예술로서의 사회학'이라고 부르고 싶다.[1] 예술로서의 사회학은 구체적으로 어떤 사회학을 말하는가? 예술로서의 사회학은 우선 문학, 예술과 대화하는 사회학이다. 소설이나 시, 그림이나 조각작품, 사진이나 영화처럼 보통 사람들에게 친근하게 다가가 삶과 세상을 새로운 눈으로 바라보게 하고 지금보다 더 나은 삶을 꿈꾸게 하는 사회학이다. 사회학은 산다는 것은 무엇이고 그런 삶이 이루어지는 사회는 어떻게 짜여 있으며 지금보다 더 나은 삶, 보람을 느낄 수 있는 의미 있는 삶이 가능한 사회를 만들기 위한 방법은 무엇인가를 질문하고 모색하는 학문이다. 그렇다면 사회학은 문학·예술과 대화하면서 많은 것을 배울 수 있다. 문학과 예술은 현실을 반영하면서 동시에 현실을 벗어나려는 노력이다. 사회학은 현실을 설명하고 예측하고 통제하는 일에 만족하지 않고 현실을 비판하고 현실을 넘어서고 현실을 변화시킬 수 있는 사회학이 되어야 한다. 그러나 현실은 그런 사회학을 쉽게 허용하지 않는다. 유럽에서 씨를 뿌려 미국으로 건너가 꽃을 피운 '과학으로서의 사회학'이 지배하는 한국의 대학 체계 안에 자리 잡은 사회학자가 '예술로서의 사회학'을 실행하기는 힘들다.[2] 사회학계의 준칙과 규

---

1) '예술사회학sociology of art'이 예술을 사회학적 분석의 대상으로 삼는다면, '예술로서의 사회학sociology as art'은 사회학에 예술의 차원을 도입한다. 예술사회학의 다양한 접근법과 구체적 연구 성과에 대해서는 Nathalie Heinich, *La sociologie de l'art*(paris: La Découverte, 2004)와 빅토리아 D. 알렉산더, 『예술사회학』(김은하·최샛별·한준 옮김, 살림, 2010)을 볼 것. 내가 말하는 '예술로서의 사회학'과는 다르지만 문학·예술과 사회학의 관계를 다룬 다음의 글들을 볼 것. Lewis Coser, *Sociology through Literature*, Englewood Cliffs, N.J.: Prentice-Hall, 1963; Robert Nisbet, *Sociology as an Art Form*, New Brunswick and London: Transation Publishers, 2002(1976); 김경동, 「사회학의 예술성」, 『인간주의 사회학』, 민음사, 1978, pp. 76~123; 강신표, 「한국에서의 문예사회학의 가능성」, 『한국사회학』 13호, 1979, pp. 139~50.
2) '예술로서의 사회학'에 대한 생각의 씨앗이 담겨 있는 정수복, 「감동 어린 지식을 창조하는 예

범이 그런 사회학을 허용하지 않기 때문이다. 강단 사회학자는 논문의 편수와 논문이 실린 학술지의 권위에 의해 평가받는다. 영어로 쓴 논문을 유명한 국제 학술지에 실으면 가장 높은 평가를 받는다. 그런 평가 체계 속에서 살아남으려면 전문화된 영역의 학술지에 실린 연구논문들을 읽으면서 해외 학자들의 최신 연구 동향을 파악하고 있어야 한다. 'A급' 사회학자일수록 해외 연구 동향을 참조하면서 자기 논문 쓰기에 바쁘다. 그러다보면 옆에 있는 동료 사회학자의 글마저 읽을 시간이 없다. 사정이 그러할진대 사회학을 넘어서 문학, 예술, 미학 분야의 책을 읽을 시간이 어디 있겠는가. 다른 분야의 책이나 논문을 읽는 일은 시간 낭비이거나 여가생활로 여겨진다. 그래서 점점 더 좁은 세계에 매몰되어 전공 분야의 학술논문 제조업자가 되어버린다. 그것이 강단 사회학자의 삶이다. '전문성'이라는 이름으로 전공 밖의 사람들과 담을 쌓고 '전문가'로서 자부심을 느낀다. 때로 언론, 기업, 정부로부터 원고 청탁, 강연 의뢰, 자문 요청 등에 응하면서 자부심을 확인한다. 자신의 연구 결과인 전문적 지식이 정부의 정책 결정, 기업의 경영 전략 수립에 도움이 된다고 자부하는 사회학자들은 정부나 기업이 제공하는 고액의 연구 프로젝트를 수주하고 보고서를 제출하는 일에 많은 시간을 보낸다. 그런 과정에서 사회학은 사회 속에서 삶을 살아가는 보통 사람들로부터 점점 멀어진다.

그래서 나오는 질문이 "누구를 위한 사회학인가"이다.[3] 강단 사회학자들의 고객은 '보통 사람들'이 아니라 권력이나 자본을 가진 특별한 사

술로서의 사회학」, 『프로방스에서의 완전한 휴식』(문학동네, 2011, pp. 122~23)을 볼 것.
3) Alfred McClung Lee, *Sociology for Whom?*, New York: Oxford university Press, 1978.

람들이다. 그들이 생산한 전문적 지식은 기존의 사회질서를 유지하고 지배층이 원하는 방향으로 사회를 이끌어가는 데 유용하게 쓰인다. 그러나 내가 말하는 예술로서의 사회학은 진정한 예술이 그러하듯이 권력과 자본으로부터 독립과 자율을 추구한다. 사회학자 개인의 고유성uniqueness, 창의성creativity, 독창성originality이 발휘되는 예술로서의 사회학은 보통 사람들에게 삶과 세상에 대해 함께 생각해볼 거리를 제공한다. 예술로서의 사회학은 교양을 갖춘 일반 독자들에게 감동과 성찰의 기회를 제공하는 것을 자신의 사명으로 삼는다. 그것은 대학의 강의실과 학술지의 테두리를 넘어서 대중과 만나 소통하고 대화하는 일을 중요하게 생각한다. 대학 울타리 밖에서 사회학의 안과 밖을 자유롭게 넘나들며 살아가는 독립적 학자라는 위치야말로 예술로서의 사회학을 제약 없이 이야기하기에 적합한 자리일 것이다.[4]

'문화사회학'과 '마음의 사회학'

대학 자체가 시장의 논리에 따라 재편되고 있는 오늘날의 상황에서 대학 안에 머무르며 예술로서의 사회학을 하기는 불가능하지는 않지만 매우 어려운 상황이다.[5] 그럼에도 불구하고 대학 체계 안에서 과학

---

4) 20세기 초반 유럽에서 이미 과학적 사회과학에 내장된 위험천만한 재앙을 감지하고 새로운 학문의 방향을 추구한 사람들이 있었다. 그들은 대학 사회에 편안하게 자리 잡은 강단 학자들이 아니라 대학 체계의 변두리나 그 밖에 위치한 사람들이었다. 게오르크 짐멜, 발터 벤야민, 지그프리트 크라카우어 세 사람은 모두 아웃사이더였고 노마드였고 이방인이었으며 이민객이거나 망명객이었다.
5) 한국 대학의 기업화에 대해서는 오찬호, 『진격의 대학교—기업의 노예가 된 한국 대학의 자

으로서의 사회학을 비판하며 자기만의 사회학을 추구하는 새로운 시도를 하고 있는 후배 학자들의 모습이 여기저기 보인다. 그래서 나는 과거에는 선학들로부터 배웠지만 요즈음은 후학들에게 배운다. 최종렬의 '문화사회학'과 김홍중의 '마음의 사회학'은 내가 말하는 예술로서의 사회학과 결을 같이한다. 먼저 미국 사회학의 역사를 포스트모더니즘의 입장에서 비판적으로 검토한 바 있는 최종렬은 "사회학의 창건자들은 삶의 의미의 문제를 해결하기 위해 분투하였지만 모던 사회학자들은 이 문제를 인문학에 넘겨주고 사회학을 과학화하는 데 매진하였다"고 진단한 다음, 인간을 '해석의 고통'으로 몰아넣는 윤리적 상황에서 행위자들이 어떤 문화적 자원을 어떻게 사용하여 애매하고 불확실한 윤리적 상황을 해소하는가를 탐구할 것을 촉구했다. 이것이 그가 말하는 '사회학의 문화적 전환'이다.[6] 최종렬의 문화사회학은 "존재론적으로나 인식론적, 방법론적으로 더 나아가 윤리적, 정치적으로도 의미와 상징이 행하는 역할"에 주목한다."[7] 그러면서 그는 방법물신주의method fetishism에 빠진 과학으로서의 사회학을 이렇게 비판한다. 사회학자가 탐구하는 "사회세계는 산문적 수사는 최소화되는 대신 공식, 테이블, 등식, 도표, 산점도, 회귀와 같은 간명하고 정적인 도식으로 표상된다. 이러한 도식은 마치 사회세계를 이 도식이 표상하는 것과 같이 정적이고 법칙적인 것으로 만드는 과학 아우라를 창출한다. 간단명료야말로

화상』(문학동네, 2015)을 참조할 것.

6) 최종렬, 『사회학의 문화적 전환─과학에서 미학으로, 되살아난 고전 사회학』, 살림, 2009, p. 8. 최종렬의 미국 사회학에 대한 영문 저서 Jongryul Choi, *Postmodern American Sociology: A Response to the Aesthetic Challenge*(Dallas and New York: University Press of America, 2004)도 참조할 것.

7) 최종렬, 같은 책, p. 19.

과학의 이상이다. 우리는 과학 아우라에 취해 그 도식을 보고 그 사회 세계에 대해 과학적으로 설명할 수 있게 되었다고 믿는다. 이제 주류 사회학자들은 변수들 간의 관계 맺음, 즉 등식 또는 모델을 만드는 데 주력하고, 이를 경험적으로 검증해보려고 한다. 〔……〕 그러나 중요한 것은 변수들의 상관관계에서 유의성을 따지는 것이 아니라, 오히려 변수들로 환원될 수 없는 사회적 삶의 의미를 확인하는 것 아닌가?"[8] 그는 과학으로서의 사회학이 갖는 부분적 적절성을 인정한다. 그러나 그가 잘 지적하고 있듯이 "문제는 과학적 방법론을 내세운 주류 사회학이 과학적 표상을 실재에 대한 있는 그대로의 재현이라고 주장하고 진리의 독점적 지위를 누리려고 하는 것이다."[9] 그런 사회학도 사회학의 하나다. 그러나 사회학은 과학적 사회학으로 환원되지 않는다.[10] 문화적 전환을 이룬 사회학은 인간의 실존적 상황에 주의를 기울이며 인간 행위의 내면적 차원까지 깊숙이 들어가 그것의 의미를 밝히고 그런 작업을 통하여 사회 속에서 살아가는 사람들의 성찰성을 증진시키려고 한다.[11]

최종렬은 사회학자들이 논문 형식의 글을 고집하는 동기에 대해 문제를 제기한다. 그리고 그렇게 쓴 글들의 용도에 대해 질문한다. "도대체 〔인생에서 마주치는〕 문제적 상황을 해결하기 위해 누가 사회학자의

8) 같은 책, pp. 9~10.
9) 같은 책, p. 11. 사회학은 애초에 여러 패러다임이 공존하는 학문의 장이기 때문에 토마스 쿤이 말하는 정상과학과 비정상과학, 또는 정통 사회학과 그로부터 이탈한 이단 사회학이라는 대립 개념은 존재하지 않는다. 그러므로 대학 내 사회학과에도 여러 패러다임의 사회학이 공존해야 한다.
10) 과학으로서의 사회학이 기초하고 있는 논리실증주의 과학관의 붕괴와 그 이후의 비판사회학을 논의하고 있는 김경만, 『담론과 해방』(궁리, 2005, pp. 25~50)을 참조할 것.
11) 최종렬은 자신의 문화사회학을 위한 이론적 자원으로 에밀 뒤르켐의 문화사회학, 현상학적 사회학, 상징적 상호작용론, 연극모형론, 민속방법론 등을 활용한다.

글을 읽는가? 사회학자 외에 누가 〔한국사회학회가 펴내는 학술지〕『한국사회학』을 읽는단 말인가? 사회학자들만이, 그것도 관심 있는 사회학자들만이 읽는 글을 쓰기 위해 우리는 왜 밤낮 고생하고 있나? 업적 쌓고 취직하고 승진하기 위해서? 우리 사회엔 '사회'에 관심 없는 사회학자가 왜 그리도 많은가? 설사 있다 해도 '사회적 삶의 의미'에 대해서 눈감은 사회학자는 또 그 얼마란 말인가?"[12] 최종렬은 그런 상황을 벗어나기 위해 '이야기story' 형식에 관심을 기울인다. 삶을 살아가는 "인간이 사용하는 문화자원 중 가장 중요한 것은 이야기다. 사회학은 스스로 고안한 개념으로 사람들의 이야기를 선불리 재단하는 대신 사람들의 이야기 자체에 귀 기울여야 한다. 사람들의 이야기를 그들의 시각에서 읽고 해석해야 한다.[13] 그와 동시에 사회학 자체도 이야기성을 회복해야 한다. 이야기에는 인물, 플롯, 사건, 장르가 있어, 인간의 삶을 극화된 방식으로 이끈다."[14] 이야기는 사회학을 위해서만이 아니라 민주적인 사회를 위해서도 필요하다. 사람들이 모여 서로 이야기를 나누어야 공공영역이 만들어지기 때문이다.

프랑스에서 사회학을 공부하고 돌아와 '마음의 사회학'을 제창한 김홍중은 문학과 예술을 어떻게 해서든 사회학에 접목시켜보려고 한다.

---

12) 같은 책, p. 16.
13) 사회학자 조은이 쓴 『침묵으로 지은 집』(문학동네, 2003)을 분석하고 있는 이 책의 3부 2장을 볼 것. 역사학자 김영미는 "역사 서술 이전에 대중의 삶과 역사적 경험에 다가가기 위해 그들의 낮은 목소리에 귀를 기울여야 한다. 역사 서술은 그들의 목소리와 역사가의 해석 사이의 긴장관계 속에서 이루어진다"고 보았다(김영미, 『그들의 새마을운동』, 푸른역사, 2009, p. 9). 정치학자 임혁백은 "모르는 것을 알려고 하는 데에는 공자님처럼 발분망식發憤忘食하나, 남의 슬픔에 애통해하는 마음이 부족하다는 것을 부끄럽게 여기고 있다"는 고백을 한 바 있다(임혁백, 『산과 강은 바다에서 만나고』, 나남, 2014).
14) 최종렬, 같은 책, p. 18.

김홍중은 뒤르켐의 '집합표상', 베버의 '정신', 푸코의 '에토스', 토크빌의 '습속', 아날학파의 '심성', 레이먼드 윌리엄스의 '정서구조'와 같은 사회학의 전통 안에 이미 존재하고 있는 주요 개념들을 '집합적 마음의 구조화된 질서'로 재정의하고 나서 마음의 질서를 탐구하기 위해 인문학적 통찰력을 자유롭게 활용한다.[15] 김홍중은 치밀한 개념적 사유를 실험했고 분방한 이론적 상상력을 발휘한 인문학자들의 지적 탐구에 사회학자들이 귀를 기울여야 하는 이유를 이렇게 말했다. "그들의 무기는 세련된 과학적 도구들이 아니었다. 많은 경우 마음의 사회학자들은 통계 기법을 사용하지 않는다. 수數는 마음의 대지 앞에서는 우스꽝스러울 정도로 무용한 도구로 전락하는 경우가 많다. 대신 그들은 인간에 대한 근본적 이해의 시도로서 '인문학적 통찰력'을 신뢰했다. 인문학적 통찰력은 문필文筆이라는 그 오래되고 낡은 도구를 통해서만 자신의 모습을 드러낸다. 그것은 문학과 예술을 포함하는 문화적 산물 일반에 대한 주의 깊은 관찰과 해석을 종종 요구한다. 바로 이런 점에서 '마음의 사회학'은 고전과 현대 사회학의 다양한 이론적 기초들을 아우르면서 문화·문학·예술사회학, 사회심리학, 정신분석학, 사회운동론, 사회사를 가로지르는 트랜스적的 탐구과제의 새로운 이름으로 이해되어야 한다. 집합적 마음의 형성과 변화를 읽게 해준다면, 어떤 모양의 칼이라 할지라도, 기꺼이 그것을 사용했으며, 앞으로 또한 사용할 준비가 되어 있다."[16]

---

15) 김홍중, 『마음의 사회학』, 문학동네, 2009, p. 7.
16) 같은 책, pp. 7~8, 김홍중은 "사회적이고 공적인 관심과 책임과 실천의 역량을 지닌 주체"(같은 책, p. 46)의 형성을 주장하면서 자신이 사용하는 '마음'이라는 개념이 뒤르켐이 말하는 '사회적 사실'에 가깝다는 입장을 취한다. "이렇게 이해된 '마음'은 사회적 현실에 물질적으로 육화되어 있으며, 구조화되어 개체에 선재先在하는 집합적이고 시대적인 감응의 양

김홍중이 볼 때 "사회학은 궁극적인 수준에서 특정 유파에 의해 '대표'되지 않는다. 사회학의 분과학문들의 구성원리는 가족유사성이다. 사회학의 본질이 있어 그것이 분유되는 것이 아니라, 서로 유사한 인접의 하부 분과들이 어울려 하나의 별자리를 이루고 있다고 말하는 것이 현실에 더 가깝다. 더 나아가 사회학은 전통 파괴적이며, 비판적이며, 살부적이다. 사회학의 천재는 반복하는 자가 아니라, 창조하는 자이며, 실험하는 자이며, 뒤집는 자이고, 부정하며 새 것을 찾는 자이다."[17] 예술로서의 사회학은 바로 그런 정신에서 출발하는 사회학의 한 유파를 이룬다. 다시 말하자면 예술로서의 사회학은 '과학적' 지식을 부정하는 것은 아니지만, 과학적 지식이 인문학적 지식에 비해 우월한 지식이라고 보지 않으며, '차가운' 지식에 만족하지 않고 마음을 움직여 감동을 주는 '따뜻한' 지식을 추구한다.

　　식이자 도덕적 판단의 체계로서, 주체를 그 마음의 주파수에 조정하게 하는 사회적 강제력을 갖는다." 김홍중은 '사회적 강제력'을 갖는 '사회적 사실'로서의 마음을 연구 대상으로 삼음으로써 "사회적이고 공적인 관심과 책임과 역량을 지닌 주체"가 자신의 주관적 체험을 바탕으로 사회적 사실의 강제력에 도전하여 기존의 의미 체계에 틈새를 내고 해체하면서 새로운 의미 체계를 만들어내는 주체적 의미 생산에 대한 연구를 분석의 틀 바깥으로 몰아내고 있는 것처럼 보인다. 이후 김홍중의 '마음의 사회학'은 이론적으로 다듬어지면서 경험적 연구에 적용되고 있다(김홍중, 「마음의 사회학을 이론화하기—기초 개념들과 설명 논리를 중심으로」, 『한국사회학』 48집 4호, 2014, pp. 179~213과 「서바이벌, 생존주의, 그리고 청년 세대—마음의 사회학의 관점에서」, 『한국사회학』 49집 1호, 2015, pp. 179~212 참조).
17) 김홍중, 「소명으로서의 분열—〈사당동 더하기 22〉가 사회학에 제기하는 문제들」, 『문화와 사회』 12권, 2012년 봄, p. 27.

실증주의 이후의 사회학

예술로서의 사회학을 주장하기 위해서는 사회학이라는 근대적 학문의 원점으로 돌아가 다시 생각해볼 필요가 있다. 사회학이란 학문의 시조로 여겨지는 오귀스트 콩트는 프랑스혁명 이후 신의 존재와 형이상학을 거부하면서 그 자리에 실증주의를 들어앉혔다. 그가 추구한 사회 인식의 기본 모델은 자연과학이었다. 그는 자연을 연구하는 방법을 인간과 사회의 연구에도 그대로 적용할 수 있다고 생각했다. 말하자면 그는 사회과학을 아직 덜 발달된 자연과학으로 생각했다.[18] 그의 지적 후계자라고 할 수 있는 뒤르켐은 그의 학문생활 초창기에 철학과 역사학과 문학 등 인문학이 강력하게 자리 잡고 있는 대학 제도 안에 과학으로서의 사회학을 수립하기 위해 전략적으로 인문학과 결별하고 사회학을 경험과학으로 주장했다. 20세기에 들어서 미국으로 건너가 발전한 현대 사회학의 뿌리를 19세기 말 프랑스에서 찾아볼 수 있는 것이다. 1920년대 질적 방법론을 활용한 시카고학파와 1950년대 파슨스와 머튼을 비롯한 사회학의 이론가들이 없었던 것은 아니지만 미국 사회학의 주류는 점차 라자스펠트류의 통계학적 사회 분석을 활용한 경험적 조사가

---

18) 한국 사회학의 제도적 창건자 이상백은 콩트의 입장을 빌려 한국 사회학의 좌표를 설정했다(이상백, 「과학적 정신과 적극적 태도—실증주의 정신의 현대적 의의」, 『이상백 저작집』, 을유문화사, 1978, pp. 439~49; 「질서와 진보—'사회학 비판'과 '진보적 입장'에 대하여」, 같은 책, pp. 450~81). 그러나 만년의 콩트는 과학을 통해 무한한 진보가 가능하다고 생각하던 초기의 낙관주의를 버리고 사랑을 바탕으로 한 종교의 중요성을 재인식했다. 그래서 그는 '인간성의 종교'를 제창했다. 이것을 콩트의 퇴행으로 볼 것인가 아니면 새로운 단계로의 진전으로 볼 것인가는 토론의 대상이다(신용하, 『사회학의 성립과 역사사회학—오귀스트 콩트의 사회학 창설』, 지식산업사, 2012).

차지하게 되었다. 한국전쟁 이후 1950년대 중반에 미국 사회학을 접한 이만갑, 이해영 등 한국의 초창기 사회학자들은 사회조사방법론 중심의 미국 사회학을 '사변적' 사회학을 넘어서는 '과학적' 사회학으로 수용했다. 사회조사방법론과 통계적 분석을 통해 이루어진 농촌사회학과 인구학 분야의 사회학적 연구는 1960년대 이후 시작된 경제개발 5개년 계획을 실행하는 데 기여했다. 그러나 과학으로서의 사회학은 삶의 궁극적 의미는 무엇이고 세상은 어떻게 짜여 있고 나는 어디에 위치해 있으며 무엇을 위해 어떻게 살아야 하는가라는 존재론적이고 실존적인 물음을 잊어버렸다.

사회학은 단수(sociology)가 아니라 복수(sociologies)다. 과학으로서의 사회학이 하나의 사회학이라면 예술로서의 사회학도 하나의 사회학이다. 토마스 쿤 식으로 이야기하자면 사회학은 여러 개의 패러다임이 공존하는 복수 패러다임의 학문이다. 나는 이제 과학으로서의 사회학을 벗어나 삶에서 비롯되고 더욱 인간적인 삶을 가능하게 하는 '또 하나의 사회학'을 모색하려고 한다. 예술로서의 사회학은 '사회적 사실'을 마치 사물처럼 다루는 과학주의 사회학 전통에 눌려 있던 인간의 삶과 의미세계에 초점을 맞추는 '실증주의 이후의 사회학post-positivistic sociology'이다.[19] 예술로서의 사회학은 인간을 사물이 아니라 인간으로 대우하는 인간주의 사회학이다. 그러기에 예술로서의 사회학은 19세기 말에 형성된 근대 주류 사회학의 자연과학적 인식 모델을 거부하고 인간과 사회에 대해 해석학적-인문학적 접근을 시도한다.[20] "예견하기 위

---

19) 과학적 사고의 지배가 환경 위기로 나타나고 있다면 과학의 이름을 내세운 '과학으로서의 사회학'의 지배는 의미의 부재와 정신적 소외로 나타난다.
20) '미학으로서의 사회학'을 주장하는 최종렬은 고전 유럽 사회학과 모던 미국 사회학 모두 사

해 본다Voir pour prévoir"라는 콩트의 말을 따르는 '과학으로서의 사회학'
이 변수들 간의 관계를 수량화하여 미래를 예견하고 예측하고 통제하
려고 노력한다면, '예술로서의 사회학'은 사회 속에서 삶을 영위하는 보
통 사람들의 의미세계를 이해하고 그들의 삶을 구속하고 억압하는 사
회적 조건들을 해체하고 재구성하는 데 주력한다.[21] 실증주의 입장에
서는 과학으로서의 사회학이 법칙연역적 설명 모델을 사용하여 사회의
법칙을 발견하려고 한다면, 예술로서의 사회학은 현실을 살아가는 사
람들의 고통과 고뇌, 기쁨과 슬픔을 사회적 문맥 속에서 공감적으로 이
해하려고 애쓴다.[22] 그렇다고 과학으로서의 사회학을 완전히 폐기하자

회학을 진정한 과학으로 만들기 위해 사회학에서 미학을 배제하였다고 주장한다(최종렬,
「모던 미국사회학과 과학주의」, 『사회와 이론』 16집, 2010년 1호, pp. 7~46). 최종렬이 주
장하는 '미학으로서의 사회학'과 내가 주장하는 '예술로서의 사회학'은 과학주의 사회학을
거부한다는 점에서는 결을 같이한다. 최종렬은 "과학은 존재와 사고와 언어를 일치시키기
위해 애매성과 불확실성을 제거하려고 한다. 하지만 사회세계의 자의성은 이러한 확실성의
추구를 불가능하게 한다"고 말한다. 그러나 미학으로서의 사회학이 학문적 분석에 강조점
을 두는 반면, 예술로서의 사회학은 삶에서 얻은 감동, 깨달음, 직관, 통찰력 등의 요소와
그것의 표현을 강조한다. 이 점에 대해서는 앞으로 많은 논의가 필요하다.

21) 그런 점에서 '예술로서의 사회학'은 나의 전공이라고 할 수 있는 '사회운동의 사회학'과 이
어진다. 정수복, 『의미세계와 사회운동』(민영사, 1993)과 『시민의식과 시민참여』(아르케,
2001)를 볼 것.

22) 실증주의 과학관과 협약주의 과학관을 비판하면서 '비판적 실재론'을 주장하고 있는 이기홍
의 『사회과학의 철학적 기초』(한울, 2014)를 볼 것. 이기홍에 따르면 실증주의자는 "'객관
적 자료'가 과학지식의 착실한 기초라고 믿고, 자료에서 경험적 일반화를 시도하거나 이론에
서 가설을 연역하고 경험자료를 시험하는 연구"를 진행한다(같은 책, p. 5). 김경동은 "[자
연과학주의적] 실증주의 사회학과 [감정이입의 방법을 사용하는] 인간주의 사회학을 두 개
의 진영으로 갈라놓고 논쟁을 벌이는 것은 좁은 소견"이라고 보면서 인구 문제, 사회계층 문
제 등에는 객관적이고 수량적인 접근이 필요하고 인간의 자아 문제, 사회화, 문화현상의 분
석에는 인간주의적 접근이 필요하다고 말한다. "이런 뜻에서 실증주의와 인간주의 모두 인
정하면서 인간의 자연계와 도덕의 세계를 한곳에 모으고 과학과 인문예술의 두 세계를 이어
주는 가교의 구실을 하는 '제3의 문화'로서의 사회학의 발전"을 주장한다(김경동, 『현대의
사회학』, 박영사, 1982, pp. 44~45). 그의 말에 동의한다 하더라도 일단 한국 사회학계에
서 실증주의 사회학의 지배적 위치를 상대화시키고 '예술로서의 사회학'의 위치를 인정하는

는 말은 아니다. 피터 윈치도 말했듯이 "중요한 것은 과학을 모범으로 삼아도 되는 형태의 지식이 필요할 때와 그래서는 안 되는 형태의 지식이 필요할 때가 각각 언제인지를 분별하는 능력일 것이다."[23] 인간을 인간으로 대접하는 예술로서의 사회학은 역사학과 철학, 문학, 예술과 지속적으로 대화하는 사회학을 지향한다. 예술로서의 사회학은 니체의 삶의 철학, 카프카의 실존의 문학과 같은 결을 이룬다. 피터 버거와 토마스 루크만이 말하듯이 예술로서의 사회학은 과학주의 사회학에서 벗어나 인문주의 사회학으로 나아간다.[24] 예술로서의 사회학은 과학으로서의 사회학을 추구하는 실증주의 흐름을 넘어선 탈실증주의 사회학의 흐름을 만들려는 시도의 하나다. 삶이라는 바다에서 조난당해 난감한 상태에 빠진 수많은 사람들에게 필요한 사회학은 관찰과 양화, 예측과 정책 제시의 사회학이 아니라 이해와 공감, 표현과 소통의 사회학이다. 객관성의 이름으로 억눌렸던 사회학자와 사회 구성원들의 주관성을 다시 북돋아 '서로 주관성inter-subjectivity'으로 발전시키고 그것을 바탕으로 "왜 살아야 하는가?"라는 '의미의 문제'에 답하고 더 나은 삶이 가능한 새로운 사회를 만들어나가는 사회학이다. 사회학보다 자연과학적 모델을 더욱 발전시킨 경제학이 위기가 계속되고 파국이 출몰하는 경제 현실을 설명하지 못하고 오리무중에 빠져 있는 상태에서 이제 사회학은 과학이라는 고정관념에서 벗어날 때가 되었다.[25] '사회적 사실'

일이 선행되어야 한다.

23) 피터 윈치, 『사회과학의 빈곤』, 박동천 엮고옮김, 모티브북, 2011, p. 10.

24) 피터 버거·토마스 루크만, 『실재의 사회적 구성』, 하홍규 옮김, 문학과지성사, 2013, p. 283.

25) 계몽주의의 아들인 과학주의는 과학의 발전을 인간 사회의 재앙을 막을 수 있는 구세주로 찬양했지만 현대에 와서 과학은 진보의 수단이 아니라 지배의 도구로 전락했다는 게 호르

을 마치 사물처럼 다루는 사회학이 아니라 '인간적 현실'을 공감적으로 이해하는 사회학이 필요하다. 사회는 인간으로 구성된다. 물론 사회는 사회를 구성하는 개개인으로 환원되지 않는 그 자체로서의 특성을 갖는다. 그러나 개인 역시 사회적 특성으로 환원되지 않는 개인적 특성을 갖는다. 그러므로 사회학자는 개인과 사회 사이를 부단히 오가는 왕복 작용에 익숙해져야 한다. '사회적 사실' 안에 들어 있는 '인간적 진실'을 바라보는 능력을 키우고 인간적 진실의 사회적 의미를 파악해야 한다. 과학으로서의 사회학은 인간의 삶을 구속하고 결정짓는 사회적 변수의 분석에 집중적으로 관심을 기울임으로써 인간의 내면, 주관적 감정과 주체적 의지, 의미 형성과 도덕성의 차원을 이해와 분석의 차원에서 밀어내버렸다.[26] 예술로서의 사회학은 부당하게 쫓겨난 인간적 차원을 다시 불러들인다. 그렇게 함으로써 예술로서의 사회학은 어둠 속에 버려진 인간 삶의 주관적 차원에 대한 사회학적 이해를 높이는 데 기여하려고 한다.

크하이머와 아도르노의 주장이다. 과학으로서의 경제학도 '도구적 이성'에 사로잡혀 있다(막스 호르크하이머·테오도르 아도르노, 『계몽의 변증법』, 김유동 옮김, 문학과지성사, 2001).

26) 하버드 대학의 사회학자 테다 스카치폴에 따르면 사회학계에서 일부 세력이 '과학'의 이름으로 "학계 전체를 집어삼키려는 생각은 위험하다. 경주마 한 마리에 모든 판돈을 거는 것은 매우 우려할 만한 것이다." 전문적 통계기법을 사용하는 사회학자들의 폐쇄적 우월주의 의식을 경계해야 한다는 말이다(헤라르도 뭉크·리처드 스나이더[인터뷰], 「테다 스카치폴—국가와 혁명, 그리고 비교 역사적 상상력」, 『그들은 어떻게 최고의 정치학자가 되었나』 3권, 정치학 강독 모임 옮김, 후마니타스, 2012, pp. 416~17). 우리나라에서 과학科學이라는 어휘는 원래 과거공부를 뜻했으나, '특수한 방법을 갖춘 학문'이라는 뜻으로서의 '과학'이라는 어휘는 1906년경 일본에서 유학 중이던 조선인들이 간행한 학술잡지에서 빈번하게 사용되기 시작하여 각종 신문, 잡지를 통해 널리 쓰이게 되었다(김성근, 「科學'이라는 일본어 어휘의 조선 전래」, 황종연 엮음, 『문학과 과학 1—자연·문명·전쟁』, 소명출판, 2013, pp. 456~57).

예술로서의 사회학은 상인의 지배를 거부한다. 예술사회학을 주장하는 나는 『분노하라』의 저자 스테판 에셀의 다음과 같은 주장에 전적으로 동의한다. "상인의 지배는 곧 계산의 지배다. 계산적인 잣대만 가지고 인간을 측정하려 한다면, 인간을 전체적으로 파악할 수 없다. 인간을 객관적으로 탐색하고 분석하는 방법에는 뇌전도, 신체 측정, 정신 분석 등 수천 가지가 있다. 그러나 우리의 현실은 이 모든 계산을 비껴간다. 삶, 죽음, 도덕, 사랑, 증오는 모두 양量의 지배를 비껴간다. 바로 여기에 예술의 우월함이 있다. 초월적 본성을 지닌 시, 현실을 정화해 표현하는 연극, 그리고 상상을 영상으로 전환하는 꿈같은 연출 방식의 영화, 특히 이 모든 영역을 총괄하는 소설이 그렇다. 소설은 사회과학, 심리학, 사회학보다 훨씬 멀리 나아간다. 소설은 구체적 인간 존재들을 그들의 주관성 속에, 그들이 속한 사회적 그룹 속에 놓고 무대 위에 세운다. 〔아르헨티나 출신의 작가〕 에르네스토 사바토는 오늘날 인간의 조건을 총체적으로 관찰할 수 있는 유일한 관측소가 소설적 픽션이라고 말한 바 있다. 내가 보기엔 시 또한 인간 조건을 관찰하는 관측소로서 과학보다 더 쓸모가 있다. 시는 더 깊은 곳에 존재하고 더 필수적인 곳들을 우리에게서 드러내는 역할을 한다. 이 심장의 고동 속에 세상이 담겨 있으며, 모든 인간 존재가 그것을 함께 나눈다. 그러니 에드가 모랭 같은 현자의 충고에 한번 귀 기울여보자. 과학의 진실에 한계가 있고 과학이 무력한 지점이 존재한다는 것을 인정하자. 과학자들은 자신이 다루는 모든 대상을 객관적으로 측정하는 방법을 알고 있지만, 자신의 고유한 주관성을 알지 못하고 자기 자신을 알지 못한다. 후설은 1930년에 열린 멋진 컨퍼런스에서 과학자들의 정신에 맹점이 있음을 지적하면서 이렇게 말했다. '그들은 자기들이 누구인지 모른다. 사물에 대해서는 안다. 그러나 자기들이 무엇을 하고 있는지는 알지 못한다.' 그러나 잊지 말자. 과학은 방향이 설정되어 있지 않은 엄청난 모험이라는 사실을. 그 방향을 설정하는 것이 위대한 과학자들만의 전유물이 될 수는 없다. 과학자들은 시인, 정치가, 시민, 윤리학자, 철학자 들과 연대하여 함께 그 방향을 설정해야 한다."[27]

자신의 삶과 죽음의 의미를 끊임없이 탐구하는 예술가는 위험한 삶을 산다. 세상에 적응하기를 거부하고 이 세상에서 살아가는 삶의 의미에 대해 계속 질문을 던지면서 어찌 평온하고 순탄한 삶을 기대할 수 있을 것인가? 예술로서의 철학을 했던 니체가 망치를 들고 기존의 고정관념들을 깼다면 예술로서의 사회학자가 망치를 들고 깨부수어야 할 대상은 무엇인가? 그것 역시 고정관념이다. 예술은 고정된 틀을 거부하고 언제나 앞으로 위로 아래로 옆으로 나아가기를 원한다. 예술로서의 사회학은 제도권 주류 사회학의 입장에서 보면 학계의 규범을 따르지 않는 '괴짜사회학'이다.[28] 예술로서의 사회학은 사회학이라는 학문의 좁은 울타리를 벗어나 문학과 예술, 역사학과 철학의 경계선을 자유롭게 넘나들며 서로 결합할 수 없었던 개념과 이론 들을 자유롭게 조합하여 창조적 '작품으로서의 지식'을 만들어낸다.

27) 스테판 에셀, 『멈추지 말고 진보하라』, 문학동네, 2013, pp. 51~52.
28) 내가 주장하는 예술로서의 사회학과는 다르지만 주류 사회학의 연구방법론을 넘어서 현장 속에 개입하는 연구방법론을 활용한 수디르 벤카테시, 『괴짜사회학』(김영선 옮김, 김영사, 2009)을 볼 것.

삶의 사회학

사회학은 달랑 사회만 연구하는 학문이 아니라 인간을 연구하고 사회와 인간 사이의 관계를 다루는 학문이다. 사회학이 인간의 삶, 인생에 대해 이야기하지 않을 때 사회학은 자신의 중요한 임무 하나를 포기하게 되는 것이고 그 결과 대중으로부터 멀어지게 된다.[29] 예술로서의 사회학은 삶이 사라진 창백한 과학주의의 포로가 되기를 거부한다. 예술로서의 사회학은 자연과학보다는 인문학과 예술에 가까운 학문이 되려고 한다.[30] 인문학은 사람과 삶에 대한 학문이기 때문이다. 사람을 이해하고 삶을 표현하기 위해서 사회학자는 인문학과 대화하면서 예술가적 장인 기질을 발휘해야 한다. 예술로서의 사회학은 자신의 개인적 경험을 바탕으로 타인의 삶을 공감하며 함께 사는 삶의 사회적 조건과 의미를 묻는다. 그래서 예술로서의 사회학은 곧 '삶의 사회학'이다. 삶의 사회학을 시작하기에 앞서 사회학자는 먼저 자신이 누구이고 자신의

---

29) 여성학을 널리 알리는 데 기여한 박혜란은『삶의 여성학』에서 "여성학은 머리로만 '공부할 수 있는' 학문이 아니다. 그것은 가슴으로 해내서 삶 속에 녹아들어야 하는 것이다. 혼자서 할 수 있는 것도 아니다. 우리들이 해내고 결국은 세상을 풍요롭게 만드는 것이다"라고 썼는데 이는 '삶의 사회학'에서도 마찬가지다(박혜란,『삶의 여성학』, 또하나의문화, 1993, p. 11).

30) 송호근은 한국 학문의 역사에서 개화기 이후 1970년대 초반까지 지성계의 중심은 문사철에 있었는데 1975년 서울대학교가 동숭동에서 관악산으로 이전하면서 사회과학대학과 문과대학이 분리되고 사회학과 인문학의 결별이 이루어졌다고 본다(송호근,『인민의 탄생』, 민음사, 2011, p. 11). 그러나 그것은 서울대학교 중심의 관점이다. 연세대학교 사회학과의 경우는 2000년대 초반까지도 문과대학에 속해 있었다. 고려대학교 사회학과는 여전히 문과대학에 소속되어 있지만 인문학과의 대화는 활발하지 않다. 박영신은 인문학과 대화하는 사회학을 고수했지만 2004년에 연세대학교 사회학과도 사회과학대학으로 편입되면서 연세대학교 사회학과에는 점차 '과학으로서의 사회학'이 주도하는 학풍이 형성되었다.

삶이 어떤 의미를 갖는지를 스스로에게 물어야 한다. 오정희가 쓴 작가에 대한 성찰은 예술로서의 사회학을 주장하고 있는 나에게 많은 것을 생각하게 한다. 나는 아래의 문장에서 '작가'를 '사회학자'로 바꾸어 읽어보고는 한다.

작가에게 있어서 그가 경험한 것, 강렬한 인상으로 남아 있는 것은 그것이 행복한 것이든 깊고 쓰라린 상처이든 언제나 해결하거나 극복해야 할 원죄로 남아 있게 마련이며 작품으로 형상화해야 한다는 책무감과 함께 떨칠 수 없는 매혹과 유혹으로 끌어당긴다. 〔……〕 작가는 오직 쓰는 것으로 상처를 치유하고 자신의 세계를 확장시켜나간다. 작가에게 본다는 것, 쓴다는 것은 곧 사유이며 행위이다. 또한 모든 글쓰기는 자신의 상처와 정체성 찾기에서 시작하거나 혹은 그것을 향해서 나아가며 보편성을 획득한다. 쓴다는 행위는 나란 누구이고 우리의 삶은 무엇이며 무슨 뜻이 있는 것인가 하는 물음에의 천착에 다름 아니다.[31]

오정희의 자기 성찰은 삶의 사회학에도 똑같이 해당된다. 삶의 사회학은 "도대체 삶이란 무엇인가?"라는 질문에 대해 사회학적으로 답하려는 노력이다. 삶의 사회학은 생존에 필요한 직업을 찾는 데 유용한 실용적 지식을 가르쳐주는 사회학이 아니라, 삶이라는 사막을 건너가는 낙타에게 사막에 대해서 말해주고 그곳을 가로질러 걷는 의미에 대해서 성찰할 수 있는 생각의 자료들을 제공하는 사회학이다. 누구나 청년

---

31) 오정희, 「내 안에 드리운 전쟁의 그림자」, 김우창 엮음, 『평화를 위한 글쓰기』, 민음사, 2006, p. 384.

기에 도달하게 되면 "나는 누구이고 내 삶의 의미는 무엇인가?"라는 질문을 던진다. 성인이 되어서도 인생의 역경에 부딪치게 되면 "도대체 산다는 게 뭐람?"이라는 질문을 하게 된다. 자신의 삶의 의미에 대한 질문을 던질 때 인간은 가장 인간적으로 된다. 그러나 많은 사람들이 그 질문에 대한 답을 찾기 위해 지속적으로 탐구하지 않고 "산다는 게 다 그렇지 뭐!"라는 안일한 정답을 써버리고 만다. 그래서 자신의 삶을 변화시킬 기회가 와도 그걸 변화의 기회로 활용하지 못하고 값없이 허비해버리고 만다. 그러나 삶의 사회학은 실존적 문제를 정면에서 받아들인다. 그리고 그것을 사회적 맥락 속에 넣어 이해한다. 개인의 삶은 가족, 학교, 직장, 군대, 교회 등 사회적 삶 속에서 그 의미를 획득하기 때문이다. '삶의 사회학자'는 자신의 삶에서 시작하여 주위의 다양한 직업과 계층과 국적과 문화와 종교를 가진 사람들의 삶에 대한 이해로 생각의 범위를 넓혀가는 사람이다. 그러므로 예술로서의 사회학을 지향하는 사회학자의 연구 결과 속에는 다양한 삶에 대한 서술, 이해, 설명이 들어갈 수밖에 없다.

　정신분석가가 남을 분석하려면 우선 자기부터 분석해야 하듯이 타인의 삶을 이해하고 사회를 이해하기 위해서 사회학자는 자신의 삶부터 이해해야 한다. 자신의 삶을 가족과 사회와 나라와 세계와 인류의 역사 속에 넣어 생각해보고 자신의 관점과 입장과 의견이 어떤 조건에서 어떻게 형성되었는가를 분석하는 능력이 없는 사회학자는 아무리 과학적 방법론을 사용해 사회를 분석한다 해도 진정 성숙한 사회학자는 될 수 없다.[32] 사회를 분석하는 자기 자신을 분석하지 못하는 사람이 어떻게

32) 이는 객관화하는 주체를 객관화해야 한다는 말이다. 부르디외는 이를 '참여 객관화

타인의 삶을 이해할 수 있을 것인가? 그런 방식으로는 자료의 수집과 분석으로 정책이나 판매전략 형성에 도움을 주는 사회학은 할 수 있을지 몰라도 더 나은 삶, 인간다운 삶, 서로를 이해하고 대화하는 사회학은 할 수가 없을 것이다.

'삶의 사회학자'는 일단 부모와 형제, 친척, 친구, 동료 등 자신이 직접 만나고 경험한 사람들의 삶을 사회학적으로 이해하려고 노력한다. 그들이야말로 '중요한 타자'들이며 가장 잘 알아야 하고 가장 잘 이해할 수 있는 사람들이며 필요할 때마다 자유롭게 질문을 하고 그들의 생각과 그들에 관한 정보를 알아낼 수 있는 사람들이다. 그건 연구를 위해서가 아니라 그들을 더 깊이 이해하고 그들과 더 잘 지내기 위한 노력의 일환이기도 하다. 예술로서의 사회학을 추구하는 사회학자에게 사회학적 분석은 이처럼 자기 자신에서 시작하여 가족과 친구들의 삶을 이해하기 위한 노력으로 나아간다. 그렇게 자기가 직접 속한 작은 단위의 사회를 이해한 바탕 위에서 자기가 경험하지 않은 다른 사회를 이해하고 연구하는 단계로 진입한다.

모든 작품은 작가의 가장 깊숙한 자기 체험으로부터 태어난다.[33] 고통, 상처, 기억, 수치심과 열등감의 뿌리를 들여다보는 자기 비판과 자기 성찰에서 작품이 태어난다. 예술로서의 사회학은 사회학자 자신의 개인적 체험을, 다른 사람들의 체험을 더욱 생생하게 이해할 수 있는 자

---

participant objectivation'라고 부른다(피에르 부르디외·로익 바캉, 『성찰적 사회학으로의 초대』, 이상길 옮김, 그린비, 2015, pp. 132~33).

33) 빌헬름 딜타이는 이렇게 말했다. "삶, 경험, 예술, 그리고 지식, 이것들 사이에는 모종의 관계가 성립한다. [……] 당연한 얘기지만, 예술은 삶의 경험에 기초하고 있으며 거기서 자신의 재료를 찾는다"(빌헬름 딜타이, 『정신과학과 개별화』, 이기흥 옮김, 지식을만드는지식, 2011, p. 83).

원으로 삼는다. 자신의 삶에 대한 성찰에서 시작하여 타인의 삶을 사회적 문맥 속에 넣어 깊이 이해하는 능력을 키워나간다. 삶의 사회학은 사회적 삶에 대한 사회학이면서 개인적 삶을 바탕으로 하는 사회학이다. 삶의 사회학자는 감상적 나르시시스트로 빠지는 것을 경계하면서 다른 사람들의 삶을 깊이 이해하고 공감하려는 태도를 지닌다. 그런 태도로부터 객관적이지도 않고 주관적이지도 않은 상호주관적인 지식이 만들어진다. 각자의 주관과 주관이 만나 공명이 일어나게 될 때 감동이 생긴다. 시를 읽고 소설을 읽고 영화를 보고 음악을 들을 때 우리가 감동을 느끼는 것은 작품의 저자와 수용자 사이에 교감이 이루어졌기 때문이다. 예술로서의 사회학은 나의 주관과 아무 관련 없이 거기 그렇게 있는 지식이 아니라 내 속에 축적된 체험을 건드리고 흔들어 그것을 새로운 시야에서 재해석하게 하는 해석학적 지식, 타인과 공감하며 나의 삶에 새로운 의미를 부여할 수 있게 하는 상호주관적 지식, 지식의 생산자와 수용자 사이에 교감이 이루어지는 감동 어린 지식을 추구한다. 그러기에 예술로서의 사회학은 삶의 사회학이다.

개성 있는 사회학

예술로서의 사회학은 과학으로서의 사회학과 달리 고유명사다. 모든 사회학자는 다른 사람이 흉내 낼 수 없는 자기만의 고유한 개성을 가지고 있다. 사회학자가 개성을 발휘한다면 사회학자의 수만큼 서로 다른 사회학이 있을 수 있다. 각자 서로 다른 목소리로 노래하고 서로 다른 색채의 그림을 그려야 한다. 아니 그럴 수밖에 없다. 각자의 사회적 위치, 삶의 경험, 개성이 다르기 때문에 그것에 바탕을 둔 예술로서의 사회학도 각기 다른 목소리와 색채를 띠게 된다. 개별 사회학자의 체취가 느껴지는 사회학, 희로애락의 감정이 섞여 있는 다양한 삶의 경험들이 녹아들어 있는 사회학은 고유명사일 수밖에 없다. 예술로서의 사회학을 추구하는 학자가 쓴 모든 글의 밑바탕에는 그 사람의 깊은 경험이 자리하고 있다. 진정한 '경험'은 진정한 삶을 살기 위해 여러 종류의 불이익과 위험을 감수하는 삶을 전제로 한다. 오랜 세월 동안 세속의 영광을 뒤로 하고 자신이 생각하는 진정한 가치를 꾸준하게 추구하는 삶의 바탕 위에서 예술이 나오고 예술로서의 사회학이 나온다. 반 고흐의 삶이 감동을 주는 이유가 바로 거기에 있다. 아무런 세속적인 인정도 받지 못하고 정신병원에서 치료받는 상태에 있으면서도 끝까지 붓을 놓지 않고 자신만의 회화 세계를 추구한 외롭고 쓸쓸한 삶이 없었더라면 그가 많은 사람들에게 감동을 불러일으키는 그림을 남길 수 있었을까?[34] 안락을 추구하는 상투적인 삶의 길에서 벗어나 불굴의 의지로 자신의 영혼을 화폭에 불사른 그의 삶이야말로 그의 그림 밑에 녹아들어 있는 보이지 않는 힘이다. 그런 진정한 삶의 체험이 있어야 진정한 글쓰기도 가능하다. 그런 글을 쓰는 방법은 수업을 통해 쉽게 가르쳐질 수 없다. 그것은 사회학자 개인의 진정성 추구가 오랜 세월을 통과하며 서서히 자라나는 소중한 능력이다. 세상에 돌아다니는 상식적인 소리, 허튼 소리, 깊이 없는 소리의 연막과 장막을 뚫고 그 글을 읽는 사람의 가슴을 울리고 영혼을 움직여 읽는 사람 스스로 자신의 삶을 되돌아보게

---

34) 반 고흐의 삶과 그림에 대해서는 정수복, 『프로방스에서의 완전한 휴식』(문학동네, 2015, pp. 354~58, pp. 364~71, pp. 384~411)을 볼 것.

만드는 글을 쓰기 위해서는 진정한 체험과 그 체험을 바탕으로 오랜 세월 사회학적으로 성찰한 내용을 타인에게 어떻게 해서든지 꼭 전달하고 싶다는 순수한 열망이 있어야 한다. 그런 글은 세상의 온갖 장애물에 부딪쳐 단련되고 또 단련되었지만 날카롭기보다는 부드럽다. 오랜 세월 시냇물의 흐름에 부드러워진 둥근 자갈처럼. 그런 글은 배후에 무어라 형언할 수 없는 아우라를 만들기도 한다. 개성 있는 사회학은 그렇게 개성 있는 글쓰기를 요구한다.

감동을 주는 사회학

반 고흐의 그림 속에 그의 삶의 냄새가 스며들어 있듯이 예술로서의 사회학적 글쓰기에도 저자의 삶의 냄새가 스며들어 있어야 한다. 그 삶의 냄새를 독일의 철학자 니체와 일본 근현대 문예비평의 아버지 고바야시 히데오는 '피'로 표현했다. 니체는 "나는 오로지 작가가 피로 쓴 글만을 사랑한다"고 썼고 고바야시 히데오는 "하나의 예술작품이 성공했다면 그건 작품이 담고 있는 이데올로기 때문이 아니라 그 작품이 저자의 피로 물들여져 있기 때문이다"라고 썼다. 자기 인식self-awareness이 없는 예술가가 좋은 작품을 만들 수 없듯이 자기 인식이 없는 사회학자 또한 좋은 지식을 만들어낼 수가 없다.[35] 앞서 언급했듯이 성공적인 예술작품 속에는 작품을 창조한 예술가가 가장 깊게 체험한 느낌과 생각

---

35) 예술로서의 사회학은 동서양의 자기 성찰과 자기 반성이 들어간 고전들에서 많은 영감을 받을 수 있다. 성 어거스틴의 『고백록』, 루소의 『고백록』 『루소, 장 자크를 심판하다』, 샤토브리앙의 『사후 고백록』 등이 그 보기이다.

이 스며들어 있어야 하듯이 예술로서의 사회학의 글쓰기에도 사회학자의 삶이 묻어나야 한다. 예술로서의 사회학적 글쓰기는 자기 존재의 증명self-attestation으로서의 글쓰기다. 그렇다고 자기의 개인사를 늘어놓는 것이 아니라 그걸 원재료로 삼아 사회학적 상상력을 발동시켜야 한다. 유년기에서 시작하여 청소년기와 장년기를 거쳐 중년과 노년의 시기로 이어지면서 삶이 무르익고 성숙하듯이 예술로서의 사회학자의 글쓰기도 삶과 더불어 더욱 성숙해져야 한다. 가족에서 시작하여 학교와 사회와 세계로 나가면서, 좁은 세계에서 넓은 세계로 나가면서 깊어지는 자기 인식을 사회적, 역사적 문맥 속에 넣어 이해하려는 부단한 노력 없이는 예술로서의 사회학 작품이 나올 수 없다.

예술가들의 삶은 작품과 혼연일체가 된다. 예술가들은 자신만의 고유한 내적 진실을 추구하면서 그 진실을 통해 많은 사람들을 감동시킨다. 예술작품은 작가의 삶에서 우러난 예술가 고유의 내면적 진실을 추구한다. 예술작품만이 아니라 사회학자의 작품도 사회학자가 사회생활을 하면서 얻은 통찰력을 바탕으로 창조된다. 사회학자는 세상살이가 어떤 방식으로 이루어지는가를 깊이 있게 관찰하고 예술적으로 표현함으로써 사회 속에서 살아가는 보통 사람들이 세상살이를 새롭게 바라보고 깊이 있게 이해할 수 있는 계기를 만든다. 예술로서의 사회학을 추구하는 사회학자는 사회 속의 삶에 연루된 사람들의 내면에 숨겨진 사회적 진실을 예술적으로 표현하여 감동을 불러일으킬 때 그 본연의 임무를 완수한다.

엄밀한 자료와 차가운 분석력을 바탕으로 한 논리적 글쓰기를 이상적 글쓰기로 생각하는 강단 사회학자에게 '감동을 주는 사회학'은 무슨 뚱딴지같은 소리로 들릴지 모른다. 그러나 사회학자의 글은 사람들에게 읽혀져 그 사람의 마음을 움직일 때 의미를 갖는다. 나도 이성의 힘을 믿는 합리주의자이다. 그러나 인간의 삶은 이성만이 아니라 감정에 의해서도 많이 좌우된다. 나는 오랫동안 감정을 절제하고 이성에 따라 살려고 노력해왔다. 주변 사람들에게 내 생각을 합리적이고 논리적으로 전달하려고 애썼다. 그러나 그런 의사소통이 별 소용없었다. 사람들은 예전과 똑같이 생각하고 판단하고 살아가는 것이었다. 그런데 어떤 순간 사람들이 바뀌는 경우가 있었다. 그건 그 사람들의 마음이 움직였을 때였다. 사회적 삶을 바꾸려면 사람들이 바뀌어야 하고 사람들이 바뀌려면 마음을 움직여야 한다. 마음을 바꾸기 위해서는 이성과 더불어 감정에 호소해야 한다. 사회학이 삶을 바꾸는 일에 기여하려면 감동을 주는 사회학이 되어야 한다. 그러려면 사회학자는 냉철하기만 할 것이 아니라 감동할 줄 아는 능력을 키워야 한다. 문학평론가 김현이 말했듯이 "감동하는 의식은 대상을 크게 증폭하는 의식이며 더 풍요롭게 느끼는 의식이다. 감동하는 의식만이 대상을 깊게 그리고 넓게 느낄 수" 있기 때문이다.[36] 한국인들은 특히 '감정우선주의'에 길들여져 있기 때문에 더욱더 감동을 주는 예술로서의 사회학이 필요하다.[37] 프랑스인들은 그나마 논리적 훈련이 되어 있고 데카르트적 정신을 가지고 있어서 이견이 생겼을 때 사실을 들이대고 논리적으로 논증을 하면 기분이 나빠도 받아들인다. 그러나 한국인들은 아무리 증거를 들이대고 논리적으로 설득해도 "나 기분 나빠서 그렇게는 못해!" 또는 "그래 너 잘났다!"

---

36) 김현, 「감동하는 의식의 관용적 역사주의」, 성민엽 엮음, 『김병익 깊이 읽기』, 문학과지성사, 1998, p. 258.

37) 한국인의 '감정우선주의'에 대해서는 정수복, 『한국인의 문화적 문법』(생각의나무, 2007, pp. 115~23)을 볼 것.

라고 하면서 돌아서버린다. 바로 그렇기 때문에 한국에서 사회학이 사람들에게 영향을 미치고 사회를 좋은 방향으로 바꾸기 위해서는 객관적 자료의 수집과 분석에 머무르지 말고 사람들의 마음을 움직이는 힘을 키워야 한다.

사회학자들은 사회학적 상상력과 문학적 감수성을 발휘하여 이야기가 들어 있는 새로운 글쓰기를 시도함으로써 지금 여기에서 살아가는 우리들의 삶의 모습을 더 잘 이해할 수 있게 만들어야 한다. 사람들에게 감동과 위안을 주고 인생을 다양한 각도에서 바라보게 하면서 삶의 의미를 반추하고 새로운 삶을 열 수 있도록 용기를 불러일으켜야 한다. 예술이 작가의 표현을 통해 감동을 불러일으키는 작업이라면, 현실을 설명하고 이해하면서 동시에 읽는 사람에게 감동을 줄 수 있는 사회학이 예술로서의 사회학이다. 사회학은 사회 속에서 살아가는 다양한 사람들의 삶의 모습을 다룬다. 삶 속에는 고통과 더불어 감동의 순간들이 들어 있다. 그런데 왜 삶을 다루는 사회학이 감동을 만들어낼 수 없다는 말인가. 그건 사회학자들이 세상을 인간의 의도와 감정이 배제된 사물의 세계로 보기 때문이다. 사회는 객관적으로 존재하는 것 같지만 거기에는 사회를 구성하는 인간들의 개별적인 삶이 들어 있다. 구체적으로 살아 있는 개개인을 연령, 성별, 직업, 계층, 종교 등의 변수로 환원시켜 변수들 사이의 상관관계나 인과관계를 찾아내는 사회학적 분석은 감동을 자아낼 수 없다. 인간을 자기 삶의 주체로 보고 사회구조라는 주어진 조건 안에서 자신의 지성, 감성, 의지력을 발휘하여 삶을 만들어가는 주체적 측면을 눈여겨보는 사회학이라야 감동을 불러일으킬 수 있다. 삶의 과정에서 인간이 겪게 되는 좌절과 성취, 하강과 상승, 고난과 극복의 체험이 감동을 자아낼 수 있는 요소다. 사회학은 결코 예술로 환원될 수 없는 객관성의 차원을 갖는다. 그러나 사회학은 인간의 주관성의 차원 또한 고려해야 한다. 그것이 예술로서의 사회학이 취하는 기본 입장이다.

소설과 사회학

사회학자는 "우리는 어떤 사회에 살고 있는가?"라는 질문에 답하는 것을 직업으로 한다. 그러나 사회학자만이 아니라 소설가와 극작가, 사진작가와 통계학자, 법관과 기자, 영화감독과 목사 들도 다 자기 나름대로 우리가 어떤 세상에 살고 있는가를 말하는 사람들이다. 다만 각자 자신들이 생각하는 사회를 말하는 방식이 다를 뿐이다.[38] 그 가운데 다른 어떤 분야의 전문가보다도 소설가들이야말로 사람들이 살아가는 모습을 글로 그리면서 우리가 사는 사회의 특성을 구체적으로 드러낸다. 그러므로 사회학자는 소설을 읽으면서 많은 것을 얻을 수 있다. 『광장』의 작가 최인훈은 문학의 필요성에 대해 이렇게 말했다. "사회의 모든 악은 사람들이 어른이 되면서 문학을 접하지 않는 데서 시작한다. 문학의 기쁨을 모르면 사회는 썩고 사람은 간사스러워진다. 문학을 통하여 사람은 사람이 되는 것이다. 〔……〕 문학만큼 개인의 영혼의 문 안에까지 들어와서 그의 삶의 어두우면서도 빛나는 본모습을 알려주는 전도자들은 없다."[39] 사회학이 사회악을 제거하려면 문학이 갖는 힘을 이해

---

38) 사회를 표상하는 서로 다른 방식을 탐구한 Howard Becker, *Telling About Society*(Chicago: University of Chicago Press, 2007)를 볼 것.
39) 최인훈, 「돈과 행복」, 『바다의 편지』, 삼인, 2012, p. 459.

해야 한다. 예술로서의 사회학도 문학과 마찬가지로 언어를 사용하기 때문이다. 그런데 이미지가 범람하는 세상에서 언어는 점차 힘을 잃어가고 있는 것은 아닌가? 문학평론가 유종호는 언어의 힘에 대해 이렇게 말했다. "언어예술인 문학은 다른 예술이 감당하지 못하는 미덕을 가지고 있다. 언어를 통해 인간을 분석하고 사회를 비판한다. 다른 예술도 할 수 있지만 문학은 그것을 직접적 구체적으로 해서 인간의 자기 인식을 높일 수 있다."[40] 자멸하고 있는 프랑스 사회를 사회학자보다 더 날카로운 통찰력으로 묘사하고 있는 프랑스의 작가 미셸 우엘벡은 최근작에서 음악이나 미술 등 다른 예술에 비해 문학이 갖는 특별한 힘에 대해 다음과 같이 말했다. "음악도 문학만큼이나 마음의 혼란, 급격한 감정 변화, 슬픔 또는, 절대적 환희를 끌어낼 수 있다. 회화도 문학만큼이나 세상의 아름다움에 경탄하게 하고 세상에 대한 새로운 시각을 생성할 수 있다. 하지만 다른 사람의 영혼과, 그 영혼의 총체와 만난다는 기분, 그 영혼의 나약함과 위대함, 한계, 비루함, 편견, 믿음, 요컨대 그 영혼을 감동시키고, 그 영혼의 관심을 끌며, 그 영혼을 흥분시키고, 그 영혼에게 혐오감을 불러일으키는 모든 것과 만난다는 그 기분은 오직 문학만이 줄 수 있다."[41] 문학작품만이 아니라 사회학 작품도 언어를 통해 인간의 사회적 삶을 비판적으로 이해함으로써 인간의 자기 인식을 높이는 것을 목표로 한다.

사회학자라면 "사람들이 사회학을 모르면 자기중심적이 되고 사회는 부패하게 된다"는 것을 설득력 있게 갈파할 수 있어야 한다. 그런 능

---

40) 유종호, 『과거라는 이름의 외국』, 현대문학, 2011, p. 142.
41) 미셸 우엘벡, 『복종』, 장소미 옮김, 문학동네, 2015, p. 13.

력을 키우려면 어떻게 해야 하는가? 일단 소설을 많이 읽어야 한다. 『사회사상의 대가들』과 『사회적 갈등의 기능』 등의 저서로 유명한 루이스 코저는 "문학적 통찰로 과학적이고 분석적인 지식을 대치할 수는 없지만 그것으로 이런 지식을 도울 수 있는 여지는 무한하다"고 말했다.[42] 그래서 그는 사회학자들에게 베버와 뒤르켐만 읽지 말고 발자크와 프루스트를 읽으라고 권유했다. 어디 코저뿐인가. 세상에 대해 호기심 많은 젊은이들을 사회학으로 이끌었던 『사회학에의 초대』의 저자 피터 버거는 만년에 쓴 지적 자서전에서 자신이 사회학 공부를 시작했던 시절을 다음과 같이 회상했다. 열여덟 살의 나이에 오스트리아에서 뉴욕으로 부모를 따라 이민 온 그는 루터파 목사가 되고 싶었지만 "이제 막 끼어든 미국 사회를 더 잘 알고 싶은 마음에" 신학 공부는 나중으로 미루고 사회학을 공부하기로 했다. "사회학에 대해서 아는 바가 거의 없었지만 사회학이 한 사회의 실상을 아는 데 적절한 학문처럼 보였던 것이다."[43] 주간에는 일을 해서 돈을 벌고 야간에는 뉴스쿨 대학New School for Social Research에서 공부를 시작했다. 그가 입학과 더불어 최초로 수강한 과목은 앨버트 샐러먼Albert Salomon이 담당한 '사회학자 발자크'였다. 버거는 그 과목을 이렇게 회고했다. "발자크는 소설집 『인간희극』에서 귀족부터 사회 밑바닥의 범죄자에 이르기까지 19세기 프랑스 사회의 총체적인 모습을 보여주고자 했다. 그리고 실제로 그 소설은 사회의 다양한 계층의 이야기를 펼쳐 보인다. 샐러먼은 발자크의 작품으로 강의하면서 계급, 권력, 종교, 사회통제, 사회이동, 주변성, 범죄 같은 사

---

42) Lewis Coser, *Sociology through Literature*, Englewood Cliffs, N.J.: Prentice-Hall, 1963, p. 4.
43) 피터 버거, 『어쩌다 사회학자가 되어』, 노상미 옮김, 책세상, pp. 13~16.

회학의 기본 개념을 가르쳐주었다. 내가 그 한 학기 동안 읽은 발자크의 소설은 적어도 열 권은 됐을 것이다. (……) 학기가 끝날 무렵 19세기 프랑스 사회에 대해서는 꽤 많이 알게 됐다." 좋은 소설은 사회에 대해서 많은 것을 알 수 있게 해준다.[44] 버거는 발자크의 소설을 읽으면서 프랑스 사회에 대해 알게 되었을 뿐만 아니라 "세상을 사회학적으로 보는 데서 오는 흥분"도 느끼게 되었다. 그것은 발자크의 소설에서 생생하게 표현되고 있는 "인간이 하는 온갖 짓들에 대한, 특히 상류 사회에서 감추고 부정하는 행위들에 대한 끝없는 호기심"에서 비롯된 것이었다. 버거는 발자크의 소설을 통해 "본질적으로 불경스럽고 폭로적이고 전복적인 시각"을, 다시 말해서 '사회학적 시각'을 얻었다. 지금도 그의 연구실 한편에는 발자크의 캐리커처가 걸려 있다. 그 액자를 바라보면서 그는 가끔씩 이렇게 중얼거린다. "좋은 사회학은 좋은 소설과 유사하다."

발자크의 소설을 포함한 19세기 유럽의 근대 문학은 심층적 변동을 경험하고 있던 그 당시 사회에 뿌리내리고 있다. 아직 사회학이라는 학문이 태어나기 전인 19세기 전반기에는 발자크와 스탕달을 비롯한 소설가들이 사회학자의 역할을 대신했다. 그러나 콩트 이후 뒤르켐에 이르러 대학 내에 제도화된 프랑스 사회학은 '과학'을 모델로 삼으면서 문학으로부터 멀어져갔다. 이에 대한 반발로 독일의 지성계는 사회학을 자연과학과는 다른 문화과학으로 정립하려고 했다. 이러한 흐름은 오늘날에도 사회학을 해석학적 전통이나 현상학적 전통과 이어보려는 노력으로 계속되고 있다. 물론 사회학은 문학이 될 수 없다. 그러나 사회학

---

44) 피에르 부르디외는 플로베르의 소설을 읽으면서 공립학교 기숙사생활에서 겪은 경험들이 자신의 삶에 '깊은 흔적'을 남겼다는 사실을 알게 되었다고 술회한 바 있다(피에르 부르디외·로익 바캉, 같은 책, p. 334).

은 과학으로도 환원될 수 없는 학문 분야이다. 볼프 르페니스의 말대로 사회학은 과학과 문학 사이에 좁게 난 제3의 길을 걷는 학문이다.[45] 그러나 사회학을 과학으로 생각하는 사회학자들은 문학을 그저 작가의 주관적 표현으로 폄하하는 경향이 있다. 사회조사방법론과 세련된 통계학을 활용하는 실증주의 사회학자들만이 아니라 마르크스주의로 무장한 '진보적' 사회학자들도 문학을 그런 방식으로 이해했다. 이에 대해 김현은 이렇게 대응했다.

사회과학자들이 소설을 읽으면서 소설로 읽지 않고 자료로 읽는 것은 이해할 수 있는 일이지만 사회과학자들이 마음에 들지 않는다고 마음대로 폄하하는 것 — 뭐랄까 사회과학적 인식이 덜 됐다는 거다. 마치 자기들은 진리를 쥐고 있고 소설가들은 아무리 그것을 가르쳐줘도 모른다는 듯이. 돌대가리들이다 — 은 우스꽝스러운 일이다. 소설가들이 사회과학자들에게 구체적 감각이 없으며 소설적 상상력이 없다고 비판한다면 펄쩍 뛰리라. 그러나 진리를 쥐고 있는 사람은 없다. 쥐고 있는 척할 뿐이다. 이름 있는 사회과학자들의 거의 모든 책은 죽었으나 소설들은 살아남았다. 기억하라. 진리는 숨어서 드러내지 그대로 드러나지 않는다는 것을.[46]

김현의 말이 옳다. 1980년대 엄혹한 억압의 시절에 한국의 비판적 사

45) 19세기 중반 이후 프랑스, 영국, 독일 등 유럽의 지적 공간에서 사회학이 제3의 길을 걷는 과정에 대해서는 Wolf Lepenies, *Between Literature and Science: The Rise of Sociology*(Cambridge University Press, 1985)를 볼 것.
46) 김현, 『행복한 책읽기』, 문학과지성사, 1999, p. 251.

회학자들이 이데올로기적인 투쟁이나 이론적 헤게모니 다툼에 빠져 구체적 현실을 바탕으로 한 구체적 서사를 소홀히 해온 것이 사실이다. 민족과 계급이라는 추상적 범주 속에 구체적 삶이 실종되었고 '국독자'(국가독점자본주의)니 '식반론'(식민지반봉건사회론) 같은 추상적 언어 속에 감동이 피어오를 가능성은 없었다. 오늘날 1980년대 '사회구성체 논쟁'을 다룬 사회과학 책을 찾아 읽는 사람은 거의 없다. 그러나 그 시절에 나온 소설은 여전히 살아 있다. 보기를 들어 『객지』나 『난장이가 쏘아 올린 작은 공』은 오늘날에도 꾸준하게 읽히고 있다. 프랑스에서도 사회학자가 아닌 일반 독자들은 콩트나 뒤르켐의 책은 읽지 않지만 발자크, 플로베르, 에밀 졸라의 소설은 읽는다. 플로베르의 『마담 보바리』는 지금도 꾸준히 읽히고 있지만 뒤르켐의 『사회분업론』은 사회학을 전공하는 학생도 잘 읽지 않는 것이 현실이다.[47]

사회학자는 이론을 증명하기에 앞서 현실을 실감 있게 보여주어야 한다. 헝가리 부다페스트 출신의 작가 산도르 마라이는 부르주아 출신이라는 이유로 고국에서 축출되어 40여 년간 해외를 전전하다가 미국에서 자살로 삶을 마감했다. 그는 문학적 글쓰기가 과학적 글쓰기보다 더 많은 것을 가르쳐준다면서 이렇게 썼다. "나는 군더더기가 없이 객관적으로 성실하게 묘사하고 세상의 온갖 현상에 대해 알려주는 책에서 많은 것을 배웠다. 그러나 현실을 보여주는 대신 이론을 증명하려고 애쓰고, 꿈과 기적 대신 체계만을 제시하고, 세상을 이루는 우연적이고 불

---

47) 사회학에 대한 관심이 하락하는 상황에서 여러 소설작품 속에 나오는 사회학자의 모습, 사회학적 문제의식, 사회학적 개념들을 찾아내어 제시함으로써 사회학에 대한 관심을 소생시키고 있는 조주은·박한경, 『소설에서 만난 사회학—픽션보다 재미있는 사회학 이야기』(경북대학교출판부, 2014)를 볼 것.

가사의한 것에서 공식을 만들어내려 하고, 논제만을 발표하는 책들에서는 절대로 배운 게 없다. 그래서 나는 신중을 기하여 그런 것에는 아예 손을 대지 않는다."[48]

산도르 마라이의 말을 있는 그대로 다 받아들일 필요는 없다. 문학의 길과는 다른 사회학이 가야 할 길이 있기 때문이다. 그러나 사회학 이론을 위한 이론, 문제제기가 공유되지 않는 건조한 논증만으로는 독자에게 다가갈 수 없다는 사실은 받아들여야 할 것이다. 그와 더불어 사회학자는 소설가에게 묘사와 서사를 통해 감동을 만들어내는 능력을 배워야 한다. 프랑스의 인기 소설가 기욤 뮈소는 『당신 없는 나는?』에서 소설이 독자에게 할 수 있는 일을 다음과 같이 쓰고 있다. "마르탱은 소설을 쓰는 게 꿈이었다. 사람을 감동시킬 수 있는 이야기, 평범한 사람들에게 놀라운 일이 벌어지는 이야기를 쓰고 싶었다. 현실에 만족하지 못했던 그의 삶에는 항상 소설이 함께했다. 아주 어렸을 적부터 소설의 주인공들은 그를 고통에서 해방시켜주었고, 실의를 딛고 일어서도록 위로해주었다. 소설로 상상력을 키울 수 있었고, 어느 정도 감정을 절제할 수 있게 되었다. 다양한 각도로 인생을 바라보는 시각도 얻게 되었다. 그나마 삶이 견딜 만했던 건 오로지 소설이라는 친구 덕분이었다."[49]

훌륭한 소설은 감동을 주면서 삶과 사회를 다양한 각도에서 보게 해준다. 사회학도 그런 일을 해야 한다. 그런 역할을 담당하는 사회학이 예술로서의 사회학이다. 소설만이 아니라 사회학도 세상을 살아가면서 어려움에 봉착하는 사람들에게 감동을 동반하는 해방감을 선사할 수

48) 산도르 마라이, 『하늘과 땅』, 김인순 옮김, 솔, 2003, p. 230.
49) 기욤 뮈소, 『당신 없는 나는?』, 허지은 옮김, 밝은세상, 2009, pp. 17~18.

있어야 한다. 자신의 삶을 여러 각도에서 바라보며 성찰성을 높일 수 있게 하고 타인에 대한 이해도 높일 수 있게 해주어야 한다. 그러기 위해서 사회학은 서사narrative의 기능을 되살려야 한다. 이야기는 인간의 가장 오래된 표현 방식이다. 이야기가 갖는 힘에 대해 시인 고은은 이렇게 말했다. "이야기는 인간의 본능입니다. 현대 사회가 이미지와 영상의 과잉에 파묻히는 시장으로 말해질 때에도 그 문화 행위의 동요되지 않는 핵심은 인류의 오랜 표현 행위인 서사일 수밖에 없습니다. 인간이라면 그 누구라도 이야기 없이는 살 수 없을 것입니다. 신화와 전설, 역사와 각종 설화 그리고 서사시의 운율과 삶의 역정에 대한 묘사야말로 인간을 더욱 인간이게 하는 인간 행위의 전개인 것입니다."[50] 유대인 출신 정치사상가 한나 아렌트도 이야기의 힘에 대해 이렇게 말했다. "스토리텔링은 의미를 규정하는 실수를 범하지 않으면서 의미를 드러낸다. 그것은 실제 그대로인 것들을 통해 동의와 화해를 이끌어낸다."[51] 시인이나 정치사상가만이 아니라 사회학자도 이야기의 중요성에 대해 말했다. 미국을 대표하는 인문주의 사회학자 로버트 벨라는 인류의 역사를 다룬 그의 만년의 대작에서 이렇게 말했다. "이론theory은 할 수 없지만 이야기narrative는 할 수 있는 것이 있다. 이야기는 자아self를 구성하고 자아는 이야기를 한다. [……] 삶의 중요한 영역들에서 이야기는 이론으로 대체될 수 없다. 자연과학에서 이야기가 이론에 의해 대체되었다고 해서 모든 영역에서 그런 일이 일어날 수 있다고 생각하는 사람들이 있

---

50) 고은, 「아시아 서사 시대를 위하여」, 『Asia』, Vol. 6, No. 4, 도서출판 아시아, 2011, p. 9.

51) 한나 아렌트, 『어두운 시대의 사람들』, 홍원표 옮김, 인간사랑, 2010. 전기도 이야기 형식이다. 아렌트는 젊은 시절 18세기 베를린에서 불운하지만 주체적으로 살았던 유대인 여성의 전기를 쓴 바 있다(한나 아렌트, 『라헬 파른하겐』, 김희정 옮김, 텍스트, 2013).

다. 윤리의 과학, 정치의 과학, 종교의 과학을 만들려는 노력은 각각의 영역들에서 비판적 통찰력은 제공했지만 그런 영역의 실질적 내용을 구성하는 이야기의 자리를 차지하는 일에는 성공하지 못했다."[52] 한 사회(한 사람도 마찬가지다)가 무엇인가를 아는 것은 그 사회(사람)의 역사를 아는 일이다. 이야기는 사회가 과거로부터 어떤 경로를 거쳐 현재에 도달했는가를 전달하는 방식이다. "한 사회가 과거에서 현재에 도달하게 된 이야기는 좁게 전문화된 과학으로서의 사회학이 도달할 수 없는 영역이다."[53] 서사narrative만이 전체로서의 사회society as a whole가 과거에서 오늘날에 이르기까지 거쳐온 과정을 서술해준다.

사회학자는 사회학자만이 아니라 보통 사람들을 위해서도 글을 써야 한다. 보통 사람들이 사회학자의 글을 읽으려면 일정한 수준의 사회학 공부를 해야 한다. 그러나 그것을 강요할 수는 없다. 그렇다면 사회학자가 보통 사람들에게 다가가는 방식으로 글을 쓸 수밖에 없다. 인공지능을 연구하다가 사회학으로 전공을 바꾼 프랑스의 사회학자 다니엘 베르토는 '삶의 이야기récit de vie' 방법론을 대표한다. 그가 다른 나라에서는 다 산업화되었지만 프랑스에서만 유일하게 사라지지 않고 남아 있는 제빵업자에 대한 연구를 하기 위해 현장 인터뷰를 하러 다닐 때의 이야기다. 어느 제빵업자가 그에게 제빵업자 연구를 해서 어디다 쓸 거냐고 물었다. 그래서 논문을 써서 학술지에 발표할 거라고 했더니 그 제빵업

---

52) Robert Bellah, *Religion in Human Evolution*, Cambridge, Massachusetts: The Belknap Press of Harvard University Press, 2011, p. 279.
53) Robert Bellah 외, *Habits of the Heart*, New York: Harper and Row, 1985, p. 302. 너스바움에 따르면 "스토리텔링과 문학적 상상력은 합리적 논증에 반하는 것이 아니라 오히려 필수적인 구성 요소를 제공해준다"(마사 너스바움, 『시적 정의』, 박용준 옮김, 궁리, 2013, p. 12).

자는 "내가 만든 빵은 모든 사람들이 먹지만 그런 논문을 누가 읽겠느냐? 쓰려면 빵 굽는 사람 이야기를 소설로 써봐라. 그러면 나 같은 사람들도 다 읽을 거다"라고 말했다는 것이다. 그 말에 충격을 받은 베르토는 그 이후 사람들이 살아온 이야기를 수집하여 분석하는 '삶의 이야기' 방법론을 활용하여 물기가 있고 감동을 주면서도 객관성을 추구하는 사회학을 발전시켰다.[54]

사회학자가 소설을 읽어야 한다면 소설가를 비롯한 문학하는 사람들도 사회학에 관심을 가져야 한다. 문학과 사회학은 교류하고 공생해야 한다. 사회학은 사회학이고 문학은 문학이라는 태도를 취하기보다는 사회학과 문학 사이에 다리를 놓아야 한다.[55] 그럴 때 문학도 살고 사회학도 힘을 얻는다. 보기를 들자면 오스트리아의 작가들은 사회학자들 못지않게 정체성, 불평등, 도시-농촌 관계, 사회적 고립과 소외 등 오스트리아 사회의 주요한 주제들을 다루면서 사회학자들의 저서를 참조한다. 사회학자들은 그렇게 해서 창조된 작가들의 작품을 읽으면서 자신들의 연구에 도움이 되는 많은 지적 자극을 받는다. 오스트리아 사회학자들은 문학인들과 교류하면서 내용과 글쓰기 스타일에 있어서도 다른 나라 사회학보다 훨씬 더 문학적인 방향으로 발전하고 있다. 사회학은

---

54) Daniel Bertaux, *Le récit de vie*, Paris: Arman Colin, 2010. 다니엘 베르토가 발전시킨 '삶의 이야기' 방법론은 전기적 방법Life-story method 또는 생애사적 방법Life-history method으로 불리기도 한다.

55) 피에르 부르디외도 문학과 사회학의 관계에 대해 다음과 같은 입장을 밝힌 바 있다. "수많은 사회학자들은 초창기부터 오늘날까지 자기들 분과학문의 과학성을 단언하기 위해 문학에서 맞서서 스스로를 정의하는 것이 필수적이라고 생각해왔다. 한데 나는 문학이 여러 가지 점에서 사회과학보다 더 진보했다고 보며, 일련의 근본 문제—이를테면 서사이론과 관련된 문제—에 대한 발견을 포함한다고 믿는다. 사회학자들은 [문학적] 사유와 표현 형식이 명예를 손상시킨다고 여기면서 그로부터 여봐란 듯이 거리를 두는 대신, 그것을 비판적으로 검토하고 자기만의 것으로 만들어야 한다"(피에르 부르디외·로익 바캉, 같은 책, p. 339).

과학과 문학 사이에서 제3의 문화를 만들어나가야 한다.[56]

시와 사회학

흔히 과학으로서의 사회학은 시와 상반된 것으로 여겨진다. 그러나 시인이 하는 일과 사회학자가 하는 일이 그렇게 다르지는 않다. 폴란드 출신의 영국 사회학자 지그문트 바우만은 『액체근대』에서 "시인은 이미 잘 알려져 구태의연하게 된 진실들, 이미 표면으로 부상했기에 '명백해져서' 그저 그곳에 떠다니는 진실"을 다시 말하지 않는다고 썼다. 명백하고 자명해서 많은 사람들이 회의 없이 믿고 있는 '거짓 진실'을 말하는 시인이 있다면 그는 가짜 시인이다. 시인은 낡은 세상을 새로운 방식으로 바라보면서 익숙한 것을 낯설게 만든다. 그렇다면 사회학자의 소명도 시인의 소명과 크게 다르지 않다는 게 그의 생각이다. 사회학자는 "숨어 있는 인간의 가능성들을 발굴하는 진짜 시인이 하는 일과 비슷한 일을 해야만 한다. (……) 이데올로기의 벽을 파고들어가야 한다. 그러한 벽들을 허무는 것은 시인의 소명일 뿐만 아니라 사회학자의 소명이기도 하다."[57]

2013년 여름 세상을 떠난 로버트 벨라는 자신의 마지막 저서 서문에

---

56) Christan Fleck and Helga Nowonty, "A Marginal Discipline in the Making: Austrian Sociology in a European Context" in Brigitta Nedelmann and Piotr Sztompka(eds.) *Sociology in Europe. In Search of Identity*, Berlin and New York: Walter de Gruyter, 1993, pp. 99~118. 특히 pp. 114~15를 볼 것.

57) 지그문트 바우만, 「글쓰기와 사회학적 글쓰기에 관해서」, 『액체근대』, 이일수 옮김, 강, 2005, pp. 323~24.

서 다음과 같은 문장을 인용하고 있다. "시는 과학이 우리에게 진리라고 말하는 것에서 벗어나 있는 어떤 틀schema에 엮여 있는데 그 틀은 과학의 틀보다 결코 못하지 않다. [……] 시는 우리들이 살기에 바빠서 누리지 못하고 있는 삶을 되찾게 해준다. 더욱 역설적으로 말하자면 시는 우리들이 도달할 수 없었던바, 우리들이 우리들 안에서 사는 것을 허용한다."[58]

그렇다면 사회학은 무엇을 위해 존재하는가? 사회학은 무엇보다도 "우리들이 바빠서 누리지 못하고 있는 삶", 다시 말해서 인간적인 삶이 가능한 사회를 만들기 위해서 있는 것은 아닐까? 인간적인 삶이란 때로 시적 감동을 느끼며 살 수 있는 사회라고 할 때 사회학은 시적인 영감과 멀리 떨어져 있지 않다. 바우만이나 벨라의 말에 동의한다면 사회학자도 때로는 지식의 틀을 넘어 시의 세계로 들어갈 필요가 있다. 시를 통해 지식을 상대화하고 더 큰 세계, 더 넓은 세계로부터 영감을 받음으로써 "우리들이 우리들 안에서 사는 것" "내가 나의 삶을 사는 것"이 가능한 사회를 만드는 데 유용한 지식을 만들어낼 수 있기 때문이다.

1970년대에 '인간주의 사회학'을 제창했던 원로 사회학자 김경동은 고교 시절 문학을 하고 싶었으나 문학을 하려면 일단 사회학을 공부하라는 차기벽 선생의 충고를 듣고 사회학자가 되었다.[59] 그는 사회학을 하면서도 간간히 시를 써서 두 권의 시집을 펴내기도 했다.

---

58) Robert Bellah, *Religion in Human Evolution*에서 재인용. 이 문장은 시인이자 비평가인 마크 스트랜드Mark Strand의 글에서 따온 것이다.
59) 김경동, 『인간주의 사회학』, 민음사, 1978. 원로 정치학자 차기벽은 1950년대 초반 대구에서 고교 교사생활을 할 때 김경동의 스승이었다.

나는 감히 시인으로 자처하지 않는다.

시 쓰기를 전업으로 하지 않기 때문이다.

그러나, 나는 시를 계속 쓴다.

시가 좋기 때문이다.

[……]

내게 시는 문학이기도 하고 사회학이기도 하다.

그 둘이 만날 수 있으면 그 또한 즐거운 일이 아니랴.

세상은 날이 갈수록 좋아져야 한다고 믿고 있는데

우리의 눈이 높아진 탓인가 좋아지기는커녕 오히려

더 험악해지는 세태를 학문의 분석만으로 밝히는 일도 필요하지만,

시인의 눈으로 바라보고

시로써 사람들의 마음을 울릴 수만 있다면

—김경동, 「지성이 시니컬해지는 까닭」 부분

미국의 지리학자 데이비드 네메스는 1987년에 제주도의 자연, 풍수, 개발에 대한 연구서를 펴낸 바 있는데 그 책이 25년 만에 한국어로 번역 출판되었다. 그래서 그는 아주 오랜만에 제주도에 오게 되었다. 그런데 그가 예전에 보았던 제주도는 이미 사라지고 없었다. 그는 마음이 너무 아팠다. 그동안 제주도는 개발이라는 이름으로 너무나도 심하게 훼손되고 오염되어버린 것이다. 그는 오래전 가마솥 모양의 화산섬 제주도를 찬양하며 펴낸 그의 연구서가 제주도의 난개발을 막는 데 아무 소

용이 없었음을 깨달았다. 그래서 한국어판 저자 서문에 이렇게 썼다. "최근에 이르러 몇몇 질문들이 내 뇌리를 파고든다. [……] 만약 본서가 건조한 학술서가 아니라 정열적이고 시적으로 표현되었더라면 어떠했을까?"[60] 서문은 다음과 같은 힘찬 시로 끝난다.

가마솥 위에
파도가 넘실거리고.
흰 사슴이
가마솥을 뛰쳐나가
뛰놀고.
빠지고.
잠자고.
불멸하는 곳.

—데이비드 네메스, 「한라산 주문」 부분

사진과 사회학

"사진을 찍는 일은 머리와 눈과 가슴을 하나의 조준선에 놓는 작업이다." 프랑스의 사진작가 앙리 카르티에-브레송의 말이다. 이 말은 사

---

60) 데이비드 네메스, 『제주 땅에 새겨진 신유가 사상의 자취』, 고영자 옮김, 제주시 우당도서관, 2012, p. 8. 이 책의 원서는 David Nemeth, *Architecture of Ideology—Neo-confucian Imprinting on Cheju Island, Korea*(University of California Press, 1987)이다

회학에도 그대로 해당된다. 사회를 관찰하는 사회학자도 머리만이 아니라 눈과 가슴을 동시에 사용해야 한다. 사진에도 미학적 차원과 더불어 사회적 차원이 있다. 특히 현장과 사건에 밀착되어 있는 보도사진에는 역사적 장면을 기록하고 기억하는 기능이 있다. 사진 속의 이미지는 문제를 더 빨리 더 강렬하게 느끼게 해준다. 한 장의 사진이 불러일으키는 섬광 같은 깨달음, 시적 감흥, 무질서한 세상을 질서 있게 바라보는 시선의 힘 등 사회학자들은 사진작가들로부터 많은 것을 배울 수 있다. 훌륭한 사진작가가 사진을 통해 사회의 감추어진 단면을 드러내듯이 뛰어난 사회학자라면 거대한 혼돈 속에 작동하는 잘 보이지 않는 사회의 이면을 글을 통해 드러내야 한다.

사진은 누구에게나 즉각적인 이해를 불러일으킨다. 이해의 즉각성과 자동성은 사진의 강점이다. 누군가가 프랑스 사회를 알고 싶다고 하자. 그럴 경우 프랑스 사회를 보여주는 사진 100장을 먼저 보고 난 다음 프랑스 사회를 분석한 사회학 책을 읽는다면 훨씬 생기 있는 이해가 가능할 것이며, 20세기 세계사 책을 읽기 전에 20세기를 대표하는 사진 100장을 먼저 본다면 생생한 느낌을 가지고 역사책을 훨씬 더 재미있게 읽을 수 있을 것이다. 그렇다고 사진이 텍스트의 이해를 돕는 보조 역할에 그치는 것은 아니다. 사진은 글을 보완하는 데 머무르지 않고 글이 보여주지 못하는 것을 보여준다. 사진은 스쳐 지나가버리는 잘 보이지 않는 디테일을 자세하고 정교하게 기록한다. 워커 에반스가 1930년대 대공황 시절의 미국 남부 사람들의 헐벗은 삶의 현장을 찍은 사진들이나 1950년대 미국의 상류층과 하류층의 삶을 대비시켜 찍은 로버트 프랑크의 사진들은 당시의 미국 사회를 사실적으로 보여주는 훌륭한 작품들이다. 그렇다고 사진을 찍는 작업이 현실의 객관적 재현은 아니다.

그것은 사진작가가 자기 눈으로 현실을 다시 보는 일이다.[61] 사진작가는 사진기에 붙어 있는 작은 유리창, '파인더'를 통해서 '프레이밍' 작업을 한다. 틀 짓기를 통해 사진으로 표현되는 장면이 있고 거기에서 배제되는 부분이 생긴다. 그러니까 사진작가는 항상 무엇을 포함하고 무엇을 배제할 것인가를 결정함으로써 감동과 의미를 만들어낸다. 사회학자도 마찬가지로 '프레이밍'을 한다. 자신의 문제의식과 이론적 틀 안에 들어오는 사회적 현상을 묘사하고 설명하는 것이 사회학자의 일이다. 사진은 순간에 포착한 한 장면을 통해 감동과 의미를 즉각적으로 표현하는 반면에 사회학자는 자료의 제시와 분석이 들어간 글을 통해 독자에게 성찰을 유발한다.[62] 사회학자의 글이 사진이 주는 것과 같은 감동을 불러일으킬 수는 없다. 그럼에도 불구하고 사회학자가 글을 통해 사람들에게 사회와 삶의 의미에 대해 성찰을 유발하려면 독자들의 머리와 더불어 마음을 움직일 줄 알아야 한다. 사회학자는 바로 그 점을 사진작가로부터 배워야 한다. 당연한 세계가 낯설게 느껴지게 만드는 방법을 배워야 한다.

사진작가들은 대체로 한곳에 머무르지 않고 낯선 곳을 찾아 떠돌아

---

61) 일반적으로 사람들은 사진이 사실성과 객관성을 지니고 있다고 생각한다. 그러나 사진은 가시적 실재의 객관적 재현이 아니다. 그것은 선별된 시각에서 선택된 대상을 주관적으로 재현한 결과다. 사진의 특성은 사실성과 객관성에 있다기보다는 마르셀 프루스트가 말하듯이 "잘 알려진 사물을 독특한 영상으로, 일상적으로 보던 것과는 전혀 다르게 독특하면서도 진실된 영상으로 전해주는" 힘에 있다. 다시 말해서 훌륭한 사진일수록 일상을 있는 그대로 재현하지 않고 낯선 시각으로 보게 한다. 피에르 부르디외, 『사진의 사회적 정의』(한경애 옮김, 눈빛, 1989, pp. 7~14)를 볼 것.

62) 사진은 감정에 호소하는 힘 때문에 상업용 광고와 정치적 선전에 이용되기 쉽다. 그림과 달리 사진은 현실을 재현한다고 생각하기 때문이다. 그러나 사진은 변형, 삭제, 개조 등 여러 방식을 통해 조작될 수 있다. 사회학자는 사진의 힘을 활용하면서 사진의 남용을 경고해야 한다.

다닌다. 1908년생인 앙리 카르티에-브레송은 1930년대부터 1960년대에 이르기까지 세상 곳곳을 누비고 다녔다. 아프리카의 아이보리코스트에서 시작하여 아시아의 인도, 중국, 일본, 인도네시아, 중동, 라틴아메리카의 멕시코, 쿠바, 그리고 미국과 유럽의 스페인, 이탈리아, 소련과 동유럽을 다니며 20세기의 중요한 역사적 사건과 일상의 장면을 사진에 담았다. 좋은 사진작가가 되기 위해서는 일단 많은 곳을 떠돌아다녀야 한다. 붙박이 기질보다는 떠돌이 기질이 사진작가의 특성이다. 자기가 태어나고 자란 익숙한 장소가 아닌 낯선 장면 속에 있기를 즐기는 사람이라야 세상을 사진에 담을 수 있다. 카르티에-브레송은 아무리 먼 거리라도 비행기로 이동하기를 거부하고 늘 기차를 탔다. 그는 땅 위로 다니며 땅 위에서 일어나는 일을 필름에 담았고 땅 위에서 느끼고 생각하며 삶과 사회에 대한 감수성을 키웠다. 그의 사진 작업은 삶이란 무엇이고 세상은 어떻게 돌아가고 있는가에 대한 답을 찾는 과정이기도 했다. 사진을 통해 세계 곳곳의 다양한 삶의 모습과 역사적 장면의 현장을 기록했다. 1932년 파리 생라자르 역 뒷골목 풍경, 1933년 마드리드 풍경, 1934년 멕시코의 유곽에서 찍은 두 여인의 모습, 1938년 파리 근교 마른 강변에서 주말에 노동자들이 휴식하는 장면, 1944년 해방 정국에서 나치 협력자들을 향해 억압되었던 감정을 분출시키고 있는 프랑스 여성의 모습, 1948년 간디의 장례식 장면, 1949년 중국 공산당이 집권하고 국민당이 퇴각할 때 화폐를 금으로 바꾸기 위해 상하이 은행가에 몰린 군중들의 모습, 1955년 런던 증권시장의 모습, 1960년 뉴욕의 사무실 풍경은 그 시대 그 사회의 분위기를 진하게 느끼게 해준다. 사회학은 그런 특별한 느낌을 만들어내는 장면들을 두껍게 묘사하고 서술하고 분석하고 명확하게 설명할 수 있어야 한다.

사회학자가 그렇듯이 사진작가도 익숙한 것을 낯설게 만드는 사람들이다. 그래서 사진작가 가운데는 이방인이 많다. 파리에는 동유럽 출신 사진작가들이 많다. 앙드레 케르테즈는 헝가리 출신으로 파리에서 살다가 뉴욕으로 망명한 사진작가다. 그는 이방인의 시선으로 파리의 풍경을 사진으로 남겼다. 그는 인생의 후반기를 뉴욕에서 보냈지만 그의 가슴에는 젊은 시절 파리의 추억이 선명하게 남아 있어 죽기 전에 자신의 작품 전체를 프랑스 정부에 기증했다. 사진도 예술작품이라면 거기에는 작가의 내면적 삶이 스며들어 있다. 그래서 케르테즈는 "나는 결코 그냥 사진을 찍은 적이 없다. 나는 사진을 통해 나 자신을 표현한다"고 말했다. 그의 사진 작업은 매일 사진으로 일기를 쓰는 일과 마찬가지였다. 그는 자기가 본 것을 찍는 것이 아니라 느낀 것을 찍었다.[63] 앙드레 케르테즈는 카메라로 시를 쓰는 도시의 시인이었다. 그의 사진에는 파리와 뉴욕이라는 두 도시에서 포착한 시적인 순간들이 들어 있다. 그의 사진은 보는 사람을 그가 느꼈던 시적 분위기 속으로 빨려들어가게 만든다. 그러나 그의 사진은 느끼게 하는 동시에 생각하게 만든다. 감정과 사고를 동시에 유발하는 게 그의 사진이다.

사진은 사회학적 연구에 단서를 제공할 수 있다. 6·25전쟁 이후 1950년대 중반 북한 사회는 어떤 모습을 하고 있었고 북한 사람들은 어떤 삶을 살고 있었을까? 프랑스의 사진작가 크리스 마커[마르케]의 『북녘 사람들』은 이 질문에 대한 하나의 답을 제공한다. "정치적인 조직화와 최고 통치권자의 개인숭배가 더욱 심화"되기 이전, "전쟁으로 급격히

---

63) 신미식 외, 『감동이 오기 전에는 셔터를 누르지 마라』(이클라세, 2006)라는 제목의 사진집도 같은 뜻을 담고 있다.

초래된 폐허와 이제 막 새로이 건설되는 건물들이 서로 미완인 채로 한 순간의 균형을 이루고 있는 이중의 배경 속에서 그들 방식대로 사회주의 국가를 건설해나가는 북한 주민들의 생활 이모저모를 크리스 마커의 사진들은 생동감 있게 보여주고 있다."[64] 아직은 삶의 자발성과 생동감이 느껴지는 장면들이다. 그런데 이런 사회가 어떻게 카리스마 권력을 세습하는 '극장국가'로 변모하는가를 연구하는 것이 사회과학자의 일이다.[65]

1960년대 말부터 30여 년에 걸쳐 수많은 작품을 남긴 김기찬의 사진 작업은 빈민층과 빈민 주거지를 연구한 사회학자의 논문이나 저서보다 훨씬 더 많은 것을 이야기해준다.[66] 서울의 중림동과 행촌동 등의 달동네 풍경과 서울 변두리 지역의 도로만 나오는 황량한 풍경, 멀리 보이는 아파트 단지들이 늘어선 사진들은 '압축 근대'라고 부르는 한국 사회의 변동이 얼마나 빠른 기간에 어떤 방식으로 진행되었는가를 적나라하게 보여준다. 도시빈민이니 민중이니 하는 추상적 개념들은 김기찬의 사진을 통해 구체적인 모습을 드러낸다. 불평등이나 도시빈민을 다루는 사회학적 분석은 김기찬의 골목길 풍경과 함께 읽을 때 더 큰 공감을 불러일으키며 더 잘 이해될 수 있다.[67] 사회학과 사진은 그렇게 서로 보완적 관계를 이룰 수 있다.

---

64) 김무경, 「역자 후기」, 크리스 마커(사진·글), 『북녘 사람들』, 김무경 옮김, 눈빛, 1989, pp. 185~86.
65) 권헌익·정병호, 『극장국가 북한—카리스마 권력은 어떻게 세습되는가?』(창비, 2013)에 실린 사진들과 크리스 마커의 사진을 비교해보라.
66) 김기찬, 『골목 안 풍경 전집』, 눈빛, 2011.
67) 김기찬은 '골목길 연작'에서 사회적 고발을 목표로 한 것이 아니라, 가난 속에서도 희망을 잃지 않고 살아가는 사람들의 훈훈한 모습을 보여주려고 했다. 그럼에도 불구하고 그의 작품은 사회학적 의미를 담고 있다.

사회학자들에 비해 인류학자들은 사진 작업을 통해 기초 연구 자료를 확보하는 데 익숙하다. 철학에서 시작하여 인류학을 거쳐 사회학자가 된 부르디외는 1956년에서 1960년 사이에 알제리에서 현장연구를 하면서 사진 작업을 병행했다. 그는 알제리 농촌 마을을 다니며 기존의 사회적 관계를 유지시키는 '지배'의 메커니즘을 밝혀내려고 했다. 그런 작업의 일환으로 사진을 찍은 것이다. 그는 통계수치와 도표만이 아니라 사진 자료를 제시하면서 지배자와 피지배자 사이의 관계를 유지시키는 지배의 메커니즘을 밝혔다.[68] 2003년 그의 사망 1주년을 기념하여 부르디외의 알제리 사진전이 파리 아랍문화원에서 열렸다. 1950년대 말 알제리 해방전쟁이 한창일 때 부르디외는 이렇게 말했다. "전쟁을 통해 모든 허위의 장식과 모호함이 백일하에 드러난다. 식민지 모국 사람들은 전면전을 통해 완전한 승리를 거두어 원래의 수직적 관계를 복원하려고 한다. 그러나 전쟁은 강제력과 차별에 근거한 식민지 체제의 껍질을 벗겨 식민지 백성들에게 그 본래의 모습을 보여준다."[69]

이후 부르디외는 1979년에 펴낸 『구별짓기』에서 지배계급과 민중계급과 중간계급이 일하는 장면, 거실과 식사 장면 등을 사진을 통해 대비시키면서 계급에 따라 서로 다르게 형성된 아비투스와 그에 따른 상징적 폭력을 설명하였다. 이 책의 표지에는 한 남자가 왼손으로 넓적다리 고기를 잡고 오른손으로 한 점을 떼어서 입에 넣는 장면이 나오기도 한다. 프랑스 작가 아니 에르노는 이 책을 읽고 커다란 해방감을 느꼈다

---

68) 그의 알제리 연구는 『알제리의 사회학Sociologie de l'Algérie』『알제리에서의 노동과 노동자Travail et Travailleurs en Algérie』『뿌리뽑힘Déracinement』이라는 세 권의 저서에 정리되어 있다.

69) 인용문들은 사진 전시회에 설치된 설명문들에서 따온 것이다.

고 했는데 사진이 없었다면 아마도 책이 주는 해방적 감동은 훨씬 줄어들었을 것이다. 1975년 부르디외가 창간한 학술잡지『사회과학 연구논집*Actes de la recherche en sciences sociales*』에는 흔히 사진이 들어간 논문들이 실리기도 한다.

건축과 사회학

사회학은 사회학자들의 밥벌이 수단에 머무르기에는 너무나 아까운 학문이다. 사회학은 사회를 구성하는 사람들이 사회를 이해하고 해석하는 방식을 바꿈으로써 삶을 바꾸고 사회를 바꾸는 일에 기여해야 한다. 그런데 사회라는 것이 워낙 추상적이고 광범위해서 사회를 바꾼다는 말이 잘 와 닿지 않는다. 두 사람 사이의 상호작용에서 시작하여 세계체계에 이르는 사회학의 연구 대상이 지닌 추상성에 비해, 집에서 빌딩을 거쳐 도시에 이르는 구체적인 형상을 만드는 건축은 즉각적인 물질성을 가지고 있다. 건물과 도시는 몸으로 직접 느낄 수 있다. 사회학으로 삶과 사회를 바꾸는 일은 막연하게 느껴지는데, 건축으로 삶과 사회를 바꾸는 일은 훨씬 구체적으로 다가온다. 그래서일까? 건축가 승효상은 자신이 건축에 헌신하는 이유를 "건축으로 사람과 사회를 바꿀 수 있기 때문이다. 부부가 서로 닮듯 건물과 사람도 함께 지내면 비슷해진다. 좋은 건축 속에 있으면 사람도 좋아진다"라고 말한다.[70]

공간을 매개로 인간과 사회에 영향을 미치는 건축은 공학과 조형예술

---

70) 승효상·홍동원,『某用空間』, 글씨미디어, 2013, p. 12.

의 한 분야로 여겨진다. 그런데 건축이 궁극적으로 인간과 사회의 변화를 지향한다면 건축은 인문학과 사회과학적 성찰을 포함해야 한다. 건축과 도시는 그 안에 사는 사람들의 삶에 지대한 영향을 미치기 때문에 인간과 사회에 대한 올바른 이해가 없다면 좋은 건축과 도시를 창조할 수 없다. '말하는 건축가' 정기용은 "건축을 구태여 학문적으로 분류하자면 예술이나 기술이 아니라 오히려 인문·사회과학의 영역에 포함시키는 것이 적절해 보인다"고 말했다.[71] 그래서 훌륭한 건축가들은 인간과 사회를 알기 위해 인문학과 사회과학 분야의 책을 열심히 탐독한다. 건축가들이 건축을 통해 인간과 사회를 좋은 상태로 바꾸려고 한다면 사회학자는 정작 건축가들에게 무슨 이야기를 할 수 있을까? 그동안 사회학자들은 보이지 않는 추상적 개념에 사로잡혀 집과 도시라는 구체적인 물질성을 지닌 대상에 큰 관심을 보이지 않았다. 그러나 이제 사회학자들도 삶이 이루어지는 공간에 관심을 가져야 할 때가 왔다. 민주주의와 다양성을 주장하는 사회학자라면 그런 가치들이 공간 속에 표현되는 방식을 연구해야 한다. 아니 그에 앞서 지난 근현대사를 거치며 살아온 공동의 삶이 도시 공간 속에 어떤 흔적으로 남아 있는지를 살피고 그것들의 의미를 반추해야 한다. "모든 땅엔, 과거의 기억이 손금과 지문처럼 남아 있다. 우리 모두에게 각자 다른 지문指紋이 있듯이 땅도 고유한 무늬地文, landscript를 가지고 있다. 더러는 자연의 세월이 만든 무늬이며, 더러는 그 위에 우리의 삶이 연속적으로 새긴 무늬이다. 이는 우리가 땅에 쓴 우리 삶의 기록이며 이야기이다. 따라서 땅은 장대하고 존엄한 역사서이며 그래서 귀하고 귀하다."[72] 건축은 그런 지문을 읽으

71) 정기용, 『사람, 건축, 도시』, 현실문화, 2008, p. 7.

면서 땅과 사람이 요구하는 새로운 요소를 덧대는 일이다. 건축가는 기존의 도시 공간에 새로운 건물 하나를 잇대어 지음으로써 건물 주변을 새롭게 만들 수 있다. 그게 사회학자는 가질 수 없고 오로지 건축가만이 갖는 힘이다.

그렇다면 사회학자는 그런 건축가의 작업으로부터 무엇을 배울 것인가? 건축은 부분을 전체와 관련지워 이루어진다. 부분들이 조합되어 전체를 이루며 하나의 건물로 완성된다. "건축의 모든 부분은 마치 텍스트의 단어와 같이 그것을 어떻게 조합하느냐에 달려 있다."[73] 건축학이 건축 요소들이 조합되는 법칙을 찾아내고 연구하는 작업이라면 사회학은 사회의 구성 요소들을 밝히고 그것들이 조합되는 방식을 찾아내는 작업이다. 사회 속에서 관계 맺고 살아가는 사람들의 삶의 방식을 있는 대로 관찰하고 그것들 안에 숨어 있는 문법의 요소들을 찾아내는 일이다. 그리고 거기에 새로운 문법의 구성 요소들을 추가하면서 기존의 문법 요소들을 변화시키는 일이다.[74]

건축과 도시는 삶을 담는 그릇이다. 그것은 "단지 바라보기 위한 대상이 아니다. 구체적인 인간의 모습과 생활 그리고 그 사회의 부대낌, 사회가 바라보는 미래의 모습을 담는 그릇이 되어야 한다. 이리하여 건축은 건축가가 공간으로 표현하는 시대정신이 되는 것이다."[75] 그러나 사회 속에는 건축과 예술을 포함하여 정치, 경제, 법, 가족, 교육, 의료

---

72) 승효상·홍동원, 같은 책, p. 20. 프랑스의 수도 파리의 장소들에 새겨진 '지문'을 해석한 책으로 정수복, 『파리의 장소들—기억과 풍경의 도시미학』(문학과지성사, 2010)을 볼 것.

73) 정기용, 같은 책, p. 301.

74) 이런 작업의 하나의 보기로 정수복, 『한국인의 문화적 문법—당연의 세계 낯설게 보기』를 볼 것.

75) 서현, 『건축, 음악처럼 듣고 미술처럼 보다—인문적 건축이야기』, 효형출판, 2005, p. 248.

등 인간 삶의 모든 측면이 담겨 있다. 사회학은 그 모든 것을 포괄한다. 사회학은 사회과학의 한 분야가 아니라 사회과학 전체를 감싸 안으면서 인문학과 대화하는 기초학문이기 때문이다. 사회학이야말로 인간과 사회를 포괄적으로 다루는 가장 광범위한 영역의 학문이다. 그렇다면 이제 사회학은 건축을 적극적 관심의 영역으로 끌어들여야 한다.[76] "건축가들은 현대 사회의 어느 구성원들보다도 적극적으로 자신들이 속한 사회를 분석한다. 그리고 그 사회의 역동성에 맞는 건축적 해답을 찾기 위해 노력한다."[77] 건축가가 사회를 분석하면서 건축으로 사람과 사회를 바꾸려 한다면 사회학자도 그들이 하는 일을 함께 할 수 있다. 도시 공간의 문제에 관심을 갖는 사회학자라면 우선 도시 공간이 우리의 삶을 어떻게 규정하고 길들이는지를 연구해야 하고, 그런 연구의 바탕 위에서 주체적이고 개성적이고 창조적인 삶이 가능한 공간 구성의 원칙과 방법을 건축가들과 함께 고민해야 한다.[78] 시인이자 건축가인 함성호는 '건축사회학'이라는 부제를 가진 일련의 시에서 그런 작업을 시작했다. 예를 하나 들어보자.

저것은 거대한 욕망의 성채다

이성을 살해한 음울한 중세의 성벽과

---

76) 사회학자의 건축비평의 보기로 정기용의 공공 건축에 스며들어 있는 일상성과 공공성을 연구한 김무경, 「건축에서의 '일상성'과 '공공성'—정기용의 공공건축 연작을 중심으로」, 『문화와 사회』 16권(2014년 봄/여름호, pp. 105~41)을 볼 것.
77) 서현, 같은 책, p. 17.
78) 도시 공간에 대한 사회학적 연구방법으로 '걷기'를 제안하고 서울을 걸으며 관찰한 내용을 기록한 정수복, 『도시를 걷는 사회학자』(문학동네, 2015)를 참조할 것.

빛나는 P. C. 자기질 타일 외장의 롯데 월드

그것은 무엇을 방어하고 있나요

당신을, 우리를, 무산 대중을?

꿈과 희망의 동산이요, 사랑과 행복의

당신의 휴식 공간 롯데는

우리를 모두 젊은 베르테르의 사랑에 빠지게 한다

욕구의 끓는 기름과 조갈의 불화살을 쏴

끊임없이 당신을 상품화하고

끊임없이 당신을 당신이 소비하도록

구애한다

"여러분은 지금 롯데 월드로 가시는 전철을⋯⋯"

욕/망/을/드/립/니/다

　　/쾌/락/을/드/립/니/다

"내리시면 바로 당신을 진열해드립니다"

이 지하철은 저 성채의 비밀 통로인 모양이다

　　　　　　　　—함성호, 「잠실 롯데 월드—건축사회학」[79]

　서울은 너무 새로운 도시예요 삼성동 무역회관은 승천하는 용의 모습
이 아니라 신군국주의의 섬뜩한 총구예요 니껜 세께이가 표방한 이천년

79) 함성호, 『56억 7천만 년의 고독』, 문학과지성사, 1992, p. 111.

대 무역 한국의 모습은 자위대의 해상 훈련과 엔 블록의 좌표점 어디에 위치할까요? (최고의 건축은 아무것도 건축하지 않는 것이라니까요?) 서울은 꼬리 아홉 달린 여우의 조화 같애요 저 청상과부의 아름다운 그림자를 주의하세요

서울은 광난다—누가 이렇게 밤새 닦어놓았나

번쩍번쩍합니다, 수입 완제품인 서울

—함성호, 「서울, 서울, 서울—건축사회학」[80] 부분

프랑스의 건축가 크리스티앙 드 포르장파르크Christian de Portzamparc는 젊은 시절 병든 도시가 정신분열적 인간을 만든다는 생각을 갖고 그렇게 병든 인간을 치유하는 건축을 하겠다고 마음먹었다는 이야기를 들은 적이 있다. 램 콜하스는 "맨해튼은 서구 문명의 종착 단계의 무대이다"라고 갈파했다.[81] 건축가 서현은 "건축은 우리의 가치관을, 우리의 사고 구조를 우리가 사는 방법을 통하여 보여주는 인간정신의 표현이다"라고 썼다.[82] 문학평론가 김현은 오늘날 우리들의 지배적 주거 형식이 된 아파트가 우리들의 삶을 어떻게 주조하는가를 다음과 같이 분석했다. "내가 지금 살고 있는 곳은 반포의 서른두 평짜리 아파트이다. [······] 아파트가 대중 조작에 가장 적합한 장소라는 것을 알게 된 것은 거기서였다. 직업이 다르고, 나이가 다르고, 얼굴의 형태가 달라도 거주 공간이 같으면 성격이 비슷해지게 마련인 모양이었다. 나도 내 아내

---

80) 같은 책, p. 129.
81) 램 콜하스, 『정신착란병의 뉴욕』, 김원갑 옮김, 태림문화사, 1987.
82) 서현, 같은 책, p. 306.

도 옆집 사람들과 같은 텔레비전의 프로그램을 보고 듣고, 같은 밑반찬을 준비하고, 같은 식의 음식을 만들고, 그래서 결국 같은 생각을 하게 되었다. [……] 아파트에 살면서 나는 아파트가 하나의 거주 공간이 아니라 사고 양식이라는 것을 깨달았다. 그것은 중산층의 사고 양식이었다."[83] 아파트에 살다보면 병에 걸리기도 한다. "더 새롭고 더 넓은 아파트로 가려는 아파트 주민들의 병은 아주 고치기 힘든 병이다."[84] 아파트에 살다보면 삶이 두터워질 수가 없다. 그곳에서는 오로지 얇은 두께의 삶만이 이루어진다. "아파트는 모든 방의 높이가 같다. 다만 분할된 곳의 크기가 다를 뿐이다. 그렇기 때문에 아파트에서의 삶은 입체감을 갖고 있지 않다. 아파트에서는 부엌이나 안방이나 화장실이나 거실이 다같은 높이의 평면 위에 있다. 그것보다 밑에 또는 위에 있는 것은 다른 사람의 아파트이다. 좀 심한 표현을 쓴다면 아파트에서는 모든 것이 평면적이다. 깊이가 없는 것이다. 사물은 아파트에서 그 부피를 잃고 평면 위에 선으로 존재하는 그림같이 되어버린다. 모든 것은 한 평면 위에 나열되어 있다. 그래서 한눈에 들어오게 되어 있다. 아파트에는 사람이나 물건이나 다 같이 자신을 숨길 데가 없다. 모든 것이 열려 있다. 그러나 그 열림은 깊이 있는 열림이 아니라 표피적인 열림이다. 한눈에 드러난다는 것, 또는 한눈에 드러나는 것으로 여겨지는 것은, 깊이를 가진 인간에게는 상당한 형벌이다. [……] 같은 평면 위에서 대번에 그 정체를 드러내는 사물과 인간은 두께나 깊이를 가질 수 없다. 두께나 깊이는 차

83) 김현, 『우리 시대의 문학/두꺼운 삶과 얇은 삶』, 김현문학전집 14권, 문학과지성사, 1993, pp. 359~61.
84) 같은 책, p. 362.

원이 다른 것이 겹쳐서 생기기 때문이다."[85]

정기용은 한국의 현대 건축가들이 우리 사회의 진정한 건축적 요구를 파악하지 못했기 때문에 사적인 취향은 난무하나 공공성은 찾기 힘들게 되었고 그 결과 우리다운 정체성을 지닌 건축과 도시를 만들지 못했다고 비판했다. 그는 비판에 그치지 않고 스스로 '사회적 조절자social coordinator'가 되어 무주 주민들의 다양한 사회적 요구를 파악하고 그것을 공공건축으로 표현함으로써 건축이 인간과 사회를 변화시킬 수 있는 가능성을 실험했다.[86] 건축가들이 건축을 통해 인간과 사회를 변화시키려고 노력한다면 사회학자들은 사회학을 통해 인간과 사회를 변화시킬 수 있는 방안을 모색한다. 건축가 정기용은 "어떻게 함께 살아야 할 것인가"라는 질문을 던진다. 그것은 사회학자의 질문이기도 하다. 두터운 삶이 가능한 주거와 도시는 어떤 모습을 해야 하고 두터운 삶이 가능한 사회는 어떤 사회를 말하는가? 이런 문제를 놓고 사회학자와 건축가는 대화를 통해 서로를 자극하면서 인간적인 건축과 도시와 사회를 만들어가는 데 기여할 수 있을 것이다.

---

85) 같은 책, pp. 363~64. 건축가 정기용은 김현과 같은 생각을 이렇게 썼다. "아파트야말로 한국인의 의식 구조는 물론 인간성 자체를 송두리째 개조시켜버린 건축물일 것이다. 그야말로 사용가치보다 우선되는 교환가치의 화신이다. 아파트는 우리의 '동네'를 대기업의 이름으로 대치시켜버렸고, 서민의 뇌리에 '당첨'이라는 도박성을 심어주었다. 건축 공간이나 외관의 문제가 아니라 평당 얼마냐 하는 '면적'이 중요한 것이다. 면적은 곧 돈이다. 아파트 주거의 핵심은 '돈'인 것이다"(정기용, 같은 책, p. 305).

86) 김무경, 같은 글, p. 129.

'사회학자/작가'라는 이중의 정체성

건축이 집을 짓는다면 사회학은 글을 짓는다. 사회학은 결국 언어를 통해 자신의 작업을 표현해야 한다. 그런 점에서 사회학자는 작가가 되어야 한다. 모든 작가는 글을 통해 다른 사람들과 만나고 교감하고 대화한다. 사회학자가 쓴 글도 동료 사회학자를 넘어 보통 사람들과 소통할 때 사회적으로 의미 있는 작업이 된다. 글을 쓰는 사람이라면 누구를 향해 어떤 글을 어떻게 쓸 것인가라는 문제를 피해갈 수 없다. 예술로서의 사회학은 모든 사람을 위한 글쓰기를 지향한다. 사회학자는 평균 수준의 교양과 문제의식을 갖춘 사람이라면 누구나 알아들을 수 있는 방식으로 글을 씀으로써 사회 속에 살아가는 보통 사람들과 소통할 수 있다. 그런 사회학적 글쓰기는 시, 수필, 소설, 평론을 종합하는 새로운 글쓰기일 것이다. 사회학은 저자와 독자의 주관성의 차원을 존중하면서도 객관성을 추구한다. 그렇다고 사회학이 가치중립성을 내세우며 객관적 사실을 논리적으로 제시하고 인과관계를 설명하는 작업에 국한될 필요는 없다. 여기서 말하는 객관성은 똑같은 조건 아래서 반복되는 법칙으로서의 객관성이 아니라 사회 속의 인간이 자신의 외부에서 자신에게 작용하는 힘들을 거리를 두고 객관화시켜볼 수 있는 능력을 말한다. 그렇다면 객관성은 주관성과 배치되지 않고 주관성을 더욱 성숙하게 만든다. 인간의 내면적 삶은 사회적 조건이라는 외부 상황으로 환원되지 않는다. 삶은 외부의 도전에 대한 주관적 응전으로 이루어진다. 그런 외부적 상황에 대해 주관적 해석의 과정을 거친 주체적 반응을 이해하기 위해서는 '차가운' 객관성이 아니라 '따뜻한' 객관성이 필요하다. 모든 개인적 삶의 차원은 고유하고 특수하다. 그 고유함을 이해하기 위해서는 과학자의 눈이 아니라 예술가의 마음이 필요하다. 그래서 예술로서의 사회학은 경청과 공감, 소통과 이해의 사회학이 된다.

예술은 사람과 사람 사이의 소통을 전제로 이루어지는 창조 행위다. 예술로서의 사회학은 진정한 소통을 위한 글쓰기 방식에 대해 고심하고 소통을 증진시키는 글쓰기 방식을 모색한다. 읽는 이의 마음의 문을 열기 위한 효과적인 글쓰기가 없다면 사회학자가 만들어낸 지식은 표현 방법이 없는 벙어리 지식에 머무르고 말 것이다. 대화와 소통에 도달하지 못하는 학술논문의 양산은 사회학자의 밥벌이 수단을 크게 벗어나지 않는다. 대화와 소통을 위해서는 자기를 드러내야 한다. 자기가 쏙 빠진 논문체의 글쓰기로는 대화가 불가능하다. 예술로서의 사회학은 사회학자 개인이 세상을 살아가는 한 사람의 인간으로서 성숙해가면서 사회와 인생을 보는 개성적 시각이 드러나는 글쓰기를 실험한다. 그런 글이라야 보통 사람들과 소통이 가능하다.

그런 점에서 인문학자는 사회학자보다 자기를 드러내며 대중과 소통하는 글쓰기에 능숙하다. 대중과 소통하는 글쓰기를 구사하는 사회학자 송호근은 인문학자의 글쓰기와 사회과학자의 글쓰기를 이렇게 대비시켰다. "인문학자는 연구 대상에 자신을 몰입시켜 어떤 화학 작용이 일어날 것을 기대하고 그 과정에서 흘러나오는 감각으로 글을 쓴다. 대상과 자신의 일체감 없이는 글이 나오지 않는다. [……] 인문학자의 글은 인식의 깊이와 성숙을 가늠하는 척도이다. 그런데 사회과학자에게는 인식의 천박함, 정신의 미성숙함을 숨길 수 있는 좋은 무기가 있다. 수학 공식을 즐겨 쓰는 경제학이 가장 그럴 터이지만, 전문 개념, 분석 도구, 분석 기법을 박식하게 동원해서 연구 대상을 잘게 썰어놓으면 된다. 연구자의 주관적 인식과 세계관이 개입할 여지가 상대적으로 적다. [……] 사회과학자에게는 정신의 성숙도가 학문적 업적과 별개의 것이 되는 주된 이유가 여기에 있다. 분석 도구가 쏟아놓은 기호記號들 뒤에서 비교적 여유로운 표정을 짓거나 가끔 점잖게 훈수를 두면 된다."[87]

그렇다면 사회학자가 정신적 성숙과 학문적 업적을 연결시키며 대중과 소통하기 위해서 어떤 글을 어떻게 써야 할 것인가? 신문과 잡지에 쓰는 칼럼이 하나의 답이 될 수 있다. 칼럼은 지식인으로서의 사회학자가 공론장에 적극 개입하여 독자와 소통하는 하나의 방법이다. 사회학자는 칼럼을 통해 논문에서 표명하기 어려웠던 자신의 정치적 입장이나 이념적 성향을 내보일 수도 있다. 그러나 시사성을 띤 그 짧은 칼럼이란 형식 속에 '심오한 인식'과 '성숙한 정신'을 표현하기는 어렵다. 그렇다면 칼럼이 아닌 다른 글쓰기 방식을 찾아보아야 한다.

나는 사회학자 자신의 이야기가 들어가는 인문학적 글쓰기를 하나의 대안으로 제시하고 싶다. 사회학적 내용을 인문학적으로 표현하는 글쓰기다.[88] 불필요한 학술용어 사용을 최대한으로 줄이고 구체적이고 살아 있는 일상 언어와 문학적 표현을 활용함으로써 독자 대중과 접점을 넓히고 공감을 유발하는 인문학적 글쓰기는 사회학자의 부업이 아니라 당당한 본업이 되어야 한다. 그러기 위해서 사회학자는 '사회학자/작가'라는 이중의 정체성을 가져야 한다. 사회학 연구와 인문학적 글쓰기를 병행해야 하는 것이다. 인문학적 글쓰기를 통해 나온 예술로서의

---

87) 송호근, 『독 안에서 별을 헤다』, 생각의나무, 2009, pp. 15~16. 송호근의 글쓰기에 대해서는 이 책 3부 3장의 「'우물' 밖으로 나온 사회학」을 볼 것.
88) 송호근 자신이 펴낸 『나타샤와 자작나무─사회학자 송호근의 세상과 문학 겹쳐읽기』(하늘연못, 2005)는 예술로서의 사회학은 아니지만 사회학자의 문학적 글쓰기의 보기가 될 수 있다.

사회학자가 쓴 글은 '잡문'이 아니라 '작품'의 수준으로 올라서야 한다. 작품으로서의 글쓰기는 글을 쓰는 사람의 존재가 투영되는 최상의 수준을 지향한다. 작품으로서의 사회학은 장인정신을 통해 갈고 다듬어져 독자에게 감동을 일으키며 새로운 방식으로 인간과 사회를 보게 만든다. "작품은 그것을 만든 사람과 그것을 향유하는 사람 사이에 매우 특수한 커뮤니케이션 형식을 부여한다. 무언가가 작품이라는 것은, 그 무언가를 읽거나 관람하는 사람에게 그것을 읽고 버릴 수 있는 정보로 처리하지 말아야 한다는 명령을 함축한다."[89] 예술로서의 사회학에서 글쓰기는 이런 의미에서의 작품을 창작하는 행위다. "작품을 만드는 사람은 연구자일 뿐 아니라 작가이다. 연구자로서 연구하고, 작가로서 제시하는 것이다."[90] '사회학자/작가'라는 이중적 정체성을 가질 때 작품으로서의 글쓰기가 가능해진다.[91]

예술로서의 사회학은 자기 자신의 체험, 느낌, 감정이 배제된 무미건조한 유사과학적 문체를 버리고 자신의 삶을 진솔하게 드러내고 독자들에게 따뜻한 느낌으로 다가서는 인문학적 글쓰기를 지향한다. 그렇다고 얄팍한 감성적 글쓰기를 하자는 말이 아니다. 앙드레 지드가 말했듯이 "비논리적인 것은 짜증이 나고 너무 지나치게 논리적이면 지루하다." 그러므로 심미적 이성, 부드러운 논리, 감성적 지식으로 독자의 머리와 마음을 함께 움직이는 글쓰기를 모색하자는 것이다. 사회학적 지식을 제공하면서 그와 동시에 예술적 감동을 전달할 수 있을 때 예술로

---

89) 김홍중, 「소명으로서의 분열―〈사당동 더하기 22〉」가 사회학에 제기하는 문제들」, p. 22.
90) 같은 글, p. 22.
91) 예술로서의 사회학은 자기 성숙의 과정이며 그 기록이다. 예술로서의 사회학자는 자신의 삶 자체를 하나의 예술작품으로 만들려고 노력한다.

서의 사회학은 완전한 자기 표현 능력을 갖게 된다. 감동 어린 지식만이 사람의 마음을 움직이고 사람과 사람 사이의 관계를 변화시킬 수 있으며, 나아가서 사회적 관계도 바꾸어나갈 수 있게 한다.[92]

예술로서의 사회학은 중립성과 객관성을 가장하는 논문체의 글쓰기를 벗어나서 자유로운 글쓰기를 지향한다. 예술로서의 사회학은 시, 소설, 산문, 비평, 수필, 희곡, 일기, 여행기, 전기, 자서전, 르포르타주 등 다양한 형태의 문학 장르를 차용할 수 있다. 예술로서의 사회학적 글쓰기는 어떤 사람의 삶을 소설로 구성할 수도 있고, 때로 시적 감동의 순간을 시적 언어로 표현할 수도 있으며, 글 중간에 사람들 사이의 대화를 집어넣을 수도 있고, 편지와 일기에서 따온 인용문을 삽입할 수도 있다. 그러나 거기에는 한 인간의 삶과 사회 사이의 관계에 대한 사회학적 통찰이 들어가야 한다. 사회학적 통찰이란 개별적 사례를 다루더라도 사회적 의미를 갖는 사례를 다룰 때 나온다. 예를 들자면 예술로서의 사회학이 창조한 '작품'은 읽는 사람에게 자신의 출신 계급, 성별, 연령, 종교, 출신 학교, 가족적 배경, 아버지의 직업, 자신의 직업 등이 자신의 삶에 어떻게 작용하고 있는가를 성찰하고 그 굴레를 벗어나 자유롭게 살 수 있는 가능성을 열어주어야 한다. 사회학자 조은이 소설 형식으로 쓴 『침묵으로 지은 집』이 하나의 보기가 될 수 있다.[93] 조은은

---

92) 작고한 미국의 실용주의 철학자 리처드 로티는 논문보다는 시, 소설, 영화, 드라마, 만화 등의 장르가 사회를 더 나은 방향으로 나아가게 하는 데 훨씬 더 큰 역할을 할 수 있다고 생각했다. 로티는 당연하게 여겨진 실천을 바꾸어나가기 위해서는 새로운 언어의 창조와 제도화가 필수적이라고 여겼다. 그래서 시인, 소설가, 언론인 등을 '인류의 아방가르드'로서 보호해야 한다고 주장했다(김경만, 『진리와 문화변동의 정치학—하버마스와 로티의 논쟁』, 아카넷, 2015, p. 147와 리처드 로티, 『구원적 진리, 문학문화, 그리고 도덕철학』, 신중섭·이유선 옮김, 아카넷, 2001을 참조할 것).
93) 조은, 『침묵으로 지은 집』, 문학동네, 2003. 조은의 사회학적 소설 쓰기에 대해서는 이 책의

이 책에서 '아버지의 실종'이라는 자신의 가족사의 비밀을 바탕으로 한국전쟁 이후 남한에서의 반공 이데올로기가 개인의 삶에 어떤 영향을 미쳤는가를 어떤 학술논문보다도 생생하게 잘 보여주고 있다.[94] 개명한 지주 집안의 사람들이 정치적 이데올로기의 희생물이 되어 사회적 부침을 경험하는 과정을 소설로 표현한 이 책은 감동을 주며 우리 사회와 그 속에 사는 사람들의 삶에 대해 많은 생각을 하게 한다.

예술로서의 사회학을 하기 위해서는 사회학자 스스로가 평소에 문학과 예술작품을 향유하는 능력을 키워야 하며 사회학 강의 시간에도 문학과 예술작품 들을 자유롭게 활용할 수 있어야 한다. 이 점에서 사회학자는 역사학자에게 배워야 한다. 해상 무역의 역사를 전공하는 서양사학자 주경철은 『문학으로 역사 읽기, 역사로 문학 읽기』라는 책의 서문에서 문학과 역사의 상호보완성에 대해 이렇게 말했다. "역사란 사람들이 살아가면서 남긴 흔적을 되짚어보면서 인간과 사회를 이해하는 것일진대, 사실 그 말은 거의 그대로 문학에도 적용되는 바이리라. 다만 역사학에서는 대체로 존중되는 학풍이 있어서 다소 꼼꼼하고 딱딱한 면이 강한 데 비해 문학은 상대적으로 자유롭고 생생하다는 느낌을 가지고 있다. 그렇다면 역사를 공부하는 자리에 문학 텍스트를 같이 놓고 공부하면 지난 시대의 전체상을 크게 조망하면서 동시에 그 시대를 살아간 사람들의 내면까지 촘촘하게 파악할 수 있지 않을까?"[95] 주경철의

3부 2장을 볼 것.

94) 작고한 진보 사회학자 김진균도 소설 형식으로 쓴 『침묵으로 지은 집』이 "학술지에 논문 몇 편 쓰는 일보다 훨씬 의미 있는 작업"이라고 평가했다(조은, 「진보학자와 페미니스트」, 김진균기념사업회 엮음, 『벗으로 스승으로—김진균 선생을 기리며』, 문화과학사, 2005, p. 331).

95) 주경철, 『문학으로 역사 읽기, 역사로 문학 읽기』, 사계절, 2009.

말은 사회학에도 고스란히 적용될 수 있다. 사회학자도 사회학의 시각에서 문학작품을 읽음으로써 한 시대를 산 사람들의 사랑과 고통, 들뜬 희망과 안타까움을 느껴볼 수 있다. 예술로서의 사회학은 한 시대와 한 사회를 살고 있는 인간들의 체취와 숨결, 느낌과 정신의 편린들이 충분히 표현되는 글쓰기를 지향한다.[96]

글쓰기의 문제는 역사학이나 사회학만이 아니라 철학자에게도 기본적인 문제다. "철학이나 문학 연구에 있어서는 정교한 언어의 요리술을 터득하지 않고서는 전문적인 연구활동을 제대로 수행할 수가 없다."[97] 많은 경우 훌륭한 학자는 문필가이기도 하다. 세계적인 경영학자 피터 드러커는 하버드 대학교 경영대학원의 교수 초빙을 두 번이나 거절한 것으로도 유명하다. 그런데 그는 평소에 스스로를 경영학자가 아니라 문필가라고 생각했다. 그가 세상의 수많은 독자들에게 영향을 미칠 수 있었던 건 스스로를 문필가로 생각하고 늘 어떻게 쓸 것인가를 고민했기 때문이다. 사회학자의 연구 결과가 결국에 가서는 글로 남는 것이라면 사회학자들은 대중과 소통을 통해 사회를 변화시키기 위해 글쓰기 문제에 더 많은 관심을 기울여야 한다. 독자들의 머리와 마음을 함께 움직여 감동을 주면서도 머릿속을 환하게 해주는 글쓰기를 실험해야 한다. 이제 사회학의 메마름에 물을 주고 문학의 주관성 과잉을 다독거리

---

96) 프랑스의 원로 여성 사학자 미셀 페로는 항상 문학을 가까이 하고 언젠가 소설을 써보겠다는 생각을 가지고 있다가, 80세가 넘어 『방의 역사』를 마치 소설 쓰듯 썼다. 이 책에서 페로는 베르사유 궁전의 루이 14세의 방에서 시작해서 여성들의 방을 거쳐 호텔 방에 이르기까지 다양한 방을 소설처럼 묘사했다(미셀 페로, 『방의 역사』, 이영림·이은주 옮김, 글항아리, 2013).

97) 이명현, 「인문학 연구 활성화를 위한 획기적 정책이 요구된다」, 『인문정책포럼』 12호, 2012년 봄호, p. 6.

며 문학의 감동과 사회학의 투명성을 융합시키는 문학적 사회학의 글쓰기, 삶 속에서 얻은 감흥과 의미, 통찰력과 미적 체험을 함께 나누는 '문학적' 사회학, '예술적' 사회학의 글쓰기를 모색해야 할 때가 왔다.

지금까지 사회학자들은 학술논문이라는 형식에 묶여 자기 표현을 스스로 억압하고 검열하고 구속해왔다. 예술적 사회학은 사회학 연구의 결과를 시, 소설, 희곡, 수필, 평론, 자서전, 전기 등 다양한 글쓰기 장르를 통해 실험할 수 있다. 그렇다고 예술 형식의 사회학이 오로지 문자 텍스트에만 한정될 필요는 없다. 가능하기만 하다면 사진, 비디오, 기록영화, 극영화, 연극, 무용극, 무언극, 칸타타, 오페라 형식을 통해 사회학적 메시지 전달을 실험해볼 수도 있을 것이다. 예술로서의 사회학은 사회학계 바깥의 보통 사람들과 소통하기 위해 활용 가능한 모든 매체와 표현 방법을 적절하게 구사할 수 있어야 한다. 사진작가 김기찬의 달동네 골목 안 풍경이나 서울역 앞의 다양한 사람들의 모습을 찍은 작품들, 홍상수 감독의 「돼지가 우물에 빠진 날」이나 「생활의 발견」 같은 영화들은 한국 사회의 단면을 보여주면서 삶에 대한 성찰을 유발하지 않는가? 사회학자는 일단 그것들을 분석하면서 다양한 표현 방법을 배워야 한다. 그러나 예술로서의 사회학은 그냥 예술이 아니다. 예술이면서 사회학이고 사회학이면서 예술이어야 한다. 예술이되 사회학의 목소리를 내어야 한다. 사회학적 상상력과 예술적 감수성을 결합시켜 예술적인 사회학 작품을 탄생시켜야 한다. 그러기 위해서 사회학자는 '사회학자/작가'라는 이중의 정체성을 지니고 있어야 한다.

소통과 인격

박완서 선생의 큰딸 호원숙은 살아생전 자기 어머니에게 글쓰기는 숨 쉬기와 같은 것이었으며 어머니는 고독한 작업 중에 빛나는 자유의 기쁨을 누렸을 것이라고 말했다. 고독 속에서 이루어지는 작가의 표현은 자유의 기쁨을 동반한다. 예술로서의 사회학자도 더 많은 사람들의 삶과 마음에 다가가는 글을 쓰면서 표현의 기쁨을 누린다. 사회학자도 작가와 마찬가지로 살아가고 글을 쓰면서 인격의 성숙 과정을 거친다. 인간은 성숙하면서 자신의 처지를 상대화하고 다른 사람의 처지를 이해할 수 있는 능력을 키운다. 자신만의 좁은 이익 추구에 사로잡히지 않고 보편적인 정의의 원칙에 따라 사고하고 행동한다. 예술로서의 사회학을 추구하는 사회학자는 자신을 이해하고 자신의 가족을 이해하고 자기 주변의 다양한 사람들의 삶과 복잡다단한 세상을 더 깊이 이해하려고 노력하면서 어떻게 살 것이며 어떤 사회를 만들 것인가라는 질문을 끝없이 던지고 그에 대한 해답을 끊임없이 추구한다. 그러나 그는 완전한 하나의 정답은 없음을 이미 알고 있다. 예술이 그러하듯 예술로서의 사회학에서도 언제나 추구의 과정이 있을 뿐이다. 예술로서의 사회학은 어떤 완성된 과학적 진리나 이데올로기적 주장이나 도덕적 원칙을 제시하지 않는다. 사회학자 자신의 이야기를 하되 남에게 자신의 입장을 강요하지 않는다. 스스로를 전문가로 자처하면서 자신의 주장을 정답으로 제시하는 오만함을 버리고 겸손한 자세로 보통 사람들과 대화한다. 사회학자가 아닌 보통 사람을, 교육의 대상이 아니라 사회학자와 대등한 입장에서 소통하고 대화하는 주체적 인간으로 존중한다. 그러므로 예술로서의 사회학은 '소통하는 사회학'이고 소통을 통해 스스로의 인격을 만들어가는 '사람됨의 사회학'이다.[98] 나는 앞으로 그런 사회학을 하는 일에 나의 모든 학문적 에너지를 쏟을 것이다.

<hr />

98) 미국의 사회학자 앨빈 굴드너는 오래전에 사회학자의 연구 작업의 질은 그의 인격과 무관하지 않다면서, 사회학자는 어떻게 '연구해야 하는가'라는 질문만이 아니라 어떻게 '살아야 하는가'라는 문제에 직면해 있다고 말했다(Alvin Ward Gouldner, *The Coming Crisis of Western Sociology*, New york: Basic books, 1970, pp. 494, 489).

어느 사회학자의 예술론

무의식의 세계를 발견한 것은 내가 아니라 시인들이다.

—지그문트 프로이트

시인들이 과학자의 길을 열어주었다.

—칼 구스타프 융

시적인 순간과 예술 창조

예술은 매일 똑같이 반복되는 지루한 삶을 새로운 느낌으로 살아가
게 한다. 피아노 연주를 듣거나 좋아하는 화가의 그림을 바라보면 분주
한 삶 가운데 잊고 지내던 어떤 느낌과 생각들이 떠오른다. 우연히 집어
든 시집에서 읽은 시 한 편이 닳고 닳은 일상의 진부하고 무료한 현실을
일순간 의미 충만한 공간으로 변화시킨다.[1] 나는 직업적으로는 사회학
자가 되었지만 시와 소설을 읽고 그림이나 조각 작품을 감상하고 음악

---

1) 사회학자 로버트 니스벳은 예술만이 아니라 과학에도 일상적 세계 인식의 방법과 상식의 세
계를 벗어나려는 충동이 내재되어 있다고 말한다. 쇼펜하우어는 사람들을 과학과 예술로
이끄는 가장 강력한 힘 가운데 하나로 일상의 삶을 벗어나려는 갈망을 들었다. 이론물리학
자 아인슈타인은 이에 흔쾌히 동의했다(Robert Nisbet, *Sociology as an Art Form*, New
Brunswick and London: Transaction Publishers, 2002[Originally published in 1976 by
Oxford university Press, p. 12]).

을 들으면서 살아간다. 거리를 걸으면서 눈앞에 펼쳐지는 도시 공간을 음미하기도 하고 지나가는 사람들을 물끄러미 바라보기도 한다. 그러면서 한 사람의 사회학자로서 예술이란 무엇이며 사회학은 예술과 어떤 관계를 가져야 하는가를 질문해보곤 한다.

시인 황지우는 어느 자리에서 자신의 시는 시조時調보다는 선시禪詩에 가깝다면서 "시를 쓸 때 시를 추구하지 않고 '시적인 것'을 추구한다"고 이야기한 적이 있다.[2] 시를 쓰기 위해서는 말을 다스리고 부리는 언어적 능력에 앞서 '시적인 것'과의 만남이 있어야 한다는 말이다. 그렇다면 '시적인 것'이란 무엇인가? 그의 말을 직접 들어보자. "궁리 끝에 나는 어떤 것을 시이게 하는 것은 '시적인 것'이라는 생각에 이르게 되었다. [……] 시적인 것은 시에만 국한된 것이 아니다. 그것은 회화, 음악, 사진, 피겨스케이팅 혹은 도박에마저 존재한다. [……] 시적인 것은 언어의 안쪽에도 있고 그 바깥에도 있다. 그것은 어떤 암시 또는 힌트, 어떤 기미나 몸짓, 어떤 신호의 깜박거림으로 세상에 편재해 있는 것으로 보인다. [……] 정도의 차이는 있을지언정 시詩이든 선禪이든 일단 '말할 수 없는 것'이 자리하고 있는 지붕 꼭대기에 이르면 사다리를 버린다. 그 뾰족한 지붕 꼭대기에 달린 피뢰침에는 번개와 같은 정신의 고압전류가 흐르고 있다. 피뢰침은 닿는 순간, 눈이 멀 정도로 환한 빛을 발하며 우리를 송두리째 까만 숯덩이로 만들어버릴지 모른다. 아마도 시적인 것은 그러한 천상의 섬광을 지상으로 이어주는 전도체일 것이다. 우리가 그것을 해탈이라고 부르던 자유라고 부르던 간에 아마도 그것은 의식의 순간 비약을 가능하게 해주는 통제 불능의 정신에 도달

---

2) 황지우, 『사람과 사람 사이의 신호』, 한마당, 1986, p. 13.

하는 것"이다.[3]

황지우가 말하는 '눈이 멀 정도의 환한 빛'을 그 이전에 많은 사람들이 여러 가지 방식으로 표현했다. 프랑스의 시인들은 그 번쩍이는 순간을 서로 다른 방식으로 표현했다. 생존 페르스가 말하는 '풍부한 무無rien fécond', 르네 샤르가 말하는 '지속되는 번개l'éclair qui dure', 폴 엘뤼아르가 말하는 '빛나는 그림자l'ombre lumineuse', 이브 본느프와가 말하는 '창조적 섬광l'éclair créateur'은 모두 어떤 대상과의 특별한 교감이 불러일으키는 특별한 순간을 지칭한다.[4] 미국의 실용주의 철학자 존 듀이도 예술적 경험을 설명하면서 '섬광'이라는 말을 사용했다. "섬광이 암흑의 세계를 비출 때 대상의 순간적 인지가 이루어진다. 그 인지는 길고 느린 성숙의 과정 중에서 최정점이다."[5]

그런데 그 특별한 섬광의 순간은 우리가 원한다고 아무 때나 나타나지 않는다. 그 신비한 순간은 우리가 예측하지 못하는 어느 장소 어떤 시간에 한순간 갑자기 나타났다 사라진다. 시적 순간은 찾아지는 것이 아니라 찾아오는 것이다. 대하소설 『토지』의 작가 박경리는 가끔씩 시를 쓰기도 했는데 그는 자신의 시 작업에 대해 다음과 같은 고백을 남겼다. "내 경우 시는 창조적 작업이라기보다 그냥 태어난다는 느낌이다. 바람을 질러서 풀숲을 헤치고 생명의 입김과 향기와 서러운 사연이 내게로 와서 뭔가가 되어지는 것만 같았다."[6] 섬진강 시인 김용택은 시가 자기를 찾아온 과정을 이렇게 그렸다. "절망과 좌절은 시도 때도 없

3) 황지우, 「근대적인 것의 붉은 반점」, 김우창 엮음, 『평화를 위한 글쓰기』, 민음사, 2006, pp. 385~99.

4) Jean-Pierre Richard, *Onze études sur la poésie moderne*, Paris: Seuil, 1964, p. 8.

5) 존 듀이, 『경험으로서의 예술』, 책세상, 2003, p. 50.

6) 박경리, 『우리들의 시간』, 마로니에북스, 2012, pp. 10~11.

이 찾아왔으며, 나는 때로 절망으로부터 도망갔고, 정면으로 대들었다. 외로웠을 것이다. 나는 저문 강변을 따라 멀리 갔다가 어두워져서야 돌아와 내 방의 불을 켰다. 어둠은 길고 깊었으며, 아침은 빨리 왔다. 누군가를 기다렸다. 겨울 무구덩이 속의 무처럼 누군가를 기다렸다. 캄캄한 땅 속에서 나를 건져갈 누군가의 손길을 기다렸다. 빛이 없어도 때로 무순은 노랗게 자랐다. 달빛 아래 강물을 나는 수도 없이 건너다녔다. 물소리는 외로운 내 발목을 잡고, 내 발소리는 산이 잡아갔다. 그렇게 나를 꺼내갈 흰 손을 기다리던 어느 날 시가 내게로 왔다. 산이 환하게 열리고, 강물이 산굽이를 희게 돌아왔다. 발등이 환했다."[7] 김용택에 앞서 칠레의 시인 네루다도 이렇게 노래했다.

> 그러니까 그 나이였어…… 시가
> 나를 찾아왔어. 몰라, 그게 어디서 왔는지,
> 모르겠어, 겨울에서인지 강에서인지.
> 언제 어떻게 왔는지 모르겠어,
> 아냐, 그건 목소리도 아니었고, 말도
> 아니었으며, 침묵도 아니었어,
> 하여간 어떤 길거리에서 나를 부르더군,
> 밤의 가지에서,
> 갑자기 다른 것들로부터,
> 격렬한 불 속에서 불렀어,
> 또는 혼자 돌아오는 길인데 말야

---

7) 김용택, 「책을 따라다니며 글을 쓰다」, 김용택 외, 『내 인생의 글쓰기』, 나남, 2008, p. 29.

그렇게, 얼굴 없이

그건 나를 건드리더군.

나는 뭐라고 해야 할지 몰랐어, 내 입은

이름들을 도무지

대지 못했고,

눈은 멀었어.

내 영혼 속에서 뭔가 두드렸어,

열熱이 나 잃어버린 날개

그리고 내 나름대로 해보았어,

그 불을

해독하며,

나는 어렴풋한 첫줄을 썼어

어렴풋한, 뭔지 모를, 순전한

난센스,

아무것도 모르는 어떤 사람의

순수한 지혜:

그리고 문득 나는 보았어

풀리고

열린

하늘을,

유성遊星들을,

고동치는 논밭

구멍 뚫린 어둠,

화살과 불과 꽃들로

들쑤셔진 어둠,

소용돌이치는 밤, 우주를.

그리고 나, 이 미소微小한 존재는

그 큰 별들 총총한

허공에 취해

신비의 모습에 취해,

나 자신이 그 심연의

일부임을 느꼈고,

별들과 더불어 굴렀으며,

내 심장은 바람에 풀렸어.

—파블로 네루다, 「시」[8]

시인만이 아니라 소설가도 소설 속에서 일상의 평범한 순간을 넘어서는 특별한 영감의 순간을 묘사한다. 예를 들자면 최인훈의 소설 『광장』에는 다음과 같은 장면이 나온다.

한여름 뜨거운 날씨. 구름 한 점 보이지 않고 바람기도 없었다. 뿔뿔이 흩어져서 여기저기 나무 그늘로 찾아들다가 어느 낮은 비탈에 올라

---

8) 파블로 네루다, 『네루다 시선』, 정현종 옮김, 민음사, 2011, pp. 119~21.

섰을 때였다. 그는 아찔한 도취감이 불시에 온몸을 휩싸는 것을 느끼며 그 자리에 우뚝 서버렸다. 우선 머리에 온 것은 그전에 언젠가 기억할 수는 없지만, 이와 똑같은 장소, 똑같은 시각에 이런 자세대로 지금 느끼고 있는 감정에 사로잡혀서 멍하니 서 있었던 적이 있다는 환각이었다. 그러나 분명히 그건 환각인 것이, 명준은 그 장소에 그때 처음 와본 것이었다. 그 순간 그는 전 세계가 덜그럭 소리를 내면서 운행을 그치는 것을 느꼈다.

문학평론가 김현은 위의 문장을 인용하면서 '세계가 덜그럭 소리를 내며 멈추는 느낌'을 '세계에 커다랗게 구멍이 뚫리는 느낌'이라고 표현했다. 그러고 나서 그는 그런 느낌이 어디에서 오는 것이며 그런 느낌의 의미는 무엇인가를 물었다.[9] 그런 느낌을 그는 정신분석학적으로 설명한다. 그것은 결국 어머니의 자궁이라는 편안한 곳으로 되돌아가 쉬고 싶다는 욕망의 표현이라는 것이다. 그래서 그는 이렇게 말한다. 우리가 어떤 자연의 한 장면 앞에 서거나 "어떤 훌륭한 예술작품을 읽거나 보거나 들을 때, 나는 그것이 야기한 감정을 언제 느낀 적이 있었으며, 바로 그것을 내가 산 적이 있었다는 느낌에 사로잡힌다. 그래서 그것에 편안하게 파묻히어, 그 속에서 계속 살고 싶다고 생각한다. 그 생각의 뒤에, 세계는 그토록 편안하지 않으며, 고통스러운 것이라는 인식이, 그래서 다시 그 예술적 세계를 살고 싶다는 의지가 자리 잡는다."[10] 다시 말하자면 예술 속에서 느끼는 편안함은 현실을 부정하고 벗어나면서

---

9) 김현, 「예술적 체험의 의미」, 『우리 시대의 문학/두꺼운 삶과 얇은 삶』, 김현문학전집 14권, 문학과지성사, 1993, p. 322.
10) 같은 글, p. 323.

느끼는 편안함이다.

그런데 시인은 그런 특별한 순간을 경험하는 데 그치지 않고 그 경험을 어떻게 해서든지 언어로 표현하려고 애쓰는 사람이다. 시인이자 문학평론가인 남진우의 말을 빌리자면 시인은 '천상의 소리'를 '지상의 언어'로 바꾸는 사람이다. 남진우는 시인을 성경에 나오는 인물인 나사로에 비유하기도 한다. 시인은 죽었다 살아난 나사로처럼 '침묵 속에 들끓고 있는 비밀'을 말로 표현하는 사람이다. "죽음의 세계로부터의 귀환은 나사로를 일반 사람들과 구분시켜주는 표지이자 낙인이다. 그는 침묵하고 있지만 그 침묵은 엄청난 말들로 들끓고 있는 침묵, 이 세상과 저 세상의 비밀을 눈치채버린 자의 위험한 침묵이다. 우리 시대의 시인은 나사로의 후예들로서 나사로가 침묵한 그 지점에서 뭔가를 말하고자 하는 존재들이다. 그의 말은 침묵의 바다 위를 떠도는 몇 개의 희미한 표류물들이다."[11]

시인에게 세계는 해독을 기다리는 상형문자와 같다. 주위의 풍경과 사물, 사건과 경험 속에 숨어 있는 남모르는 비밀이 어느 날 불현듯 시인에게 다가와 말을 걸 때 시인은 순간 그 낯선 말을 자신의 언어로 옮기려고 애쓰게 된다. 일상의 타성화된 지각과 표현으로는 가닿을 수 없는 저 너머의 세계에서 보내오는 전언은 계시처럼 순간적이며 절대적이며 초월적이다. "시인이 내밀한 고독 속에서 길어내는 한 편의 시는 바로 자기 앞에 현전한 세계에 대한 짧고도 불완전한 일별의 기록이다. 따라서 시인은 세계가 누설하는 비밀을 엿듣고 받아 적는 자이며 그 비밀을 다시금 자신만의 언어 속에 은닉해놓는 자이다. 세계의 비밀은 시인

---

11) 남진우, 『나사로의 시학』, 문학동네, 2013, p. 11.

의 언어를 통해 명료하게 반영되는 것이 아니라 그 속에 다시 한 번 봉인될 뿐이다. 시인은 세계라는 상형문자를 해독하며 그 해독을 가지고 고유의 상형문자 속에 가둔다. 이 순간 세계라는 상형문자와 시라는 상형문자는 서로를 되비추는 두 개의 거울처럼 마주 서 있다."[12] 어디 시인뿐인가. 모든 예술가는 그가 진정한 예술가라면 나사로와 같이 들리지 않는 것을 듣게 하고, 보이지 않는 것을 보게 하는 일에 목숨을 건다. 그래서 『인간의 조건』을 쓴 소설가 앙드레 말로는 "우리가 어떤 이름을 붙여 부르는 신神을 눈으로 볼 수 있게 하는 유일한 영역은 예술이다"라고 말했고, 20세기 초반 추상미술의 세계를 연 화가 파울 클레는 "예술은 보이는 것을 복제하지 않는다. 오히려 눈에 보이지 않는 것을 보이게 해준다"고 말했다.

파리 시내 한복판에 자리 잡고 있는 뤽상부르 공원을 산책하다보면 러시아에서 파리로 망명한 조각가 오십 자드킨이 시인 폴 엘뤼아르에게 헌정한 「시인」이라는 작품을 만나게 된다. 그 작품 속에는 시인의 고통과 환희가 함께 들어 있다. 시인들은 자신이 겪는 내면의 상처에서 비롯된 고통을 시로 승화시킴으로써 읽는 사람에게 감동을 준다. 시인 김현승은 시인의 존재 이유를 이렇게 노래했다.

슬픔을 기쁨으로
그들의 꿈으로써 바꾸기 위하여
그 기쁨을 어린 아이보다
더 기뻐하기 위하여

---

12) 같은 책, pp. 155~56.

그들은 가장 춥고
그들은 가장 뜨겁게 있다.

시인들은 무엇하러 있는가
그들은 땅 속에 묻힌 황금잎보다도
그들은 저 하늘 위의 별을 찾으며
무엇하고 있는가
그들은 소리로써 노래하지만
그들은 말로써
침묵하고 듣기 위하여 있다.

겨울에는 마지막 잎새로
봄에는 또한 첫눈으로 터지면서……

—김현승, 「시인들은 무엇하러 있는가」

그렇다면 시인은 어떻게 시인이 되는가. 이미 오래전에 다산 정약용은 큰 깨달음 없이 시 쓰기에 몰두하는 아들에게 다음과 같은 충고의 편지를 보냈다. "뜻이 세워져 있지 아니하고 학문은 설익고 삶의 대도大道를 아직 배우지 못하고 위정자를 도와 민중에게 혜택을 주려는 마음가짐을 지니지 못한 사람은 시를 지을 수 없는 것이니, 너도 이 점에 힘쓰기 바란다."[13] 다산은 누구라도 시인이 되려고 한다면 시인이 되기 이전에 자신의 좁은 이익을 추구하는 소인에서 벗어나 하늘의 뜻을 마음에 담으려고 노력하는 군자가 되어야 한다고 생각했다. "만백성에게 혜택을 주어야겠다는 생각과 만물을 자라게 해야겠다는 뜻을 가진 뒤라야만 바야흐로 참다운 독서를 한 군자라 할 수 있다. 그러한 사람이 된 뒤 더러 안개 낀 아침, 달 뜨는 저녁, 짙은 녹음, 가랑비 내리는 날을 보고 문득 마음에 자극이 와서 한가롭게 생각이 떠올라 그냥 운율이 나오고 저절로 시가 되어질 때 천지자연의 음향이 제 소리를 내는 것이니, 이것이 바로 시인이 제 역할을 해내는 경지일 것이다."[14]

예술가는 어떤 사람인가?

황지우가 정확하게 지적했듯이 '시적인 것'은 단지 시에만 존재하는 것이 아니라 "회화, 음악, 사진, 피겨스케이팅 혹은 도박에마저 존재한다." 그렇다면 위에서 그려본 '시인'의 초상을 '예술가' 일반으로 확대시켜볼 수 있을 것이다. 예술가는 어떤 사람들인가? 니체가 볼 때 예술가는 "일의 즐거움 없이 일하기보다는 차라리 몰락하기를 바라는 극소수의 사람들"이다. "이 까다롭고 만족시키기 어려운 사람들에게는 일 자체가 모든 이득 중에 가장 큰 이득이 아니라면 많은 금전적 이득은 아무 소용이 되지 못한다."[15] 니체에 앞서 프랑스의 작가 발자크는 이렇게 말했다. "예술가는 예외적인 존재다. 아무 일도 하지 않는 일이 그의 일

13) 정약용, 『유배지에서 보낸 편지』, 박석무 엮고옮김, 창비, 2009, p. 53.
14) 같은 책, p. 40.
15) 프리드리히 니체, 『즐거운 학문/메시나에서의 전원시/유고(1881년 봄~1882년 여름)』, 안성찬·홍사현 옮김, 책세상, 2005, p. 112.

이다. 그의 일은 휴식하는 것이다. 그는 우아하게 차려입기도 하고 아무렇게나 차려입기도 한다. 그는 자신의 입맛에 따라 농부의 작업복을 걸치기도 하고 유행하는 남성용 예복을 걸치기도 한다. 그는 법칙을 따르지 않는다. 그는 법칙을 부과한다. 〔……〕 예술가는 늘 위대하다. 그는 자신만의 삶과 우아함을 지니고 있다. 그의 모든 것은 그의 지성과 명예를 반영한다. 예술가들은 열이면 열 다 새로운 생각들로 가득 찬 특색 있는 삶을 영위한다. 그들에게 유행은 강압적으로 이루어져서는 안 되는 것이다. 이 길들여지지 않은 존재들은 모든 것을 그의 방식대로 만든다."[16]

그렇다면 예술가는 무엇 때문에 세상에 존재하는가?「희생」「봉인된 시간」등의 예술영화로 널리 알려진 러시아의 영화감독 타르코프스키는 예술이 수행해야 할 하나의 임무가 있다면 그것은 인간이 영적 존재être spirituel임을 환기시키는 일이라고 말했다. 인간은 인간을 넘어서는 큰 정신에 의해 움직이고 있으며 결국은 그곳으로 돌아가는 존재임을 환기시키는 일이야말로 예술의 임무라는 것이다. 예술은 한순간 '영성spirituality'을 환기시킴으로써 인간이 영적 존재임을 느끼게 한다. 영성은 인간보다 더 크고 강력한 보이지 않는 비물질적 힘의 존재를 영혼을 통해 느끼는 정신의 특별한 상태이며 그에 기반한 믿음과 행동이다. 먹고 마시고 일하고 자고 싸우고 사랑하며 사는 이 세상에서의 일상적 삶을 넘어서 짧은 순간이나마 높은 경지의 삶을 체험하는 순간이 바로 영성을 체험하는 순간이다. 인간의 영혼이 날개를 얻어 더 높은 곳으로

---

16) 오노레 드 발자크, 「우아하게 사는 법」, 『우아한 삶에 대하여』, 고봉만 옮김, 충북대학교출판부, 2011, pp. 9~10.

날아오르는 순간의 체험 그것이 영성이다. 그때야말로 육체와 물질에 얽매여 세상에서 아등바등 살아가는 삶의 덧없음을 벗어나서 눈에 보이지 않는 초월적 세계를 만나 특별한 상태를 경험하고 특별한 능력을 얻게 되는 순간이다. 예술과 종교와 자연을 통해 인간은 그러한 상태를 경험한다. 예술 체험과 종교 체험과 자연 체험은 영적 체험의 순간이다. 종교가 예식이라는 제도화된 형식을 통해 영성을 전달한다면, 자연은 아무런 의도 없이 어느 순간 인간에게 아! 하는 탄성을 자아내며 한 단계 고양된 초월의 상태를 경험하게 한다. 예술은 그런 자연을 모방함으로써 의도적으로 영성을 환기시키려는 노력이다. 그러나 예술은 종교와 달리 제도의 틀을 만들지 않고 예술작품의 창조자와 향유자에게 전적인 자유를 부여한다. 어떤 예술작품은 무질서하고 혼탁한 세상 앞에서 잠시 동안이나마 고양된 순간을 선사한다. 그 짧은 순간이야말로 인간이 이 세상에 진짜 살아 있는 순간이 아니겠는가. 김춘수의 시 「忍冬잎」은 붉은 열매, 흰 새, 푸른 잎으로 이루어지는 풍경화 속에서 일상을 넘어선 특별한 시적 체험의 순간을 전달한다.

눈 속에서 초겨울의
붉은 열매가 익고 있다.
서울 근교에서는 보지 못한
꽁지가 하얀 작은 새가
그것을 쪼아 먹고 있다.
월동하는 인동 잎의 빛깔이
이루지 못한 인간의 꿈보다도
더욱 슬프다.

이탈리아 출신의 세계적인 지휘자 카를로 마리아 줄리니도 예술의 영적 차원을 이야기했다. 그가 볼 때 "예술은 그것이 고통일지라도 언제나 삶의 행위이며 영적 가치une valeur spirituelle을 지닌다. 연주 행위는 그것이 타인을 섬기려는 의도로 이루어진다면 언제나 영성spiritualité을 지닌다." 그는 오케스트라를 통해 얻으려는 소리가 무엇인지 분명한 경우에만 지휘봉을 잡았으며 지휘하는 순간은 자신의 영혼과 작곡가의 영혼이 하나가 된다. 지휘하는 순간 그는 바흐가 되고 모차르트가 되고 베토벤이 되고 바그너가 되고 말러가 된다. 그것은 연주 일 분 전이나 일 분 후에도 일어나지 않는다. 그것은 연주하는 그 순간에만 일어나는 특별한 현상이다. 그가 오케스트라를 지휘하는 순간 "모든 것은 손과 시선 속에 존재한다." 그 순간 지휘자와 오케스트라 단원 사이에도 영적인 교류가 일어난다.

모든 예술가는 자발적 충동에서 창작에 몰두한다. 미국의 작가 윌리엄 포크너가 말했듯이 "예술가들은 항상 악마에 쫓기는 피조물이다. 왜 악마가 자기를 선택했는지도 모른다. 그는 늘 '왜 그런지' 이상하게 여기면서 바쁘게 산다." 포크너가 말하는 악마는 예술가들의 내부에서 샘솟는 표현 충동이다. 그런데 대가들은 그 자연적 표현 충동을 자발적 창작 의지로 바꾼다. 그래야 지속적인 창조 작업이 가능하다. 자기 세계를 구축한 노련한 예술가들은 모두들 일상에 매몰되지 않고 계속해서 예술 창작에 몰두하는 자기만의 방법을 가지고 있다. 타르코프스키가 말하듯이 "예술가를 특징짓는 것은 창조하려는 의지이며, 이 특성은 재능 자체의 정의에 속한다."[17] 그것은 각각의 예술가에게 고유한 것으로서, 나눌 수도 없으며 다른 사람에게 전달될 수 없는 그 무엇이다.

예술가는 작품이 성공할 수도 있고 실패할 수도 있다는 위험을 안고 모든 심혈을 기울여 작품 창작에 뛰어든다. 그들은 창조하는 작업에 몰두할 때만 자신이 살아 있다고 느낀다. 새로운 작품의 창조가 그들의 존재 이유다. 그들은 늘 새로운 언어와 문장을 실험하고 새로운 소재와 주제와 표현 방법을 탐색한다. 예술가는 자신의 전 존재를 작품을 창조하는 일에 건다.[18] 화가 장욱진도 그런 사람이었다. 그의 오랜 친구였던 최순우는 이렇게 썼다. "화가가 화가답게 세상을 살아간다는 것은 매우 소중한 일이다. 시인이 시인다운 생활 없이 시인일 수 없다는 말과 다를 바가 없기 때문이다. 생각해보면, 예술이란 하루아침의 얄팍한 착상에서 이루어지는 것도 아니며 재치가 예술일 수는 더욱이 없는 일이다. 참으로 자나 깨나 앉으나 서나 그것만을 생각하고 그것만을 위해서 한눈팔 수 없는 외로운 길을 심신을 불사르듯 살아가는 그 자세야말로 정말 귀한 예술의 터전일 수 있다고 나는 믿고 있다. 화가 장욱진은 바로 그러한 사람이기 때문에 나는 그를 아낀다."[19] 한 사람이 어떻게 살아왔는가는 다른 누구보다도 그와 함께 오랜 시간을 공유한 배우자의 증언에 의해 가장 진실에 가깝게 밝혀질 수 있다. 장욱진의 아내는 남편에 대해 이렇게 증언했다. "장 선생님을 도와드린 건 아무것도 없어요. 혼자 하시고 싶어 하는 일을 할 수 있도록 내버려둔 것뿐이에요. 그분이 남이 안하든지 못하는 일을 멋대로 하실 수 있도록 바라볼 뿐이에요. 무

---

17) 이윤영, 「안드레이 타르코프스키의 영화에서 회화작품의 역할과 의미」, 『美學』 45호, 2006, p. 77에서 재인용.

18) 데이비드 베일즈·테드 올랜드, 『Art&Fear—예술가여, 무엇이 두려운가!』, 임경아 옮김, 루비박스, 2012[초판 2006], pp. 199~201.

19) 최순우, 「장욱진, 분명한 신념과 맑은 시심」, 최경환 외, 『장욱진 이야기』, 김영사, 1991, p. 25.

엇보다 괴로울 때는 그분이 작품이 안 되고 내부의 갈등이 심해지면 열흘이고 스무 날이고 꼬박 술만을 드실 때입니다. 그때는 소금조차도 한 번 안 찍어 잡수시지요. 술로 생사의 기로에서 헤맬 때가 한두 번이 아니었어요. 숫돌에 몸을 가는 것 같은 소모, 그 후에는 다시 캔버스에 밤낮 없이 몰두하시지요. 옆에서 보면 가슴이 미어집니다."[20]

예술가는 자기가 하는 작업에 몰두하여 자신을 잊는 망아의 상태에 빠졌을 때는 작업을 계속하지만 손에 붓이 잡히지 않거나 잡은 붓이 하나의 선도 긋지 못하게 되면 세상에 존재할 이유가 없어진다. 그런 상태가 되면 예술가는 자신을 잊기 위해 다른 방법을 강구해야 한다. 장욱진에게는 그게 술이었다. 그에게 그림에 몰두할 수 없는 기간은 죽음의 시간이었고 그는 그 기간을 술로 넘겼다. 일주일 이 주일 계속되는 음주의 시간은 그가 삶과 죽음의 경계선을 넘나드는 생사불명의 시간이었다. 그러다가 병원에 입원을 하게 되고 살아나오면 그때 화가는 다시 붓을 들고 그림에 몰두했다.

광기와 '두엔데'

예술은 인습을 벗어난 창조의 작업이다. 반 고흐의 경우에서 드러나듯이 예술은 일상의 의식 상태를 넘어서는 광기가 정제된 형태로 표현된 것일 수도 있다. 니체는 이런 글을 남겼다. "인류의 모든 공동체는 오랫동안 '관습적 도덕'의 무거운 억압 아래 살아왔다. 우리들 자신도 예

---

20) 같은 글, p. 24.

외가 취급받지 못하는 작은 세계, 다시 말해서 사악한 지대에서 살고 있다. 그러나 우리의 달력이 시작되기 수천 년 전부터 오늘날에 이르기까지 새롭고 일탈하는 사상들과 가치판단들과 충동들이 거듭거듭 터져나왔다. 그런데 거기에는 늘 부수적인 무서운 힘이 함께 따라다녔다. 거의 어디서나 그 새로운 생각을 준비한 건 광기였고, 존중되는 관례와 미신의 주문呪文을 깬 것도 광기였던 것이다. 그러한 일을 한 게 광기여야만 했던 까닭을 그대는 아는가? 목소리와 태도에 들어 있는, 마치 어두운 날씨와 바다의 마적魔的인 분위기처럼 무시무시하고 어림잡을 수 없는 어떤 것, 그래서 그 비슷한 외경과 관찰에 값하는 어떤 것을?"[21]

불교에서는 불립문자不立文字라는 표현을 쓰지만, 예술은 말과 문자가 미치지 못하는 그 특별한 순간의 체험을 어떻게 해서든지 표현해보려는 필사적인 노력이다. 예술이란 삶과 사물 속에 깃들어 있는 '시적인 것'과 조우한 체험을, 더 이상 보이지 않고 더 이상 들리지 않는 그 순간의 체험을 다른 사람에게 환기시키려는 신실한 노력이다. 종교가 인간을 넘어서는 보이지 않는 존재에 대한 믿음의 행위라면 예술은 드러나는 것을 통해 드러나지 않는 것을 보여주는 창조의 행위다. 그래서 독일의 낭만파 시인 아이헨도르프는 이렇게 노래했다.

> 모든 사물 안에는 어떤 노래가
> 한없이 꿈을 이어가듯 잠자고 있지
> 그러다가 세상이 깨어나 노래를 부르면

---

21) 이 문장은 원래 프리드리히 니체의 『여명』에 나오는 것인데 정현종의 『날아라 버스야』(백년글사랑, 2003, p. 114)에 나오는 번역문을 기초로 하여 조금 수정하였다.

그 순간 마술적인 언어와 마주치는 것이지

스페인의 시인 로르카는 창작의 순간에 들어선 예술가의 마음을 다음과 같이 묘사했다.

한 편의 시를 막 만들려고 하는 시인은 (나는 경험으로 알고 있거니와) 도무지 헤아릴 길 없을 만큼 머나먼 숲 속에서 밤 사냥 여행을 하고 있는 듯한 막연한 느낌을 갖고 있다. 그의 가슴속에서는 설명할 길 없는 공포가 술렁거린다. 마음을 가라앉히기 위해서는 냉수 한 잔을 마시거나 펜으로 뜻 없는 검은 표시를 하는 게 좋을 것이다. 내가 '검은'이라고 하는 까닭은 그게 불가사의이기 때문이다.[22]

로르카는 '불가사의'하고 '검은' 술렁거림을 스페인 특유의 신비로운 힘인 '두엔데duende'와 연결시킨다. 두엔데란 괴테가 파가니니의 음악을 듣고 말한 것처럼 "누구나 느끼고 있으나 어떤 철학자도 설명하지 못한 어떤 신비한 힘"으로 땅(흙)의 정령 또는 지령地靈이며, 죽음의 냄새가 나는 그 무엇이다. 정현종의 설명을 빌리자면 문학, 음악, 춤, 미술 같은 예술에서 "두엔데가 온다는 것은 언제나 형식상의 급격한 변화를 뜻한다. 그것은 낡은 수준에, 기적과도 같이, 새로 창조된 것의 음색과 함께, 알려지지 않은 신선한 느낌을 가져오며, 거의 종교적인 열광을 낳는다. 〔……〕 우리가 두엔데를 찾는 데는, 도움되는 지도도 없고 훈련도 없다. 우리가 오직 아는 것은 그것이 부서져 가루가 된 유리처럼 피를

---

22) 로르카의 시론詩論은 정현종의 『날아라 버스야』(pp. 226~44)를 참조했다.

불타게 한다는 것, 그게 자진自盡한다는 것, 우리가 알고 있는 모든 달콤한 기하학을 거부한다는 것, 모든 스타일과 결별한다는 것 〔……〕 곡예사의 초록 양복을 입은 랭보의 절묘한 몸을 입고 있다는 것, 또는 이른 아침의 가로수 길에 있는 로트레아몽 백작한테 죽은 물고기의 눈을 붙인다는 것뿐이다. 어떤 시의 마술적 특질은 항상 두엔데에 사로잡혀 있는데, 그걸 보는 사람은 누구나 검은 물로 세례를 받는다. 〔……〕 두엔데 그것은 땅의 일들로 상처 입기를 두려워하지 않으며, 순간순간 죽음과 더불어 사는 영혼한테 생기는, 보호와 안락에 길든 심신은 만나기 어려운, 비상한 에너지에 다름 아니고, 그리하여 죽음의 냄새가 나며, 천사나 뮤즈처럼 바깥에 멀리 있으면서 길잡이가 되거나 컴퍼스를 빌려주는 존재가 아니라 우리의 핏속에 녹아 있고, 결코 길들지 않는 날 것인 채 있으면서 예술 창조의 새로운 국면을 여는 힘이며, 창조하고 있는 예술가의 영혼 속에서 그 작품이 완전한 것이 되도록 부추기면서 운명과도 같이 강력히 작용하는 신비한 힘이다."[23] 두엔데가 그러한 것이기에 두엔데의 힘으로 쓴 시는 그것을 읽는 사람을 해방시키며, 신명의 열로 고양되게 하며, 새 세상 새 시간 속에 살게 하는 힘을 내장하고 있다.

야생의 사고와 예술 체험

미국의 생태시인 게리 스나이더는 한국을 방문했을 때 다음과 같이

---

23) 같은 책, pp. 239~40.

말한 적이 있다. "인간의 정신에는 길들여진 면과 야생의 면이 있다. 길들여진 면은 농부의 밭처럼 원하는 산물을 생산하기 위하여 훈련받고 개발된 것이다. 그것은 필요하되 제한된 것이다. 야생의 면은 더 넓고 깊고 복잡하여 완전히 알 수는 없지만 탐색할 수는 있다. 야생 정신의 탐색자들은 작가와 예술가 들인 경우가 많다. 윌리엄 블레이크가 웅변적으로 설파한 '시적 상상력'은 야생 정신의 영역이다. 거기에는 우리를 놀라게 할 풍경과 생명체들이 있으며, 그것은 우리에게 신선함을 줄 수도 있고 우리를 두렵게 할 수도 있으며 우리의 동물적이며 정신적인 원초적 자아의 폭넓은 진실을 반영하기도 한다."『야생의 사고』를 쓴 프랑스 인류학자 클로드 레비-스트로스는 "예술은 우리가 어디서 왔는지를 알려주기 위해서 남겨둔 작은 야생의 섬처럼 현대 문명 속에 살아 있다"고 말했다.[24]

일상을 넘어서는 체험에는 종교 체험과 예술 체험이 있다.[25] 앞에서 길게 말한바 시적 체험이라고도 말할 수 있는 예술 체험은 현실 속에 흩어져 있는 단편적이고 파편적인 현상을 넘어서 얻어지는 어떤 유기적

[24) 함석헌의 '들사람 얼'을 게리 스나이더의 '야생 정신'과 레비-스트로스의 '야생의 사고'와 같은 맥락에서 비교해볼 수 있을 것이다.

25) 종교 체험이나 예술 체험은 일상생활의 실재를 가장 급진적으로 벗어나서 구성되는 특별한 체험이다. 장 스타로뱅스키는 종교적인 것의 심미화와 예술의 성화聖化가 일치한다고 본다. Jean Starobinski, *Les Enchanteresses*(Paris: Seuil, 2005)를 볼 것. 그러나 이 세상에서 삶을 영위하기 위해서는 마치 여행을 떠났다가 집으로 돌아오듯이 종교와 예술이라는 특별한 실재의 세계에서 일상생활의 실재로 귀환해야 한다. 다른 사람에게 예술적 경험이나 종교 체험을 전달하기 위해서는 일상의 공통언어common language를 사용해야 한다. 예술적 체험이나 종교적 체험을 일상의 언어로 표현하는 일은 비일상적 경험을 일상생활의 지배적인 언어로 번역하는 일이다. 그 과정에서 예술 세계나 종교 세계의 실재가 왜곡될 수밖에 없다. 예술가 자신의 작품에 대해서 이야기할 때나 신비주의자가 자신의 종교 체험을 이야기할 때를 생각해보면 그 상황을 좀더 쉽게 이해할 수 있다(피터 버거·토마스 루크만,『실재의 사회적 구성』, 하홍규 옮김, 문학과지성사, 2013, pp. 48~49).

이고 초현실적인 질서를 순간적으로 느끼고 깨닫는 체험이라고 볼 수 있다. 일상의 체험이 실용적인 문제 해결을 추구하는 과정에서 이루어지는 체험이라면 예술 체험은 실제 문제를 해결하는 데는 아무 쓸모없는 무용한 체험이다. 실용성을 추구하는 생활에 긴박된 사람은 예술 체험을 하기 어렵다. 예술 체험은 현실 세계를 넘어서는 몽상 능력이 있는 사람에게 좀더 쉽게 다가온다. 그것은 구체적 문제 해결에 도움이 되는 실용적 지식이 아니라 어느 한순간 마음에 다가오는 특별한 느낌이다. 시인 황동규가 들려주는 다음과 같은 음악 체험담은 예술이 지닌 '쓸모없음의 쓸모'를 잘 보여준다.

> 나처럼 〔……〕 청소년의 중요한 시기를 6·25의 폐허에서 보낸 사람은 음악이 어떻게 물질세계의 황량함을 정신적인 아름다움으로 바꾸어놓는가를 알 것이다. 〔……〕 살다가 이따금 만나게 되는 앞날이 캄캄할 때는 베토벤의 후기 현악 사중주를 들으며 마음을 달랬고, 삶이 별 의미가 없다고 생각될 때는 모차르트의 피아노 협주곡을 들으며 마음을 헹궜다.[26]

예술 체험 속에는 일종의 생명감, 충족감 그리고 즐거움이 들어 있다. 그런 예술 체험 속에서 우리는 어디론가 한 단계 도약하는 느낌을 가질 수 있다. 예술 체험은 "과거의 경직된 관념의 틀을 깨트리고 그런 관념의 억압으로부터 해방되는 기쁨을 무의식적 차원에서나마 생생하게 체험케 하는 데"에서 비롯된다.[27] 그러므로 예술작품의 가치는 무엇

---

26) 황동규, 『젖은 손으로 돌아보라―황동규 산문집』, 문학동네, 2001, pp. 187~88.

보다도 그 작품이 얼마만큼 강하고 절실하게 이성으로 볼 수 없는 새로운 질서를 체험케 하느냐에 달려 있다.[28]

예술과 자연

오늘날 예술은 점점 더 자연으로부터 멀어지고 있다. 예술가들도 점점 더 시장의 논리에 따라 움직이고 있다. 돈과 명예를 얻기 위해 팔릴 만한 작품만 만들고 있다. 그러나 애초에 모든 예술은 인간을 둘러싸고 있는 자연의 경이로움을 순수한 마음으로 노래하는 일에서 시작되었다. 자연에서 받은 깊은 감동을 표현하는 일이 예술의 출발점이었다. 그렇다면 예술가는 무엇보다도 자연과 교감하는 예민한 감각을 지닌 사람들이며 '예술은 그것을 정제된 형태로 표현하는 일이다. 시인 정현종이 말하듯 "어떻든 몸은 자연에 가까이 갈수록 좋아하며, 몸을 드높이는 건 자연과 예술"이다.[29] 자연 체험은 인간이 자연과 '살아 있는 관계'를 맺는 순간에 발생한다. 그것은 인간과 자연 사이의 원초적 관계를 회복하는 순간이다. 예술가는 자연이 우리에게 발신하는 신호를 귀담아 들었다가 그걸 해독하여 언어, 소리, 색채, 형태로 풀어서 알리는 사람이다. 그래서 파블로 네루다는 「나와 함께 태어나는 것」이란 제목의 시에서 시인됨을 이렇게 노래했다.

---

27) 박이문, 『철학 전후』, 문학과지성사, 1993, p. 356.
28) 박이문, 『이카루스의 날개와 예술』, 민음사, 2003, pp. 88~89.
29) 정현종, 『날아라 버스야』, p. 135.

나는 물의 젊음과 함께 젊고

시간의 느림과 더불어 느리며

나는 공기의 순수함과 함께 순수하고

밤의 포도주만큼 검다

프루스트는 『잃어버린 시간을 찾아서 1—스완네 집 쪽으로』에서 자연과 교감하는 특별한 능력을 보여주었다. 그는 어린 시절의 어느 날 라일락꽃을 바라보던 장면을 이렇게 회상했다. "스완 씨네 정원에 이르기도 전에 우리는 낯선 손님들을 맞이하러 나온 라일락 향기와 만났다. 라일락꽃은 작고 푸른 하트 모양의 싱싱한 잎 사이에서 그 연보랏빛 하얀 봉우리 깃털 장식을 정원 울타리 너머로 호기심에 찬 듯 내밀고 있었는데, 꽃들은 이미 햇빛을 듬뿍 받아 그늘에 들어가 있어도 빛으로 반짝거렸다."[30] 어디 라일락꽃뿐인가. 프루스트는 피어나는 산사꽃을 황홀한 시선으로 바라보았다. "물론 하얀 산사꽃 앞에 섰을 때에도 같은 느낌을 받았지만, 분홍색 산사꽃 앞에서 더 많은 황홀감을 느꼈는데, 그 이유는 꽃들에게서 축제 분위기가 풍기는 것이 인공적 기교가 아닌 자연에 의해서였기 때문이다. 〔……〕 난 눈물을 닦으며 산사나무에게, 내가 크면 미치광이처럼 사는 다른 사람들을 흉내 내지 않고, 파리에서도 봄이 오면 사람들을 방문하거나 바보 같은 말을 듣는 대신 처음 피어나는 산사꽃을 보러 시골로 내려오겠다고 약속했다."[31]

시인이나 소설가만이 아니라 화가도 자연이나 우주와 교감하는 능력

---

30) 마르셀 프루스트, 『잃어버린 시간을 찾아서 1—스완네 집 쪽으로』, 김희영 옮김, 민음사, 2012, p. 239.

31) 같은 책, pp. 246~47, 255.

을 가진 사람이다. 우주의 기운을 화폭에 표현하는 재불 화가 방혜자는 자연을 이렇게 찬양한다. "우리는 자연 속에 안겨 있을 때 맑은 마음, 찬탄하는 마음이 저절로 솟구쳐 오릅니다. 자연을 보는 눈을 통해, 만유의 근본 품성을 찾고, 거기에서 무한한 힘과 지혜 그리고 자비로운 마음이 샘물처럼 고이게 될 것입니다. 우리 본래의 생명자리에 설 수 있게 되는 것입니다. [……] 인간의 고통은 밖으로부터 오는 것이라기보다는 자신의 마음속에서 생겨나오는 것임을 절감하게 됩니다. 이 마음의 주름살을 펴는 길은 자연으로 돌아가 자연과 하나가 되는 길밖에는 없다는 생각이 듭니다. 맑은 샘물을 볼 때 우리의 마음이 맑아지고, 맑은 공기 속에서 우리 억만 세포까지도 깨끗이 씻기는 신선함을 느끼게 됩니다. 온 우주의 맑은 기가 우주의 피를 타고 힘차게 돌아가는 소리를 듣고 싶습니다. [……] 저는 예술가로서, 도시에 살면서 제가 할 수 있는 일이 무엇일까 생각해봅니다. 우리는 우주 생명의 근본 자리에서부터 너무나 멀리 와 있기에, 더욱더 무기력함을 실감하고 있습니다. 마음으로나마, 우선 제가 할 수 있는 일은 자연을 노래하고 기리고 공경하는 일이겠습니다. 마음속에 자연을 중심으로 두고, 우주의 신비와 생명력을 찬탄하는 일부터 시작해보겠습니다. 예술에 혼심을 기울여 자연의 원초적인 아름다움을 드러내보겠습니다. 육안으로도 볼 수 없고 현미경으로도 보이지 않는 극미세계의 찬란함에서부터 대우주 생명의 광대함까지 색과 빛으로 표현해보고 싶습니다. 우주 생명 파장에 마음을 조율하여 우주 생명과 하나가 되는 길을 몸부림치며 갈구해야 되겠습니다. 만유공생, 인류와 모든 생명이 우주와 하나임을 확실하게 깨닫고 싶습니다."[32]

생텍쥐페리의 어린왕자가 "가장 중요한 것은 눈으로 볼 수 없어, 마음으로 보아야 해"라고 말했다면 방혜자는 "우주의 참모습은 마음으로 그려야 한다"고 말한다. "마음으로 그린다는 것은 우리 마음속에 투영된 우주만상의 신령한 참모습을 주의 깊게 바라보며 찬탄하고 아주 작은 미립자 속에서도 숨겨진 아름다움을 캐어내는 일이라고 생각합니다. 보이지 않는 것을 보이게 하며, 살아 숨 쉬는 모든 생명체와 만나 매 순간 새로이 태어나는 일이라고 생각합니다. 마음의 눈으로 사물의 본성을 투시하여 영혼의 깊은 곳에서 이루어지는 영상들을 형태와 색으로 현존하게 하는 일입니다. 우주만상의 본질적인 것, 원초적인 것을 포착하여 그 본래의 실상을 세상에 드러나게 하여 살아 숨 쉬게 하는 생명활동입니다. 마음의 눈을 크게 뜨고 우주만물과 하나 되어 영원을 이 순간에 사는 즐거운 수행입니다. 마음의 눈으로 그리는 일은 마음 안으로 파고 들어가 자아의 본성을 캐어가는 길이며, 끝없이 껍질을 벗고 생명 본래의 모습으로 귀의하는 수행이라고 믿습니다. 마음으로 그리는 길은 우리의 마음을 비움으로써 비롯되어야 합니다. 비움이 크고 넓을수록 소리의 공명이 크듯이, 마음을 크고 넓게 비울수록 마음의 눈, 빛의 눈이 우리 안에 빛날 것을 믿습니다."[33] 그런 마음이 화가에게 이런 시를 쓰게 했다.

마음을 비우고
우주를 향해서 걸어갑니다.

32) 방혜자, 『마음의 침묵』, 여백, 2001, pp. 90~91.
33) 같은 책, pp. 73~74.

텅 빈 가운데

아무도 없는 어두운 길.

안으로 가는 길은

마음 여는 길.

모든 어둠을 다 거두고

밝게 피어나는 길.

세포 하나하나까지도

활짝 깨어나 새로 태어나는 길.

마음을 그리며 갑니다.

천지에 마음의 빛

뿌리며 갑니다.

—방혜자, 「마음의 그림」

"음악이란 하늘에서 나와서 사람에게 붙인 것이요, 허虛에서 발하여 자연에서 이루어지는 것이니, 사람의 마음으로 하여금 느끼게 하여 맥박을 뛰게 하고 정신을 유통하게 하는 것이다."『국역악학궤범』에 나오는 말이다. 그렇다면 시인, 작가, 화가만이 아니라 음악가도 자연과 교감하는 특별한 능력을 가진 사람이다. 재불 피아니스트 백건우는 1972년 라벨의 피아노 작품 전곡을 연주한 이후 한 작곡가의 피아노 작품 전곡 연주를 계속하고 있다. '건반 위의 순례자'로 불리는 그는 2005년 여름부터 CD 열 장 분량의 베토벤 피아노 소나타 32곡 전곡을 녹음했다. 그의 일상은 피아노에서 시작해서 피아노로 끝난다. 하루에 5~6시간 정도를 연습하는데, 고도로 몰두해서 1시간 정도 연습을 하고서 잠시 휴식을 취하고 다시 연습으로 들어간다. 그렇게 피아노 연습을 반복하다보면 저녁에는 기진맥진한 상태가 된다. 그때 파리를 걷는다. 파리에서 오랜 세월을 지낸 그는 파리의 특정한 장소가 아니라 파리 전체를 좋아한다. 파리의 분위기와 문화와 역사가 그를 계속 파리에 살게 한다. 그는 파리 구석구석을 걸으며 도시의 다양한 풍경을 관찰한다. 관찰하는 것을 좋아하는 그는 피아니스트가 아니었다면 사진작가가 되었을 것이라고 말한다. 그는 피아니스트로서 음악에 대해 이렇게 말한다. "음악은 자연과 가장 가까운 인간 본연의 '순수'를 반영하는 거울이라고 생각합니다. 온갖 인위적인 것, 가식적인 것들에서 벗어나 태초의 가장 자연스러운 느낌, 감정을 일깨워주는 거울 말입니다. 현대인은 갈수록 순수에서 멀어지는 것 같아요. 음악은 순수를 찾아가는 여정의 지도입니다." 그에게 음악은 순수의 거울이기 때문에 순수하지 않으면 음악을 할 수가 없다. "순수하지 않으면 우리는 진리와 가까워질 수가 없습니다. 거짓과 편견으로 둘러싸여 있으면 진실을 볼 수가 없지요. 가령 대화를 할 때도 순수하게 임하지 않으면 서로가 진실을 느낄 수 없잖아요? 특히 음악을 할 때는 순수한 마음으로 접근해야만 작곡가의 세계를 보다 정확하게 파악할 수 있습니다." 연주를 한다는 것은 "음으로 창조를 하는 것입니다. 음표 하나하나에 호흡을 불어넣는 작업이지요. 같은 악보를 연주해도 그 음악적 표현은 달라질 수밖에 없어요. 경험이랄지 악보란 것이 보면 볼수록 달라지는 느낌을 받습니다. 어떤 음을 강조하느냐, 주위 음과 어떻게 조화시키느냐, 또는 베이스와 어떻게 조화시키느냐에 따라 곡 전체의 분위기가 변하거든요. 곡 하나하나를 숙고하지 않고 그냥 연주만 하는 것이라면, 누구나 몇 년만 훈련하면 할 수 있을 겁니다. 하지만 음에 생명을 불어넣고 색깔을 입히는 작업은 창조입니다. 조각을 예로 들 수 있겠네요. 작품을 탄생시키기 위해서는, 작가는 어디를 어떻게 쳐내야 할지 판단해야 합니다. 음악도 마찬가지입니다. 불필요한 부분을 걷어내고 곡의 진실에 가까이 가려는, 그것이 연주자라고 생각합니다." 음악가가 음악성을 가지고 태어나는 사람이라면 그는 자연 속에 떠다니는 음률을 몸으로 느끼는 사람이다. 그래서 백건우는 이렇게 말한다. "그런 사람이 음악을 못하면 매우 불행할 것입니다. 왜냐하면 우리의 삶은 음악으로 가득 차 있거든요. 그렇게 보면 저는 행복합니다."[34]

공감과 연민

예술가는 남보다 예민하게 타인의 고통에 공감하고 연민을 느끼는 마음을 신으로부터 부여받은 사람이다. 그 마음을 통해 예술가는 남의 아픔과 기쁨을 함께 느끼고 그 느낌을 작품 속에 표현할 수 있게 된다. 작가 오정희가 '연민sympathy'을 "내 가슴에 있는 상대방의 아픔"이라고 말했듯이 연민은 공감하는 마음에서 나온다. 모든 작가들의 글쓰기 가장 밑바탕에는 연민이 깔려 있다. 작가의 마음 한구석을 흔드는 무언가가 작가의 마음속을 헤집고 다니다가 어느 날 작품으로 태어난다. 작가는 어둡다고 삶의 진실을 외면하지 않는다. 인간의 고통을 외면하지 않고 정면으로 맞선다. 그리고 그것에 의미를 부여하고 작품으로 승화시

---

34) 백건우(인터뷰), 「순수에 대한 타협 없는 완고한 정신」, 『파리지성』 316호, 2006년 2월 8일, pp. 6~7.

킨다.

프랑스의 영화비평가 세르주 다네에 따르면 예술의 진정한 역할은 마음을 가라앉혀주기보다는 불안하게 하고, 그 불안에 얼굴$_{visage}$을 부여하는 것이다. 그래서 다네는 1960년대 스웨덴의 베르히만 감독이나 이탈리아의 안토니오니 감독이 만든 고통이 새겨진 영화들을 높게 평가했다. 그는 기분 전환을 위한 심심풀이 영화가 아니라 인간 내면의 깊은 고통을 다루는 '작품으로서의 영화'를 옹호했다. 반 고흐와 니콜라 드 스탈, 로맹 가리와 어니스트 헤밍웨이를 비롯해 수많은 예술가들이 구차한 삶을 사느니 차라리 자살의 길을 택한 것은 그들에게 예술은 취미나 직업이 아니라 목숨을 건 내기였음을 말해준다. 그와 같은 맥락에서 이탈리아의 영화감독 파졸리니는 "예술은 기분 전환에 대한 저항이다"라고 말했던 것이다.

문학이나 작품으로서의 영화만이 아니라 진정한 의미에서의 사회학도 세상의 모든 고통에 대한 연민으로부터 시작된다.[35] 세상은 실험실이 아니다. 사회학자는 사회를 구성하고 살아가는 사람들을 분자나 원자로 환원시켜 관찰의 대상으로 만들 수 없다. 사회학자가 사회를 관찰의 대상으로 만들면 사회는 그 속에 사는 사람들의 고통과 무관하게 그냥 저기 존재하는 사물이 되어버린다. 그러나 사회학자도 사회 속에서 관계를 구성하고 살아가는 수많은 사람들 가운데 한 사람이다. 사람들이 삶에서 느끼는 고통에 무감한 사회학자는 독재자의 하수인이 될 수도 있고 탐욕스런 자본가의 조언자가 될 수도 있다. 그러나 타인의 고통을 함께 아파하는 사회학자는 동료 인간들이 겪는 고통의 사회적 원인을

---

35) 피에르 부르디외, 『세계의 비참』 1~3권, 김주경 옮김, 동문선, 2000~2003.

연구하고 그들을 고통에서 벗어나게 하기 위해 필요한 사회개혁의 방법을 모색한다. 그렇다면 사회학은 문학과 예술로부터 많은 영감을 받을 수 있다. 거기서부터 싹튼 문제의식을 바탕으로 의미 있고 풍요로운 사회학적 연구가 가능해진다.

학문과 예술

흔히 학문과 예술은 서로 다른 두 개의 영역으로 분리된다. 학자의 삶과 예술가의 삶은 서로 다른 길을 걷는 것처럼 보인다. 일반적으로 학자는 이성을 활용하여 무언가를 합리적으로 탐구하는 사람이고 예술가는 어떤 대상으로부터 깊은 영감을 받아 그것을 개성적인 방식으로 표현하는 사람이라고 생각한다. 학자가 이성 중심적인 합리주의자라면 예술가는 감성을 중시하는 낭만주의자라고 생각하기 쉽다. 그러나 학문적 탐구이든 예술적 추구이든 간에 인간의 행동에는 이성과 감성이 함께 움직인다. 그 둘 사이의 균형이 깨어졌을 때 학자나 예술가만이 아니라 인간 전체의 삶이 위태로워진다. 고등학생 때 읽었던 책의 한 구절이 생각난다. 베토벤의 말이다. "학문과 예술만이 인간을 신성에까지 높인다." 신과 동물 사이에 존재하는 인간이 신에 가까워지려면 학문과 더불어 예술이 필요하다. 베토벤이 그 말을 하기에 앞서 조선의 선비들은 학자이면서 시인이었고 때로 관료이기도 했다. 베토벤 이후 아인슈타인은 물리학자이면서 바이올린 연주가였고, 슈바이처는 신학자이자 의사이면서 오르간 연주자였다. 하워드 베커는 사회학자이면서 재즈 피아노 연주자였고 사진에도 깊은 관심을 보였다.

학문 분야 사이에 높은 장벽이 세워진 오늘날에도 그 경계의 벽을 뛰어넘어 이성과 감성, 학문과 예술 사이를 오가는 예외적인 사람들이 있다. 철학자이면서 시인인 박이문도 그 가운데 한 사람이다. 그는 세상과 삶의 의미를 탐구하는 '철학적 시philosophical poem'를 쓰면서 '둥지의 철학'이라는 자신만의 '시적 철학poetic philosophy'의 얼개를 마련했다. 그의 생각에 따르면 과학기술 문명을 급진적으로 발전시킨 근대 이후 서양 문명에 감염된 온 인류의 마음은 점점 더 공허해지고 있다. 근대 과학기술 문명은 인간의 편리를 위해 자연을 지배해야 했고 그 과정에서 도구적 이성을 과도하게 발전시켰다. 자연이 파괴되면서 시적 언어가 희생되고 과학적 언어가 지배하는 세상이 되었다. 시인의 꿈은 과학자와 달리 자연 세계를 가장 원초적 상태, 즉 이성에 의해 추상적으로 분절되지 않고 언어에 의해 개념화되기 이전의 원초적 상태로 만나는 데 있다. 왜곡되지 않은 원초적 존재 자체를 표현할 수 있는 방식은 과학이나 철학이 아니라 시이며, 참다운 사유는 이성에 호소하는 철학적 사유가 아니라 이성이 미치지 못하는 시적 사유라는 것이 박이문이 도달한 결론이다. 그렇다면 가장 깊은 차원에서 사유하는 사상가는 과학자나 철학자가 아니라 시인이며, 인간이 거처할 존재의 둥지는 과학적 이론이나 철학적 체계가 아니라 시라고 부르는 언어적 둥지가 된다. 이것이 그가 말하는 시적 철학으로서의 '둥지의 철학'이다.[36]

프랑스의 살아 있는 시인 가운데서 가장 널리 읽히고 비평가들에 의해 가장 많이 논의되는 시인 이브 본느프와도 시와 철학에 대해서 박

---

36) 박이문의 시 세계와 '둥지의 철학'에 대해서는 정수복, 『삶을 긍정하는 허무주의』(알마, 2013)를 볼 것.

이문과 같은 생각을 나눈다. 파리 5구를 걷다보면 프랑스혁명 이후 공화국의 영웅들을 모시는 팡테옹을 만나게 된다. 그 뒤편에 앙리 카트르 고등학교가 있다. 콜레주 드 프랑스 쪽에서 에콜 폴리테크니크가 있던 건물을 지나 데카르트 길로 들어서면 앙리 카트르 고등학교와 붙어 있는 큰 건물의 벽면이 나타난다. 거기에 대규모의 벽화가 하나 그려져 있다. 동판화가 피에르 알레신스키가 새긴 거대한 나무 그림이다. 그 그림 옆에 이브 본느프와의 시가 쓰여져 있다. "지나가는 행인이여"로 시작하는 이 시는 철학과 시 사이의 관계를 이야기하고 있다. 본느프와는 이렇게 말한다. "철학적 개념들은 방황하는 시에게 길을 인도할 수 있고, 그렇게 함으로써 시를 더욱 시답게 만들고 더욱 풍만하게 할 수 있다. 그러나 시가 철학의 우위에 서야 한다. 직관으로 나는 시가 철학 앞에 있어야 한다. 그리고 철학이 뒤를 잘 따라오는지 뒤돌아봐야 한다."[37] 철학자는 개념으로 사고하지만 시인은 이미지로 생각하는 사람penseur d'images이다. 시가 자연이나 사물 앞에서 즉각적으로 느낀 것을 표현한다면 철학은 그것을 개념화한다. 시가 감성에 호소한다면 철학은 이성에 호소한다. 예술이 공감에 호소한다면 철학은 비판적 거리를 요구한다. 그래서 이브 본느프와는 이렇게 말한다. "어떤 그림이나 시가 내 마음을 끈다면 그것은 이미 내 안에 형성되어 있는 신념에서 나온 것이 아니다. 그것은 무의식적 충동에서 나온 것이다. 그리고 나를 즉각적으로 반응케 하는 그 충동의 의미는 발견의 대상이다. 그것은 예술가나 시인을 이해하는 작업과 마찬가지다. 그 충동은 예측할 수 없는 방향으

---

37) 이브 본느프와의 파트릭 케시시앙Patrick Kéchichian과의 대담에서 인용(*Le Monde*, 2006년 6월 30일).

로 움직이고 멋진 체계를 만들려고 하는 꿈을 허물어버린다."[38]

시인은 그의 가장 내밀하고 은밀한 부분에서 부름을 받을 때 자신의 욕망과 과거의 기억 속에 혼자 있을 수밖에 없다. 그것이 시인의 임무다. 그렇다고 자신의 개인적 꿈의 세계에만 머무르면 시가 나오지 않는다. 시인은 혼자 시를 쓰지만 다른 사람의 마음을 염두에 둘 때 시가 만들어진다. 내면에서 번갯불을 받아 부름을 받는 것이 창작의 첫번째 순간이라면 그 진실을 찾고 전달하는 일에 다른 사람을 관여시키는 순간이 두번째 창작의 순간이다. 진실과 허위를 가리고, 사라질 것과 남아 있을 것을 구별하면서 시가 만들어진다. 시인은 고독 속에서 일하지만 그가 쓴 시는 타자를 향한다. 그래서 시는 집단의 심성을 만들고 사라진 유토피아를 소생시킨다.

아름다움의 옹호

흔히 진선미라고 순서를 매겨 말하지만 진선미의 중요성에는 순서가 없다. 진리가 먼저고 선이 그다음이고 마지막으로 미가 따라오는 것이 아니라 그 셋은 서로 오가며 영향을 미치는 하나의 덩어리다. 미국 사람들은 훌륭한 논문 발표를 듣고 나서 감명을 받았을 경우 '아름다웠다 beautiful'라는 형용사로 발표자에게 자신의 마음을 전한다. 이 경우 아름다운이라는 뜻을 가진 beautiful이라는 단어는 훌륭하고 뛰어나고 더할 나위 없는 어떤 것을 지칭하는 형용사로 쓰이는 것이다. 진과 선과

---

38) 같은 글.

미라는 순서는 미진선이 되거나 선미진이 되거나 미선진이 되어도 아무 상관이 없다. 그러니까 진리를 위해서 목숨을 바치는 사람은 아름다움을 위해서도 목숨을 바칠 수 있는 사람이다. 그러나 시대에 따라 문화권에 따라 역사적 상황에 따라 그 셋 사이에는 우선순위가 생겼다. 갈릴레오는 진리를 위해 목숨을 바쳤고 테레사 수녀나 샤를 드 푸코 같은 성자들은 착한 일을 하는 데 일생을 바쳤다. 예술가들은 아름다움을 느끼고 그것을 작품을 통해 표현하는 일에 인생을 바치는 사람들이다.

19세기 말 이후 한국 사회의 역사적 상황은 사람들을 눈앞의 생존 문제에 쫓기게 만들어서 아름다움을 추구할 여유를 도무지 허락하지 않았다. 특히 1960년대 이후 빠른 속도로 진행된 산업화와 도시화, 경제 성장과 물질적 풍요는 정신적 퇴락을 동반했다. 모든 것이 돈으로 환산되면서 우리가 사는 세상은 거칠고 메마른 곳이 되어갔다. 물질적 부의 축적을 최고의 목표로 삼고 뛰다보니 아름다움이라는 가치의 추구는 한가한 사람들의 정신적 사치로 여겨지게 되었다. 요즈음 와서 디자인이 중요하다는 말을 하며 다시 아름다움에 관심을 보이고 있지만, 그건 다 물건을 팔고 사람들의 관심을 끌기 위한 잇속에서 나온 발상이지 아름다움 그 자체를 추구하는 순수한 행위는 아니다. 진정한 아름다움의 추구는 세속적 가치의 실현을 위한 수단이 아니라 그 자체가 목적이 되어야 한다. 아름다움은 육체의 생존을 위한 밥을 먹여주지는 않는다. 그러나 우리의 정신은 아름다움을 통해 고상해지고 윤택해지고 순수해질 수 있다. "밥이 하늘이다"라는 말이 있다. 물론 밥 먹고 사는 걱정도 해야 한다. 그러나 밥은 밥이지 하늘이 아니다. 그렇다고 예술이 하늘이라는 말은 아니다. 아름다움을 추구하는 예술은 도달할 수 없는 하늘을 향한 끝없는 발돋움일 뿐이다.

예술을 통한 심미적 체험은 사람을 정화시키고 더 높은 단계의 인간으로 변화시킨다. 도덕 교육이나 이데올로기 세뇌가 외부로부터 강요되는 것이라면 심미적 체험은 자기 안에서 자발적으로 불꽃처럼 일어난다. 자연과 예술작품을 통해 이루어지는 심미적 체험은 우리의 마음을 여유롭고 부유하게 만들어 지나친 탐욕이나 허세로부터 벗어나 내적 평정을 유지하게 한다. 자연과 예술이야말로 인간의 몸과 마음을 드높인다. 사람들이 물질적 풍요로움만이 아니라 심미적 아름다움을 추구할 때 이 세상은 좀더 살 만한 곳이 될 것이다. 예술가만이 아니라 학자들도 아름다움을 추구해야 한다. 진리 탐구와 심미적 체험은 대척점에 있지 않다. 그 둘은 오히려 서로를 강화시켜주는 보완적 관계에 있다. 학자들과 예술가들 사이에 친밀한 대화가 이루어질 때 정의롭고 아름다운 사회에 한 걸음 더 가까이 갈 수 있게 될 것이다.

그런데 아름다움을 숭상하는 사회는 학자나 예술가 들만으로 이루어질 수 없다. 예술을 이해하고 아름다움을 향유하는 교양층이 예술가와 함께 존재할 때 예술은 부흥할 수 있다. 15세기 이탈리아에서 르네상스가 가능했던 것은 피렌체의 메디치가를 중심을 하는 예술 진흥 세력이 있었기 때문이고 미켈란젤로가 소박한 석공石工의 신분을 벗어나 위대한 조각가로 인류 역사에 남게 된 데는 교황 파울로스 3세의 예술을 보는 안목이 작용했다. 부유층이나 권력층만이 아니라 사회 구성원 모두가 문화와 예술을 사랑하는 교양 시민층으로 형성되어야 한다. 경제적 기반과 정치적 시민권에 이어 문화적 교양을 갖추었을 때 '균형 잡힌 시민'이 탄생한다. 사회학은 그런 사회를 만드는 일에 앞장서야 한다.

예술적 감동을 위하여

　예술작품이라는 씨앗은 그 씨앗이 떨어진 마음을 움직이고 변화시킬 때 자신의 임무를 완수한다. 파리의 트로카데로 광장에 가면 에펠탑에서 에콜 밀리테르를 지나 몽파르나스 빌딩으로 이어지며 거대한 축을 이루는 전경이 한눈에 들어온다. 트로카데로 언덕은 몽마르트르 언덕 그리고 벨빌 언덕과 더불어 파리를 내려다볼 수 있는 최적인 장소 가운데 하나다. 이 언덕에 세워진 샤요 궁전 안에는 공연장, 박물관, 도서관, 서점, 카페, 식당 등이 자리하고 있다. 그런데 좌우 대칭을 이루는 양쪽 건물의 앞면과 뒷면을 주의 깊게 바라보면 좌우 전후 네 면에 각기 다른 글귀가 새겨져 있다. 20세기 전반기 프랑스를 대표했던 계관시인 폴 발레리가 쓴 문장들이다. 에펠탑에 넋을 잃은 사람들이나 건물 안으로 들어가는 사람들이나 모두 건물 이마에 붙어 있는 동판에는 관심을 기울이지 않는다. 그냥 무심코 지나간다. 건물 정상에 설치된 청동 조각작품 바로 밑에 위치한 직사각형의 동판 벽면에 부조로 새겨진 네 개의 글귀는 예술 창조와 예술 감상이 무엇인가를 말해주고 있다. 나는 그 앞을 지나갈 때마다 그 문장의 뜻을 음미해보곤 한다. 첫번째 글부터 읽어보자.

　모든 인간은 자기도 모른 채 창조를 한다.
　마치 숨 쉬는 것처럼.
　그러나 예술가는 자기가 창조하는 것을 느낀다.
　그는 창조에 자신의 온 존재를 건다.

그리고 예술가가 기꺼이 감수하는 고통은 그를 강하게 만든다.

예술가는 자신의 삶, 다시 말해서 자신의 감정, 질병, 욕망, 고통과 공포, 기쁨과 즐거움이라는 원 자료를 상상력을 통해 가공해서 지금까지 세상에 존재한 적이 없는 새로운 '작품'을 만들어내는 사람이다. 박완서의 소설 『나목』에는 1·4 후퇴 이후 서울을 배경으로 미치지도 환장하지도 술 취하지도 않고, 가족 부양의 의무도 포기하지 않으면서 화필을 놓지 않은 한 화가의 모습이 그려져 있다. 나목裸木은 말라 죽어버린 고목枯木이 아니라 봄에 새잎을 틔우기 위해 매서운 추위를 견디고 있는 살아 있는 나무다. 그렇다면 소설의 제목이 된 나목은 예술가를 상징하는 은유적 표현이다.

예술가의 창조 작업은 그 이전에 어느 누구도 가보지 않았던 미지의 영역을 답사하는 일이며 그 답사의 체험을 바탕으로 지금까지 존재하지 않았던 새로운 세계를 펼쳐 보이는 일이다. 모든 예술가가 표현하려는 것은 그의 내면에 살아 움직이는 자기만의 세계다. 중요한 것은 객관적 진리가 아니라 예술가 자신의 실존이다. 예술가는 자신의 온 존재를 걸고 자신의 내적 고통과 감정, 환희와 공포를 글과 소리, 색채와 형태로 표현하는 사람들이다.

학문하는 사람들은 객관성을 유지하고 가치중립성을 지키기 위해 자신의 개인적 감정을 드러내지 말아야 한다고 생각한다. 학자들은 머리에만 의존해서 논문이라는 작품을 만든다. 그런데 그렇게 머리에만 호소하고 가슴을 억압하는 논문은 사람의 마음을 움직이지 못한다. 어렵사리 논문을 읽어가다보면 고개를 끄덕거리게 될 때도 있지만 마음의 문은 좀체 열리지 않는다. 논문을 많이 읽으면 읽을수록 마음이 메말라

가는 느낌이 든다. 실험과 통계자료 분석을 강조하는 과학으로서의 심리학이 아니라 인간의 삶과 마음을 강조한 인본주의 심리학자 칼 로저스는 보편적이고 일반적인 담론이 아니라 개별적이고 내밀한 개인적 담론이 사람들의 마음을 움직이는 힘을 가지고 있음을 다음과 같이 간파했다. "가장 내밀하고 가장 개인적인, 따라서 다른 사람들이 좀처럼 이해할 수 없을 것 같았던 그 느낌이, 많은 사람들의 마음속에서 반향을 일으키는 것으로 입증되었다. 우리 내면의 가장 개인적이고 고유한 것이야말로 표현되고 나누어진다면 다른 사람들의 마음속 깊이 전달될 요소임이 거의 확실하다. 이를 통해 나는 자신들의 내면의 고유한 것을 과감하게 표현했던 예술가와 시인 들을 이해하게 되었다."[39] 위대한 예술작품이란 언제나 위험을 무릅쓴 결과이고 더 이상 갈 수 없는 막바지까지 도달한 경험의 결과다. 더욱 멀리 갈수록 체험은 더욱 개별적이고 개인적이고 고유한 것이 된다. 그것을 창조적으로 표현한 예술작품이라야 사람들의 마음을 움직여 감동에 이르게 한다. 로저스가 과학으로서의 심리학이 아니라 예술로서의 심리학을 지향했다면, 나는 과학으로서의 사회학이 아니라 예술로서의 사회학도 가능하다고 생각한다. 그것은 타인의 고통을 이해하는 일로부터 시작된다.

파리 시내 8구에는 몽소 공원이 있다. 프루스트가 즐겨 걷던 이 공원을 산책하다보면 한때 조르주 상드의 연인이었던 알프레드 드 뮈세의 동상과 마주치게 된다. 동상 밑에는 뮈세가 쓴 「5월의 밤」이란 시의 한 구절이 적혀 있다.

39) Carl Rogers, *On Becoming a Person*, London: Constable, 1961, p. 26.

거대한 고통 말고는 그 어느 것도
우리를 위대하게 만들지 못한다.
[……]
가장 절망의 상태에서 부른 노래가
가장 아름다운 노래가 된다.

몽소 공원을 한 바퀴 돌아나와 다시 트로카데로 광장으로 돌아가서 폴 발레리가 남긴 나머지 문장들을 읽어보자. 앞에 읽은 첫번째 글귀와 대각선으로 연결되는 건물의 앞면에는 다음과 같이 쓰여 있다.

신기한 것들에 바쳐진 이 건물 안에
나는 예술가의 놀라운 손으로 만들어진
작품들을 영접하여 간수하고 있다.
그의 손은 그의 정신과 동등한 경쟁자이다
손과 정신, 그 둘은 상대방이 없으면 아무것도 아니다.

예술은 영감과 창조의 정신으로 시작되어 손을 사용한 장인의 형상화 작업으로 마감된다. 형상화되지 못한 생각은 공허하고 영감과 정신이 빠진 작품은 무의미하다. 예술가는 정신과 손 양쪽을 결합시켜 새로운 것을 만들어내는 사람이다. 그런 점에서 모든 인간은 조금씩 예술가이지만, 직업으로서의 예술가는 자신의 온 존재를 창조에 바치는 사람이다.

발레리의 앞의 두 글귀가 예술 '창조'에 대한 것이라면 나머지 두 글귀는 예술 '감상'에 관한 것이다. 파리에는 루브르박물관, 오르세미술관, 퐁피두센터의 현대미술관, 피카소미술관, 로뎅미술관 등 수많은 박물관과 미술관 들이 있다. 그렇다면 미술관과 박물관은 무엇 때문에 있는 것일까라는 질문이 떠오른다. 트로카데로 언덕의 샤요 궁전에 적힌 세번째 글귀는 미술관이나 박물관으로 무심코 걸어 들어가는 사람에게 다음과 같이 충고한다.

> 내가 무덤이 되느냐 보물이 되느냐,
> 내가 말을 하느냐 침묵을 지키느냐는
> 내 앞을 지나가는 사람에게 달려 있다.
> 그것은 오로지 당신에게 달려 있다.
> 친구여, 욕구가 없이는 부디 들어오지 말아달라.

위의 글에서 '나'는 미술관이나 박물관에 전시되어 있는 작품들이다. 그 작품들이 자기 앞을 지나가는 관람객에게 하는 말이다. 그냥 뜻 없이 지나가는 사람에게 미술관은 무덤이고 작품은 해골에 불과하지만 전시물에 담겨 있는 의미를 알고 싶다는 욕구를 느끼는 사람에게 작품들은 보물이 되어 보석처럼 반짝인다. 똑같은 전시물이 어떤 사람에게는 무가치한 돌덩이처럼 보이지만 다른 사람에게는 감동의 원천이 된다. 어떻게 보면 상당히 거만하게 들릴 수도 있는 내용이다. 그러나 사람들 사이에 진지하고 진정한 대화가 이루어지기 위해서는 상대방을 깊이 알고 이해하고 싶다는 욕구가 전제되어야 하듯이, 관람객과 작품 사이에 교감이 이루어지기 위해서는 먼저 소통과 대화의 욕구가 있어야 함을 강조하는 말로 해석할 수 있다. 그럴 때라야 감상자는 예술작품을 대하면서 새롭고 독창적이고 위대하고 영원한 세계로 이끌려 들어가는 체험을 할 수 있다는 말이다.

발레리의 네번째이자 마지막 글귀는 위의 충고에 따라 무언가를 보겠다는 내적 욕구를 느껴 전시된 작품들과 대화하기 위해 박물관이나 미술관 안으로 들어온 사람에게 다음과 같이 말한다.

여기에 진귀하고 아름다운 것들이
정성껏 체계적으로 모여 있다.
그것들은 우리들의 눈에게
이미 세상에 있는 모든 것을
마치 처음 보는 것처럼 볼 수 있도록 가르친다.

그렇다. 미술관이나 박물관에는 귀한 작품들이 어떤 기준과 원칙에 따라 체계적으로 배열되어 있다. 상설전시는 더욱 그렇지만 특정 예술가나 주제로 일정 기간 이루어지는 특별 전시회에도 어떤 기준에 따라 작품들이 배치되어 있다. 전시회를 제대로 감상하려면 개별 작품에 대한 이해도 필요하지만 전시회 전체가 어떻게 구성되어 있는가를 파악해야 한다. 그러다보면 흩어져 있던 작품들이 하나의 질서를 이루며 서로 연결되어 있음을 알게 된다. 어느 순간 자기도 모르게 "아!" 하는 찬탄의 소리가 나온다. 그런 방식으로 미술관과 박물관에 전시된 작품들과 대화하고 밖으로 나오면 세상이 다르게 보인다. 눈앞에 보이는 일상의 세계가 다가 아니라 보이지 않는 수많은 세계가 있다는 것을 알게 된다. 눈앞에 펼쳐지는 세계도 이전과 다르게 보인다.

서양사학자 이광주는 예술작품 앞에서 느꼈던 감동의 순간을 다음과 같이 전한다. "우리들은 어쩌다 말과 문자가 미치지 못하는 순간을 체험한다. 경주 석굴암의 큰부처 앞에 다다랐을 때, 미륵보살 반가사유상과 마주하였을 때 나는 언제나 말을 잊는다. 그리고 피렌체 산마르코 수도원의 프라 안젤리코가 그린 「수태고지」 앞에서도, 프랑스 샤르트르 대성당에서도 그 순진무구한 성별된 시공 속에서도 몸을 떨곤 하였다."[40]

그렇다면 우리는 언제 작품과 소통하고 교감하고 싶다는 진지한 욕구를 갖게 되는 것일까? 스위스 사람이면서 런던에서 글을 쓰며 살아가는 작가 알랭 드 보통은 우리가 아름다움에 민감해지는 상황에 대해 다음과 같이 말한다. "우리가 아름다운 것들에 가장 민감하게 반응하는 것은 우리 인생이 여러 가지 문제로 가장 심각할 때일지도 모른다. 낙담한 순간들은 건축과 예술로 통하는 입구를 활짝 열어준다. 그러한 때에 그 이상적인 특질들에 대한 굶주림이 최고조에 이르기 때문이다."[41]

예술작품의 감상은 예술가의 마음과 감상자의 마음이 만나 '존재의 전율'이 일어날 때 이루어진다. 잘 보이지 않는 것을 보고, 잘 들리지 않는 것을 들어서 그것을 볼 수 있고 들을 수 있는 방식으로 표현하는 사람이 예술가라면 예술 감상은 예술가의 그러한 능력을 공유하는 행위이다. 어떤 문장, 어떤 연주, 어떤 그림은 우리가 잊고 있던 먼 옛날의 기억을 되살려주고 그것에 다른 의미를 부여하게 한다. 그냥 지나쳐버린 것들을 새로운 눈으로 보게 해준다. 공포에 눌려 있던 희망을 살아나게 하고 우리가 감히 품지 못했던 강한 소망을 품게 한다. 우리들의

---

40) 이광주, 『아름다운 지상의 책 한 권』, 한길사, 2001, pp. 71~72.
41) 알랭 드 보통, 『행복의 건축』, 정영목 옮김, 이레, 2006, p. 158.

마음은 화가가 붓으로 색을 칠하는 캔버스와 같다. 그들의 염료는 우리들의 감정이다. 그들은 우리에게 기쁨의 빛과 슬픔의 그림자를 전달한다. 작품을 감상하기 위해서 우리는 그 앞에 엎드려 숨죽인 상태에서 가장 작은 목소리까지 듣고 가장 미세한 점 하나까지 보려는 마음 자세를 취해야 한다. 마음을 연 사람에게 훌륭한 작품은 살아 있는 실재가 되고 우리는 그 안으로 빨려들어가 속내 이야기를 나누는 친구가 된다. 예술가는 작품 속에 영원히 살아 있다. 그의 사랑과 공포는 우리들 안에 다시 살아 움직인다. 예술가의 영혼이 우리의 영혼에 호소하는 바가 클수록 우리들의 심금이 더 크고 깊게 울린다. 그때가 바로 감동感動의 순간이다. 그때 "묘한 전율이 온몸을 타고"[42] 흘러내린다. 그런 감동은 인생이 난관에 부딪쳐 낙담한 순간에 더 자주 일어난다. 그렇다면 경쟁은 더욱 치열해지고 삶의 의미는 점점 희미해지는 세상에서 패배하고 짓눌려 낙담한 사람들에게 사회학은 어떤 '감동'을 선사할 수 있을 것인가?

---

42) 이 표현은 건축가 조한에게서 빌려온 것이다(조한, 『서울, 공간의 기억 기억의 공간』, 돌베개, 2013, p. 5).

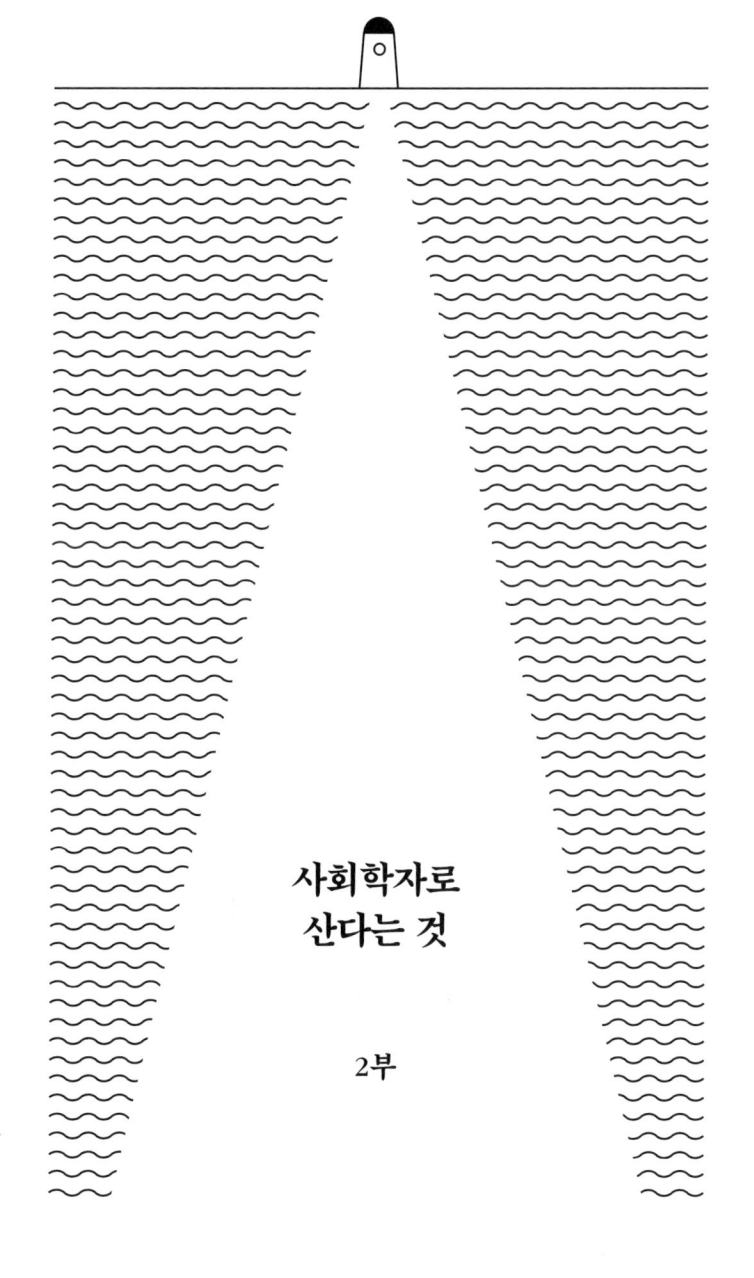

사회학자로
산다는 것

2부

어떤 사제 관계 이야기
―배움의 길 위에서

술수의 넓은 길과
순수의 좁은 길,
이 둘 사이에서
좁은 길로 들어가
'진리 안에서'
살고자 한
역사의 사람들에게

―박영신[1]

멀리 파리에서

나는 지금 프랑스 파리의 한구석에서 이 글을 쓰고 있다. 학술 계간지 『현상과인식』에서 박영신 교수의 학문 세계에 대한 특집을 꾸민다니 제자가 된 마당에 자청해서라도 글을 써야 할 터인데 편집진으로부터 원고 청탁을 받아서 기쁜 마음으로 쓴다.[2] 그런데 한 가지 문제가 있다. 박영신 선생님의 학문 세계에 대해서 논의하려면 당연히 선생님의 저서와 논문 들을 참조해야 할 것이다. 그러나 현재 나는 참고문헌이 하

---

1) 박영신, 『실천도덕으로서의 정치―바츨라브 하벨의 역사 참여』, 연세대학교출판부, 2002, p. 5.
2) 나의 자발적 파리 망명 시절인 2003년 1월에 쓴 이 글은 어떤 이유에서 출판되지 않았고 여기에 처음 싣는다. 당시의 분위기와 심정을 간직한 채 다소 수정했다.

나도 없는 상태에서 이 글을 쓴다.[3] 작년 초에 서울생활을 정리하고 파리에 오면서 내가 소장하고 있던 모든 책들을 서울에 놓고 왔기 때문이다. 그래서 부득이 선생님의 연구 업적들을 인용하면서 본격적인 학술 논문을 쓰기보다는 선생님의 학문 세계에 대해서 생각하던 바를 자유롭게 써보기로 했다. 그런데 막상 글을 쓰기 시작하자 한 학자의 학문 세계를 그의 삶과 분리시켜 따로 논의하는 방식으로는 그 학문 세계가 갖는 뜻을 충분히 드러내지 못할 것이라는 생각이 들었다. 박 선생님의 학문 세계와 삶의 세계야말로 서로 영향을 주고받는 유기적 관계를 이루고 있기 때문이다. 그래서 선생님의 삶과 학문 세계를 유기적으로 엮어 함께 써보기로 했다. 그런데 내가 아는 선생님의 삶이란 제자로서 옆에서 지켜본 모습일 뿐이지 선생님의 삶의 전모는 아니었다. 그러니까 이 글은 내가 선생님의 삶과 학문 세계로부터 보고 겪고 배운 바를 반추해본 것이라고 할 수 있다.

세상에는 여러 형태의 사제 관계가 있다. 알베르 카뮈와 장 그르니에의 관계도 아름다운 사제 관계 가운데 하나다. 장 그르니에는 알제리에서 고등학교 교사 시절 알베르 카뮈의 스승이었다. 카뮈는 그르니에의 영향을 받아 훗날 노벨문학상을 받은 세계적인 작가로 성장했다. 알제리 시절 그 두 사람 사이의 관계는 매우 각별한 것이었다. 카뮈가 그 시절 장 그르니에에게 보낸 편지에는 다음과 같은 구절이 나온다.[4] "저는

---

3) 이 글을 쓰고 난 다음, 박영신 교수가 스스로 자신의 '삶과 학문'을 간략하게 밝힌 글을 읽게 되었다(박영신, 「삶과 학문—나의 길 다 가기 전에」, 『철학과현실』, 2003년 여름호, pp. 158~72: 박영신·김영선(대담), 「열린, 윤리 공동체를 꿈꾸는 성찰하는 '지성인'의 초상—사회학자 박영신의 삶과 학문」, 『동방학지』 150집, 2010년 6월, pp. 355~427도 참조할 것).
4) 알베르 카뮈·장 그르니에, 『카뮈-그르니에 서한집—1932~1960』, 김화영 옮김, 책세상,

지난 여러 해 동안 끊임없이 선생님은 어떻게 생각하실까 하는 것을 염두에 두고 살아왔습니다. [……] 때로 친구가 옆에 있었으면 하고 바랄 때가 있습니다. 그래서 선생님을 자주 생각합니다. [……] 10월이면 제가 선생님을 만난 지 13년이 됩니다. 그러니 이렇게 적어도 되겠지요. 선생님의 오랜 친구 알베르 카뮈." 이에 대해 장 그르니에는 다음과 같이 답했다. "당신이 내게 신세진 것이 있다고 하더라도 그것은 단지 나를 알게 되었을 때 당신의 나이가 어렸다는 이유 바로 그것밖에 없습니다. 나의 생각이 다르다 해도, 내가 당신에 대하여 느끼는 깊은 우정에는 변함이 없습니다." 박영신 선생님은 내가 대학생일 때 나를 사회학이라는 학문의 길로 인도하셨다. 거의 40년 전의 일이다. 물론 프랑스 사람들의 사제 관계와 한국에서의 사제 관계는 많이 다르다. 그렇더라도 나는 카뮈와 장 그르니에의 사제 관계를 생각하면서 박영신 선생님과 나 사이의 오래된 사제 관계에는 그와 유사한 차원이 있다는 생각을 해본다.

어떤 만남

세상을 살아가면서 어떤 순간에 어떤 사람을 만나느냐에 따라 인생의 행로와 의미가 크게 달라질 수 있다. 그러한 만남 가운데 젊은 시절 삶의 방향을 이끌어줄 스승과의 만남이 있다.[5] 1976년 가을, 나는 삶

2012 참조.
5) 역사 속의 위대한 스승-제자 관계를 논의하고 있는 George Steiner, *Lessons of the Masters*, Cambridge: Harvard University Press, 2004와 학교 교실에서의 사제 관계를 주제로 대담을 나눈 Cécile Ladjali et George Steiner, *Éloge de la transmission — Le maître et l'élève*, Paris: Albin Michel, 2003를 참조할 것.

의 궁극적 의미에 대한 질문 그리고 미래의 진로 문제로 고민에 휩싸여 있었다. 당시 나는 연세대학교 정치외교학과 학생이었는데 전공 강의는 최소한으로 들으면서 문과대학의 철학과, 사회학과, 역사학과, 불문학과, 국문학과 쪽을 기웃거리고 있었다. 그 무렵 문과대 입구의 돌계단이나 언더우드 동상 주변의 정원에서 자주 마주치게 되는 교수 한 사람이 있었다. 많은 교수들을 마주치지만 유독 그 교수는 나에게는 특별한 느낌을 갖게 했다. 그런데 어느 날 그 교수님이 나에게 "안녕하세요!"라는 인사말을 건네는 것이 아닌가. 자주 마주치다보니까 그 교수님도 나의 얼굴을 알아보게 된 모양이다. 근엄하기만 하던 교수들만 보아온 나로서는 교수가 학생에게 먼저 인사를 건넨다는 것이 의외였고 당황스럽기까지 했다. 그때까지 나는 그 교수가 누구인지를 전혀 몰랐다. 그래서 철학과 친구들에게 물어보니까 작년에 사회학과에 새로 부임한 박영신 교수라는 것이다. 그렇게 해서 나는 멀찍이에서 박영신 교수를 알게 되었다.

토론식 수업

1970년대 정치외교학과와 법학과 등이 속해 있던 정법대학의 권위주의적인 분위기를 피해 문과대학의 자유롭고 진지한 분위기 속으로 이끌려 들어가던 나는 4학년 봄 학기, 박영신 교수가 담당하는 '현대 사회학 이론'이라는 과목에 수강신청을 했다. 버클리 대학에서 사회학 이론을 탄탄하게 공부하고 돌아왔다고 알려진 박영신 교수의 명 강의를 기대하고 강의실로 들어갔다. 그런데 박 교수는 과목의 의의를 이야기하고 함께 읽을 교재를 칠판에 적은 다음 자기는 다음 시간부터는 강의를 하지 않고 학생들이 정해진 책을 읽고 와서 토론하는 방식으로 수업을 진행한다고 선포했다. 수강신청을 철회할까 하는 생각도 들었지만 이미 신청한 것이니 끝까지 남아 있기로 했다. 그다음 주부터 토론식 수업이 시작되었다. 교수의 일방적 강의를 듣는 일에 익숙해진 학생들은 영어 원서를 읽고 그 내용을 바탕으로 토론식 수업을 이어갈 능력이 당연히 없었다. 누구도 입을 열려고 하지 않았다. 박 교수는 학생들이 아무 말 없이 가만히 앉아 있어도 그저 누군가가 말을 꺼내기를 기다릴 뿐 먼저 무엇을 가르치려고 하지 않았다. 정말 처음 경험하는 황당한 수업 방식이었다. 내 기억에 첫 토론식 수업은 불발로 끝났을 것이다. 나를 포함한 학생들은 수업에 들어오기 전에 자발적으로 교재를 읽고 자기 나름대로 생각해보지 않으면 수업에 참여할 수가 없다는 것을 깨달았다. 나는 실력이 달리지만 이해하기 힘든 영어로 된 사회학 이론 교재를 열심히 읽지 않을 수 없었다. 학생들은 점차 말문을 열기 시작했고 나도 그 토론식 수업에 적극적으로 참여했다. 그런 방식의 수업을 하면서 나는 점차 텍스트를 정확하게 이해하고 그것을 바탕으로 자기 생각을 만들어서 남에게 효과적으로 전달하는 방법을 배우게 되었다. 한 학기 동안 내가 '원서'라고 부르던 현대 사회학 이론 교재를 제대로 이해했는지는 확인할 길이 없지만 사회학과 친구들과 함께 읽고 토론하면서 사회학 이론에 관심을 갖게 된 것만은 사실이다.[6] 사회학에 재미

---

6) 1990년대 초 조한혜정은 1970년대 말 박영신의 이와 같은 수업 진행 방식과 유사한 방식으로 토론식 수업을 진행하고 그 결과를 『(탈식민지 시대 지식인의, 바로 여기 교실에서) 글 읽기와 삶 읽기』 1권(또하나의문화, 1992)로 출간했다. 이해 대해 김경만은 토론식 수업은 학생들이 '기본'이 있을 때나 가능한 수업 방식이라며 교수는 최소한 그 '기본'을 강의를 통해 전달해야 한다고 주장했다(김경만, 『글로벌 지식장과 상징폭력』, 문학동네, 2015, p. 59).

를 붙인 나는 4학년 가을 학기에는 박영신 교수의 '한국사회론'을 들었다. 이 수업 역시 학생들의 발표와 토론으로 이루어졌는데 한국 근대사에 대한 책과 논문 들을 함께 읽고 열띠게 토론했던 기억이 난다. 그 수업을 통해 나는 오늘의 한국 사회를 이해하기 위해서는 한국의 근현대사에 대한 인식이 절대적으로 필요하다는 것을 깨달았다. 기말에는 평가를 위한 시험 대신 각자 자기가 중요하다고 생각하는 주제를 잡아 보고서를 써야 했다. 그때 나는 200자 원고지 50매 분량의 기말 보고서를 1920년대 식민지 사회에서 일어났던 사회주의운동에 대해서 썼다. 그 원고 뭉치는 이사를 다니면서 사라졌지만 그 보고서 끝에 붙어 있던 붉은색 사인펜으로 쓴 "문제의식이 있는 글임"이라는 박 교수의 간결한 논평은 지금도 눈앞에 생생하다.

대학 3학년에서 4학년으로 넘어오는 과정에서 나는 막연하게나마 학자로 살아가는 삶에 대해 진지하게 고민하고 있었다. 나에게는 세상이 온통 알 수 없는 혼돈이었고 그런 상태에서 사회에 나가 무슨 직업을 가지고 정상적으로 살아갈 자신이 없었다. 나는 인간, 사회, 역사, 자연, 우주가 무엇인지를 좀더 투명하게 알고 싶었고, 그런 앎을 바탕으로 어떻게 살아야 할 것인가에 대한 나 나름의 답을 찾고 싶었다. 그래서 4학년을 마치고 대학원에 진학하기로 했다. 그 당시 정치학은 나의 다양한 지적 관심을 채워줄 수 없을 것 같았다. 정치학보다는 철학, 역사학, 사회학 등의 학문이 나의 관심을 끌었다. 심사숙고 끝에 사회학을 전공하면서 철학과 역사학에도 관심을 기울이기로 했다. 이러한 결정을 내리는 데는 박영신 교수의 존재가 크게 작용했다. 박 교수 밑에서 공부하다 보면 내가 가지고 있는 여러 지적 궁금증들이 풀리고 인생의 행로가 보일 것 같다는 기대가 있었다. 그렇게 해서 1978년 봄 학기부터 박영신 교수의 제자가 되었다. 당시 박영신 교수는 사회학과 학과장이었는데 나는 1978년 가을 학기에 사회학과 조교 일을 맡았다. 그래서 선생님과 같은 공간을 쓰면서 많은 시간을 함께 보내게 되었다. 그 당시 선생님은 연세대 동문에서 이화여대 후문 쪽으로 이어지는 대신동 골목길에 있던 교수 사택에 살고 계셨다. 지금은 우람한 치과대학 건물이 들어서는 바람에 철거되어 사라졌지만 아담하고 정답고 소박한 기와집이었다. 바로 그 기와집 거실에서 나는 박영신 교수를 중심으로 모인 몇몇 친구들과 함께 삶과 당시의 사회 현실과 학문에 대해 많은 이야기를 나누면서 길고 먼 학문의 길에 발을 들여놓았다. 박영신 교수와 함께 고전 사회학 이론 과목에서 마르크스, 베버, 짐멜, 뒤르켐 등의 원전을 읽었고, 현대 사회학 이론 과목에서는 파슨스, 머튼, 다렌도르프, 블루머, 코저, 벨라, 기어츠 등의 글을 읽었다. 그 후로 40년에 가까운 세월이 흘렀다.

민주적 자세

"교수는 많으나 스승이 없다"라는 말이 있다. 교수가 단지 전문 지식 전달자의 역할을 한다면 스승은 지식 전달을 넘어서 학문에 대한 열정을 불러일으키고 학자로서 지녀야 할 삶의 자세를 보여주는 사람이다.[7] 그리고 그것은 말이나 글을 통해서만이 아니라 구체적 삶의 모습을 통

---

7) 스승이 제자에게 전달하는 것은 열정, 호기심, 정직함, 노력이라고 보는 George Steiner et Cécile Ladjali, 같은 책, p. 25 참조.

해 전달된다.[8] 박 선생님은 나에게 그런 의미에서의 스승이시다. 젊은 시절 정신적으로 방황하던 나를 삶과 학문을 통해 배움의 길로 들어서게 하셨고 그 이후로도 계속해서 많은 가르침을 베푸셨다.

앞서 나는 학생에게 스스럼없이 먼저 인사하는 박영신 교수의 모습을 이야기한 바 있지만, 당시 내가 선생님께 배운 점 가운데 첫번째로 꼽고 싶은 것은 선생님이 모든 사람을 존중하여 대하는 민주적 태도였다. 1970년대까지만 해도 대학교수들의 권위는 대단했다. 근엄한 표정으로 무게를 잡고 걸어가는 교수 앞에서 학생들은 상전을 만난 듯 깍듯이 고개를 숙여 인사해야 했다. 그렇지만 박 선생님은 모든 인간을 그 사람이 어떤 사람이든지 간에 인간이라는 이유 하나만으로 존중하는 태도를 여러 상황 속에서 보여주셨다. 그건 우선 타인의 의견을 경청하는 일로부터 시작한다. 선생님께서는 아직 나이가 어리고 학문적 축적이 없는 제자들의 의견도 언제나 진지하게 경청하셨다. 그리고 거기에 대한 자신의 생각을 말씀하시면서 여러 사람이 고르게 참여할 수 있도록 대화를 이끄셨다. 그 당시는 사상과 표현의 자유가 심하게 억압받던 유신체제의 시절이었다. 선생님께서는 수업 시간만이 아니라 일상생활에서도 어떤 문제에 대해서든 누구라도 절대적인 정답을 내놓을 수 없다는 생각을 갖게 하셨다. 선생님과 함께 공부하면서 나는 여러 사람이 모여 각자 자신의 의견을 내놓고 민주적으로 토론하다보면 좀더 합리적인 결론에 도달할 수 있다는 생각을 갖게 되었다. 선생님께서는 비판이 허용되지 않고 토론이 발붙이지 못하는 권위주의 시대에 민주적 의사

---

8) 사실 박영신 교수는 대학 시절 페스탈로치 같은 사람이 되기를 꿈꾸었던 교육학도였다(같은 책, p. 159).

소통의 가치를 암암리에 가르치셨던 것이다.[9]

말하기와 글쓰기

사람들은 말과 글을 통해 자신의 생각을 표현한다. 나는 초·중·고등학교를 거쳐 대학생이 되어서도 사람들 앞에서 내 생각을 분명하게 전달하지 못하고 항상 수동적으로 남의 이야기를 듣기만 하는 내성적인 학생이었다. 내가 뒤늦게나마 사람들 앞에서 내 생각을 분명하고 조리 있게 말할 수 있게 되었다면 그것은 대학교 4학년 시절과 대학원을 거치면서 박영신 교수님이 이끄신 토론식 수업에 적극적으로 참여했기 때문이다. 그런데 학자에게 결정적으로 중요한 능력은 자신의 생각을 글로 표현하는 능력이다. 나는 박 교수님께 글쓰기에 대해서도 배웠다. 내가 지금 글줄이라도 쓰게 된 것은 선생님 덕분이다. 선생님께서는 당신이 쓴 논문 원고를 넘기기 전에 제자들에게 먼저 읽게 하셨다. 제자들에게 불투명한 부분이나 잘 이해가 되지 않는 부분을 지적하고 문장을 더 분명하게 고쳐보라고 하셨다. 그래서 받아들일 부분은 받아들이고 그렇지 않은 부분은 제자들과 토론을 통해 수정 여부를 결정하셨다. 대학원 시절 사회학과의 조교생활을 할 때 선생님은 나에게 몇 번에 걸쳐 원고 뭉치를 내미셨는데 그럴 때마다 열심히 읽으면서 그 뜻을 깊이 파

---

9) 나는 민주주의가 정착하려면 서로 다른 생각을 가진 사람들이 각자 상대방의 말을 경청하면서 자신의 의견을 자유롭게 이야기하며 생각을 나눌 수 있도록 이끄는 사회자의 역할이 중요하다고 생각한다. 방송을 비롯한 공적 미디어뿐만이 아니라 일상의 모든 모임에서도 민주적인 사회자가 필요하다.

악하고 나 나름대로 문장을 고쳐보기도 하였다. 당시 교수의 논문에 학생이 손을 댄다는 것은 상상도 못할 시절이었다. 교수의 권위는 그만큼 높았다. 그러나 선생님께서는 글은 여러 사람이 보고 고칠수록 좋은 글이 된다고 말씀하시면서 제자들의 비판적 제안을 기꺼이 받아들이셨다. 나는 선생님의 글을 읽고 고치면서 텍스트를 정확하고 꼼꼼하게 읽는 법을 배웠으며 생각을 분명하게 제시하면서 글의 논지를 이끌어가는 글쓰기 방식을 배웠다. 그리고 무엇보다도 전문가의 글인 양하며 권위를 내세우기 위해 한자어나 외국어를 많이 구사하는 학술논문들을 읽다가, 순 한글로만 쓴 선생님의 논문을 읽으면서 우리 학문이 발전하기 위해서는 우리말 표현을 갈고 닦아야 한다는 생각도 갖게 되었다. 가능하면 모든 생각을 우리말로 표현하도록 노력하면서 피치 못할 경우에만 한자어나 외국어를 괄호 속에 넣어 처리하는 글쓰기 습관은 그때 만들어진 것이다. 논문을 쓰면서 적절한 따옴(인용)이나 정확한 달음(각주)을 처리하는 형식도 그때 배운 것이다.

평등 의식

박영신 교수는 나이에 따른 서열을 크게 따지지 않으신 것처럼 남녀 간의 차별도 부당한 것으로 생각하셨다. 많은 비판적 지식인들이 민주화와 사회정의를 주장하면서도 남녀평등에는 관심을 갖지 않던 그 시절에 박 교수는 남녀 학생을 구별하지 않고 똑같이 대하셨다. 대부분의 남자 교수들이 "여자가 무슨 공부냐, 시집이나 가면 최고지!"라는 말을 거침없이 내뱉을 때 박 교수는 여학생들을 남학생과 똑같이 학문의 길로 이끄셨다. 그 이후 내가 남녀평등 의식을 갖고 여성 문제와 여성운동에 관심을 기울이게 된 것은 박영신 교수의 남녀평등에 대한 생각과 실천을 통해서 배운 바가 크다. 박영신 교수는 1977년 연세대학교 사회학과에서 '여성사회학'이라는 과목을 처음으로 개설하여 한국에서 여성학이 본격적으로 시작되기 전에 남녀평등의 문제에 관심을 기울이셨다. 일상생활 속에서도 사모님과 모든 주제에 대해서 생각을 나누고 중요한 일을 함께 결정하는 평등한 부부 관계의 모습을 보여주셨다.[10] 그 무렵 시각 장애가 있는 지원자가 입학을 거부당하는 것을 보고 장애를 가진 사람들이 입학할 수 있도록 학칙 개정을 주도한 것도 선생님이셨다. 학교 당국에서는 건물에 장애인들을 위한 시설이 없어서 그들을 입학시키지 않는다는 방침을 갖고 있었지만, 선생님께서는 기독교 학교에서 그럴 수는 없다고 주장하면서 장애를 가진 사람과 장애가 없는 사람을 불평등하게 대우하는 현실을 고쳐놓으셨다.

개성의 존중

박영신 교수는 모든 사람은 자기만의 고유한 특성을 가지고 있다고 생각하셨고 각자의 개성을 존중하는 분이셨다. 그래서 제자에게 무엇을 하라고 지시하지 않고, 그들 스스로 자신의 연구 주제와 방법을 발

---

10) 박영신 교수의 반려자인 문은희 선생은 이렇게 증언했다. "유학 시절 다니던 학교에서 300불을 빌려서 결혼하면서 유대인이 하는 전당포에서 7불과 9불짜리 18금짜리 반지를 사서 결혼식을 했습니다. 그렇게 44년 전 5월에 결혼해서 지금까지 권태기를 모르고 기쁘게 살고 있습니다"(문은희, 「세살 버릇 여든까지」, 『마음이 건강한 여성이 만드는 착한 사회』, 2011년 6월호).

견하고 발전시키도록 격려하셨다. 내가 석사학위 논문으로 문학사회학에 대해 쓰겠다고 했을 때도 적극 지지해주셨고, 미국이 아닌 프랑스에 유학하려는 결정에 대해서도 성원을 아끼지 않으셨다. 정해진 틀 속에 제자를 밀어넣는 것이 아니라 제자 스스로 결정한 것을 존중하고 격려하는 모습을 보이셨다. 선생님께서는 늘 제자의 생각을 북돋아주고 각자가 가지고 있는 고유한 가능성을 키워주기 위해 '다움'이라는 말을 많이 하셨다. 개성을 짓밟고 공동체의 기준에 따르라는 일반적인 사회 분위기 속에서 선생님의 그런 태도는 마치 목마른 자에게 나타난 샘물처럼 신선했다. "우리는 민족중흥의 역사적 사명을 띠고 이 땅에 태어났다"라는 문장을 복창하던 시절에 나는 선생님을 통해 모든 사람은 누구나 다 자기다워야 한다는 생각을 갖게 되었다.

앞서 말했지만 내가 학문의 세계에 발을 들여놓은 것은 나를 둘러싼 세상을 투명하게 인식하고 싶다는 지적 욕구에서 비롯된 것이다. 그 지적 욕구의 밑바닥에는 삶의 의미에 대한 추구가 자리하고 있었던 것 같다. 나는 박영신 교수로부터 지식의 추구와 의미의 추구가 따로 떨어져 있는 것이 아니라 하나로 이어질 수 있음을 배웠다. 단지 구체적인 목표를 달성하기 위한 수단적이고 기능적인 지식이 아니라, 의미 있는 삶과 좋은 사회란 무엇인가에 대해서 질문하는 성찰적이고 비판적인 지식을 추구하게 된 것은 박 교수님의 가르침에서 비롯된 것이다. 이러한 태도는 필연적으로 삶과 학문을 일치시키려는 지향성을 띠게 된다. 나는 박영신 교수의 삶과 학문 양쪽에 스며들어 있는 도덕적 성찰성과 사회에 대한 비판적 의식을 적극적으로 수용하면서 그러한 태도를 나의 삶과 학문 속에도 뿌리내리려고 노력했다.

박영신 교수는 한결같이 학자로서의 길을 걸었다. 어떤 세속적 명예나 권력도 추구하지 않고 오직 학문의 세계에 헌신하였다. 여러 세속적 유혹에도 불구하고 학자의 길을 벗어나게 하는 어떤 요구에도 응하지 않았다. 학교 안에서도 학문활동을 위해서 국학연구원장 이외에 어떤 보직도 맡지 않았다. 다만 주위에 가까운 동료 교수들의 추천으로 연세대학교 총장 물망에 올랐던 적이 있다. 나는 그 일을 박 교수 개인의 명예욕을 충족시키기 위한 시도가 아니라, 본래의 역할을 상실하고 기업화해가는 대학을 자신이 생각하던 이상적 대학의 모습으로 바꾸어보겠다는 의지의 표현으로 보고 있다. 그때 박 교수님이 우여곡절 끝에 총장직을 맡지 않게 되어 평교수로 정년퇴직하신 것은 아쉽지만 잘된 측면도 있다. 그것은 선생님이 대학 행정가가 아니라 학자로서의 이미지를 지키게 하였으며 은퇴 이후에도 어떤 화려한 자리가 아니라 시민운동에 관여하는 지식인이자 시민으로서의 활동을 계속할 수 있게 했기 때문이다.

'원칙의 사람'

박영신 교수는 한국 사회가 이상적인 인간상으로 제시하는 '원만한 사람'이 되기를 거부하고 '원칙의 사람'으로 살려고 하였다. 나는 박영신 교수로부터 무슨 문제든지 편의적으로 해결하려 하지 않고 원칙에 비추어 옳고 그름을 따지는 태도를 배웠다. 그래서 유학을 마치고 귀국하여 취직 문제로 어려웠던 시절에도 나 나름의 원칙을 지키려고 애썼다. "살다보면 자기도 모르게 고운 때가 묻게 마련"이라면서 현실에 적응하고 순응하는 삶을 살아야 한다는 주변 사람들의 충고에 귀 기울이려 할 때도 선생님께서는 언제나 원칙을 지키는 일관성 있는 삶의 모습을 보여주심으로써 나로 하여금 부끄러움을 느끼게 하셨다. 그러고 보면 나의 초자아의 한 부분에는 선생님께서 시종일관 유지한 도덕적 원칙들이 자리하고 있는지도 모른다. 무의미와 혼란의 와중에 있는 아들에게 세상이 어떻다는 것을 가르쳐주고 미궁에서 벗어날 수 있는 힘을 키워주는 '정신적 아버지'의 역할을 하는 것이 스승이라면 그런 의미에서 나는 선생님을 스승으로 모시고 있는 것이다.

우리 사회에서 많은 사람들이 흔히 지도교수의 가장 중요한 역할을, 제자에 대한 학문적 지도도 중요하겠지만 무엇보다도 공부를 마친 제자를 대학에 취직시키는 일이라고 생각하고 있다. 박사학위 인플레 현상이 일어나면서 이러한 생각은 더욱 증폭되었다. 제자를 취직시켜 학문활동을 계속할 수 있게 하는 것은 현실적으로 매우 중요한 일이다. 스승은 제자가 취직을 하는 데 도움을 주어야 한다. 그럼에도 불구하고 나는 스승이란 무엇보다 우선적으로 제자를 학문의 세계로 인도하고 진정한 삶의 모습을 보여주는 사람이라고 생각한다. 물론 사제 관계는 시간이 흐르면서 변화를 겪기 마련이다. 제자가 성장하면서 스승과 제자의 관계는 학문적 동료 관계라는 수평적 관계로 바뀔 수 있으며 제자가 스승을 넘어서는 경우도 생긴다. 지난날의 제자는 다음 세대의 스승이 된다. 그런 스승 제자 관계의 연쇄를 통해 학문이 계승되고 발전하는 것이다.

이론과 역사에 대한 관심

해방 이후 1960년대까지만 해도 한국 사회학계에는 미국에서 사회학을 제대로 공부하고 돌아온 학자가 거의 없었다. 미국 국무성의 초청을 받아 1~2년간 연수라는 이름으로 인구학이나 사회조사방법론을 배우고 돌아온 몇몇 교수들이 있었을 뿐이다. 이들은 대부분 일제하에서 교육받은 사람들로서 해방 이후 사회학 1세대에 속한다. 박영신 교수는 1960년대에 미국에 유학하여 1970년대에 귀국한 해방 이후 2세대 학자이며, 해방 이후 미국 유학 1세대 사회학자에 속한다.[11] 박영신 교수는 귀국 후 서울대 사회학과 출신들이 마치 친밀한 동창회 분위기를 연출하던 한국 사회학계의 주류와 일정한 거리를 유지했다. 그는 연세대 사회학과에 다른 대학 사회학과와 구별되는 뚜렷한 지적 전통을 만들려고 했다. 실증주의에 기초한 사회조사방법을 적용한 조사용역 보고서를 쓰거나 인구 정책의 형성에 통계적 자료를 제공하는 관변 학문이 아니라 사람들이 살아 숨 쉬는 역사의 현장에서, 좋은 사회를 만들어가는 시민 주체 형성을 위한 사회학이 그가 꿈꾼 사회학이었다. 박 교수는 해방 직후에 설립된 서울대 사회학과와 달리 1970년대에 들어서 뒤늦게 출발한 연세대 사회학과를 새로운 사회학의 전통을 만드는 제도적 거점으로 생각했다. 그래서 대학입학 예비고사 성적순으로 학교의 순위를 정하는 기존의 평가 기준을 거부하고, 일제 시대 이후 관립대학이 아닌 민립대학으로서 독자적인 지적 전통을 이어온 연세대의 특성을 강조했

---

11) 그러니까 나는 해방 이후 3세대 학자군에 속한다.

다. 그런 학문적 자부심을 바탕으로 연세대학교 사회학과의 독특한 전통을 만들려는 꿈을 가지고 있었다.

사회학자로서의 박영신 교수는 무엇보다도 이론사회학자였다. 사회학 이론의 탐조등을 통해서라야 무수한 사실의 바다에서 의미 있는 사회적 사실을 발견할 수 있으며, 그것을 체계적으로 설명할 수 있기 위해서도 이론에 기대야 한다는 생각을 가르치셨다. 한국 사회학의 몰이론적인 경향을 거슬러 이론사회학의 중요성을 일찍부터 강조했던 것이다.[12] 그래서 제대로 된 사회학을 하기 위해서는 막스 베버, 에밀 뒤르켐 그리고 카를 마르크스 세 사람의 고전 이론에 대한 착실한 이해가 필요하다고 생각했다. 고전 사회학자들과 더불어 탤콧 파슨스로부터 로버트 벨라와 닐 스멜서, 랠프 다렌도르프, 조지 허버트 미드, 허버트 블루머 등의 현대 사회학 이론을 공부한 것도 나의 프랑스 유학 시절 든든한 이론적 기초가 되었다.

박영신 교수는 미국의 예일 대학에서 유학을 시작하여 버클리 대학에서 박사학위를 받고 하버드 대학에서도 공부하였지만 미국 사회학만을 고집하는 속 좁은 미국 유학파 사회학자가 아니었다. 고전 사회학 이론을 강조하였듯이 사회학이 처음 생겨난 유럽의 역사와 철학에 바탕을 둔 유럽 사회학도 적극적으로 배워야 한다는 생각을 가지고 계셨다. 그래서 안식년은 옥스퍼드 대학을 비롯한 영국의 대학으로 가셨으며 여러 해에 걸쳐 방학 기간마다 글래스고 대학에서 연구하는 시간을 보냈다. 선생님의 그런 지적 개방성 때문에 제자들 가운데 국내와 미국만

---

12) 내가 대학원에 입학한 1978년에 나온 박영신 교수의 첫 저서인 『현대사회의 구조와 이론』 (일지사)에 실린 대부분의 글들이 이론사회학적인 글들이다. 그 이후에 사회학 이론에 대한 글을 모아 펴낸 『사회학 이론과 현실인식』(민영사, 1992)도 참조할 것.

이 아니라 프랑스, 독일, 영국, 러시아, 일본 등 여러 나라에서 공부한 사람들이 배출되었다. 나는 프랑스에 유학하여 알랭 투렌 교수의 '주체와 사회운동의 사회학'을 통해 프랑스 사회학에 접속되는 학문적 경험을 하였다. 나의 사회학적 연구는 선생님으로부터 배운 사회학의 기본 바탕 위에 프랑스 사회학을 접목시켜나간 과정이었다. 프랑스에 유학하였지만 프랑스 사회학 이론뿐만 아니라 다른 나라 사회학 이론의 전통에도 열려 있는 나의 태도는 선생님으로부터 배운 것이다. 내가 프랑스에 유학하여 '사회운동의 사회학'을 주요 관심 영역으로 선택한 것도 선생님의 '집합행동과 사회운동'에 대한 이론적 관심에 맞닿아 있는 것이다.[13]

박영신 교수는 현재에 매몰되어 한 사회의 역사적 형성 과정에 대해 충분한 관심을 기울이지 않는 몰역사적 사회학을 비판하고 사회의 역사성에 천착해야 한다고 생각했다. 그래서 늘 역사와 사회 인식이란 두 가지 주제를 이어보는 작업에 관심을 가졌다. 연세대 사회학과에서 배출한 사회학자들 가운데 한국 근현대사에 대한 역사사회학적 접근을 하고 있는 김중섭, 조성윤, 김동노, 이준식, 채오병 등은 모두 박영신 교수의 지적 세례를 받은 사람들이다. 나 역시 한국과 프랑스의 근현대사에 지속적인 관심을 갖고 있다.

---

13) 정수복, 『의미세계와 사회운동』(민영사, 1994)과 정수복 편역, 『새로운 사회운동과 참여민주주의』(문학과지성사, 1993)를 참조할 것. 한국과 유럽의 환경운동을 다루고 있는 정수복, 『녹색 대안을 찾는 생태학적 상상력』(문학과지성사, 1996)도 볼 것.

학문 사이의 벽 허물기

박영신 교수는 사회학자이지만 사회학이라는 학문의 영역에 벽을 두른 좁은 의미의 사회학자가 아니었다. 선생님은 언제나 철학, 역사, 문학, 신학, 심리학, 인류학, 정치학, 법학 등 주변의 인문학과 다른 사회과학들에 관심을 기울이는 열린 사회학자였다. 그래서 1977년에는 이런 학문적 뜻을 함께하는 진덕규, 박동환, 임철규, 오세철 등과 함께 『현상과인식』이라는 학술 계간지를 창간하였다. 이 학술잡지는 지금까지도 인문사회과학 내 여러 분과학문 사이의 소통의 중요성과 다학문적 접근의 중요성을 보여주고 있다. 박 교수는 1980년대에 들어서는 한국 사회의 문제를 여러 학문 분야에서 '이론적'으로 비추어보는 것을 목표로 하는 '한국사회이론학회'를 만드는 일을 주도하셨고 이 학회는 지금까지 『사회이론』이라는 학술지를 펴내고 있다. 선생님의 그런 열린 태도에 영향을 받은 나도 다른 여러 학문 분야와 대화할 수 있는 능력을 키우려고 힘썼다. 대학원 시절에는 철학, 심리학, 정치학을 전공하는 친구들과 많은 학문적 교류를 하였고 파리 유학 시절에는 경제학, 인류학, 역사학, 철학, 문학, 건축학 등 다양한 분야의 학생들과 함께 토론 모임을 만들어 밤늦게까지 이야기를 나누기도 했다. 내가 사회학이라는 분과학문의 테두리를 넘어서 다양한 분야에 대한 지적 호기심과 탐구심을 계속 키워나갈 수 있었던 것은 박영신 교수의 가르침에서 비롯된 것이다.

한국 사회 비판

박영신 교수의 이론사회학적이고 역사사회학적 관심은 오늘날의 한국 사회에 대한 비판적 인식으로 이어진다. 선생님이 오랜 동안 계속해온 한국 사회 비판의 두 축은 가족주의에 대한 비판과 경제주의에 대한 비판이다.[14] 그리고 이러한 비판의 밑바탕에는 국가중심주의를 거부하고 각성한 시민들이 민주적으로 참여하면서 좋은 사회를 만들어가는 이상적 상황에 대한 꿈이 자리 잡고 있다. 한국 사회에서 부정부패, 정경유착, 패거리주의가 만연하는 까닭은 공적 윤리의 부재에 있고 그 부재의 뿌리는 가족주의에 있다는 것이 박영신 교수의 진단이다. 그는 지난 30년 동안 계속해서 이 문제에 천착해왔다. 선생님의 생각을 거칠게 요약하면 다음과 같다. 조선 시대 이후 유교적 원리에 의해 짜여진 한국 사회의 구조는 '효'를 최고의 가치로 여겨 가족의 가치를 신성화하였으며 이는 자기 가족 구성원만을 우선시하는 가족주의로 제도화되었다. 가족주의적 인간 관계의 원리는 혈연, 지연, 학연으로 대표되는 연고주의라는 이름의 유사가족주의로 확장되어 한국 사회를 움직이는 기본 원리로 정착하게 되었고, 이로부터 수많은 사회 문제들이 발생하게 되었다. 다시 말해 모든 사람이 사적인 관계망 안에서 이익을 추구하고 나누어가지며 그 연줄망 안에 들어가지 않는 사람은 배제와 차별의 대상이 된다. 그 결과 공공영역을 규제하는 공적 시민윤리가 형성되지 못

---

14) 박영신 교수의 저서 『역사와 사회변동』(한국사회학연구소, 1987)과 『우리 사회의 성찰적 인식』(현상과인식, 1995)을 볼 것.

하게 되었다. 지난 반세기에 걸쳐 한국 사회가 눈에 띄는 외형적 성장과 변화를 이룩했지만 이런 가치와 공적 윤리의 차원에서는 변화가 이루어지지 않았다는 것이 그의 주장이다.

이러한 가족주의와 한 쌍을 이루면서 한국 사회의 문제를 증폭시키는 또 하나의 가치가 경제주의이다. 박영신 교수는 한국 사회에서는 모든 것을 물질적 성장이라는 외형적 기준에 맞추어 평가하기 때문에 원칙과 진리와 본질의 문제는 도외시되고 있다고 설명한다. 사제 관계를 포함한 인간 관계도, 교회나 대학 등 신앙과 학문을 위한 조직도 모두 기업을 운영하는 계산 방식에 의해 평가되고 있다. 물질적 성장을 최고의 가치로 받드는 한국 사회에서 가족주의와 유사가족주의가 작동되면 아는 사람들끼리 연줄망을 만들어 원칙과 공익을 무시하면서 배타적 사익의 극대화를 추구하게 된다. 함께 물질적 이해를 추구하는 사적 공생 관계가 자연스럽게 여겨진다.[15] 그래서 박영신 교수는 가족주의와 경제주의라는 두 개의 단단한 기둥을 뽑아내지 않고는 한국 사회가 좋은 사회의 방향으로 들어서기 어렵다고 진단한다.

대학생 시절부터 박영신 교수의 가족주의에 대한 비판을 들으면서 학문의 세계에 발을 내디딘 나는, 1990년대에 들어서 시민운동에 참여하면서 거기에도 정도는 덜하지만 유사가족주의와 경제주의가 작동하고 있는 것을 발견하였다. 그래서 시민운동 내부의 자기 성찰성을 증진시키기 위해 노력했다.[16] 2000년대에 들어서 시민운동의 후퇴를 바라보

---

15) 실제로 한국 사회학자 가운데 연고주의가 거래비용을 줄이는 순기능을 한다고 주장하는 사람도 있다. 그런 입장에 서는 사람들은 연고주의를 부정할 것이 아니라 잘 활용해야 한다고 주장한다.
16) 정수복, 『시민의식과 시민참여』, 아르케, 2002. 특히 서문과 마지막 장을 볼 것.

면서, 어떠한 새로움을 표방하는 시민 세력도 가족주의와 경제주의라는 두 개의 적과 정면으로 대결하지 않는다면 기존의 잘못을 반복하게 될 것이라는 생각을 굳히게 되었다.[17]

박영신 교수의 한국 사회 비판에는 고유한 특징이 있다. 그것은 사회 구조적 차원의 비판이나 권력자에 대한 비판에 머무르지 않고, 그것을 비판하는 비판 세력에게 자기 비판과 자기 성찰을 요구한다는 점이다. 비판적 지식인들이 민족주의의 논리로 제국주의를 비판할 때 언제나 우리 민족 스스로의 한계는 없는가를 질문해야 한다는 주장을 했고, 학생들이 불의한 독재 정권에 대해 항거할 때에도 학생들 스스로는 민주적이고 정의로운 존재인가를 질문하게 했다. 비판의 화살이 밖으로만 향하는 것이 아니라 안으로도 향해야 한다는 것이 박영신 교수의 비판적 사고의 특징이다. 말하자면 사회비판 의식과 더불어 자기 성찰성을 동시에 키워나가야 한다는 주장을 이미 오래전부터 펼쳤던 것이다.[18]

앞서도 말했지만 박영신 교수의 한국 사회에 대한 비판적 인식의 밑바닥에는 이론사회학과 역사사회학적 관심이 자리하고 있다. 사회학 이론적으로 보면 박 교수는 기본적으로 막스 베버에서 탈콧 파슨스를 거쳐 로버트 벨라로 이어지는 지적 전통의 줄기 위에 서 있다. 그래서 한 사회가 오랜 역사적 과정을 통해 형성해온 '가치 체계' 또는 '상징구조'가 그 구성원들의 판단과 행위에 영향을 미친다는 이론적 가정을 하고

---

17) 나는 박영신 교수의 이러한 주장을 좀더 체계화하여 12개의 '문화적 문법'을 추출하고 그것이 한국의 종교문화와 역사 속에서 어떻게 형성되고 내면화되었는가를 밝혔다(정수복, 『한국인의 문화적 문법』, 생각의나무, 2007).

18) 나 혼자 생각해본 것이지만 박영신 교수의 기본 태도에는 두 개의 소크라테스적 요소가 들어 있다. 하나는 앞서 말한 제자의 말을 경청하고 대화를 통해 스스로 깨닫게 하는 '산파술'이고 다른 하나는 "너 자신을 알라"는 성찰성에 대한 요구이다.

있다.[19] 한 사회의 가치와 상징은 그 사회의 제도와 구성원들의 행위의 방향에 결정적인 영향을 미쳐서 그 사회의 기본적인 틀을 유지하게 한다. 그래서 얼핏 정치권력의 논리와 시장의 논리가 세상을 지배하는 것 같지만 그 밑바닥에는 인간과 인간, 인간과 자연, 인간과 초월적 존재와의 관계를 정의하는 상징 세계의 논리가 작동하고 있다. 그런데 그러한 상징 세계의 논리는 한번 형성되면 잘 바뀌지 않고 계속해서 재생산되는 경향을 갖는다. 박영신 교수는 이러한 이론적 입장에 서서 한국 사회를 분석하고 비판한다. 한 사회의 근본적인 변화는 정치구조나 경제구조의 변화가 아니라 상징구조의 변화에 있으며 그러한 상징 세계의 영역에서 '돌파'를 추구하는 종교인, 학자, 예술가 들의 역할이 결정적으로 중요하다는 것이다. 상징 세계의 변화를 추구하는 지식인들과 사회운동 세력이 결합했을 때 한 사회의 심층적 변화가 일어날 가능성이 높아진다.

박 교수의 분석에 따르면 조선 시대 이후 우리 사회의 상징 세계는 유교에 의해 지배되었으며 그것은 가족주의라는 문화적 문법으로 굳어졌다. 그런데 가족주의는 한국 사람들에게 마치 공기처럼 느껴져서 그것이 왜 문제인지조차 느끼기가 어려운 당연한 것이 되었다.[20] 한국 사

---

19) '상징구조'란 로버트 벨라의 용어인데 이 말의 뜻이 어려우므로 나는 그 대신 '문화적 문법'이라는 용어를 쓰고 있다. 문화적 문법이란 한 집단이 공유하는 인생을 보는 시각이고 삶을 살아가는 방식이다. 다시 말해서 사람들이 인간을 어떻게 보고 서로를 어떻게 대하며 어떤 사회적 관계와 제도를 만들어나가는가를 규정하는 문법이다. 우리가 모국어를 말할 때 문법을 의식하지 않고 말을 하지만 거기에는 어떤 법칙이 있듯이, 인간이 사회적 행위를 할 때도 의식하지 않은 상태에서 자연스럽게 나오는, 문화적 문법에 따른 행위가 있다(같은 책, pp. 46~51). 한국 사회는 서구에서 유입된 근대적 제도와 전근대적 요소를 지닌 문화적 문법 사이의 괴리로 많은 문제를 해결하지 못한 상태에 있다.

20) 한국 전통 사회의 구조와 한말의 사회변동을 다루면서 가족주의에 대해 논의하고 있는 박영신의 『역사와 사회변동』을 볼 것. 나는 1990년대 초 연세대의 교양과목 '사회과학' 시간에

회의 구성원들은 보수냐 진보냐를 막론하고 가족주의에서 비롯된 온갖 행위를 자연스럽게 받아들인다. 패거리주의, 연고주의, 부정부패, 입신출세주의, 집단이기주의 등이 모두 가족주의라는 공동의 뿌리에서 나온 여러 갈래들이다. 그러므로 가족주의라는 뿌리를 잘라내지 않는다면 한국 사회의 진정한 변화는 불가능하다는 것이 박 교수의 주장이다. 다른 한편 물질과 경제를 최우선으로 여기는 경제주의라는 가치는 개화기 사회진화론에 입각한 부국강병론에서도 찾아볼 수 있지만 1960년대 이후 박정희 대통령 시절에 굳건하게 뿌리내렸다. 민주주의와 인권이 억압되더라도 일단 물질적인 성장을 이루어야 한다는 사고방식이 사회의 지배적인 분위기를 형성하면서 물질적 성장을 지상의 목표로 설정하고 그것의 달성을 위해서 무리하게 모든 자원을 동원하는 체계가 형성되었다. 이런 경제주의는 정부나 기업은 말할 것도 없고 교회와 사찰, 대학과 문화예술계 등 경제주의를 비판하고 타파해야 할 임무를 지닌 영역에까지 침투하여 맹위를 떨치게 되었다. 그러므로 한국 사회의 변화는 경제주의를 비판할 수 있는 성찰적 주체의 형성 없이는 불가능하다는 것이 박 교수의 주장이다.

비판적 지식인

박영신 교수의 앎과 삶은 사회학자라는 좁은 틀 안에 한정되지 않는

이 책을 교재로 하여 1, 2학년 학생들 사이에 토론을 유도하였는데, 가족주의에 대한 비판적 인식을 잘 받아들이지 않고 "가족주의가 왜 나쁘냐"는 식의 반응을 보이는 학생들이 다수였음을 기억하고 있다.

다. 그의 삶과 학문 세계를 비판적 '지식인'이라는 범주에 넣고 볼 때 더 잘 이해할 수 있다. 비판적 지식인은 자신이 몸 담고 사는 사회에 대한 비판적 인식을 지식으로 체계화하면서 그 지식을 통해 사회 개혁에 참여하는 일을 자신의 임무로 여긴다.[21] 한국 현대 정치사를 보건대 많은 지식인이 '참여'라는 이름으로 권력을 정당화해주고 전문 지식을 제공하면서 그 대신 '한자리'를 차지하였다. 그러나 박영신 교수의 사회 참여는 '즐거운 유배자'로서의 참여였다. 그는 항상 권력으로부터 멀리 떨어진 외곽에서 자기 방식의 사회 비판을 통해 사회 구성원들의 성찰성을 증진시키는 역할을 해왔다. 박 교수는 미국의 사회학자 앨빈 굴드너가 쓴 지식인에 대한 책을 번역하기도 하였고, 『현상과인식』에 여러 번에 걸쳐 지식인 특집을 기획하였으며, 지식인을 주제로 하는 많은 논문과 더불어 체코의 지식인 대통령 바츨라프 하벨에 대한 저서까지 펴낸 바 있다.[22]

내가 나 스스로를 지식인으로 규정하는 데는 박영신 교수의 영향이 컸다. 지식인이 역사와 사회에서 담당하는 역할은 나의 연구 주제이면서 내 삶의 주제이기도 하다. 나는 지식인에 대해 연구하면서 지식인으로서 사회에 조금이라도 기여하는 삶을 살려고 했다. 지금까지 지식인에 대한 여러 편의 글을 썼지만 앞으로 지식인을 체계적으로 연구한

---

21) 이런 의미에서의 '지식인'은 전문적 지식을 소유하고 있는 단순한 학자와는 구별된다. 지식인은 우주, 자연, 인간, 사회, 역사에 대한 추상적 수준이 높은 사고를 하면서도, 동시에 현실에 대한 예민한 관심을 갖고 사회에 관여하고 참여한다. 박영신 교수는 지식인이라는 용어 대신 '지성인'이라는 용어를 쓰고 있는데, 나는 체제 비판적 지식인과 체제 유지적 지식인을 구별하면서 '지식인'이라는 일반화된 용어를 쓴다.
22) 앨빈 굴드너, 『지성인의 미래와 새 계급의 성장』, 박영신 옮김, 이화여자대학교출판부, 1983; 박영신, 『실천도덕으로서의 정치—바츨라프 하벨의 역사 참여』.

결과를 책으로 펴내는 것이 나의 학문적 소망 가운데 하나이다. 나는 1993년부터 대학이라는 울타리를 떠나 시민단체에 자리를 잡고 활동하였으며, 공영성이 높은 텔레비전과 라디오 프로그램의 진행을 맡기도 하였다. 나는 그런 활동을 비판적 지식인으로서의 역할이라고 생각했다. 선생님께서도 나의 이런 활동을 언제나 격려해주셨다.[23]

박영신 교수는 1938년생으로 해방이 되면서 한글로 교육받은 첫번째 세대에 속한다. 이 세대는 1960년대 4·19의 주역으로서 4·19세대라고도 불린다.[24] 광복 이후 학교 교육을 통해 민주주의라는 가치를 배웠고 대학 시절 그 가치가 현실에서 배반당한 모습을 견딜 수가 없어 밑으로부터 항거했던 세대이다. 시민으로서의 박영신 교수의 모습은 이러한 역사적 상황과 밀접하게 관련되어 있을 것이다. 박영신 교수는 1975년에 미국 유학을 마치고 연세대 교수로 부임하였는데 그때는 공고화된 유신 체제의 절정기였다. 그때부터 1980년 5월 광주항쟁을 거쳐 1987년 6월항쟁에 이르기까지 박 교수는 연세대 교수들 가운데 몇 명 안 되는 서명파 교수의 한 사람이었다. 학교 밖의 민주화운동 단체에 적극적으로 가담하여 눈에 띄는 활동을 한 것은 아니지만, 엄혹했던 그 시절 지식인으로서 최소한의 양심을 표현하기 위해 억압적 정권을 비판하는 교수들의 성명서가 발표될 때면 서명인 자리에 기꺼이 자신의 이름을

---

23) 내가 쓴 지식인론은 『의미세계와 사회운동』(민영사, 1994) 1부에 실려 있다. 나의 지식인에 대한 이론적 글들과 시민운동에 참여하는 지식인으로서의 역할을 현대 한국 지식인의 역사 속에서 분석하고 있는 강수택, 『다시 지식인을 묻는다―현대 지식인론의 흐름과 시민적 지식인 상의 모색』(삼인, 2001) 13장과 14장을 볼 것.

24) 박영신 교수는 한 논문에서 1960년 봄 일련의 민주화운동을 4·19라는 특정 사건으로 한정시키는 것의 부당함을 지적하면서 '1960년 봄 운동'으로 부를 것을 제안한 바 있으나 여기서는 이미 널리 쓰이는 통상적인 용어를 그대로 사용했다.

올렸다.

광주항쟁 이후 폭력에 기초한 정권의 탄압이 강해지는 만큼 그에 대한 저항도 점점 강해졌다. 대학 캠퍼스는 학문의 전당이 아니라 학생운동의 현장이 되어가고 있었다. 학생들 사이에서는 그동안 금서로 취급되었던 비판적 사회과학 서적들이 널리 읽혔고, 마르크스-레닌주의와 북한의 주체사상에 대한 관심도 크게 늘어났다. 그래서 사회학과 학생들 사이에도 종속이론, 세계체계론 등의 비판적 이론과 마르크스주의 사회학에 대한 관심이 급증하였다.[25] 학생들은 그런 요구에 부응하지 않는 교수들의 강의를 거부하고 자기들끼리 동아리로 모여 '학습'을 했다. 그런 집단 학습의 결과 1980년대 학생운동이 배출한 활동적 이론가들은 '사회구성체 논쟁'이라는 틀 속에서 계급 문제와 민족 문제를 놓고 이론적 토론을 벌였다. 소위 말하는 NL-PD 논쟁이었다. 노동운동과 통일운동 사이의 우선성을 놓고 한국 사회의 성격을 규정하는 토론이 전개되었다.[26] 그 무렵 대부분의 교수들은 복지부동하면서 학생들의 눈

---

25) 박영신 선생과 그 제자들을 아는 사람들이 농담 삼아 나를 '박영신 좌파'라고 불렀다. 1980년대 나는 노동운동과 학생운동 그리고 지식인운동에 관심을 갖고, 당시 유행하던 마르크스주의의 영향을 받은 비판적 사회과학 이론을 긍정적으로 평가하고 수용하려는 입장을 취했기 때문이다. 다른 한편에서 베버나 뒤르켐의 고전 사회학 이론을 연구한 박영신 교수의 제자들은 '박영신 우파'라고 불렸다. 그러나 나는 스스로를 무슨무슨 주의자라고 내세워본 적이 없다. 마르크스의 저서를 나 나름대로 읽으면서 그것을 사회 분석의 도구로 삼아야 한다고 생각했지 숭배의 대상으로 생각한 적은 결코 없다. 어떤 지식인이든지 어느 한 이념에 경도된 나머지 외부의 비판에 대해 문을 닫아버릴 때 지식인으로서의 삶은 끝나고 이데올로기를 전파하는 선동가의 삶을 시작하게 된다고 생각했기 때문이다.

26) 박영신 교수가 노동운동이나 민족통일 문제에 대한 분명한 입장을 체계적으로 밝힌 적은 없다. 그렇다고 박 교수가 노동운동의 탄압에 동조하고 반공의 입장에 섰던 것은 아니다. 박 교수는 노동해방과 통일 모두 민주주의의 기초 위에서 이루어져야 한다고 생각했던 것 같다. 당시 나는 한국 사회의 문제를 계급 문제와 민족 문제 둘로 환원시키는 논리에 반대하고 민주주의를 똑같이 중요한 요소로 보았다. 계급, 민족, 민주주의라는 세 구성 요소 가운데 어느 하나를 과도하게 강조하지 않고 긴장 속에 균형을 이루는 것이 내가 지향하는 바였다.

치만 살피고 있었다. 그러나 박영신 교수는 자기 자신을 들여다보는 성찰성이 부족한 상태에서 모든 악의 원인을 밖으로 돌리는 운동권 학생들의 기본적 태도에 문제를 제기했다. 민주적 토론 과정이 생략되고 선후배라는 수직적이며 연고주의적 관계로 유지되는 운동권 학생들의 도덕적 권위를 인정할 수 없었던 것이다. 박 교수는 스스로를 '선의 세력'으로 자처하면서 '악의 세력'을 공격하는 운동권 학생들에게 자신의 한계를 들여다보고 성찰성을 높일 것을 요구했던 것이다. 그러나 박영신 교수의 이런 메시지는 당시 효력을 발휘할 수 없었다. 폭력이 횡행하는 정치적 양극화의 시기에 박 교수의 이런 입장은 오히려 학생운동을 방해하고 권위주의 체제를 이롭게 하는 배반 행위로 비쳐졌을 것이고, 상황에 따라 재빠르게 입장을 바꾸며 자기 이익을 도모하는 대부분의 교수들에게 박 교수의 학생운동 비판은 무모하고 우둔한 행위로 보였을 것이다. 그러나 내가 볼 때 박 교수의 그 '우둔한' 행위는 자신의 일관된 신념에 기초한 용기 있는 행위였다. 그리고 그러한 행위의 가치는 민주화 이후 시민사회와 시민운동의 중요성이 강조되면서 더욱 빛을 발하게 된다.

시민사회의 '민주적 어른'

1987년 이후 민주화가 되고 시민운동이 활성화되면서 박 교수가 일관성 있게 견지했던 입장이 영향력을 가질 수 있는 상황이 되었다. 박 교수는 시민사회론이나 시민운동론이란 간판을 내걸지 않았지만 1975년 귀국 이후부터 언제나 깨어 있는 민주적 시민들이 민주적 토론을 거쳐 민주적 사회를 만들어가는 상황을 이상적으로 그리고 있었다. 그리고 민주적 시민은 일상적 삶 속에서의 구체적 실천을 통해 형성되는 것이지, 골방에서의 학습을 통해 만들어지는 것은 아니라고 생각했다.

1989년 유학생활을 마치고 귀국한 나는 유럽의 새로운 사회운동론을 한국적 상황에 맞게 변형시켜 한국의 시민운동을 위한 이론적 자원으로 발전시켜보려고 했다. 그때 나는 프랑스에서 공부한 사회운동론을 지적 자원으로 활용했지만 그 밑바닥에는 대학 시절부터 가까이에서 보고 배워온 박영신 교수의 보이지 않는 시민운동론의 정신이 자리하고 있었을 것이다. 나는 1993년 후반부터 시민운동에 직접 발을 들여놓으면서 시민운동 내부에 민주주의와 성찰성, 자기 갱신 능력과 대안 모색 능력을 증진시키기 위해 노력했다.[27] 2000년대 들어서 '우리 안의 파시즘'이란 말과 더불어 진보 세력 내부의 성찰성을 요구하는 주장이 힘을 얻기 시작했는데 박 교수는 이러한 생각을 이미 1980년대 학생운동과 노동운동이 한창일 때부터 주장해왔던 것이다. 나는 일상생활에서는 권위주의적인 의식과 행동을 보이는 사람이 공적인 영역에서는 '진보적 권위주의자'의 모습을 보이는 것을 많이 봐왔다. 같은 대학을 나온 선후배라는 이유로 공정한 판단을 해야 할 경우에도 연고주의의 논리를 작동시키는 민주화운동의 투사들도 더러 보았다. 시민의 힘으로 민주화가 이루어진 후에도 1980년대 독재정권에 아부하여 총장이니 장관이니 하는 입신출세를 했던 사람들이 여전히 중요한 자리를 차지하고 행세했던 것도 기억하고 있다. 민주주의를 입으로만 이야기하면서 실제 생활에서는 비민주적으로 살아가는 이율배반과 표리부동의

---

27) 정수복, 『시민의식과 시민참여』 참조.

모습을 어떻게 극복해나갈 것인가? 박영신 교수는 이런 문제를 일찍부터 제기하였다. 그리고 그런 병적 상태를 가족주의와 경제주의라는 두 문제로 진단하고 사회비판 의식을 기초로 한 공적윤리 형성과 성찰성의 증진이라는 처방을 내놓았던 것이다.

민주화 이후 권위주의 시대는 갔다. 그러나 아직도 우리 사회에는 권위주의 시대를 살면서 거기에 아부하거나 복종하거나 순응했던 사람들이 자신들의 기득권을 유지하고 누리는 데 급급하고 있다. 그들의 반대편에는 1980년대 학생운동을 포함한 민주화운동에 참여했던 사람들이 개혁의 깃발을 내걸고 요직을 차지하기도 했다. 그러나 "적과 싸우면서 적을 닮는다"는 말이 있듯이 운동권 출신, 즉 386세대로 불리는 소장 세력들이 자기 안에 들어 있는 파시즘과 권위주의, 연고주의와 경제주의를 정확히 바라보면서 그것들을 없애기 위해서 노력하고 있는지는 분명하지 않다. 그래서 박영신 교수는 개혁의 깃발을 내건 정치 세력에게도 쉽게 지지를 보내지 않았다. 그는 답답한 현실을 타개하기 위해 직접 시민운동의 장에 발을 내딛었다. 2000년부터 환경운동을 하는 시민단체인 '녹색연합'의 상임대표를 맡으면서 시민운동의 현장에 들어섰다. 그렇다고 박영신 교수의 시민운동 참여가 어느 날 갑자기 이루어진 것은 아니다. 박영신 교수는 1970년대부터 언제나 비정치, 비당파, 비영리의 입장을 견지했는데 그것이 바로 시민단체의 정신적 기초였고 그런 정신이 민주화 이후 시민단체 활동으로 이어진 것이다. 정계로 나가기 위한 발판으로 시민운동을 이용하는 지식인도 종종 있지만, 박영신 교수는 시민사회를 강화하여 우리 사회를 건강한 사회로 만들기 위해 시민운동에 헌신했다.

박영신 교수와 나는 공적인 자리에서도 우리 사회의 문제점과 시민운동에 대한 이야기를 많이 나누었다. 1994년 내가 환경운동연합을 거쳐 한국 크리스챤아카데미에서 일하고 있을 때 나는 박영신 교수와 크리스챤아카데미의 '삶의 정치'라는 모임을 함께했다. 여러 분야의 학자들과 함께 '사회운동학회'를 만들어 우리 사회를 집요하게 사로잡고 있는 고질적인 문제들과 그 문제들을 해결할 수 있는 방안에 대해 나름대로 생각을 나누기도 했다. 정치적으로 양극화된 한국 사회에서 박영신 교수는 어느 진영에도 속하지 않는 주변에 자리를 잡고 전체의 판도를 비판적으로 분석했다. 언제나 원칙에 입각해 주류 담론을 비판하는 박 교수는 끝까지 소수파로 남아 있을 것이다. 그러나 그는 비판에만 그치지 않고 진정한 지식인의 역할을 실천하면서 새로운 사회를 꿈꾼다.

박 교수님은 정년퇴직 후 한편으로는 시민단체 활동을 하고, 다른 한편으로는 예람교회에서 목회활동을 하며 '작은교회운동'을 하고 있다. 오래전 미국 유학 시절부터 준비하신 목사로서의 길을 정년퇴직 이후 시작하신 것이다.[28] 박 교수님은 나에게 한번도 내놓고 자신의 종교를 권하신 적이 없다. 그런데도 나는 박 교수님으로부터 알게 모르게 영향을 받았던 것 같다. 나는 삶의 의미의 문제에 대해서 남보다 많은 생각을 하며 청소년기를 보냈다. 그러다가 연세대의 기독교적인 분위기에서 공부하고 박영신 교수의 제자가 되면서 나도 모르게 기독교적 의미 세계 쪽으로 많이 기울어졌다. 결혼도 3대째 기독교 집안에서 자란 사람

---

28) 박영신 교수가 목회자가 된 것도 어느 날 갑자기 일어난 일이 아니다. 그는 3대째 기독교 집안에서 목사의 장남으로 태어났다. 자연히 어린 시절부터 주위 사람들로부터 훗날 목사가 되라는 기대를 받으며 자랐다(박영신, 같은 책, p. 158). 여기서 나는 에밀 뒤르켐이 유대교 제사장인 랍비의 아들이었다는 사실을 떠올린다. 그가 프랑스의 제3공화정 시절 사회학을 통해 세속적 제사장의 역할을 추구하였던 것처럼, 박영신 교수의 삶과 학문의 근본에는 목회자로서의 역할 모델이 자리하고 있었던 것이 아닌가 하는 질문을 던지게 된다.

과 했다. 그러나 1980년대 유학 시절에는 비판적 사회과학적 분석력에 매료되어 종교에 대해 비판적 관점을 갖기도 했다. 그런데 1990년대 한국 사회의 현장에서 활동할 때 나도 모르게 YMCA, 크리스챤아카데미, 기독교방송국 등 기독교 관련 기관들에서 일하게 되었고, 1995년경부터는 청파감리교회의 김기석 목사를 만나게 되어 정기적으로 그 교회에 나가게 되었다. 이런 내면적인 변화를 통해서 '영성'의 차원을 발견하게 되었고 자신의 삶을 초월적 의미 세계와 연결시킬 수 있게 되었다.[29]

정년퇴직 이후 박영신 교수는 경제주의와 가족주의라는 고질에 시달리는 한국 사회를 치유하기 위해서 시민운동과 종교운동이라는 두 영역에서 계속 활동하고 있다. 경제주의로 움직이고 가족주의로 작동하는 한국 사회의 근본적 문제를 해결할 수 있는 사회운동은 시민운동만으로는 부족하고 참된 종교운동과 결합해야 돌파력을 발휘할 수 있다고 생각하시는 것 같다. 그런데 돌이켜 생각해보면 박 교수님은 아주 오래전부터 자신의 삶 속에서 사회학자이기에 앞서 '민주적 시민'과 '참된 신앙인'의 자세를 견지해오신 것 같다. 최신의 수입된 지식을 활용하여 때로 현실을 왜곡하는 전문가적 사회학자가 아니라 시민이자 신앙인으로서 언제 어디서나 다른 사람의 말을 경청하며 토론과 대화를 이끄는 '사회자'로서의 역할을 해오셨다. 지금도 예람교회에서 설교를 하고 난 다음에는 신자들과 함께 설교의 내용을 중심으로 대화와 토론을 이끄는 특이한 방식의 목회를 하고 계신다. 목회를 하면서도 강의실에서와 마찬가지로 자신의 말을 일방적으로 전달하기보다는 다른 사람들이 자

---

29) 시민운동과 사회적 '영성'에 대해서는 정수복의 『시민의식과 시민참여』 마지막 장, 그리고 장미란과 함께 쓴 『바다로 간 게으름뱅이』(동아일보사, 2001) 3부를 볼 것.

유롭게 말을 할 수 있는 분위기를 만들려고 하신다. 나는 그것이야말로 '사회자'의 중요한 역할이라고 생각한다. 그리고 오늘날 우리 사회는 곳곳에서 그런 사회자의 출현을 절실하게 필요로 하고 있다. 민주주의는 타인의 의사를 경청하는 데서 출발한다. 그런 다음 자신의 의견을 합리적으로 개진하고 토론 과정에서 자신의 의견이 틀렸을 때는 그것을 인정하고 수정할 수 있는 자세를 갖추어야 한다. 현실에서건 대중매체에서건 목소리 큰 사람이 이기는 토론이 아니라 공공선의 관점에서 생각하고 조리 있고 합리적으로 근거를 제시하는 사람이 지지를 얻는 토론이 이루어지기 위해서는 일단 시간 관리나 순서 배정을 넘어서 여러 사람들이 하고 싶은 말을 다 할 수 있게 하는 민주적인 사회자가 필요하다. 서로 다른 입장을 가진 사람들이 원탁에 둘러앉아 자신이 완전하지 않다는 것을 인정하고, 토론을 통해 더 나은 의견을 찾아나가는 합리적 의사소통의 장을 마련해야 민주주의가 건강하게 발전할 수 있다. 나는 이런 생각을 박 교수님으로부터 배웠다. 이런저런 모임에서 사회자의 역할을 맡을 때 나는 박 교수님으로부터 배운 회의 진행 방법을 나나름대로 응용해서 활용하고 있다.

소비주의와 향락주의가 기승을 부리고 권위주의가 비판받고 정권 교체가 이루어지는 시기에 과거 권위주의 정권에 기대어 기득권을 누렸던 사람들은 재빨리 젊은 세대의 구호를 따라 외우고 젊은이들의 주장에 영합했다. 그런 과정에서 그들은 '어른'으로서의 권위를 잃었다. 그래서 우리 사회에는 더 이상 "어른이 없다"는 말이 나오고 있다. 이제 많은 사람들이 말로는 민주주의를 옹호하고 권위주의를 배격한다. 그러나 민주화 이후에도 민주주의의 길은 아직도 멀다. 민주주의는 상대방의 의견을 존중하고 경청하는 태도에서 시작된다. 이제 누구 한 사람이 발언권을 독점하고 지시하고 명령하던 권위주의 시대는 지나갔다. 누구나 자유롭게 자기 생각을 이야기할 수 있는 분위기를 만들어야 한다. 우리 시대에는 모든 사람에게 발언권을 골고루 나누어주고 합리적인 토론으로 이끌 수 있는 사회자로서의 어른이 필요하다. 명령하는 어른과 선포하는 어른들의 시대는 지나갔다. 나이만 많다고 어른이 아니고 기관을 대표한다고 어른이 아니다. 공적 영역에서는 민주주의와 정의를 말하면서 사적 영역에서는 가족주의, 연고주의, 권위주의로 살아가는 사이비 어른의 시대를 넘어서야 한다. 아랫사람을 억압하는 '권위주의'가 아니라 모든 사람이 인정할 수 있는 '권위'를 인정받는 어른이 나와서 다양한 의견들을 경청하고 합리적이고 건설적인 토론이 이루어지도록 사회를 보아야 할 때가 되었다. 나는 박영신 교수의 삶 속에서 그런 민주적 '어른'의 모습을 본다.

거울 앞의 사회학자
—피에르 부르디외의 사회학적 자기분석

철학은 철학을 거부할 때, 또는 철학에 조소를 보낼 수 있을 때에 가능하다.
—조르주 바타유

사회학은 스스로의 존재 이유를 다시 물음으로써 자신을 새롭게 만들 수 있다.
—무명씨

한 사회학자의 사회학적 자기분석

어제 피에르 부르디외가 남긴 마지막 저서 『자기분석을 위한 소묘』를 끝까지 다 읽었다. 시계를 보니 새벽 세시가 넘었다.[1] 이 책은 2002년 1월 23일 그가 타계하기 전에 출간한 그의 생애의 마지막 작품으로, '콜레주 드 프랑스'에서 강연한 원고를 2001년 10월에서 12월 사이에 다듬고 발전시킨 것이다. 그런데 의아하게도 이 책은 프랑스가 아닌 독일에서 독일어 번역판으로 먼저 출간되었다.[2] 그는 독일에서 먼저 출간된 이

---

1) 이 글은 원래 2004년 10월 19일 화요일 일기로 쓴 것이다. 내가 읽은 이 책의 프랑스어본은 다음과 같다. Pierre Bourdieu, *Esquisse pour une auto-analyse*, Paris: Raisons d'agir, 2004. 이 책의 우리말 번역본은 피에르 부르디외, 『자기 분석에 대한 초고』, 유민희 옮김, 동문선, 2008, 영어판은 *Sketch for a Self-Analysis*, translated by Richard Nice, Chicago: The University of Chicago Press, 2008을 참조하라.
2) 이 강연의 제목은 '과학의 과학과 성찰성'이었다. 처음 독일어로 나온 책은 다음과 같다.

책에 대한 반응을 살펴본 다음 고치고 다듬어서 다시 프랑스어판을 낼 생각이었으나 미처 그 뜻을 이루지 못하고 세상을 떠났다.

부르디외는 평생 개인적 체험과 감정을 최대한으로 배제하는 객관적 글쓰기를 지향했다. 문학적 글쓰기를 거부하는 그의 책에서는 도무지 그의 '나'를 발견하기 힘들었다. 그런데 그가 자신의 삶을 마감하면서 남긴 마지막 책에 드디어 '나'라는 주어가 등장했다. 이 책은 그의 개인사이면서 지식사회학적 자기분석이기도 하다. 부르디외는 이 책에서 자신의 삶과 사회학적 연구 사이의 관계를 밝히고 있다. 그런데 이 책을 열면 곧바로 첫 장에 "이것은 자서전이 아니다Ce n'est pas une autobiographie"라는 문장이 나온다. 살아생전에는 자서전과 전기라는 장르가 갖는 허구성을 신랄하게 비판하던 부르디외가 자신의 삶을 통상적인 자서전 형식으로 서술한다는 것은 자가당착이 될 수밖에 없다. 부르디외가 책을 시작하면서 이 책이 자신이 세상에 태어나서 겪은 일들을 연대기적으로 서술한 자서전autobiographie이 아니라 '사회학적 자기분석auto-socioanalyse'임을 분명히 하는 이유가 거기에 있다. 이 책에서 부르디외는 자신의 삶 가운데 사회학적으로 의미 있는 사실만을 분석의 대상으로 삼는다. 그 결과 이 책에서 심리분석이나 정신분석은 배제되고 있다. 부르디외는 이 책을 시작하면서 사회를 객관화시켜서 바라보던 자신의 연구 방식을 자기 자신의 삶과 학문을 분석하는 데 똑같이 적용하겠다는 의지를 표명했다. 그는 이 책의 목표가 프랑스 사회와 학계라는 '장場, champ' 속에서 자신의 지적활동이 어떻게 형성되었는가를 객관적으로 분석하는 데 있다고 밝혔다.[3] 부르디외는 얼핏 자서전처럼

Pierre Bourdieu, *Ein Soziologischer Selbstversuch*, Frankfurt am Main: Suhrkamp, 2002.

보이는 이 책이 자서전이라는 느낌을 주지 않기 위해서 책의 도입부부터 세심한 신경을 썼다. 그래서 그는 이 책을 자신의 출생에서 시작하지 않고 자신이 학자로 입문한 1950년대 프랑스 학계의 장을 분석하는 것으로 시작한다. 그리고 책의 맨 마지막 장에 가서야 자신의 출신 배경을 분석하고 있다. 부르디외는 이 책에서 자신의 가족생활과 학교생활, 알제리전쟁과 현장연구 체험, 파리 지식인 사회의 계보 등을 분석하면서 자신의 지적 성향이 형성되는 과정을 밝히고 난 다음 자신이 이룩한 지적 작업이 갖는 사회적 의미를 분석한다. 이 책을 다 읽고 나면 "이것은 자서전이 아니다"라는 문장의 뜻을 이해하게 된다. 이 책은 사회학자의 사회학적 자기분석이지 통상적인 뜻에서의 자서전이 아니라는 말이다. 이 책에서 부르디외는 자신이 세상에 태어나면서 처하게 된 사회

---

3) 부르디외에 따르면 한 사람의 삶의 '궤적trajectoire'이란 변화하는 사회적 장 속에서 그가 차지한 일련의 위치들positions을 이어놓은 것이다. 한 사람의 삶을 사회적 장과 연관시키지 않고 삶 그 자체로 이해하려는 작업은 지하철 노선의 구조를 고려하지 않고 지하철을 타고 온 길을 설명하는 것과 같이 부조리한 일이다. 월급쟁이의 직장 바꾸기, 작가의 출판사 바꾸기, 교인의 교회 바꾸기 등 인생에서 일어나는 중요한 사건이란 사회적 공간 속에서 한 장소를 차지하다가 다른 장소로 이동하는 것이다. 사회적 공간 이동은 다양한 종류의 '자본'이 일정한 방식으로 배분되는 사회구조 속에서 한 자리를 차지하고 있다가 다른 자리로 이동하는 일이다. 삶의 궤적이란 사회적 장 속에서의 위치 이동의 연속이다. 그것은 생물학적으로 늙어가는 일이면서 동시에 '사회적 노화vieillissement social'의 과정을 거치는 일이다. 그런데 사회적 궤적으로서의 삶은 그 삶이 이루어지는 장 속에서 사회적 의미를 확보한다. 한 개인의 삶은 사회적 장 속에서 이루어지기 때문이다. 여기서 사회적 장이란 그 장에 관여하고 있는 행위자들 사이의 객관적 관계의 전체를 말한다. 그러므로 그 무엇과도 바꿀 수 없는 고유한 개인의 존재를 전제하고 한 개인의 삶을 사회적 장과 분리하여 그의 삶 자체 내에서 일관성을 찾고 그 의미를 부여하는 전기 쓰기는 하나의 환상이다. 그것을 부르디외는 '전기적 환상illusion biographique'이라고 이름 붙였다. 그것은 마치 여행이 이루어지는 장소와 풍경을 고려하지 않고 여행을 이야기하는 일과 같다. 그러므로 사회학적 자기분석은 한 개인의 삶이 이루어지는 사회적 장을 구성하는 일로부터 시작한다. 장의 분석은 쉽게 말하자면 우리가 씨름판, 난장판이라고 말할 때 그 '판'을 읽는 일이다(Pierre Bourdieu, "L'illusion biographique", *Actes de la recherche en sciences sociales*, No. 62/63, juin 1986, pp. 71~72).

적 삶의 조건이 자신의 지적 취향과 세상을 바라보는 방식과 어떻게 연관되는지를 분석했다. 그렇다면 이 책은 '자서전 아닌 자서전'이다. 사회학자로서 자신의 삶과 학문적 성취를 대상화하고 객관화하여 자기 스스로 분석함으로써 자신이 평생 심혈을 기울여 이룩한 지적 연구 작업이 갖는 의미를 "스스로 정의하겠다"는 저자의 의도를 읽을 수 있기 때문이다.[4]

엇갈린 만남

나는 1982년에서 1988년 사이에 파리 사회과학고등연구원에서 알랭 투렌 교수의 지도를 받으며 '지식인과 사회운동'을 주제로 하는 박사학위 논문을 썼다. 유학 시절 동안 논문의 주제와 관련된 책을 주로 읽었지만 현대 프랑스 사회학의 네 학파의 대표자로 일컬어지고 있는 피에르 부르디외, 알랭 투렌, 레몽 부동, 미셸 크로지에의 저서들을 읽으면서 프랑스 사회학 전체의 판도를 알려고 노력했다. 그런 관심에서 1989년 귀국 직후 정재식 교수의 회갑기념 논문집에 「현대 프랑스 사회학의 지성사」라는 제목의 논문을 썼고, 1993년에는 피에르 앙사르가 쓴 『현대 프랑스 사회학Sociologie contemporaine』을 우리말로 옮겨 출간했으며, 같은 해에 『동향과 전망』에 「현대 프랑스 사회학의 한국적 수용을 위하여—투렌과 부르디외를 중심으로」라는 글을 발표하였다.[5] 이런 작업들

---

4) 부르디외는 자서전을 쓰는 사람을 "자기 삶의 이데올로그'idéologue de sa vie", 다시 말해서 자기 삶을 자기 방식으로 서술하고 그것을 타인들에게 정당화하려는 의지가 있는 사람으로 정의한다.

을 통해 현대 프랑스 사회학의 흐름을 전체적으로 조감해보려고 했다.

유학 시절부터 나는 투렌과 부르디외의 입장이 대립적이고 모순적이기보다는 상호보완적일 수 있다고 생각했다. 부르디외가 주어진 사회적 조건 속에서 행위자의 기호와 성향이 만들어지고 다른 행위자들과의 관계 속에서 행위가 이루어지는 과정을 분석했다면, 투렌은 이미 주어져 있는 사회적 관계에 이의를 제기하고 그것의 변화를 위해 움직이는 행위자의 지향성을 연구했다. 부르디외가 사회구조의 지속과 재생산을 설명하려고 했다면, 투렌은 사회구조의 변동과 생산을 분석하려고 했다.[6] 사회질서의 유지와 변동, 그것은 오귀스트 콩트가 사회정학과 사회동학을 구분한 이후 사회학자들이 감당해야 할 사회현상의 두 측면이라고 볼 수 있다. 부르디외와 투렌은 동일한 사회 현실을 서로 다른 이론적 관심과 입장에서 바라보고 있는 것이라고 생각했다. 프랑스 현지에서는 부르디외 학파와 투렌 학파의 구성원들이 대립적인 관계를 유지하고 있지만 나는 그런 대립을 소모적이고 불필요한 대립으로 여겼다.[7]

---

5) 정치적 입장으로 보면 흔히 투렌과 부르디외가 좌파로 분류된다면 부동과 크로지에는 우파로 분류된다. 학문적 입장으로 보면 투렌과 부르디외 학파가 미국 사회학과 구별되는 프랑스 사회학을 보여준다면 부동과 크로지에 학파는 미국 사회학과 친화성을 보였다.

6) 알랭 투렌은 약자와 소수자 그리고 피지배자의 입장에 서서 지배계급을 연구하는 부르디외의 사회학을 '민중사회학sociologie du peuple'이라고 불렀다. 부르디외는 노르베르트 엘리아스와 마찬가지로 지배구조의 메커니즘을 밝히는 것이 자유에 이르도록 돕는 방법이라고 보고 있지만 투렌이 보기에 체제의 감추어진 지배 메커니즘을 드러내는 부르디외의 사회학은 변화의 가능성을 찾을 수 없어 이론과 실천 양면에서 막다른 골목으로 빠질 수밖에 없는 '절망하게 하는 사상une pensée désespérante'이다(Alain Touraine, "Bourdieu, le sociologue du peuple, Entretien avec Alain Touraine", *Sciences Humaines*, Numéro spécial No. 15, 2012).

7) 부르디외는 자신의 사회학이 결정론적 또는 숙명론적 사회학으로 오해받고 있다면서 자신의 사회학이 삶을 규정하는 외부적 결정을 드러냄으로써 자기도취적 기만을 폭로하고 '주체와 같은 무언가quelque chose comme un sujer'를 구성하는 데 기여하기를 원했다(Pierre Bourdieu, *Le Sens pratique*, Paris: Minuit, 1980, p. 41). 부르디외와 달리 알랭 투렌의

부르디외의 분석에 힘입어 사회구조 속에 들어가 있는 자신을 객관화시키고 성찰하는 능력을 키울 수 있으며 그와 동시에 투렌의 분석을 통하여 주어진 사회적 관계를 변화시키려는 내적 지향성과 새로운 의미 체계를 만들어내는 능력을 지닌 행위 주체의 형성을 연구할 수 있다고 생각했다. 부르디외의 마지막 저작을 읽으면서 나는 내심 나의 생각이 맞았음을 확인한다.

유학생활이 제공하는 이점 가운데 하나는 자기가 살던 곳으로부터 떨어져 나와 비판적 거리를 가지고 자신이 속했던 사회를 객관화시켜 바라볼 수 있다는 점이다. 유학생활이 갖는 또 하나의 이점이 있다면 그것은 유명한 학자들의 저서를 읽기만 하는 것이 아니라 그들의 강연이나 강의를 직접 듣고 그들의 인간적 체취를 직접 느낄 수 있다는 점이다. 그런데 이상하게도 나는 파리 유학 시절 부르디외를 본 적이 없다. 지금 생각해보면 콜레주 드 프랑스에 가면 그의 공개 강의를 들을 수 있었는데 한번도 가보지 않았다. 부르디외와 대립 관계에 있었던 알랭 투렌의 지도를 받고 있다는 사실 때문에 나도 모르게 무의식적 검열을 하고 있었는지도 모른다.

내가 부르디외를 직접 만난 것은 파리에서가 아니라 서울에서다. 부르디외는 1988년 서울에서 열린 올림픽기념 학술대회에 초청되었지만 오지 않았다. 그 후에도 이런저런 기회에 초청을 받았지만 한국 땅을 밟지 않았다. 그러다가 1999년 10월 대산재단이 주최한 "경계를 넘어 글쓰기"라는 주제로 열린 국제회의에 참석하기 위해 서울에 왔다.

사회학은 내놓고 주체 형성의 사회학이다(François Dubet et Michel Wieviorka [sous la direction de], *Penser le sujet — Autour d'Alain Touraine*, Paris: Fayard, 1995 참조).

그 무렵 그는 자신의 사회학 연구를 바탕으로 현실을 바꾸어보려는 '참여하는 지식인'이 되어 있었다. 서울에 온 그는 "문화가 위기에 처했다 La culture est en danger"라는 제목의 발제를 통하여 세계화가 가속화되면서 문화 영역도 시장의 법칙과 이윤의 논리에 의해서 움직이게 되었으며 문학, 연극, 영화, 학술, 공연예술, 음악 등 모든 문화의 산물들이 다른 상품들과 똑같이 돈에 의해 검열을 받게 되었다고 진단했다. 이런 상황에서 문화 영역에서 이루어지는 돈의 검열을 거부하고 자기가 원하는 진정한 작품을 만들려는 사람들은 점점 더 희귀종이 되어가고 있다. 자율성을 지키며 독자적으로 활동하는 사람들은 점점 더 문화의 생산과 전달 수단을 잃어가고 있으며 생존 자체를 위협받고 있다. 그럴수록 시장의 논리에 따르지 않고 진정한 작품을 만들려는 문화인들의 노력은 더욱 값지고 귀하다는 것이 부르디외의 발표 요지였다.

전체 회의에 이어서 같은 날 저녁 한국사회학회는 부르디외를 단독으로 초청하여 세종로 교보빌딩 강당에서 대화의 시간을 마련했다. 나는 네 명의 공식 토론자 가운데 한 사람으로 그 모임에 참석했다. 그때 나는 부르디외에게 세 가지 질문을 던졌다. 첫째로 그의 개인적 삶이 사회학 연구에 많은 영향을 미쳤다고 하는데 어떤 요소가 어떤 영향을 미쳤는가? 둘째로 1968년 5월운동에 대해서는 어떤 입장을 취했는가? 셋째로 1995년 노동자파업 당시 지식인으로서 중요한 역할을 했는데 사회주의 실험이 끝난 마당에 이상적인 사회의 모습을 어떻게 그리고 있는가? 내가 마지막 질문자였고 이미 정해진 시간이 훨씬 지났지만 당시 부르디외는 나의 질문을 진지하게 경청했다. 그러나 충분한 답변을 하지 않았다. 짧은 시간에 단순화시켜서 대답하기에는 하나하나의 질문이 너무 크고 복합적이었을 것이다. 다음 날 오후 나는 주최 측을 통해 그가 머무르고 있는 호텔 로비에서 그를 다시 만날 수 있었다. 그는 내가 대학 밖에서 '사회운동연구소'를 만들어 독자적으로 활동하고 있다는 사실에 흥미를 보이면서 자신이 대안세계화운동을 위해 세계의 지식인들을 연결시키고 있는데 앞으로 세계대회를 할 때 다시 볼 수 있으면 좋겠다는 의사를 표명했다. 그리고 그날 오후 서울대에서 열리는 공개강연에 동행할 수 있느냐고 물었던 기억이 난다. 그때 나는 다른 약속 때문에 그와 동행을 할 수가 없었다. 그리고 몇 달이 흘렀다. 2000년 1월 어느 날 잠실 석촌동에 있던 '사회운동연구소' 우편함에 두툼한 소포 하나가 도착해 있었다. 콜레주 드 프랑스 주소가 박혀 있는 봉투를 열어보니 그의 책 『파스칼적 명상』(1997), 『맞불 1—신자유주의에 대한 저항을 위한 담론』(1998), 『남성지배』(1998) 이렇게 세 권의 책이 나왔다. 한국에 왔을 때 내가 던진 질문에 대한 답을 책으로 대신한 것이라는 생각이 들었다. 그런데 나는 그에게 답장을 하지 못했다. 책을 대충이라도 읽고 나서 답장을 쓰려고 했는데 그 무렵 다른 일들에 쫓겨 그가 보내준 책을 읽을 겨를이 없었다. 한 달 두 달 세월이 흘렀고 결국 답장 쓰기를 포기하게 되었다. 그러다가 2002년 1월 나는 서울생활을 청산하고 파리로 삶의 근거지를 옮기기 위해 비행기에 몸을 실었다. 파리에 도착해서 『르몽드』 신문을 한 부 샀다. 신문 1면에 눈에 익숙한 이름이 인쇄되어 있었다. 며칠 전에 부르디외가 사망했음을 알리는 기사였다. 그날이 2002년 1월 25일이었다.

2003년 2월 파리 센 강변에 있는 아랍문화원에서 부르디외 타계 1주년을 기념하는 전시회가 열렸다. 그가 1950년대 말 알제리전쟁 당시 알제리 농촌사회를 연구할 때 자료로 찍었던 사진 전시회였다. 그가 찍은 사진들을 바라보면서 현지연구를 하던 젊은 시절 부르디외의 생생한 시선을 느낄 수 있었다. 전시장 한구석에 설치된 비디오에는 그가 몸소 경험했던 알제리전쟁을 회고하는 다큐멘터리가 나오고 있었다. 낯익은 얼굴에 익숙한 목소리였다. 부르디외가 나와서 말을 하고 있었다. 내가 그의 목소리를 친근하게 느끼는 까닭은 1997년 여름 프랑스에 여행 왔을 때 개선문에서 뻗어나가는 거리 가운데 하나인 바그람 거리의 프낙 FNAC에서 산 그의 강연 녹음테이프 덕분이었다. 나는 서울에서 자동차를 운전하고 다니면서 텔레비전의 공공성 부재를 비판하는 그의 강연 테이프를 가끔씩 다시 듣곤 했다. 그의 강연은 당시 꽉꽉했던 나의 가슴에 다소 위안을 제공했다.

2004년 2월에 파리 교외 빌타뇌즈에서 열린 '프랑스 사회학대회'에 참석했을 때 부르디외와 다시 연결되었다. 그때 나는 크리스틴 므니에 Christine Meunier가 주관하는 '정체성과 주관성' 분과에서 유교적 가부장제와 한국 남성의 정체성 위기에 대해서 발표했다. 발표를 마치고 난 다음에 나는 다른 분과의 발표를 들으러 다녔다. 그러다가 '지식인의 사회학' 분과로 들어갔는데 그곳에서 우연치 않게 부르디외에 관한 두 편의 논문 발표를 들었다. 부르디외와 함께 팀을 이루어 연구했던 제라르 모제Gérard Mauger는 1998년 가을 부르디외가 고등사범학교를 점거한 실업자들을 지지했을 때나 알제리의 비판적 지식인들을 지지하는 활동을 했을 때 언론이 보인 냉소적 반응을 분석했고, 알제리 출신 인류학자 타사디트 야신Tassadit Yacine은 1958년에서 1961년 사이에 알제리에서 이루어진 부르디외의 현장연구를 검토하면서 그의 이론적·방법론적 기본 입장이 어떻게 형성되었는지를 추적했다.[8] 그녀는 이 발표에서 부

---

8) 놀랍게도 이 글이 우리말로 번역되어 있는 것을 발견했다(타사디트 야신, 「피에르 부르디외

르디외의 프랑스 사회에 대한 분석의 이론 틀이 알제리 현장연구를 하면서 만들어진 것이라고 주장했다. 분과 토론이 끝나고 그 분과를 조직한 루이 핀토Louis Pinto와 이야기를 나누었는데 그는 자기가 쓴 『부르디외와 사회이론』이 우리말로 번역되었다며 다음번에 만나면 한 권 주겠다고 약속했다.[9]

시골 소년의 파리 상경기

『자기분석을 위한 소묘』를 읽다보면 부르디외는 그 책의 마지막 장에 가서야 가족 배경이 자신의 지적 작업에 어떻게 영향을 미쳤는가를 분석하고 있다. 그의 할아버지는 소작농이었고, 아버지는 열네 살까지만 학교에 다녔고 그 역시 소작농으로 일하다가 우체국 말단 직원이 되었다. 어머니는 부농 집안의 딸로 열여섯 살까지 교육을 받았고 집안에서 반대하는 남자와 사회적 하향 결혼을 하였다. 아버지는 월요일에서 토요일까지 매일 아침 여섯시에 일을 시작해서 정규 업무를 마치고 나서도 우체국 이용객들로부터 받은 푼돈 계산을 끝내고 밤늦게 귀가했다. 우체국이 문을 닫는 일요일이나 휴가철에는 소작농이었던 동생의 농사일을 거들어주었다. 아버지는 그렇게 쉴 틈이 없이 늘 분주한 삶을 살았다. 어린 시절 부르디외는 학교에서 아이들에게 '하얀 손'이라고 놀

와 알제리 또는 참여 사회학의 기원」, 『불어문화권연구』 14집, 서울대학교불어문화권연구소, 2004, pp. 180~229).
9) 이 책의 우리말 번역본은 다음과 같다. 루이 핀토, 『부르디외 사회학 이론』, 김용숙·김은희 옮김, 동문선, 2003.

림을 받았다. 이는 아버지가 하급 공무원으로 수돗물도 나오지 않는 관사에 살았지만 농사를 짓지 않았기 때문에 생긴 일이었다. 부르디외는 햇빛 아래 들판에서 일하는 농민 집안의 아이들과 달리 주로 실내에서 생활했기 때문에 손이 희고 깨끗했다. 그것이 또래 아이들에게 놀림의 대상이 된 것이다. 부르디외가 1930년생이니까 1930년대 말 프랑스 농촌의 이야기다. 그의 아버지는 자기도 넉넉지 않게 생활했지만 언제나 자기보다 힘들게 사는 사람들을 도우려는 착한 마음을 가지고 살았다. 동네 사람들이 가지고 오는 각종 관공서의 서류를 마다 않고 다 처리해주었다. 아버지는 비록 초등학교 교육밖에 받지 않았지만 노조활동을 하는 좌파적 정치 성향을 지닌 사람으로서 아들에게 로베스피에르, 장 조레스, 레옹 블룸, 에두아르 에리오 등 좌파 정치가들에 대한 이야기를 해주었다. 한마디로 부르디외의 아버지는 가난한 집안 출신이지만 따뜻한 마음과 명석하고 비판적인 머리를 가지고 자기에게 주어진 일을 성실하게 수행하며 산 사람이었다.[10] 다른 한편 부르디외의 어머니는 아버지에 비해서 남의 시선에 신경을 많이 쓰는 편이었다. 부르디외의 외할아버지가 남으로부터 받는 평판에 민감한 사람이었기 때문이다. 부르디외는 어린 시절 어머니로부터 옷 입는 방식, 말하는 방법, 거동, 식사예절 등에 대해서 반복되는 이야기를 들으며 자랐다. 말하자면 부르

---

10) 부르디외는 자신의 인터뷰집 『이야기된 것들Choses dites』(Paris: Minuit, 1987)을 아버지에게 헌정했다. 이 책이 나온 1987년은 아버지가 고향 마을에서 117번 국도를 건너다가 교통사고로 사망한 해인 듯하다. 책의 속지에는 "아버지를 기억하며A la mémoire de mon père"라는 글귀가 적혀 있다. 이 책의 영어 번역판에도 "In Memory of my Father"라는 글귀가 선명하게 인쇄되어 있다(In Other Words: Essays Towards a Reflexive Sociology, translated by Matthew Adamson, Stanford, California: Stanford University Press, 1990).

주아식 예절이었다. 그런데 부르디외는 어머니에 의해 길들여지지 않았다. 어머니가 하라는 대로 하지 않고 저항했다. 보기를 들어서 학교에 가기 전에 어머니가 자신의 머리에 가르마를 타고 가지런히 빗겨놓으면 집 밖에 나와서 그냥 흩뜨려버렸다. 그런 모습으로 나타나면 시골 동네 아이들에게 놀림감이 되고 따돌림을 받기 때문이었다.

피레네 산맥 옆의 베아른이라는 지역의 작은 시골 마을에서 초등학교를 마친 부르디외는 근처의 가장 큰 도시인 포에 가서 공부를 계속했다. 루이 베르투 고등학교를 졸업할 때 성적이 워낙 우수했기 때문에 부르디외는 학교 선생님의 추천으로 전국의 수재들이 다 모이는 파리의 루이 르 그랑 고등학교의 그랑제콜 예비반에 입학했다. 그래서 고향을 떠나 파리의 학교 부속 기숙사에서 생활하게 되었는데 그때의 체험이 훗날 그의 지적인 작업에 많은 영향을 미치게 된다. 그 시절 부르디외는 자기 집에 살면서 학교에 다니는 파리의 부르주아 가정 출신 아이들과 자기처럼 지방에서 올라와 기숙사생활을 하는 아이들 사이에는 생활 방식에 많은 차이가 있다는 것을 알게 되었다. 거의 군대식으로 운영되는 억압적 기숙사생활은 너무 힘겹고 삭막했다.[11] 이런 학교생활의 분위기는 프랑스 전국의 인문계 수재들이 모이는 파리고등사범학교에 들어가서도 계속되었다. 부르디외는 파리 중심부에 사는 부르주아 집안 출신 자녀들이 휘두르는 '상징적 폭력'을 예민하게 느꼈다.[12] 부르디외의

---

11) 부르디외는 플로베르가 어딘가에 쓴 "열 살이 될 때까지 기숙학교를 모르고 지낸 사람은 사회에 대해서 아무것도 모른다"라는 구절을 외우고 있었으며, 어빙 고프먼의 정신병동에 대한 사회학적 연구를 중요하게 취급했다(피에르 부르디외·로익 바캉, 『성찰적 사회학으로의 초대』, 이상길 옮김, 그린비, 2015, p. 334).

12) 상징적 폭력은 언어생활에서 가장 먼저 드러난다. 동화작가 이오덕의 다음과 같은 고백은 부르디외의 관점에서 볼 때 가장 잘 분석될 수 있다. 이오덕은 어느 날 "선생님은 글을 써놓

삶과 학문 세계의 밑자리에는 피레네 산맥의 작은 마을에서 자란 시골 수재가 파리의 최고 엘리트 교육기관을 경유하면서 겪은 생생한 체험이 자리하고 있다. 그의 개인적 체험은 훗날 그가 '문화자본' '아비투스' '상징적 폭력' 같은 이론적 개념들을 구성하는 데 일정한 방식으로 작용한 감성적 기초였다.[13] 그의 대표적 저서 『구별짓기』는 출신 계급과 사회적 위치에 따라 한 개인의 모든 취향이 달라진다는 사실을 경험적 자료를 통해 입증했다.[14]

불복종에서 시작된 알제리 현장연구

부르디외는 비판적 지식인이다. 그는 지식인 사회에 속하면서 그 사회와 비판적 거리를 유지하며 파리의 중심부 지식인들이 움직이는 장場의 논리를 객관화하고 그 장에 개입하여 지식인 사회의 구조를 바꾸

은 것은 아주 좋은데 말을 잘 못하셔요"라는 지적을 듣고 자신이 왜 '말을 못하는 사람'이 되었는가 곰곰 생각해보았다. 그는 그 이유로 다음과 같은 것들을 들었다. 농촌에서 자라났고, 학교 공부도 못해 스스로 자기를 부끄러워하고 열등감을 가지고 자랐으며, 교회에서 배운 성경의 생경한 말이나 설교도 자기 말로 만들 수 없었으며, 일제 시대에 학교에서 강요된 일본 말도 그의 말이 될 수 없었다. 독서로 얻은 생각도 자기 말로 만들지 못했다. 책 속의 말은 서울 중심의 말, 표준말이었고, 그의 열등감을 더욱 심화시켜주는 말이었다. 그래서 그가 쓰는 글은 그의 말과 분리되어 있었다. 그가 쓴 글은 책에서 읽은 글이었다. 한자말과 일본 말투가 잡탕으로 섞인 말의 체계였다. 그는 스스로를 '모국어의 미아'로 살아온 사람이라고 생각한다. 그래서 지금부터라도 우리말을 제대로 배우겠다고 다짐한다(이오덕, 『이오덕 일기』 3권, 양철북, 2013, pp. 178~79).

13) 부르디외는 청소년기 이후 사회적 상승 이동을 경험하면서 일련의 '정신적 사진'을 찍었으며, 그의 사회학적 연구작업은 그 '사진'들을 현상하는 작업이라고 술회했다(피에르 부르디외·로익 바캉, 같은 책, p. 335).

14) 이 책의 우리말 번역본으로 피에르 부르디외, 『구별짓기—문화와 취향의 사회학』(최종철 옮김, 새물결, 2008)을 볼 것.

어놓으려 했다. 『르몽드』지의 기자인 앙트완 고드마르Antoine Gaudemar에 따르면 부르디외는 '학문의 투사militant scientifique'였다. 부르디외가 파리에서 학창기를 보냈던 1950년대는 사르트르로 대표되는 실존주의와 프랑스 공산당으로 대표되는 마르크스주의가 지식인 사회의 주류를 형성하고 있었다. 부르디외는 그 시절 외로운 길을 선택했다. 그는 두 조류 가운데 어느 하나에도 쉽게 합류하지 않으면서 자기 나름의 지적 세계를 만들어나갔다. 당시 그가 다니던 고등사범학교에는 주류를 따르기보다는 지류에서 출발해 새로운 주류를 만들려는 그의 지적 성향과 어울리는 교수가 딱 한 사람 있었다. 조르주 캉길렘이 바로 그 사람이었다. 캉길렘은 가스통 바슐라르의 후계자로서 과학사와 과학철학을 전공하면서 프랑스 철학계의 주변부에 머물러 있었다. 그는 부르디외와 마찬가지로 시골 출신의 학생으로 파리에 올라와 고등사범학교의 교수가 된 입지전적 인물이었다. 그런 배경의 캉길렘과 부르디외 사이에는 어떤 '선택적 친화력'이 작용했을 것이다. 당시 고등사범학교의 지배적인 분위기는 철학과 문학을 결합시켜 추상적 개념과 문학적 표현 사이를 오가는 것이었다. 이런 분위기에 반발심을 느끼고 있던 부르디외에게 캉길렘의 과학철학은 환상이 아닌 현실 자체에 접근하는 철학으로 여겨졌다. 캉길렘은 그런 부르디외를 특별하게 대했다. 그는 부르디외와의 면담을 위해 오후 시간을 전부 비워두었고 부르디외의 이야기를 귀담아 듣고 그의 문제의식을 일깨울 수 있는 책을 많이 빌려주었다. 캉길렘은 부르디외가 철학교수 자격시험을 통과하자 자기가 철학교사로 가르쳤던 툴루즈의 한 고등학교에 자리를 마련해주기도 하였다. 부르디외가 캉길렘이 주선한 그 학교로 가지 않고 다른 학교를 선택한 이후 두 사람 사이에 생긴 약간의 불화에도 불구하고 캉길렘은 부르디외의 지적

감수성 형성에 많은 영향을 주었다.[15]

레비-스트로스가 철학에서 인류학으로 전공을 바꾸었다면 부르디외는 철학에서 인류학을 거쳐 사회학으로 전공을 바꾼 전과자轉科者다. 그 전환의 과정에는 알제리에서 이루어진 현장연구 체험이 자리하고 있다. 알제리독립전쟁이 벌어지자 프랑스의 젊은이들은 모두 전쟁터로 동원되었는데 고등사범학교 졸업생들은 단기 교육을 받고 장교로 임관하였다. 그런데 부르디외는 장교 교육을 받는 도중에 문제가 생겨 일반 사병으로 알제리전쟁에 배속되었다. 그 이유는 부르디외가 당시 알제리 독립을 저지하기 위해 전쟁을 수행하는 프랑스 정부에 대해 비판적인 기사를 싣는 『렉스프레스L'Express』지를 정기구독하고 있었기 때문이다. 모든 훈련생들이 집합한 자리에서 부르디외의 이름이 크게 울려퍼졌고 그는 정훈장교에게 사상 교육을 받게 된다. 그러나 부르디외는 알제리의 독립을 지지하는 자신의 입장을 굽히지 않았다. 그 결과 그는 장교 교육 과정에서 축출되어 사병으로 배속된 것이다. 시골 출신의 문맹자들과 공산당원이었던 노조활동가들이 주류를 형성하고 있던 알제리 현지의 군부대에 배속된 부르디외는 포탄을 지키는 보초 임무를 수행하게 되었다. 그때 그는 힘들어하는 동료들을 대신해서 야간 보초를 서주기도 했다. 불면증에 시달려 잠을 이룰 수 없었기 때문이다. 그러나 얼마 후 더 이상 그런 상태를 버텨낼 수 없게 되었다. 그래서 부르디외는 고향 사람의 도움을 받아 사무실에서 서류 처리를 하는 부서로 이동을 하게 되었다. 사무 처리를 다 하고 나서 시간이 남자 그는 상부의 허락

---

15) 부르디외뿐만 아니라 그보다 5년 선배인 미셸 푸코 역시 고등사범학교 시절 캉길렘에게 많은 영향을 받았다. 나의 지도교수였던 알랭 투렌은 미셸 푸코와 고등사범학교 동기생이다.

을 받아 알제리 현장연구를 시작하였다. 전쟁 상황에서 알제리의 농촌 현장을 다니면서 부르디외는 세상을 보는 이론적·방법론적 틀을 만들어갔다. 1958년에 나온 그의 첫번째 저작 『알제리의 사회학*Sociologie de l'Algérie*』은 그 현장연구의 결과였다. 이 책은 안전한 파리의 서재에 앉아 알제리의 현실을 전혀 모르면서 알제리 독립을 이념적으로만 지지하는 비판적 지식인들에게 보내는 부르디외의 편지였다.

부르디외는 1961년까지 알제리에 머물렀다. 다행히 그의 주변에는 언제나 그를 도와주는 사람들이 있었다. 알제리에서 군 복무를 마치고 알제 대학에서 조교로 일할 때 알았던 한 교수가 레몽 아롱과 고등사범 동기생이었다. 부르디외의 알제리 현지연구를 지켜보던 그 교수는 부르디외를 아롱에게 추천했고 아롱은 그를 흔쾌히 받아들였다. 파리로 돌아온 부르디외는 아롱이 주도하던 '유럽사회학연구소'에서 그의 조교로 일하게 되었다. 철학에서 시작하여 알제리에서 인류학 현장연구를 한 그는 이제 사회학으로 연구의 장을 넓히게 되었다. 1964년에 부르디외는 레몽 아롱, 클로드 레비-스트로스, 페르낭 브로델 세 사람의 후원으로 사회과학고등연구원의 교수로 임명되었다. 그때부터 그의 사회학 저서들이 잇달아 출판되었다. 1964년에는 부르주아 자녀들과 노동자 자녀들의 대학생활이 어떻게 다르며 그 차이가 어떻게 재생산되는지를 연구한 그 유명한 『상속자들*Les Héritiers*』을 발표했고 1965년에는 사진에 대한 취향과 평가가 계층에 따라 어떻게 다른지를 연구한 『중간예술*Un art moyen*』을, 1966년에는 미술관에 출입하는 사람들이 대부분 고등교육을 받은 부르주아 출신이라는 점을 밝힌 『예술 애호*L'amour de l'art*』를 연이어 발간했다. 1968년에 출간된 『사회학자라는 직업*Le Métier de sociologue*』은 사회과학 인식론과 방법론에 대한 책이었다. 1970년에는 드디어 자신의 경험적 연구를 이론화한『재생산—교육 체계에 대한 이론화를 위하여*La Reproduction*』를 발표했고, 1972년에는『실천에 대한 이론을 위한 소묘*Esquisse d'une théorie de la pratique. Précédée de trois études d'ethnologie kabyle*』를 출간했다. 부르디외는 불과 10여 년 만에 현장연구를 바탕으로 한 이론과 사회학 방법론의 기본 틀을 마련하면서 프랑스 사회학을 대표하는 학자로 부상했다. 부르디외는 이렇게 구축한 자신의 이론과 방법론을 활용하여 상이한 계층의 문화적 실천에 대한 광범위한 경험적 연구를 시작했다. 그 결과가 1979년에 출판된『구별짓기』였다. 부르디외는 1981년 페르낭 브로델, 클로드 레비-스트로스, 프랑수아 자콥François Jacob, 앙드레 미켈André Miquel 등의 지지를 받아 레몽 아롱의 뒤를 이어 콜레주 드 프랑스의 사회학 석좌교수가 되었다. 시골 출신 소년이 파리에 올라와 학계 중심부에서 최고의 자리에 서게 된 것이다.[16]

상처와 치유

인간의 모든 창조 작업에는 깊은 수준에서 영향을 미치는 숨은 동기가 있기 마련이다. 부르디외는 스스로 평생 "미친 듯이 연구에 몰두"했다고 말했는데 그의 그런 정신적 에너지는 과연 어디서 나온 것일까? 부르디외는 "너무도 잔인했던 불행감"에서 그 원천을 찾고 있다. 농촌에

---

16) 부르디외는 자신의 업적에 대한 사회적 공인公認으로서의 콜레주 드 프랑스 교수 취임을 불편해하면서 취임연설에서 아카데미 제도에 의한 공인이 내포한 사회적 의미를 분석했다(피에르 부르디외,『강의에 대한 강의』, 현택수 옮김, 동문선, 1999).

서 지냈던 행복한 아동기와는 너무나도 다른 파리의 삭막한 학교 분위기에서 느꼈던 소외감, 그리고 그 이후 파리 지식인 사회에서 받은 상처가 부르디외를 연구에 미친 듯이 몰두하게 만든 원동력이었다. 그가 쓴 일련의 저서들은 피레네 산맥 자락에 위치한 농촌 출신의 수재가 루이 르 그랑이라는 파리의 일류 고등학교를 거쳐 프랑스 최고의 수재들이 모이는 파리고등사범학교에서 공부하면서 받은 문화적 충격과 상처가 사회학적 연구로 승화된 결과였다.[17] 파리의 부르주아들이 은근히 드러내는 문화적 우월감과 파리 중심의 세계관이 행사하는 문화적 차별과 상징적 폭력의 뿌리를 파헤치고 싶다는 부글거리는 내적 열망이 부르디외의 연구를 지속시킨 원동력이었다. 그렇다고 부르디외가 자신의 주관적 감정에 사로잡힌 것은 아니었다. 오히려 그 반대였다. 부르디외의 사회학적 연구는 연구자의 주관적 체험과 자연 발생적 감정을 철저하게 통제하고 사회적 사실을 객관화하는 작업이었다. 젊은 시절의 부르디외는 문학은 물론 음악에도 관심이 많았으며 캉길렘의 지도로 '정서적 삶 la vie affective'에 대한 철학 박사학위 논문을 쓰려고 했을 정도로 감수성이 예민한 청년이었다. 그러나 그는 그런 감수성을 안으로 접어두고 스스로를 객관화하면서 사회적 세계를 객관화된 눈으로 바라보고 설명하는 금욕적이고 절제적인 연구를 진행했다. 루이 르 그랑 고등학교의 그랑제콜 예비반과 고등사범학교를 경유하면서 만들어지는 파리 지식인 사회의 문학과 철학을 넘나드는 주관주의적 지적 취향과 그런 취향을 지닌 엘리트 지식인들의 지적 우월감에 엄청난 반감을 느끼던 부르디외

---

17) 홍성민은 부르디외가 "도시문화에 적응하지 못하는 지방의 '촌놈'이었던 것이다"라고 썼다 (『문화와 아비투스—부르디외와 유럽정치사상』, 나남, 2000, p. 15).

는, 지식인 사회의 장을 지배하는 논리를 객관화시켜 설명함으로써 파리 중심부 지식인 사회의 자기도취에 찬물을 끼얹었다.[18] 부르디외의 프랑스 지식인 사회에 대한 비판 의식은 1979년에 출간된 『구별짓기』로부터 시작되어, 1984년에 나온 『호모 아카데미쿠스Homo Academicus』를 거쳐 1989년에 발표된 『국가 귀족—그랑제콜과 연대의식La noblesse d'État』을 통해 완성되었다. 부르디외는 스스로 '대학 위의 대학'이라고 불리는 엘리트 양성기관인 그랑제콜 출신이면서 그랑제콜을 통해 만들어지는 엘리트 의식의 내용과 그들의 배타적 연대의식이 만들어지고 작동하는 방식을 객관적 시각에서 연구했다. 그렇게 함으로써 그는 그랑제콜이라는 최고의 교육기관이 만들어낸 신화의 허구성을 파헤쳤다.

여기서 우리는 매우 사적인 질문 하나를 던져볼 수 있다. 부르디외는 『자기분석을 위한 소묘』에서 자신이 청소년기에 받은 상처가 '치유 불가능한 것l'irrémédiable'이어서 '인생의 매 순간chacun des moments de mon existence' 끊임없이 고통을 주었다고 말했다.[19] 그렇다면 부르디외의 연구 결과는 부르디외의 마음의 상처를 치유하는 데 어떤 효과를 가져왔을까? 그는 자기 밖에 있는 타인들에게 시선을 돌림으로써 원초적 상처가 남긴 자기 안의 '거대한 빈 자리un immense vide'를 채우려고 했다. 그

---

18) 이런 프랑스 지식인 사회의 내부 논리를 모르고서는 부르디외의 사회학적 연구가 갖는 의미를 깊이 이해하기 어렵다. 그럴 경우 부르디외의 연구를 객관적 자료를 통해 검증하는 표준 사회학적 연구물로 받아들이게 된다. 부르디외의 연구는 미국으로 건너가 이런 형식화의 과정을 거쳤고 그것이 한국 사회학에서 재현되고 있다. 이에 대해서는 다른 글에서 좀더 자세하게 밝힐 것이다.

19) 괄호 속의 불어 표현들은 모두 Pierre Bourdieu, *Esquisse pour une auto-analyse*(Paris: Raisons d'agir, 2004)에서 따온 것이다. 뱅상 드 골작은 이런 부르디외의 '증상'을 '계급 노이로제'라고 이름 붙였다(Vincent de Gaulejac, *La névrose de classe. Trajectoire sociale et conflits d'identité*, Paris: Hommes et Groupes, 1987).

는 연구에 열광적으로 몰두하면서 '절망'으로부터 벗어나려고 필사적으로 몸부림쳤다. 추상적 개념을 다듬고 치밀한 논리를 전개하는 고고한 철학의 자리를 떠나 빈민촌에서 구체적 현장연구를 수행하는 사회학으로 전공을 바꾼 것이나, 현란한 문학적 수사를 피하고 반복이 배제된 건조한 논문체의 글쓰기를 구사한 것은 그의 의도적 선택이었다. 부르디외는 그런 선택을 통해 파리 주류 지식인 사회로부터 스스로를 단절시켰다. 객관성을 내세운 그의 건조한 글쓰기는 그의 마음 밑바닥에 자리잡고 있는 '보이지 않는 충동'과 '은밀한 의도'를 가리는 '가면'이었다. 부르디외가 마지막 저작에서 시도한 사회학적 자기분석은 자신의 삶 속에서 의도적으로 억압했던 바로 그 부분을 들추어내어 사회학적으로 분석해보려는 노력이었다. 이전에 이룩한 자신의 모든 연구물들을 통해서도 치유되지 않는 자신의 상처를 객관화시키기 위해 부르디외는 죽음을 앞에 두고 자기 자신을 거울 앞에 세웠던 것이다.

결핍과 창조

사회심리학자이자 정신분석학자인 파트리시아 메르카데르는 모든 지식은 하나의 해석이며, 인간과 사회에 대한 이론은 말할 것도 없고 자연에 대한 이론도 그것을 만든 이론가의 무의식적 욕망의 반사물이라고 말했다. 그렇다고 이론가의 작업이 무력화되는 것은 아니다. 이론가의 무의식적 욕망은 병리적인 것이 아니라 이론가가 발현하는 창조성의 뿌리이며 새로운 혁신을 가능케 하는 잠재적 힘으로 작용한다.[20] 부르디외가 자신의 지적 작업이 눈에 드러나지 않는 원초적 상처가 남긴 엄청난 공허감을 채우기 위한 노력이었음을 사회학적 자기분석의 형식을 빌려 고백하고 있듯이 아인슈타인도 모든 과학적인 창조 작업의 밑바탕에는 족쇄로 작용하는 일상을 벗어나려는 의지une volonté d'échapper du quotidien가 자리하고 있다고 말했다.[21]

보통 사람들은 일상le quotidien을 큰 무리 없이 수용하면서 살아간다.[22] 그러나 어떤 사람에게는 일상이 절망적으로 단조로우면서도 피해 갈 수 없는 굴레로 작용한다. 누구나 어느 정도는 그렇지만, 매일 반복되는 먹고, 자고, 일하고, 휴식하는 일상적 삶의 단조로움을 유난스럽게 잘 견디지 못하는 사람들이 있다. 그렇게 일상을 잘 견디지 못하는 사람들은 내부에 결코 채워질 수 없는 빈 자리를 가지고 있다. 그런 사람들이 예술과 학문 같은 창조적 작업에 끈질기게 매달린다.

부르디외의 원초적 상처가 농촌에서 보낸 아동기와 파리생활 사이의 단절 체험에서 만들어진 것이라면 그의 사회학적 연구 동기의 밑바닥에는 헝크러진 정신적 삶에 질서를 부여하려는 욕구가 자리하고 있었는지도 모른다. 아인슈타인은 예술과 학문 연구의 원초적 동기를 도시를 떠나 고향으로 돌아가려는 마음에 비유한 바 있다. "예술과 학문의 근본 동기는 소란스럽고 복잡한 환경 속에 사는 도시인을 평화스런 산

---

20) Patricia Mercader, "Le féminisme au risque de la psychanalyse", *Femmes, Féminisme, Féminité*, Paris: Association Nationale des Etudes Féministes, 1999, pp. 7~14. 위의 문장은 pp. 9~10에서 발췌하여 인용한 것이다.

21) 사회학자인 부르디외와 물리학자인 아인슈타인이 이구동성으로 채워지지 않는 공허감과 욕망이 모든 창조적 작업의 동기임을 말하고 있음이 흥미롭다(Albert Einstein, *Comment je vois le monde*, Paris: Flammarion, 1979, pp. 122~23).

22) 피터 버거와 토마스 루크만은 이를 두고 현상학적 사회학의 입장에서 "일반인은 대개의 경우 어떤 문제에 당면하지 않는 한, 그에게 무엇이 '실재하고' 그가 무엇을 '아는가' 하는 문제로 고민하지 않을 것이다. 그는 그의 '실재'와 '지식'을 당연하게 받아들인다"고 말한다(피터 버거·토마스 루크만, 『실재의 사회적 구성』, 하홍규 옮김, 문학과지성사, 2013, p. 12).

악 지대의 경치로 이끄는 노스탤지어와 비슷하다. 그곳에서는 조용하고 순수한 분위기 속에서 자유롭게 시선을 옮길 수 있고 영원히 사라지지 않을 것처럼 보이는 편안한 전망에 몰입할 수 있다."[23] 지금 여기의 삶에 만족하는 사람에게는 무언가 다른 것을 추구할 필요와 욕구가 없다. 지금 여기에서의 삶을 벗어나 근본적이고 본질적이고 영원한 세계에 도달하고 싶다는 욕망을 지닌 사람들만이 예술과 학문적 탐구에 자신의 인생을 바친다. 자신의 주관적 세계를 창조적 방식으로 표현하는 예술 창조 작업이나 세상을 객관적으로 이해하는 학문 연구활동에 매진함으로서 채워지지 않는 욕망의 사슬에서 스스로를 해방시키려고 하는 것이다. 좋게 말하자면 그들은 자신의 좁은 세계를 벗어나 좀더 보편적인 의미를 갖는 일에 내적 에너지를 동원하는 것이다. 그것을 '승화'의 과정이라고 부를 수 있을 것이다.[24]

이중의 부재

유학 시절 부르디외가 주도하는 『사회과학 연구논집*Actes de la recherche en sciences sociales*』에 실렸던 것으로 기억하는데, 사회적 상승 이동을 경험한 한 여성의 삶을 분석한 논문을 읽은 적이 있다. 그녀는 가난한 노동자 집안에서 태어났지만 공부를 잘해서 그가 원하던바 큰 회사의 간

---

23) Albert Einstein, 같은 책, pp. 122~23.
24) 김현은 "콤플렉스는 승화되어 창조적 힘으로 전환되지 않으면 부정적 힘으로 응축되어 결국 광태를 유발하게 된다"고 썼다(김현, 「풍자와 유머」, 『김현 예술 기행/반고비 나그네 길에』, 김현문학전집 13권, 문학과지성사, 1993, p. 489).

부급 사원이 되었다. 그런데 지금 그녀의 삶은 기대했던 것과는 달리 그렇게 행복하게 느껴지지 않는다. 옛날에 알았던 친구들을 만나도 불편하고 지금 주위에 있는 사람들을 만나도 편치가 않다. 그래서 주말이나 휴가철에는 혼자서 음악을 듣거나 책을 읽으면서 지낸다. 말하자면 사회적 성공이니 출세니 하는 것들이 개인적 행복감을 보장해주지 않는다는 것이다. 이 이야기는 그녀 개인의 이야기가 아니라 사회적 상승 이동을 경험한 사람들이 겪는 공통의 체험을 말해주고 있다. 부르디외는 시골 우체국 말단 공무원의 아들로 태어나 공부를 뛰어나게 잘해서 프랑스 최고의 지식인으로 상승 이동을 경험한 사람이다. 그런데 그는 콜레주 드 프랑스의 교수로 강의하면서 결코 편안한 마음을 갖지 못했다. 그는 지배계급에 속하면서도 피지배계급의 편에 섰고, 피지배계급의 정서를 가지고 지배계급의 자리에서 일했다. 두 개의 계급 사이에서 찢기어진 채 존재하는 사람들에게는 마음의 평화와 안식이 찾아오지 않는다.

부르디외는 1950년대 말 알제리에서 현장연구를 함께하던 압델말렉 사야드Abdelmalek Sayad의 유고집에 서문을 썼는데 그 제목이 '이중의 부재La double absence'이다. 알제리와 프랑스 양쪽 어디에도 속하지 않는 '이중의 부재'는 알제리에서 프랑스로 이민 온 사야드의 존재 조건일 뿐만 아니라 피지배계급에서 지배계급으로 이동한 부르디외 자신의 사회적 존재 조건을 표현하고 있다.[25] 사회적 신분 상승을 경험한 사람은 이민

---

25) 부르디외는 『자기분석을 위한 소묘』에서는 '이중의 거리une double distance'라는 표현도 쓰고 있으며 자신의 아비투스를 '금이 간 아비투스l'habitus clivé'라고 말한다. 부르디외는 자신이 프랑스 지식인 사회에 대해서 느끼는 양면적 감정le sentiment d'ambivalence이 바로 그러한 성향에서 비롯된 것임을 밝히고 있다(pp. 135~36).

객과 마찬가지로 태어나서 자란 어둠의 세상에서 멀리 떨어져나와 환하게 밝은 세상에 도달했지만 현재 일상을 살고 있는 세상에서 낯섦을 느낀다. 부르디외는 파리의 엘리트 문화에도 불편함을 느끼면서 그와 동시에 고향의 민중 문화에도 거리감을 느끼게 되었다. 그 낯섦과 거리감은 사회학자 부르디외에게 세상을 객관적으로 연구할 수 있는 지적 자원으로 작용했다. 농촌 사람보다 도시 사람이 오히려 농촌 사회를 연구할 수 있고, 서양 사람이 아프리카의 부족 사회를 연구할 수 있는 까닭은 바로 그런 낯섦과 거리감 때문이다. 농민이나 아프리카 원주민들은 자기들에게 주어진 세상이 너무나 익숙해서 자연스럽게 느끼기 때문에 지금 있는 세상이 왜 그런 방식으로 만들어졌는가에 대한 질문을 던지지 않는다.[26] 그러나 외부에서 그 세계에 들어온 사람에게는 모든 것이 질문의 대상이 된다. 새로 편입해 들어온 세상에서 다른 사람들과 함께 살아가기 위해서는 필연적으로 이 세상이 어떻게 움직이고 있는가라는 질문에 대한 답을 찾아야 한다. 자기가 살고 있는 세상을 이해하지 못하면 주체적인 삶은 말할 것도 없고 생존 자체도 어렵기 때문이다. 세상이 왜 이런가에 대한 질문을 하지 않는 삶은 주어진 세상에 적응하는 삶이다. 부르디외는 자신이 새로 편입된 세상을 객관적 거리를 가지고 분석하면서 자신이 느낀 개인적 억압감과 상징적 폭력의 정체를 밝혀보려고 하였다. 그의 그런 개인적 문제의식은 객관적 연구 작업으로 승화되어 많은 사람의 삶을 설명하는 보편적 의미를 획득하게 된다.

---

26) 농촌 사회를 연구한 이만갑 교수에게 김채윤 교수가 이렇게 말한 적이 있다고 한다. "선생님 같은 도시 출신이 농촌 사회를 연구하지 저 같은 농촌 출신은 못합니다. 당연해 보이는 것을 어떻게 연구합니까."

두 세계를 오가며

자유, 평등, 박애라는 프랑스혁명의 이념에도 불구하고 프랑스 사회에는 불평등이 도처에 널려 있다. 거기에는 눈에 보이는 뚜렷한 불평등만이 아니라 암암리에 작동하는 불평등도 있다. 부르디외의 분석에 따르면 지배계급은 자신들의 특권을 정당화하기 위해 '문화자본'을 활용한다. 동산과 부동산 등의 재산이 경제자본이라면 타인과 구별되는 습관과 기호가 문화자본을 형성한다. 지배계급은 고상하고 고고하고 고결한 음악과 미술, 문학과 철학의 세계를 가지고 자신들의 물질적 삶을 우아하게 만든다. 피지배계급과 구별되는 방식으로 말을 하고 옷을 입고 집을 꾸미고 음식을 차리고 여가를 보낸다. 그런 문화적 차이는 피지배계급을 주눅들게 하여 스스로를 피지배계급으로 인정하게 만든다. 그렇게 해서 지배계급의 정당성이 확보된다. 부르디외는 바로 그런 방식으로 지배계급이 피지배계급에게 가하는 보이지 않는 폭력을 '상징적 폭력'이라고 이름 지었다. 그것은 일상적 삶의 도처에서 작용하는 보이지 않는 심리적 폭력이다. 물리적 폭력이 몸에 보이는 상처를 남긴다면 상징적 폭력은 잘 느껴지지 않는다. 부르디외의 사회학 연구는 바로 그런 상징적 폭력이 작동하는 방식을 객관화해 보여주었다. 부르주아 자제들이 대학 문화에 자연스럽게 적응하는 반면 노동자 자녀들이 학교생활에서 불편함을 느끼는 이유는 무엇인가? 『상속자들』이라는 저서는 그런 질문에 답하는 연구의 결과물이다. 이 책에서 부르디외는 대학 문화 자체가 부르주아 문화의 산물이기 때문에 부르주아의 자제들은 편안함을 느끼는 반면 노동자의 자제들을 거리감과 불편함을 느낀다는 사실을 밝혔다. 한 학생이 대학에서 느끼는 편안함과 불편함의 이유를 개인적·심리적 차원이 아니라 사회적 차원에서 규명한 것이다. 출신 계층에 따른 문화적 불평등은 문화생활의 차이로 이어져 부르주아 자제들에게 음악회나 박물관 출입이 자유로운 반면 노동자 자녀들에게 그런 활동은 불편하고 쓸데없는 일로 여겨지는 것이다. 부르디외의 시선으로 보았을 때 학교는 그런 문화적 불평등을 재생산하는 지배의 도구이며 '대학 위의 대학'인 그랑제콜은 엘리트들의 특권 유지를 위한 공인된 교육 제도다. 부르디외는 교육사회학의 영역을 넘어 문화사회학적 연구를 계속했는데, 그 보기를 들자면 지배계급이 왜 사진예술이라는 장르를 무시하는지, 플로베르와 마네는 어떻게 해서 문화적인 차원에서 '혁명'이라고도 부를 수 있는 새로운 흐름을 만들어낼 수 있었는지, 철학자 하이데거가 지적 영향력을 가진 이유는 무엇인지를 밝혔다. 지배계급이 문화자본을 형성하고 활용하는 방식을 밝힘으로써 겉으로 보기에 고상하고 고결한 그들의 삶의 방식을 상대화시켰다. 부르디외의 연구 작업은 지배계급의 지배 방식에 대한 비밀을 찾아내 피지배계급에게 그 비밀을 누설함으로써 상징적 폭력이 자신에게 남긴 상처를 치유하는 과정이었다.

연구생활의 후반기로 가면서 부르디외는 지식인과 엘리트 들의 세계를 주요 분석 대상으로 삼았다. 그렇다고 그가 지배계급만 연구한 것은 아니다. 그는 피지배계급에 대해서도 연구를 계속했다. 앞서 말했지만 1950년대 후반 알제리 농민들을 연구하면서 인류학적 현장연구의 경험을 쌓았고 자신의 고향인 베아른 농촌 남성들을 연구하면서 편안함을 느꼈다. 사회의 질서가 유지되고 재생산되는 과정을 밝히기 위해서는 지배계급의 세계와 피지배계급의 세계 양쪽을 오가며 연구해야 한다. 부르디외는 1970년대와 1980년대에 걸쳐 주로 지배계급에 대한 연구를 하다가 1990년대에 들어서는 동료들과 함께 피지배계급에 대한 광범위한 연구를 진행하였다. 1993년에 출판된 『세계의 비참La Misère du monde』이 그 결과물이다.[27] 피지배계급 연구에서 시작하여 지배계급 연구를 거쳐 다시 피지배계급 연구로 돌아간 것이다. 부르디외의 연구는 자기가 도달한 세계, 새로 편입한 세계와 자기가 출발한 세계, 떠나온 세계, 그 두 세계를 오가며 계속되었다.

부르디외 저작의 해방적 효과

사회학 연구는 연구로 끝나지 않고 사회적 효과를 낳는다. 그렇다면 부르디외의 광범위한 사회학 연구는 어떤 효과를 낳았는가? 부르디외의 저서들은 읽기에 쉽지 않다. 쉽지 않은 정도가 아니라 난해하다는 평을 듣는다. 부르디외의 연구에는 지배계급이 피지배계급에게 가하는 상징적 폭력을 드러내고 그러한 폭력으로부터 피지배계급을 해방시키기 위한 잠재적 의도가 숨어 있는데 피지배계급은 그의 저작을 접할 기회와 능력이 거의 없다. 그의 연구 결과를 읽고 이해할 수 있는 독자층이란 교육을 받고 교양을 갖춘 소수의 엘리트층이다. 부르디외는 피지배계급의 시선으로 그들의 해방을 위해 연구를 했는데 정작 피지배계급에 속하는 사람들이 부르디외의 저작을 읽을 수 없다는 사실은 아이러니다. 그의 책을 읽고 해방감을 느끼는 주요 독자층은 노동계급이나

---

27) 피에르 부르디외(기획), 『세계의 비참』 1~3권, 김주경 옮김, 동문선, 2000~2002.

농민 출신으로 학교 교육을 통해 초·중·고등학교 교사, 공무원, 중간 사무직 등으로 신분 이동을 경험한 사람들이다.[28]

노동자에서 소상인으로 간신히 직업을 바꾼 집안의 외동딸로 태어나 공부를 잘해서 대학을 졸업하고 부르주아 가정 출신 남자와 결혼을 하고 교사생활을 하다가 작가가 된 아니 에르노나, 노동자 가족 출신으로 고향을 떠나 기자생활을 거쳐 철학자/사회학자가 된 디디에 에리봉은 부르디외를 읽고 엄청난 해방감을 느꼈다고 토로했다.[29] 아니 에르노는 부르디외가 타계했을 때 「르몽드」지에 기고한 글에서 자신의 사유에 결정적인 영향을 준 사람으로 시몬 드 보부아르와 부르디외 두 사람을 들었다. 보부아르의 글을 읽으면서 억압받는 여성으로서의 체험을 이해할 수 있었다면 부르디외의 책을 접하면서 자신의 사회적 위치가 자신의 삶에 미치는 영향을 인식할 수 있었다고 고백했다.[30] 부르디외는 자신의 마지막 저서인 『자기분석을 위한 소묘』를 마치면서 "나의 독자들 가운데 누군가가 내 책을 읽으면서 자신들의 체험과 어려움과 질문과

---

28) 김경만은 부르디외를 비롯한 비판이론가들의 저작이 행위자들의 성찰성을 증진시키거나 해방적 효과를 갖지 못한다고 주장하는데, 부르디외의 저작을 읽고 해방감을 느꼈다는 증언이 속속 책으로 나오고 있다. 부르디외의 저작 수용층과 해방효과에 관한 구체적인 연구가 필요하다. 비판이론의 해방적 효과에 대한 비판적 견해는 김경만, 『담론과 해방』(궁리, 2005)과 『글로벌 지식장과 상징폭력』(문학동네, 2015, pp. 194~200) 참조할 것.

29) 게이 지식인 디디에 에리봉은 부르디외의 책을 읽고 더 나은 삶을 살 수 있게 되었다고 고백했다(Didier Eribon, *Retour à Reims*, Paris: Fayard, 2010; *La société comme verdict*, Paris: Fayard, 2013). 교사 출신 작가 피에르 베르구니우와 게이 지식인 루이 에두아르도 부르디외의 책을 읽고 해방감을 느낀 사람들이다(Louis Edouard, *En finir avec Eddy Bellegueule*, Paris: Seuil, 2014와 Pierre Bergouniou, *L'Héritage, entretiens avec Gabriel Bergounioux*, Flohic éditeur, 2002를 참조할 것).

30) 보기를 들어 아니 에르노가 자신의 아버지와의 관계를 소설 형식으로 쓴 『남자의 자리』(임호경 옮김, 열린책들, 2012)는 노동자 문화를 가진 아버지와 교육을 통해 고급 문화를 습득한 딸 사이의 거리가 점점 벌어지고 의사소통이 불가능한 상태가 되는 과정을 그리고 있다.

고통의 정체를 발견하고 그로부터 그들이 지금 하는 일을 조금 더 잘할 수 있고 지금보다 조금 더 잘살 수 있는 방법을 발견할 수 있다면 그보다 더 큰 기쁨은 없을 것이다"라고 썼다.[31]

부르디외의 사회학은 지배계급의 반감을 샀다. 그는 온갖 객관적 자료를 동원한 사회학적 연구를 통해 지배계급에 속하는 사람들에게 '너희들이 특권을 누리고 거드름을 피우며 즐기는 고상한 예술과 고결한 철학이라는 것이 사실은 이렇게 해서 만들어진 것이다'라고 폭로했기 때문이다. 자신들의 문화적 취향이 개인적인 것이 아니라 자기들도 모르게 자신이 속한 사회계층의 삶 속에서 만들어진 것이라는 연구 결과 앞에 지배계급은 심사가 불편해질 수밖에 없다. 그러므로 지배계급에 속하는 사람으로서 부르디외의 책을 읽고 해방감을 느끼는 경우는 별로 없을 것이다. 그들은 자신들의 은밀한 자부심과 지배의 정당성을 흔들어놓는 연구물 앞에서 내심 불쾌해질 것이다. 그러나 지적으로 성숙하고 도덕적으로 정의를 추구하는 지배계급의 구성원이라면 부르디외의 연구 결과를 진지하게 읽으면서 주어진 틀 안에서 무의식적으로 만들어진 자신의 관점을 넘어서, 세상을 공평하고 공정하게 볼 수 있는 성찰의 기회를 얻을 수 있을 것이다.

---

31) Pierre Bourdieu, *Esquisse pour une auto-analyse*, 같은 책, p. 142. 부르디외는 이미 로익 바캉과의 대담에서 자신의 사회학 연구가 자기 자신으로부터 시작해서 "이전에 참을 수 없다고 여겼던 것들을 이해하고 용인할 수 있도록 도와주었다"고 밝힌 바 있다(피에르 부르디외·로익 바캉, 같은 책, p. 342).

앎과 삶 그리고 성찰성

세상을 살아가려면 세상에 대해서 알아야 한다. 인간은 세상을 사는 데 필요한 앎을 갖고 태어나지 않는다. 그래서 삶을 통해 앎을 만들고 그 앎을 통해 삶을 운영해나간다. 그런데 각자의 삶의 조건이 다르기 때문에 세상을 바라보고 이해하는 방식도 달라지게 된다. 각자 자기의 삶을 사는 데 필요한 앎을 만들어가기 때문에 그 앎의 내용도 다를 수밖에 없다. 앎은 관심에서 출발하고 관심은 구체적 삶의 조건에서 만들어지므로 삶을 위한 각자의 앎은 상대적이다. 그런데 학문은 개별적이고 상대적인 앎을 넘어서 보편적이고 절대적인 앎을 추구한다. 그렇다면 학문적 앎이 상식적 앎과 다른 점은 무엇인가. 상식적 앎은 앎의 타당성을 의심하지 않는다. 다른 많은 사람들이 그렇게 생각하니까 나도 그렇다고 동의하는 앎이다. 학문적 앎은 앎이 구성되는 방식에 문제를 제기하고 앎을 구성하는 과정에 작용하는 요소들을 점검한다는 점에서 상식적 앎과 구별된다. 인식의 내용만이 아니라 인식의 방법을 문제 삼음으로써 상대적인 앎과 구별되는 좀더 객관적인 앎에 도달하려는 노력이 바로 학문이다.

"학문의 길은 가시밭길이다. 그러나 그 길은 희망의 길이다"라는 말이 있다. 학문의 길은 쉽고 편안하게 세상을 사는 방식을 버리고 상식적이고 상대적인 앎을 넘어서 근거가 있는 객관적인 앎에 도달하려는 지속적인 노력이기 때문에 고달픈 삶의 길일 수밖에 없다. 그러므로 학문은 머리로만 하는 신선놀음이 아니다. 그것은 진리에 가까이 가려는 강력한 의지의 산물이다. 부르디외는 사회학의 사회비판 기능을 강조하기 위해 "사회학은 투기 스포츠다La sociologie est un sport de combat"라고 말했지만 모든 학문은 앎을 쟁취하기 위한 투기 스포츠 경기라고 할 수 있다. 그것은 자기와의 싸움이고 인식 대상과의 대결이다. 푸코는 그것을 '앎의 의지volonté de savoir'라고 불렀다. 상대적이고 실용적 앎이 아니라 보편적이고 절대적 앎을 추구하는 사람을 학자라고 말한다면 학자가 되기 위해서는 자기 자신이 위치한 상대적 삶의 조건을 객관화시켜볼 수 있는 '성찰성réflexivité'을 갖추어야 한다. 상대적 앎을 넘어서는 보편적 앎을 지향하기 위해서는 앎을 구성하는 주체가 자신이 처한 위치를 객관화시켜볼 줄 알아야 한다는 말이다. 그것은 자신의 관점이 상대적이라는 인식에서 출발한다. 그래서 소크라테스는 "너 자신을 알라"고 말했고 베이컨은 객관적 앎에 도달하는 것을 가로막는 '우상'들을 분석했고 바슐라르는 '인식론적 방해물'을 파고들었다. 부르디외의 사회학은 그런 오래된 인식의 전통을 잇는 '성찰적 사회학la sociologie réflexive'이다.[32] 자신이 속한 사회적 장의 질서와 그 속에서 자신이 차지한 위치, 그리고 그 안의 다른 사람들과 맺는 관계가 자신의 앎에 어떤 영향을 미치고 있는지를 분석할 줄 알아야 한다. 그것은 자신의 관점에 고정되는 것이 아니라 상대방의 입장과 제3자의 입장에 서서 볼 수 있는 능력의 확장을 의미한다.

인간은 세상에 태어나 부모의 사회적 지위에 따라 위치를 부여받고 자신의 노력으로 새로운 자리로 옮겨가기도 하면서 살아간다. 어떻든 누구나 다 자기에게 주어진 사회적 위치를 점하고 살아간다. 그리고 바

---

32) 부르디외는 가스통 바슐라르, 조르주 캉길렘, 장 카바이에스, 알렉상드르 쿠아레 등의 인식론적 전통과 이어져 있다(피에르 부르디외·로익 바캉, 같은 책, p. 17).

로 그 사회적 위치 때문에 세상을 다른 방식으로 인식하게 되고 다른 가치와 취향을 가지고 살아가게 된다. 그런데 사람들이 그렇게 만들어 진 자신의 삶의 방식을 상대화시키지 않고 절대적인 것으로 생각하기 때문에 불필요하게 고집을 부리고 서로 갈등이 일어나고 때로 폭력 사태가 발생한다. 그래서 싸움을 말리는 사람들은 언제나 "역지사지易地思 之, 상대방의 입장에 서서 생각해보라"는 말을 한다. 상대방의 입장에 서는 일은 자기 자신의 입장을 절대화하지 않고 상대화시키는 일이다. 그럴 때라야 대화와 타협과 화해가 가능하다. 양자 갈등 상황에서 상대방의 입장을 고려하려면 우선 자기 자신을 객관화시켜야 한다. 자신의 가치, 세계관, 정치적 입장, 삶의 목표와 의미, 생활 방식, 미적 취향 등이 어떤 조건에서 어떻게 형성된 것인가를 분석의 대상으로 올려놓으면서 스스로의 입장과 주장을 상대화시킬 수 있어야 한다. 그것이 바로 부르디외가 말하는 '성찰성'이다. 사회학자에게 주어진 중요한 임무는 사회의 구성원들에게 성찰성을 증진시키는 일이다. 그것은 즉흥적이고 원초적이고 피상적이고 주관적인 방식으로 자신을 바라보지 않고, 진지하고 근원적이고 상대적이고 객관적인 방식으로 자신을 바라볼 수 있는 능력을 증진시키는 일이다. 인형극 공연장에서 팔과 다리와 머리에 끈이 달린 인형을 움직이는 것은 인형을 움직이는 사람의 의지다. 인형은 그것을 의식하지 못한다. 그러나 성찰성이 높은 인간은 자신의 삶이 사회적 조건이라는 끈에 의해 조종당하고 있음을 의식하고 인식할 수 있고 그것으로부터 벗어날 수도 있다. 그런데 안타깝게도 많은 사람들이 끈에 달린 인형처럼 보이지 않는 사회적 끈에 의해 자신의 삶이 움직이고 있음을 인식하지 못한 채 살아간다. '성찰적 사회학'은 그 보이지 않는 사회적 끈의 정체를 밝히려고 한다. 그렇게 함으로써 사람들이 보이지 않는 끈에 따라 움직이는 '인형'이 아니라 자신의 의지에 따라 움직이는 '주체'가 되도록 돕는 지식을 만들어낸다. 성찰적 사회학은 보이지 않는 것을 드러내는 비판적 폭로의 사회학이다. 스스로가 '보이지 않는 손'에 의해 놀아나고 있다는 의식을 갖게 됨은 진정 자기가 원하는 삶을 살기 위한 필요조건이다. 부르디외의 사회학은 지배계급과 피지배계급으로 구성된 사회적 세계를 객관화시켜 그것이 어떻게 작동하고 있는가를 드러내고 사람들이 그러한 질서를 어떻게 수용하고 유지하는가를 밝히는 작업이었다. 한 개인의 욕망과 억압과 무의식과 초자아를 연구하는 학문과 실천이 '정신분석psychanalyse'이라면 자신이 활동하는 사회적 장과 주어진 사회적 조건 속에서 만들어진 자신의 아비투스를 연결시켜 자기 자신의 삶을 설명하는 부르디외의 자기분석을 '사회학적 자기분석auto-socioanalyse'이라고 할 수 있을 것이다. '사회학적 자기분석'은 한 개인이 처한 사회적 상황과 조건 속에서 그 개인의 취향과 의견, 사고와 행위가 만들어지는 과정을 사회학적으로 분석함으로써 성찰성을 높이고 '주체'의 탄생을 돕는다.

원초적 공동체를 넘어서

성찰성을 증진시키는 사회학적 앎을 추구한 부르디외는 늘 자신을 사회학적 자기분석의 대상으로 놓았을 것이다. 정신분석가가 되기 위해서는 먼저 정신분석을 받아야 하듯이, 타인의 삶을 사회학적으로 분석하기 위해서는 자신을 먼저 사회학적으로 분석해야 한다. 사회가 움직이는 방식과 나아가야 할 방향에 대해서 자기의 의견을 제시하는 지식인이 일단 자기 자신에 대한 성찰의 전문가가 되어야 하듯이, 사회학자가 타인의 성찰성을 높이기 위해서는 우선 자신의 성찰성을 높여야 한다. 자신의 성찰성을 높이기 위해서는 자신이 속한 가족, 학교, 지역, 직업 세계, 국가, 민족을 객관화시켜야 한다. 자신의 의지와 관계없이 부모를 통해 자연적으로 속하게 된 소속 집단에 밀착되어 그 안에서 편안함과 자기 이익을 추구하는 사람이 높은 성찰성을 갖기는 힘들다.[33] 소속 집단 속에서 느끼는 원초적 유대 감정은 비판적 거리를 갖지 못하게 만드는 '인식의 장애물'로 작동한다. 에드가 모랭과 자크 데리다는 유대인 출신이면서도 유대인들을 하나로 똘똘 뭉치게 하는 배타적 공동체주의를 가장 혐오했다. 그들은 자기가 속한 공동체를 거리를 두고 객관화시키는 자세를 취했다. 출신 지역, 출신 학교, 출신 가문을 기준으로 하여 하나의 이익 공동체가 되어 움직이는 '패거리주의'는 성찰성 제로의 단계이다. 어느 사회에나 패거리주의와 연줄망이 없을 수 없다. 그러나 그것을 비판하고 제어하고 성찰하는 힘이 얼마나 존재하는가는 사회마다 다를 것이다.

부르디외는 라탱 구역과 생 제르맹 데 프레 구역을 중심으로 움직이는 파리의 중심부 지식인들의 성찰성 부족에 비판의 화살을 날렸다. 지

---

[33] 미테랑 대통령 재임시 36세의 나이로 수상직을 수행했던 로랑 파비우스는 자전적 글에서 이렇게 썼다. "사람은 반드시 태어난 대로 성장하지 않는다. 계급사회와의 단절은 바로 프랑스 대혁명이 쟁취한 성과 아니겠는가! 역사적으로 볼 때 노동자운동에 참여한 부르주아 집안 자식들이 적지 않았다. 이들은 편안하게 자신들이 물려받은 이권을 누리는 대신 더욱 나은 세상을 위해 투쟁했다." 파비우스는 겉으로는 지배계급임을 나타내는 몇몇 특징을 그대로 지니고 있지만 궁극적으로는 소속 계급을 배반한 부르주아 출신 좌파 지식인이나 정치인들의 성찰성은 "이들 집안이 지닌 뭔지 알 수 없는 그 무엇"에서 비롯된다며 학자들에게 '그 무엇'을 밝혀줄 것을 요청한다(로랑 조프랭, 『캐비어 좌파의 역사—가난한 자들의 편에 선 부자들의 이야기』, 양영란 옮김, 워드앤코드, 2012, p. 222).

식인들이 늘 사회에 대한 문제를 제기하면서도 정작 자신들이 속한 지식인 사회는 비판과 성찰의 대상으로 삼지 않는 지적 태만성과 자기 기만성을 폭로하였다. 지식인 사회는 어떻게 움직이는가? 그 안에서 서열은 어떻게 매겨지고 보상은 어떻게 주어지고 이단에 대한 규제는 어떻게 이루어지고 지배적 질서는 어떻게 유지되는가? 지식인 사회는 언론, 정치권, 기업과 어떤 방식으로 관계를 맺고 있는가 등이 모두 부르디외의 분석과 성찰의 대상이었다. 사회의 성찰성을 높이기에 앞서 지식인은 자기 자신과 자기가 속한 지식인 사회를 성찰의 대상으로 삼아야 한다는 것이 그의 생각이었다. 그래서 부르디외는 『자기분석을 위한 소묘』에서 자신이 개인적으로 속해 있었던 1950년대 이후 파리 학계와 지식인 사회를 사회학적으로 분석했다.

철학에서 사회학으로

부르디외는 자신의 전공을 철학에서 인류학을 거쳐 사회학으로 바꾼 사람이다. 물론 그의 지적 작업은 어느 학문 분과 하나로 한정할 수 없는 방대한 성격이지만 대학이라는 제도 안에서 그는 사회학 공동체에 속했다.[34] 그런데 그가 학문 세계에 입문한 1950년대 말에서 60년대 초의 프랑스의 지식인 사회에서 사회학이라는 학문은 철학과 비교해볼 때 그 지위가 훨씬 떨어지는 신생 학문이었다. 말하자면 철학은 지

---

34) 부르디외는 그야말로 백과사전적인 사회학자다. 40여 권의 저서와 수백 편의 논문은 교육학, 인류학, 정치학, 종교학, 문학비평 및 예술비평, 사회심리학, 언어학, 행정학, 법학, 철학, 역사학 등 인문학과 사회과학의 여러 분과학문의 주제를 다루고 있다.

식인 사회에서 쉽게 고상함을 인정받고 지적인 영향력을 행사할 수 있는 학문의 제왕이었던 반면, 사회학은 신생 학문으로 대학 내에 제도화되었지만 지적 권위가 떨어지고 영향력의 범위가 제한된 분과학문이었다. 그래서 철학을 중심으로 하고 거기에 문학을 가미한 학자들이 프랑스 학계의 중심부를 장악하고 주도권을 행사하고 있었다. 사르트르가 그런 지식인 유형의 전형적인 보기였다. 그리고 파리고등사범학교는 그런 지식인 유형을 만들어내는 산실이었다. 그렇다면 부르디외는 왜 영광의 학문인 철학을 버리고 신생 학문 사회학으로 전공을 바꾸었을까? 그 이유는 그의 출신 배경과 관련된다. 구체적 현실이 아닌 관념의 세계에서 개념화 작업을 하는 철학을 통해 자신의 체험과 감수성과 문제의식을 생생하게 심화시키기가 어려웠기 때문일 것이다. 그렇다고 부르디외가 전공을 철학에서 사회학으로 단번에 바꾼 것은 아니다. 알제리에서 인류학적 현장연구를 하면서도 그는 다시 철학으로 돌아갈 생각이었다. 그러다가 1960년 알제리를 떠나 레몽 아롱의 조교로 일하면서 사회학이라는 학문으로 옮아가게 되었다. 아롱은 청년 부르디외에게 "자네는 꼭 사르트르 같아, 자네는 너무 일찍 머릿속에 개념 체계를 갖고 있네Vous êtes comme Sartre, vous avez un système de concept trop tôt"라고 말했다고 한다. 이 말은 부르디외가 철학을 떠나 현장연구를 하고 있었음에도 고등사범학교에서 받은 철학적 훈련의 흔적을 깊게 간직하고 있었음을 시사한다. 그럼에도 그는 현장연구를 존중했고 그런 과정에서 현실 분석을 위한 개념화 작업을 계속했다. 1958년에 그가 처음으로 출간한 『알제리의 사회학』은 알제리 현실을 모르면서 이념과 개념만 가지고 세계의 보편적 질서를 이야기하는 파리 중심부 지식인 사회를 향해 알제리의 현실은 이렇다는 것을 구체적으로 보여준 항의성 작품이었다.

부르디외는 철학에서 인류학을 거쳐 사회학으로 이동하면서 삶이 이루어지는 구체적 현실로 내려왔다. 부르디외의 전공 학문 바꾸기는 그 자체로서 도전적인 행위였다. 그것은 현실 분석으로 내려오지 않고 개념의 세계에서 보편적 윤리를 이야기하는 프랑스 지식인 사회의 지배적분위기에 대한 하나의 도전이었다.

부르디외가 나를 호명하는 이유

2004년 10월 18일 밤 파리의 구석방에서 내가 보통 때와 달리 새벽세시까지 부르디외의 책에 매달렸던 이유는 무엇일까? 그것은 부르디외의 사회학적 자기분석을 통해 내가 나 자신을 분석할 수 있는 통찰력을 얻을 수 있었기 때문이다. 부르디외 가문의 3대에 걸친 사회적 상승이동에 대한 이야기나 부르디외와 부모의 관계, 학교에서의 체험, 그리고 파리의 학계와 지식인 사회에 대한 분석 등이 나 자신의 체험을 반추해보도록 부추겼기 때문이다. 부르디외는 이 책을 쓰면서 자신의 책을 읽는 독자가 자기 자신을 좀더 객관적으로 이해하고 성찰성을 증진시켜 더 낳은 삶을 살기를 원했는데 그날 밤 나는 그가 바라는 독자의한 사람이 되었다.

부르디외의 삶에 나 자신의 삶을 겹쳐 보니까 다음과 같은 생각들이떠올랐다. 부르디외는 프랑스를 대표하는 사회학자이자 지식인으로 공인된 제도권 사회학자이면서 주류 사회에 비판적인 입장을 취하였다. 그는 콜레주 드 프랑스의 교수가 되었고 그의 책은 프랑스를 넘어서 미국을 비롯한 여러 나라에서 읽혔고 번역되었으며 프랑스 언론은 그를 중요한 인물로 다루었다. 말하자면 부르디외는 누가 보더라도 출세했고 성공했고 인정받은 사람이다. 그러나 나는 한국과 프랑스 양쪽에서 대학교수 사회로 진입하지 못하고 어느 순간부터 대학 밖에서 활동하는 사회학자이자 작가로 살아가고 있다. 한때는 시민운동계와 언론계에서 활동하였고, 지금까지 10여 권의 책을 썼지만 아직까지 그럴듯한 지적 권위와 영향력을 갖고 있지 못한 '작은' 지식인이다. 부르디외는 베아른이라는 지방에서 초·중·고등학교를 다녔고 나는 줄곧 서울이라는 대도시에서 학교에 다녔다. 그러나 부르디외가 일찍부터 학교 성적에서 두각을 나타내서 프랑스 최고의 고등학교인 루이 르 그랑 고등학교 그랑제콜 예비반과 고등사범학교에서 공부한 반면 나는 그렇게 뛰어난 학생은 아니었다. 공부를 어느 정도 하기는 했지만 그렇게 뛰어나게 잘하지는 못해서 초일류의 학벌은 갖지 못했다. 학벌은 부르디외의 사회적 위치와 나의 사회적 위치의 차이를 설명해주는 중요한 변수로 작동했다. 부르디외가 세계적인 사회학자이고 내가 한국의 대학 밖 사회학자라는 사실을 인정함에도 불구하고 나는 부르디외와 동질감을 느낀다. 어떻게 그런 일이? 그것은 3대에 걸쳐 일어난 민중계급에서 지배계급으로의 사회적 상승 이동 체험에서 비롯되는 듯하다. 소작농이었던 할아버지와 열네 살까지 초등교육만 받고 우체국 말단 직원으로 일했던 아버지를 둔 부르디외는 프랑스 지식인으로서 최고의 명예인 콜레주 드 프랑스 교수가 되었고 세계적으로 인정받는 프랑스 최고의 지식인 가운데 한 사람이 되었다. 독자로 태어난 나의 할아버지는 일찍이 부모를 여의고 고아가 되어 작은아버지 집에 얹혀살다가 고향을 떠나 도시에서 비정규직 노동자와 소상인 사이를 오가며 어렵게 생활했다. 아버지는 일제 시대 소학교를 졸업하고 목공일을 배워 십대의 나이에 가구 공장을 차렸다. 6·25전쟁으로 폐허가 된 상황에서 아버지의 공장에서 제작한 장롱, 찬장, 책상 등 저렴한 생활가구들이 불티나게 팔려나갔다.[35] 말하자면 아버지는 윗대로부터 아무 물려받은 것 없이 자기 힘으로 성공한 자수성가형 인물이다. 나는 한국에서 대학을 마치고 프랑스에 유학하여 박사학위를 받았고 어쨌든 간에 사회학자/작가로 살아가고 있다.

부르디외가 나를 호명하는 이유는 나도 부르디외처럼 3세대 만에 급격한 사회 이동을 경험했기 때문이다. 그런 사람들은 흔히 '금이 간 아비투스habitus clivé'를 가지고 살아가는 경우가 많다. 다시 말해서 인생 초기에 경험한 서민들의 생활 문화와 성인기에 접어들어 몸에 익힌 지식인 문화 사이에 존재하는 거리감 때문에 정신적 긴장을 경험하며 살아가기 쉽다는 것이다. 그래서 부르디외는 자신의 아비투스를 두 개의 아비투스가 하나를 이루지 못하고 균열을 지닌 채 겨우 붙어 있는 '금이 간 아비투스'라고 이름 붙였던 것이다. 부르디외나 나만이 아니라 급격한 사회적 신분 상승을 경험한 사람들은 떠나온 과거의 집단에 대해서도 이질감을 느끼고, 현재 도달한 집단에서도 거리감을 느끼면서 어디에도 편안하게 속하지 못하는 찢기어진 정체성을 갖게 된다. 현재 한국의 지식 계층을 포함하여 중상류층의 거의 대부분은 멀리 보면 한 세기 전부터 시작되고 가까이 보면 지난 50년 동안 이루어진 고속 성장과 압축 근대화의 과정에서 사회적 신분 상승을 경험한 사람들이다. 그런데 그들은 대체로 지난 과거의 처지는 빨리 잊어버리고 지금의 화려한 신분만 내세우며 사는 것 같다. 그런 사람들에게 부르디외의 사회학

---

35) 아버지가 만든 앉은뱅이책상이 경복궁 안에 있는 민속박물관에 서민 가구의 하나로 진열되어 있다. 물론 만든 사람의 이름은 적혀 있지 않다.

적 자기분석은 쓸데없는 시간 낭비에 불과하다. "과거는 흘러갔다" 또는 "과거를 묻지 마세요"라는 유행가 제목이 그런 한국인의 의식 상태를 잘 말해준다. 자랑스럽지 못한 과거는 자신의 몸에 새겨져 그 모습을 드러내는데 의식은 과거를 묻어버리고 내놓을 만한 현재만 가지고 살려고 한다. 그런 점에서 한국 중상류층의 심성은 졸부의 그것이다. 그런 모습을 바라보면 "개구리가 올챙이 적 생각 못한다"는 속담이 생각난다. 그럼에도 불구하고 나는 일단 부르디외의 호명에 응답하는 사회학자들이 많아지기를 기대한다. 성찰성이 높은 사회학자들의 사회학적 연구가 널리 읽혀 성찰성이 높은 사람들이 많이 나와야 성찰적인 사회, 다시 말해 성숙하고 인간적인 사회가 만들어질 수 있기 때문이다.

부르디외의 흔적을 찾아서

파리에 남아 있는 고전 사회학자들의 흔적

파리의 거리를 걷다보면 이 건물 저 건물 외벽에 붙어 있는 석판들을 발견하게 된다. 거기에는 언제부터 언제까지 유명한 작가, 사상가, 학자, 화가, 음악가, 정치가, 장군, 기업가 등이 살았다는 내용이 적혀 있다. 파리의 거리 이름에도 기억할 만한 업적을 남긴 사람들의 이름이 많이 들어 있다. 그래서 파리에 오래 살다보면 자기도 모르게 많은 고유명사들을 외우게 된다. 게다가 파리 시내에 있는 팡테옹, 몽파르나스 묘지, 페르 라쉐즈 묘지 등에는 유명한 사람들의 묘소가 모여 있어서 개인적으로 관련이 있거나 관심이 있는 사람의 묘소는 직접 찾아가 손쉽게 참배할 수 있다.

나는 파리의 거리를 자유롭게 걸으면서 많은 의미 있는 장소들을 발견했다.[1] 그 가운데는 내가 책을 통해서 알게 된 유명한 사람들이 살던 집들도 있다. 사회학자인 나로서는 오귀스트 콩트, 에밀 뒤르켐 등 고전 사회학자들의 이야기가 담겨 있는 집과 장소들을 특별하게 기억하고 있다. 우선 소르본 대학 앞 광장에는 콩트의 석상이 서 있다. 원래는 루이 13세의 재상 리슐리외가 묻혀 있는, 소르본 대학 채플 바로 앞에 서 있던 것을 지금의 자리로 옮겨놓은 것이다. 소르본 대학 근처에 있는 뤽상부르 공원 남쪽 경계에는 콩트의 이름을 붙인 오귀스트 콩트 거리가 있다. 오데옹 근처의 므슈 르 프랭스 거리에는 콩트가 살던 집이 있는데 그 건물에는 콩트박물관과 사회과학연구소들이 들어서 있다. 마레라고 부르는 파리 4구의 피카소미술관 쪽으로 가다보면 콩트가 만년에 '인류교'라는 종교 사원을 만들어 활동하던 집이 건재하다. 그 건물 외벽에는 "사랑을 기초로, 질서를 원칙으로, 진보를 목표로"라는 인류교의 가르침이 적혀 있다. 콩트의 무덤은 파리 19구에 있는 페르 라쉐즈 묘지에 있다. 콩트의 흔적이 파리 곳곳에 남아 있는 셈이다. 콩트에 이어 사회학을 하나의 독립된 학문 분야로 만들고 프랑스 대학 안에 제도화시킨 뒤르켐의 흔적도 여러 군데 남아 있다. 우선 뒤르켐이 교육학과 사회학을 강의했던 소르본 대학 안에는 뒤르켐의 이름이 붙은 에밀 뒤르켐 강당이 있고 그곳에서 멀지 않은 생-자크 거리에 뒤르켐이 살았던 집이 있다. 13구 센 강변에 새로 지은 국립도서관을 둘러싸는 길 중의 하나가 에밀 뒤르켐 거리로 명명되었다. 그리고 몽파르나스 묘지에 가면 그의 무덤이 있다.[2] 그 밖에도 사회학자나 사회사상가들과 관련하여 내가 기억하는 바로는 6구의 바노 거리에는 마르크스가 파리 망명

---

1) 정수복, 『파리의 장소들—기억과 풍경의 도시미학』, 문학과지성사, 2010.
2) 뒤르켐 묘소를 비롯하여 나에게 영감을 주는 사람들을 참배하면서 쓴 정수복, 「몽파르나스 묘지 순례」, 같은 책, pp. 163~89를 볼 것.

시절 머물렀던 집이 있고 파리 7대학이 있는 쥐시외의 뒷골목에는 파레토Vilfredo Federico Damasso Pareto가 태어난 집이 있으며 15구 브라상스 공원을 가는 길 골목에는 발터 벤야민이 파리 망명 시절 머물렀던 집이 있다.

부르디외의 고향 마을을 찾아서

그런데 참 이상한 일이다. 생각지도 않게 우연한 기회에 피에르 부르디외의 생가와 묘지를 방문하게 되었다. 2013년 7월 말 나는 피레네 산맥 자락에 자리 잡고 있는 포라는 도시에서 며칠 머무르게 되었다. 몽파르나스 역에서 특급열차TGV를 타고 다섯 시간을 달려 보르도를 지나 남쪽으로 더 내려가서 드디어 포에 도착했다. 역에서 내려 케이블 열차를 타고 언덕을 올라가니까 병풍처럼 펼쳐진 피레네 산맥이 한눈에 들어왔다. 호텔에 방을 잡고 짐을 풀고 난 다음 시청 앞에 있는 르와얄 광장의 카페 테라스에 앉아 피레네 산맥을 바라보고 있었다. 그때 맞은편 테이블에 시골 말투를 쓰는 아이들 세 명이 눈에 들어왔다. 아이들의 어머니와 할머니의 모습도 보였다. 옷차림과 말투로 보아 포 근처의 시골 마을에 사는 사람들인 듯했다. 열 살 전후의 시골 아이들을 보는 순간 한 사람의 얼굴이 떠올랐다. 피레네 산맥 근처의 시골 마을에서 어린 시절을 보낸 사회학자 피에르 부르디외였다.

테라스에서 일어나 피레네 산맥을 바라보며 2킬로미터 정도 이어지는 프로므나드 데 피레네(피레네 산책로)를 여유롭게 거닐었다. 한여름이라서 아직 사방은 환한데 벌써 저녁 시간이 되었다. 산책로 중앙에 위치한 '아라공'이라는 이름의 식당 테라스에 자리를 잡았다. 초현실주의 시인 아라공Louis Aragon의 이름인 줄 알았는데 그 지역 어느 소도시의 이름이라고 한다. 메뉴판을 들여다보는데 '베아른 소스'라는 말이 몇 군데 나왔다. 베아른이라면 바로 피에르 부르디외의 고향이었다. 그가 쓴 베아른 농촌 사회에 대한 연구도 생각났다. 그래서 식사를 마치고 호텔로 가서 구글에서 부르디외에 대한 정보를 찾아보았더니 포 근처의 당갱Denguin이 그의 출생지라는 내용이 나왔다. 그래서 당갱의 위치를 알아보니까 포에서 겨우 15킬로미터 떨어진 작은 시골 마을이었고 자동차로 가면 20여 분 걸리는 거리에 있었다. 그래서 다음 날 아침 호텔 식당에서 간단하게 아침식사를 마치고 호텔 지배인에게 당갱 가는 방법을 물었더니 레스카르까지는 버스가 있지만 다음에는 택시를 불러야 할 것이라고 말했다. 그래서 일단 호텔 부근에서 버스를 타고 레스카르까지 갔다. 버스 운전사에게 당갱을 아느냐고 물었더니 자기가 알기로는 옥수수 농사를 주로 하는 작은 마을이라고 했다. 그리고 레스카르에는 농민들이 재배한 옥수수를 걷어들여 사료로 만들어 파는 외랄리스라는 큰 회사가 있는데 그곳에서 내려 택시를 타라고 알려주었다. P8이라는 번호가 붙은 버스를 타고 레스카르에 내리니까 노란 옥수수 색깔로 친근한 느낌을 주는 외랄리스 회사 사옥이 바로 눈앞에 보였다. 건물 외벽에 회사 이름과 2013년 7월 1일에 준공했음을 알리는 투명한 표지판이 붙어 있었다. 건물 앞 로비에는 회사 직원인 듯한 사람들이 모여 이야기를 하고 있었다.

그곳에서 호텔 지배인이 알려준 콜택시 회사 번호로 전화를 했다. 20분 후면 도착한다고 해서 회사 건물 앞을 하릴없이 서성거리면서 피레네 산맥의 맑은 공기를 들이마시고 있는데 드디어 콜택시가 도착했다.

어디서 오는 택시냐고 물으니까 포에서부터 온다는 것이었다. 그러니까 포에서부터 택시를 타고 오는 것과 같은 요금을 치르고 당갱에 가게 되었다. 그러나 "그까짓 택시 값이 문제냐 기대치 않게 재미있는 사회학 순례를 하게 되었는데!" 하는 마음으로 택시 유리창으로 바깥 풍경을 내다보았다. 그러다가 운전사에게 당갱에 세계적으로 유명한 사람이 태어난 집이 있다는데 그가 혹시 누구인지 아느냐고 슬쩍 말을 걸었더니 대번에 "아 그건 피에르 부르디외 아니냐"고 대답했다. 그러더니 자동차 운전대 옆의 소지품 상자에서 피에르 부르디외의 책 두 권을 꺼내 나에게 내밀었다. 『남성지배*Domination Masculine*』와 『맞불*Contre-feu*』이었다. 그러면서 자기는 원래 파리의 레퓌블리크 광장에서 멀지 않은 볼테르 거리에 있는 파리경영대학ESSEC을 나와서 보험회사에서 일했는데 몇 년 전 조기 퇴직을 하고 내려와 소일거리 삼아 택시운전을 하고 있다고 소개했다. 택시는 10분도 채 안 걸려 부르디외의 생가에 도착했다. 툴루즈와 보르도를 이어주는 117번 국도에 인접한 제법 큼직한 집 외벽에 붙어 있는 석판이 눈에 들어왔다.

이 집에서 1930년 8월 1일
콜레주 드 프랑스 교수였고
사회의 지배 메커니즘을
폭로한 저작들을 통해
세계적으로 인정받는 사회학자가 된
피에르 부르디외가 태어났다.

그 석판을 카메라에 고스란히 담아놓고 운전사에게 기념사진을 부탁했다. 운전사는 길 건너편 쪽으로 가면 면사무소와 우체국, 부르디외가 다니던 초등학교가 있다는 말을 남기고 떠났다. 부르디외가 태어난 집 앞을 오가며 그의 삶과 그의 저작들을 떠올려보았다. 피레네 산맥의 작은 시골 마을에서 태어나 파리의 수재들이 다니는 루이 르 그랑 고등학교를 거쳐 파리고등사범학교를 나와 세계적인 학자가 되었지만 언제나 자신의 사회적 출신 계급과 현재의 지위 사이에서 찢기어진 채 살았던 사회학자 부르디외. 그는 콜레주 드 프랑스 교수 취임기념 강연을 하는 날 이 고향의 친구들을 몇 명 초대했지만 강연이 끝난 다음 악수를 하고 의례적인 인사말을 교환하고 난 다음에는 아무 할 말이 없어 서먹하기만 할 뿐이었다고 말했다. 어린 시절 친구들이 사는 세계와 현재 자신이 살고 있는 세계 사이에 너무나 큰 간격이 있었기 때문에 공통의 화제를 찾을 수가 없었던 것이다.

이런 생각을 하다가 집 뒤쪽으로 걸어가니까 담 앞에 널찍한 주차장이 나왔고 그 앞에는 식당을 겸하는 호텔이 하나 있었다. 식당 안으로 들어가니까 주방에서 일하던 주인이 나왔다. 멀리서 부르디외의 생가를 방문하러 온 사람인데 혹시 부르디외를 아느냐고 물었더니 자기 아버지가 부르디외와 잘 아는 친구 사이였다고 말했다. 그리고 부르디외의 어머니가 자기 식당에 와서 식사를 하기도 했다는 것이다. 그러면서 부르디외가 자기에게 『사회학의 질문들Questions de sociologie』이라는 제목의 조그만 책을 직접 서명해서 선물한 적도 있다고 말했다. 그 책을 읽어보려고 여러 번 노력했는데 이해하기가 쉽지 않아서 구석에 처박아두었다가 얼마 전 대학생이 된 딸에게 넘겨주었다는 이야기도 덧붙였다. 내가 부르디외의 아버지를 직접 아느냐고 물었더니 물론이라면서 동네에서 자주 보았는데 집 앞의 대로를 건너다가 대형 화물트럭에 치어 돌아가셨다고 했다. 그 사고 후로 도로에 횡단보도가 만들어지고 신호등이 세워졌다고 한다. 자기 아버지는 이곳에서 초등학교를 나오고 밭 8헥타르와 열 마리 정도의 소를 키우는 농부였는데 포에 관광객들이 몰려오기 시작하면서 호텔이 늘어날 때 포 교외로 나오는 관광객들을 위해 이곳에 호텔을 지었다고 한다. 동네 사람의 생생한 증언을 들으니까 마치 부르디외가 살았던 과거로 되돌아간 듯한 느낌이었다. 식당 주인은 점심 식사를 대비해 준비해야 할 것이 많다면서 다시 주방으로 들어갔다.

부르디외의 생가를 방문하다

주인에게 잠시 후에 다시 오겠다는 말을 남기고 식당을 나와 부르디외의 생가 앞으로 가서 대문 틈새로 안쪽을 들여다보았다. 집 안에서 사람 소리가 들렸다. 망설이다가 내친김에 초인종을 눌러보았다. 안에서 초로의 남자가 나오면서 누구냐고 물었다. 그래서 "먼 나라에서 온 사회학자인데 이 집이 부르디외의 생가가 맞느냐"고 물었다. 그랬더니 주인은 문을 열어주면서 들어와서 구경을 하라고 친절하게 맞이했다. 그래서 조금 미안한 마음에 주저하다가 그의 호의를 받아들여 마당 안으로 들어갔다. 마조라는 이름의 집주인은 이 집은 부르디외의 부모가 살던 집인데 자기 부인이 마음에 들어 해서 샀다고 했다. 아담한 규모의 이층집이었는데 2층 가장자리에 커다란 테라스가 있었다. 마당은 널찍했고 나무들과 더불어 꽃들이 풍성해 보였다. 마당 한구석에는 큼직한 창고도 하나 있었고 뒷마당은 앞마당보다 훨씬 더 컸다. 주인에게 물어보니까 대지가 600제곱미터 정도라고 한다. 마당에서 주인과 함께 기념사진을 찍고 나오려고 하는데 집 안에서 안주인이 나왔다. 그 부인은 자기가 부르디외의 어머니를 아는데, 동네 사람들을 친절하고 너그럽게 대했으며 때로는 케이크를 만들어서 동네 아이들에게 선물하기도 했다고 한다. 그리고 꽃을 좋아해서 마당에 여러 종류의 꽃을 심고 화단을 가꾸었다고 했다. 자기들이 이 집을 산 지는 한 10년쯤 되는데 그 후 아래층 왼쪽에 방 하나를 더 늘려 지었다고 했다. 부르디외 집안의 영혼이 남아 있는 공간이라고 생각해서 기본 틀은 그대로 유지하고 있다고 했다. 그러면서 실내도 구경하려면 하라고 했다. 그래서 염치 불구하고 집 안으로 들어가니까 거실, 부엌과 식당, 그리고 2층으로 올라가는 계단이 보였다. 거실 소파에서 어머니와 이야기를 나누는 부르디외의 모습을 보는 듯했다. 부르디외의 어머니 노에미 부르디외 여사는 1980년 남편이 교통사고로 세상을 떠난 뒤 이 집을 떠나 아들이 사는 파리로 올라가 여생을 보내다가 1999년에 세상을 떠났다고 한다. 생각지도 않게 부르디외의 생가 마당과 집안 내부까지 구경하고 나서 주인에게 고맙다는 인사를 하고 나왔다. 주인은 작년에 집 외벽에 부르디외의 생가였음을 알리는 석판을 단 이후 내가 이 집을 방문한 첫번째 외국 사회학자라고 했다. 그래서 석판을 달기 이전에 누가 온 적이 있냐고 물었더니 일본 사회학자 한 사람과 미국 사회학자 한 사람이 방문한 적이 있다고 했다. 그 사람들 참 극성이다라는 생각을 하며, 부르디외가 살던 집을 나오니까 거의 정오가 다 된 시간이었다. 식당에 가서 식사를 할까 하다가 아직 덜 시장해서 아예 길 건너 마을에 들어가서 한 바퀴 다 돌아보고 난 다음 식사를 하기로 했다.

부르디외의 가족 묘지

117번 국도를 건너 마을 입구로 들어섰다. 입구에는 면사무소, 교회, 우체국, 마을 도서관, 스포츠 센터, 초등학교 등의 방향을 알리는 표지판이 서 있었다. 한적한 시골 마을길을 잠시 걸어 들어가니까 자그마한 광장이 나왔다. 고요한 분위기의 면사무소 광장이었다. 광장에는 마을 성당이 있었고 그 옆에 부속 공동묘지도 보였다. 마을에 부르디외의 흔적이 남아 있는지 정보를 얻기 위해 면사무소로 들어갔다. 나이가 꽤 들어 보이는 할머니 한 분이 사무실 입구에 앉아 계셨다. 교회 묘지에 부르디외의 묘소가 있느냐고 물었더니 부르디외의 묘소는 여기가 아니라 다른 곳에 있다고 했다. 그래서 다시 부르디외의 가족 묘소는 이곳에 있지 않느냐고 물었더니 책상 서랍에서 묘지 지도를 꺼내 부르디외 가문 묘소의 위치를 가르쳐주었다. 작은 교회 공동묘지에서 부르디외 가족의 묘소를 쉽게 찾을 수 있었다. 묘소를 장식하는 돌뚜껑 위에 "부르디외 가Famille-Bourdieu"라는 글자가 크게 써 있었기 때문이다. 묘소 위에는 가족 구성원 여러 사람의 이름이 적혀 있었는데 그 가운데 알베르 부르디외의 존재를 알리는 작은 석판이 묘소 돌뚜껑 위에 놓여 있었다. 1937년생인 알베르 부르디외가 1958년 조국을 위해서 알제리에서 사망했다는 사실이 그 석판에 기록되어 있다. 양쪽으로 교차된 프랑스 삼색기 밑 동그라미 안에는 군복을 입은 21세의 청년의 모습이 들어 있다. 피에르 부르디외의 동생 아니면 사촌동생이 아닌가 싶었다.

부르디외 생가의 석판

묘지를 한 바퀴 돌고 나와 다시 면사무소로 들어가서 부르디외 생가에 석판을 달게 된 경위를 알아보려고 하는데 마침 사무직원인 듯 보이는 젊은 남자가 서 있었다. 그에게 면사무소 직원이냐고 물었더니 면장이라고 한다. 그래서 먼 곳에서 온 사회학자인데 피에르 부르디외의 생가에 석판을 달게 된 과정에 대해서 알고 싶다니까 마을 신문과 소식지를 챙겨주었다. 석판 개막식 날에 파리에서 사회학자들이 왔느냐고 물었더니 소식지에 나와 있는 개막식 행사 사진을 펼쳐 보여주었다. 사진 속에는 면장 옆에 흑인 한 사람이 서 있었는데 부르디외의 제자였던 그 사람이 편액 석판을 달자고 처음 주장하고 구체적인 일들을 처리했다고 알려주었다. 내가 그 사람 이름을 묻자 잘 기억이 나지 않는다면서 사무실로 들어가 자료를 찾아 그 사람의 이름이 아벨 쿠부아마Abel KOUVOUAMA라고 가르쳐주었다(나중에 인터넷으로 검색을 해보니까 그는 콩고 출신의 인류학자로 포 대학 인류학과 교수였다. 프랑스에서 국가박사 학위까지 하고 1999년에서 2002년 사이에 콜레주 드 프랑스에서 부르디외의 강의와 연계해서 강의한 적도 있었다).

면장이 전해준 지역 신문은 2008년 5월 20일 화요일에 발간된『테리트와르 피레네*Territoire Pyrénées*』라는 신문으로 당갱의 역사를 특집으로 다루고 있었다. 겉표지에는 조금 전에 지나왔던 면사무소와 성당이 있는 마을 광장에 정장을 한 어른들과 아이들이 모여 있는 사진이 실려 있었다. 총 4쪽으로 된 이 신문의 특집호 3면에는 "당갱의 훌륭한 인물"로 피에르 부르디외를 소개하고 있다. 그 내용은 다음과 같다.

1930년 8월 1일 당갱의 농민 가족에서 태어나서 포에 있는 루이 베르투 고등학교를 다녔으며 철학교사를 하다가 1981년부터 콜레주 드 프랑스의 사회학 석좌교수를 지냈다. 그의 별명은 '아니다라고 말하는 사람'이었다. 모든 형태의 부정의와 소외, 무시, 신분제, 세계화에 반대했고 사회에서 버려진 수많은 사람들의 비참한 상태에 대해서도 그럴 수는 없다고 말했다. 그는 2002년 세상을 떠났는데 동료들에 의해 20세기의 가장 위대한 사회학자의 한 사람으로 인정받고 있다. 그의 사회학은 인간의 삶을 결정짓는 사회적 기제에 대한 지식을 제공함으로써 그것으로부터 자유롭게 될 수 있는 기회를 제공한다.

피에르 부르디외 초등학교

면장의 설명에 따르면 당갱 마을의 인구는 900명 정도이며 교육기관으로는 초등학교가 하나 있다. 2003년에 교사를 새로 지은 이 학교의 이름은 피에르 부르디외 초등학교다. 부르디외가 사망하기 전에 자기 이름을 학교 이름으로 써도 좋다고 공식적으로 허락했다고 한다. 피에르 부르디외라는 이름이 붙은 학교는 현재까지 이 학교가 유일하다고 했다. 면장에게 감사의 말을 전하고 면사무소를 나와 학교로 가는 길로 들어섰다. 조금 가다보니 한 소녀가 자전거를 타고 나를 앞질러 간다. 그 자전거 오른쪽으로 새로 지은 건물이 보였다. 그곳이 바로 피에르 부르디외의 이름이 붙은 초등학교였다. 그 옆에는 우체국이 하나 있었는데 그 우체국이 부르디외의 아버지가 일하던 우체국인 듯했다. 우체국

앞에 마을 도서관이 있었는데 그곳은 새 건물을 짓기 전에 마을 초등학교로 쓰였던 곳이다. 그렇다면 그곳이 꼬마 부르디외가 다닌 초등학교다. 새로 지은 학교 건물 앞에는 부르디외의 사진이 들어가 있는 안내판이 하나 붙어 있었는데 가까이 가보니까 부르디외의 간단한 약력이 적혀 있었다. 마을을 한 바퀴 다 돌고 나니 오후 한시가 넘었다. 햇볕은 따가웠고 시장기가 돌았다. 그래서 좀 전에 들렀던 식당으로 갔다. 식당은 상당히 붐볐는데 화물을 싣고 117번 국도를 달리는 트럭 운전사들이 고객의 대다수였다. 건장한 체구의 운전사들이 식당 앞에 마련된 커다란 주차장에 차를 주차시키고 즐겁게 식사를 하고 있었다. 그 가운데 섞여 식사를 마치고 주인장에게 인사를 하면서 이름을 물으니까 영수증에 나와 있다고 했다. 영수증을 보니까 "페레Perret"라고 쓰여 있었다. 포로 돌아가기 위해 아침에 불렀던 콜택시 운전사에게 전화를 한 다음 식당의 테라스에서 차를 기다리고 있는데 큰 트럭들이 윙윙거리며 국도를 지나갔다. 얼마 후 택시가 도착해서 그 차를 타고 포로 돌아오는 길에 운전사와 이런저런 이야기를 나누게 되었다. 운전사는 아들 하나에 딸 하나가 있는데 둘 다 파리를 떠나 포에 사는 것을 좋아한다고 한다. 자기도 가까이에 산이 있고 바다가 있어서 스포츠를 즐기면서 만족스런 생활을 하고 있다고 했다. 그러다가 다시 부르디외의 이야기가 나와서 부르디외의 가족 묘지에 부르디외가 없더라고 했더니 사회학자 부르디외의 무덤은 파리의 페르 라셰즈 묘지에 있다고 알려주었다. 그리고 포에 그가 다닌 고등학교가 있다는 사실도 알려주었다. 고등학교 3학년 때까지 그 학교를 다녔는데 너무 우수해서 교사들이 파리에 있는 루이 르 그랑 고등학교 그랑제콜 예비반으로 보냈다는 사실도 알고 있었다. 그날 저녁 부르디외가 다녔다는 루이 베르투 고등학교를 찾아갔는

데 방학 기간이라서인지 교문은 굳게 닫혀 있었지만 대문에서 학교 안을 들여다보면서 부르디외의 청소년 시절을 그려볼 수 있었다.

부르디외의 묘소를 찾아서

2박 3일 동안의 여행을 마치고 파리로 돌아온 다음 날 아침에 지하철 6번선을 타고 나시옹까지 가서 다시 2번선 지하철로 갈아타고 페르 라셰즈 묘지로 갔다. 내친김에 부르디외의 묘지까지 참배하기로 한 것이다. 페르 라셰즈 지하철 역에서 나와 묘지 입구로 들어가서 부르디외의 묘소 위치를 알아보려고 묘지 사무실을 찾았는데 그곳에는 사무실이 없었다. 그래서 다시 묘지 밖으로 나와 지하철 입구의 신문 가판대로 가보았더니 묘지 지도를 팔았다. 그런데 거기에는 부르디외의 묘지가 표시되어 있지 않았다. 그래서 조금 걸어서 20구 구청 앞쪽에 있는 묘지의 서쪽 출입구로 들어갔다. 예전에 왔을 때 거기에서 유명인들의 묘소 위치를 알려주는 안내소가 있었던 기억이 났기 때문이다. 묘지 입구에는 사무실이 있었고 안내인에게 부르디외의 묘소 위치를 묻자 인쇄된 묘지 지도를 건네주었다. 1804년에 조성된 이 묘지는 파리에서 가장 큰 공동묘지로 현재 7만 개의 묘소가 자리하고 있다. 두 장의 지도는 1871년 파리코뮌의 희생자 묘역과 제1차 세계대전과 제2차 세계대전을 비롯하여 20세기에 있었던 전쟁의 희생자들이 묻혀 있다는 안내문과 함께 연예인, 음악가, 화가, 조각가, 문인, 철학자, 언론인, 정치인, 군인, 과학자, 발명가 등으로 분류된 유명인들의 묘소 위치를 알려주고 있었다. 부르디외는 그 어느 범주에도 들어가지 않고 "그 밖의 사람들Autres

Qualité"이라는 항목에 표시되어 있었는데 거기에는 엘로이즈와 아벨라르도 함께 들어 있었다. 지도는 부르디외의 묘소가 28묘역에 있다는 것과 28묘역이 묘지 전체에서 어디쯤 위치하는가를 보여주고 있었다. 28묘역은 묘지 중앙에서 다소 동쪽에 위치하고 있었다. 바둑판 모양의 묘역을 지나자 지그재그로 휘어지는 구불구불한 길들이 나왔다. 28묘역에 가까워지기도 하고 멀어지기도 하면서 겨우 28묘역에 도착했다. 그곳에서도 여기저기를 두리번거리다가 약간 경사진 언덕길 왼쪽 한구석에 있는 묘비에서 푸른색 글자로 쓰인 부르디외의 이름을 발견했다.

Pierre Bourdieu

1930-2002

불과 11년 전에 만들어진 묘소라서 다른 묘소들에 비해 현대적인 형태로 되어 있었으며 규모가 큰 옆의 묘소에 눌려 다소 작아 보였다. 거추장스런 장식이라고는 없는 단순한 형태로 간결하지만 품위를 지니고 있었다. 묘소 앞에는 꽤 오래된 것으로 보이는 큰 나무 한 그루가 있어서 묘소에 그늘을 드리워주고 있었다. 묘지의 석관 위에는 장미꽃 두 송이와 작은 돌 조각들이 놓여 있었는데 아마도 부르디외를 존경하는 사회학도나 사회학자들이 순례 길에 놓고 간 것으로 보였다. 페르 라셰즈에 있는 7만여 개의 묘소 가운데 순례자들이나 열광적인 팬들이 찾아오는 묘소는 몇 개나 될까? 묘지 안내소에서 준 지도는 195명의 묘지 위치를 알려주고 있다. 찾아오는 사람이 있는 묘소에 묻힌 고인은 살아생전 어떤 고통을 겪었는지 모르지만 사후에는 행복한 사람이다. 그의 삶과 작품을 기리는 사람들에 의해 그가 살아생전에 추구한 정신적 삶이 계속되기 때문이다.

부르디외의 후예들

　내가 파리에서 부르디외의 묘소를 방문한 날이 2013년 8월 1일이었는데 당갱의 부르디외 생가에 붙어 있는 석판에 따르면 그날이 바로 부르디외의 생일날이었다. 부르디외는 1930년 8월 1일생이다. 우연치고는 의미 있는 우연이었다. 부르디외의 묘소 참배를 마치고 강베타 거리에 있는 식당에서 점심 식사를 했다. 그런 다음 평소에 즐겨 다니는 소르본 대학 앞의 콩파니 서점으로 가서 네 권의 책을 샀다. 부르디외의 사망 10주년을 기념해 에두아르 루이Edouard Louis가 편집한 『불복종의 유산L'insoumission en héritage』과 부르디외의 대표적 저서 『구별짓기』의 발간 30년을 기념해서 여러 사람들이 쓴 글을 모아 펴낸 『구별짓기, 30년 후』, 그리고 부르디외의 저서를 읽으며 자신의 삶을 재해석하고 자기 나름의 창작과 지적 작업을 계속하고 있는 두 사람의 책을 샀다. 아니 에르노의 『이브토로의 귀향Retour à Yvetot』과 디디에 에리봉의 『판결로서의 사회La société comme verdict』가 그 두 권의 책이다. 디디에 에리봉의 책은 2010년에 나왔던 문제작 『랭스로의 귀향Retour à Reims』의 속편이다. 아니 에르노, 디디에 에리봉, 에두아르 루이는 부르디외의 책을 읽고 해방감을 느낀 부르디외의 정신적 후예들이다. 그들이 쓴 책을 읽으며 공감하는 나도 부르디외의 정신적 후예 가운데 한 명이라고 할 수 있을 것이다.

'패자'의 윤리학
─대학 밖 사회학자의 성찰적 자기분석

누가 인간적인 일들에 대해 말하면 웃지도 말고 울지도 말고 분노하지도 말라. 다만 이해하려고 애쓰라.

─스피노자

우리에게 필요한 것은 희망이다. 그리고 가장 고차원적인 희망은 극복된 절망이다.

─베르나노스

상처와 고통

고문 체험이 무서운 후유증을 남긴다는 것은 잘 알려진 사실이다. 이승만 대통령의 비서로 일했던 로버트 올리버는 이승만과 나눈 인터뷰를 바탕으로 『리승만 박사전』을 남겼다. 올리버는 이 책에서 전기를 쓰기 위해 이승만을 인터뷰할 때 있었던 일화 한 토막을 소개했다. 그가 이승만이 젊은 시절 독립협회운동의 주동자 가운데 한 사람으로 잡혀가 고문을 당했던 경험에 대해서 물어보았다. 그때 이승만은 편안하던 얼굴을 일순간에 일그러뜨리며 고통스러운 표정을 드러냈다. 그러더니 잠시 후에 "제발! 그 문제에 대해서만은 물어보지 말아주게!"라고 소리쳤다는 것이다.

고문 체험이 아니더라도 누구에게나 떠올리기에도 벅찬 과거의 힘겨운 상처가 하나쯤은 있기 마련이다. 그런 상처는 완전히 아물지 않고 잠복해 있다가 시시때때로 출몰하여 우리들을 정신적 고통에 빠지게 한다. 잊어버리고 있을 때는 괜찮지만 어떤 기회에 다시 생각나면 그때마다 괴로움의 늪으로 빠진다. 그 상처를 다독여보려고 만지면 만질수록 덧이 나기도 한다. 그렇기 때문에 사람들은 그런 기억을 망각의 늪에 고이 묻어버리고 싶어 한다.

나에게도 그런 상처가 있다. 아주 오래전의 일이다. 프랑스에서 박사학위를 받고 귀국하여 대학교수 자리를 얻기 위해 고군분투하던 시절의 이야기다. 그때의 경험은 나에게 고통스러운 기억의 원천이다. 세월이 흐르면서 우여곡절을 거쳐 현재의 나는 대학 밖에서 별 욕심 없이 읽고 싶은 책을 마음껏 읽고 쓰고 싶은 책을 자유롭게 쓰면서 나름 보람을 느끼며 살아가고 있다. 나로서는 이제 마음의 평화를 얻고 나만의 길을 걷고 있는 셈이다. 그러나 누구라도 혼자 사는 게 아니라 다른 사람들과 더불어 살아간다. 우리들은 모두 자기가 생각하는 '나'만이 아니라 다른 사람이 보는 '나'를 가지고 사회생활을 한다. 그런데 과거에 나를 알던 사람들은 대학 밖에서 내 방식대로 삶을 꾸려가는 나를 프랑스에서 박사학위를 했는데 교수가 못 된 사람으로만 생각한다. 세상의 기준으로 보면 나는 아직도 대학교수라는 사회적 지위를 놓고 벌인 생존 경쟁에서 밀린 '패자'라는 낙인을 지워버리지 못한 상태에 있는 것이다.[1]

가족주의적 가치가 지배적인 한국 사회에서 직업으로 대표되는 한

---

1) '패자의 윤리학'이라는 이 글의 제목은 심사숙고 끝에 결정한 것이다. 이 글의 초고를 읽어준 두 사람의 교수는 '패자'라는 말 대신 경계인, 이방인, 아웃사이더 등 다른 표현을 찾아볼 것을 권유했다. 그러나 초고를 읽어본 또 한 사람의 친구는 '패자의 윤리학'이 지니는 역설적 의미를 자연스럽게 수용했다. 그러니까 이 글에서 말하는 패자는 '패자 아닌 패자' '패자이기를 거부하는 패자'를 뜻한다.

사람의 사회적 지위는 그 사람 개인의 문제가 아니라 가족 전체의 문제가 된다. 박사학위를 받은 사회학자이지만 대학교수는 아닌 나의 어정쩡한 사회적 지위는 일단 나와 가장 가까운 가족들을 어렵게 만든다. 한국 사람들은 만나면 어느새 자식 자랑, 부모 자랑, 친구 자랑 등에서 시작하여 사회적으로 영향력 있는 사람과의 친분 관계를 내세워 각자 자신의 사회적 위치를 만든다. 아버지가, 남편이, 아들이, 사위가, 딸이, 며느리가 무엇을 하느냐는 한 사람의 사회적 위치 설정에 중요하게 작용한다. 그래서 나의 부모, 장인, 장모, 아내와 아들이 외국에서 힘들여 박사학위를 받고 귀국했는데 결국 대학교수가 되지 못한 아들, 사위, 남편, 아버지를 두었다는 이유로 다른 사람들을 만났을 때 불편한 상황을 경험하게 되는 것이다.[2] "쯧쯧, 박사학위만 했으면 뭐해, 교수가 되어야지!" 이런 말 앞에서 그들은 할 말을 잃고 기가 죽을 수밖에 없는 것이다. 그래서 일단 가족들부터 자기들을 그런 상황에 처하게 만든 나를 원망하게 된다. 나는 '가문의 영광'을 실현하지 못한 '불효자'가 되고 안쓰러운 사위가 되고 변변치 못한 남편이 되었다. 오랫동안 내 귀에는 "그렇게 힘들게 공부해서 박사 실업자가 되다니!"라는 한탄과 원망, 조롱과 비난의 소리가 들리는 것 같았다. 여기서 나중에 아내에게 들은 이야기 하나를 하고 넘어가야겠다. 아이가 초등학교에 입학한 지 얼마 되지 않아서였다. 어린 시절 우리는 누구나 누구누구의 아들이나 딸로 인식되고 사람들은 아버지의 직업이 무엇인지 궁금해한다. 프랑스에서 태어난 아이는 자기 아버지가 공부하는 것만 보고 살았고 그곳에서 박

---

2) 귀국 이후 대학 강사 시절 아내가 겪은 마음고생에 대해서는 아내가 직접 쓴 「나의 삶, 나의 고백」, 정수복·장미란, 『바다로 간 게으름뱅이』(동아일보사, 2001, pp. 321~36)를 볼 것.

사학위를 받았고 대학에서 가르친다는 사실을 알고 있었을 것이다. 그래서 아이는 자기 친구들에게 자연스럽게 자기 아버지가 '대학교수'라고 말했던 모양이다. 그런데 그때 나는 대학에서 '시간강사'로 강의하고 있었다. 그래서 아내가 아이에게 아버지는 대학에서 가르치지만 교수는 아니라고 사실을 말해주었다고 한다. 교수와 강사의 차이가 무엇인지도 말해주었으리라. 그때 아이는 아무 말도 없이 묵묵히 있었는데 나중에 중학생이 되어서 자기 엄마에게 그때 아버지가 교수가 아니었다는 사실에 큰 충격을 받았다고 고백했다는 것이다.[3] 항성을 중심으로 움직이던 행성이 항성의 위치가 바뀌었으니 한참 동안 궤도 이탈을 경험했을 것이다.

사회학에서는 어떤 사람의 학력과 사회적 지위 사이의 불일치를 '지위 불일치status inconsistency'라고 부르는데 나의 상황도 그런 경우에 해당한다. 그런 상황에 놓인 사람은 사회생활에서 늘 심리적 긴장을 경험하게 된다. 나의 경우에도 때로는 동정, 때로는 조롱의 시선을 느끼며 사람들과 더불어 살아가는 일이 그리 유쾌하지 않았다. 나에게 1990년대는 그런 상황 속에서 내 나름의 길을 모색한 정신적 고난의 시기였고, 2000년대는 그런 정신적 고통에서 벗어나기 위해 변신을 추구한 내적 망명의 시대였다. 이미 오래전에 있었던 일들이다. 이제 나는 오랫동안 고뇌의 원천이었던 지난날의 상황을 차분히 되돌아보며 그 수난의 체험을 피하지 않고 정면에서 대면해보려고 한다.[4]

---

3) 이 사실은 교수뿐만 아니라 교수의 아들이라는 지위가 우리 사회에서 어떤 대접을 받는가를 단적으로 보여준다.

4) 시인 박노해(「자기 삶의 연구자」, 『그러니 그대 사라지지 말아라』, 느린걸음, 2010, p. 36)는 자기 자신을 들여다보는 일의 중요성을 이렇게 말했다. "우리 모두는/자기 삶의 연구자가 되어야 한다네/내가 나 자신을 연구하지 않으면 다른 자들이 나를 연구한다네."

스티그마와 인정투쟁

1989년 프랑스 파리에서 사회학 박사학위를 받고 귀국한 나는 2001년까지 대학강사, 시민운동가, 방송 진행자 등으로 활동했다. 그 후 2002년 초에 다시 파리로 가서 거의 10년이란 긴 세월 동안 '자발적' 망명생활을 하다가 2011년 말에 돌아왔다. 귀국 이후 제일 힘든 일은 과거에 알던 사람들과 다시 관계를 맺는 일이었다. 나는 달라졌는데 나를 바라보는 그들의 시선은 과거와 조금도 변하지 않았기 때문이다. 사람들이 나를 만나면 처음 던지는 질문은 언제나 똑같았다. "요즘 어디 있느냐?"는 것이다. 처음에는 그 질문의 뜻을 잘 몰라서 "어디 사느냐?"로 듣고 답했다. 그런데 그게 아니었다. 사람들은 그 질문으로 나의 취직 여부를 물었던 것이다. 그래서 처음에는 "잠원동 삽니다"라고 대답하다가 "그냥 조용히 지낸다"고 답하게 되었다. 그들은 나의 그런 대답을 듣고 나서 나를 '아직도 제대로 된 자리를 차지하지 못한 불쌍한 사람' 정도로 생각하는 것 같다. 나도 안다. 그들이 나의 생활을 걱정하고 있으며 나를 위로하고 싶어 한다는 것을. 그러나 나는 나를 바라보는 그들의 시선에 어색함을 느낀다. 그 시선 밑에 전제되어 있는 고정관념, 다시 말해서 '박사학위를 받았으면 대학교수로 살아야 한다. 그렇지 않으면 불행하게 살 수밖에 없다'는 고정관념이 나의 마음을 불편하게 만든다. 사적인 만남이 아니라 공식적인 자리에서도 나의 '지위 불일치' 문제를 거론하는 사람들이 있다. 아예 구체적인 보기를 들어보자. 2013년 2월 숭실대에서 목민재단 초청으로 지식인에 대한 강연을 했을 때의 일이다. 강연이 끝난 뒤 그 재단의 운영이사 한 분이 공식적인 인사말을 하면서 "왜 이런 분이 대학교수를 하지 않고 있는지 궁금하다"는 말을 불쑥 내뱉었다. 외국에 유학했고 실력도 있는 사람처럼 보이는데 어느 그럴듯한 대학의 교수라는 직함이 없이 그냥 사회학자라고만 하니까 의아하게 생각되었던 모양이다. 2013년 3월 『책인시공 — 책 읽는 사람의 시간과 공간』을 펴낸 다음에 어느 라디오 방송국의 대담 프로그램에 출연했을 때도 같은 종류의 질문을 받았다. 이런 상황에 처할 때마다 난처하고 곤혹스럽다. 그런 상황에서는 대답을 슬쩍 피해도 찜찜하고 나름대로 답변을 해도 구차한 느낌이 든다. 앞으로 만날 사람들도 나에게 그런 질문들을 던질 것이다. 현상학적 사회학자들이 말하듯이 "나 자신에 대한 성찰은 전형적으로 타자가 나에 대하여 보이는 태도에 의해서 야기된다. 그것은 전형적으로 타자의 태도에 대한 '거울 반응이다.'"[5] 그런 뜻에서 이 글은 "왜 대학교수를 안 하고 그렇게 지내고 있느냐?"는 타자들의 질문에 대한 나 자신의 답변이 될 것이다. 그러나 더 근본적으로 말하자면 이 글은 그런 상황에서 나는 나의 삶에 어떤 의미를 부여하며 어떻게 살아갈 것인가를 자체 점검하는 일이라고 할 수 있다.

누군가가 외국에서 박사학위를 받고 귀국해서 대학에 안정된 교수 자리를 차지하지 못했을 때 그 사람은 어떻게 살아가는가? 그 막막한 상황에서 그 사람이 취할 수 있는 삶의 태도를 다섯 가지 정도로 나누어 생각해볼 수 있다. 첫째, 다수의 사람들이 취하는 태도다. 그들은 대학교수가 되어야 한다는 절체절명의 목표를 달성하기 위해 수단 방법을 가리지 않고 죽기 아니면 살기로 끝까지 노력한다. 학술지에 논문을 발

---

5) 피터 버거·토마스 루크만, 『실재의 사회적 구성』, 하홍규 옮김, 문학과지성사, 2014, p. 55.

표하고 기존에 자리 잡은 대학교수들에게 충성심을 내보이며 좋은 관계를 유지하고, 인맥을 동원하고, 기회가 되면 돈 보따리라도 마련하여 대학에 자리를 잡으려고 최선을 다한다. 대학교수가 될 때까지는 어떤 모욕과 수치심과 자존심 상실도 다 받아넘긴다. 그러다보면 언젠가는 대학교수가 될 것이다.[6] 둘째는 차선의 선택이다. 대학교수 자리 얻기가 힘들다고 생각되면 정부 산하 또는 지방자치단체 설립 또는 기업체 소속 연구소에 취직하는 일이다. 이 경우에는 대학교수보다 사회적 지위는 못하지만 그래도 안정된 직장을 차지해서 사람들로부터 어느 정도 인정을 받고 살 수 있게 된다. 연구소에 자리 잡기 위해서도 물론 많은 노력이 필요하다. 셋째는 대학이건 연구소건 어느 쪽에도 안정된 직장을 잡지 못한 상태에서 대학강사 생활을 계속하면서 갖가지 연구 프로젝트에 참여하는 비정규 계약직 연구교수로 살아가는 길이다. 박사학위를 받고 정규 교수가 되지 못하고 대학 안의 이류 인간으로 살아가는 그런 생활에 만족할 사람은 없다. 자신이 실력이 없어서 이 길을 걷는다고 생각하지 않는다면 이 길은 언제나 불안과 불만에 찬 삶이 될 가능성이 높다. 그들에게는 "아직도 정규직으로 자리 잡지 못했냐?"라는 타자들의 따가운 시선이 계속되기 때문이다. 넷째는 견디다 못해 학계를 떠나 다른 업종으로 인생의 행로를 바꾸는 경우가 있다. 집안의 사업을 물려받아 운영을 한다거나 정계에 투신하여 한자리하는 일이다. 그렇게 업종을 바꾸어 성공하기는 어렵다. 솔잎 먹던 송충이가 다른 데 가서 능

---

6) 김용학 등(김용학·서병훈·송호근·염재호, 「박사실업자—학력사회가 밀어낸 지식인」, 『사회비평』 10호, 1993, pp. 154~80)의 조사연구에 따르면 1993년 사회과학 분야에서 박사학위를 소지하고 있으나 대학에 안정적으로 자리 잡지 못하고 있는 95명을 대상으로 실시한 설문조사 결과에 따르면 불투명한 상황에도 불구하고 약 80퍼센트가 언젠가는 대학에 자리를 얻으리라는 기대를 갖고 있었다.

력을 발휘할 가능성은 그리 크지 않다. 어쩌다 정치나 사업 등의 분야에서 성공하면 사회적으로도 인정을 받을 수 있다. 그러나 박사학위를 했는데 대학교수가 아니라 다른 분야로 가서 성공을 거두었다 해도 애초의 목표를 달성하지 못했다는 타자의 시선과 자신의 회한은 영원히 사라지지 않는다(이건 법대를 나와서 사법고시를 준비하다가 여러 번 낙방해서 다른 길을 걷는 사람이 느끼는 심정과도 비슷할 것이다). 다섯째는 대학 밖으로 제 발로 걸어 나와 독자적인 지식인으로 살아가는 길이다. 작가, 방송인, 시민운동가, 대안운동가 등 안정된 수입이 보장되지 않는 힘든 길이지만 본인은 나름대로 보람을 느끼며 살아갈 수 있다. 하지만 다른 사람들은 여전히 그를 두고 어렵게 박사학위까지 했는데 대학교수가 못 되고 딴짓을 하는 걸로 생각한다. 사회적 지위 쟁탈전에서 패배하여 밀려난 사람 취급을 받게 되는 것이다.

사실 외국에 유학해서 박사학위를 받고 귀국했지만 대학에 취직하지 못하고 살아가는 사람의 처지가 사회 전체적으로 보았을 때 그리 나쁜 것은 아니다. 박사학위를 받은 사람들의 숫자가 크게 늘어났다고 하지만 외국 박사라는 것 자체가 남들이 인정하는 사회적 지위의 상징이 될 수 있다. 그러나 그런 상황에 처하게 된 사람은 사회심리적으로 늘 불편하고 고통스런 생활을 하게 된다. 물질적 고생이나 육체적 고생도 힘들지만 어떤 경우에는 마음고생도 그에 못지않게 고통스러울 수가 있다. 마음고생은 겉으로는 잘 드러나지 않을 뿐이다. 그러나 그런 상황을 잘 들여다보면 그 사람은 어빙 고프먼이 '스티그마stigma'라고 불렀던 오명, 오점, 치욕, 불명예, 결점, 흠을 안고 살아간다.[7] 일상의 세계에서 살아

---

7) Erving Goffman, *Stigma—Notes on the Management of Spoiled Identity*(Prentice-Hall,

가는 보통 사람들은 외국에서 박사학위를 받았으면 당연히 대학교수 자리나 그에 해당하는 자리를 차지했어야 한다고 생각한다. 그것이 타자들의 기준other's standard이고 일반적으로 승인된 기준approved standard이다.[8] 그게 상식이다. 일상을 살아가는 보통 사람들은 상식적으로 승인된 기준에 대해 질문을 던지지 않는다. 상식적 기준은 모든 사람에게 적용되는 보편적 기준이다. 외국에서 박사학위를 받은 사람이 대학교수가 아니고 다른 일을 하고 있다는 것은 상식의 세계를 벗어나는 일이다. 그런 사람은 대학교수 자리 쟁탈전에서 패배하여 대학 밖으로 밀려난 '낙오자'라는 '오점'을 평생 안고 살아가게 되어 있다. 박사학위 소지자로서 학문적 업적을 가지고 있지만 대학교수직을 차지하지 못한 사람은 대학교수가 되어 학계의 완전한 구성원이 된 사람들과 대등하게 인정받지 못하는 평가절하의 상태를 지속적으로 경험하게 된다. 그런 사람은 '정상'적인 경우로부터 벗어나 있는 '비정상'적인 사람으로 분류된다. 그런 상황에서 살아가는 사람은 스스로 자신의 처지를 변호하거나 정당

1963)의 한국어판, 『스티그마―장애의 세계와 사회적응』(윤선길·정기현 옮김, 한신대학교 출판부, 2009)를 볼 것. 스티그마는 '정상'으로부터 벗어나 있는departure from nomality 상태로서 '손상되고spoiled' '바람직하지 않은undesirable' 사회적 정체성의 표시이다. 스티그마를 '오명汚名'으로 번역하고 있는 앤서니 기든스·필립 W. 서튼, 『사회학의 핵심 개념들』(김봉석 옮김, 동녘, 2015, pp. 345~51)도 볼 것. 고프먼은 오명 씌우기가 동반하는 차별화와 더불어 오명을 뒤집어쓴 개인이 어떻게 반응하는지에 대해서도 연구했다.

8) 상식의 세계는 현상학적 사회학에서 말하는 '다수의 실재multiple realities' 가운데 '최우선적인 실재paramount reality'로서 당연하게 공유되는 일상의 지식을 바탕으로 구성된다. 상식은 일반적으로 승인된 기준을 포함한다. 일상의 행위자는 상식을 사용하여 누구나 당연시하는 상호주관적 세계를 구성한다. 최종렬(『사회학의 문화적 전환―과학에서 미학으로 되살아난 고전 사회학』, 살림, 2009, pp. 69~70)에 따르면 상식은 자연성naturalness, 실용성practicalness, 얇음thinness, 몰방법성immethodologicalness, 접근 가능성 accessibleness이라는 다섯 가지 특징을 가지고 있다.

화하려는 방어적 태도를 취하게 된다.[9]

박사학위 소지자가 대학교수가 되면 경제적 안정은 물론 명예와 사회적 지위가 저절로 따라온다. 그런데 나처럼 대학 밖에서 자기 나름의 일을 하며 살아가는 박사학위 소지자는 생활 수단의 확보라는 '생존투쟁'과 더불어 명예나 평판 같은 상징적 자원을 확보하기 위한 '인정투쟁'까지 벌여야 한다. 여기서 내가 말하는 인정투쟁은 타인이 부여한 '자기상self-image'이 아니라 한 사람이 스스로에게 부여한 자아상을 타인들로 하여금 받아들이게 하는 지속적 노력을 말한다. 인정투쟁 이론가 악셀 호네트에 따르면 한 개인의 정체성 요구를 그대로 받아들이는 사회야말로 이상적인 공동체다. 다른 사람이 내가 생각하는 나를 있는 그대로 받아주고 그렇게 대해주는 사회가 있다면 누구라도 그런 사회에 살고 싶어 할 것이다. 그러나 현실에 그런 공동체는 없다. 다른 사람들은 내가 생각하는 나를 있는 그대로 받아들이지 않는다. 그래서 많은 사람들이 자신이 평가절하되고 있다는 느낌을 갖고 산다. 그런 상황이 억울하다고 생각하는 사람은 다른 사람들에게 자기를 제대로 인정하라는 인정투쟁을 벌이게 된다.[10] 사회적 삶은 어떻게 보면 남들에게 제대

---

9) 고프먼에 따르면 개인의 정체성은 사회적 상호작용을 통해 구성된다. 따라서 개인은 일상의 미시적 상호작용 속에서 타자로부터 자기가 원하는 자신의 정체성을 인정받기 위해서 다양한 방식으로 자신을 표현하고 연출한다. 개인의 사회적 자아는 그렇게 타자와 상호작용하는 과정에서 쟁취되고 재구성된다. 이러한 노력은 일상생활에서 인상을 관리하기 위한 다양한 전략의 구사로 나타난다(어빙 고프먼, 『자아표현과 인상관리—연극적 사회분석론』, 김병서 옮김, 경문사, 1987). 스티그마에 대한 대응은 개인적 차원뿐만 아니라 집단적인 차원에서도 일어날 수 있다. 보기를 들자면 유색인종에 씌어진 스티그마는 집단적 차원에서만 전복될 수 있다.

10) 호네트는 사람을 물건으로 지각하고 수단으로 활용하는 '물화reification' 과정을 비판하면서 훼손 없는 상호주관성이라는 이상적 상태를 통해서만 각 개인의 긍정적 자기 관계도 가능하다고 본다. 상호무시가 아니라 상호인정이 이루어지는 사회에서만 '좋은 삶'이 가능하

로 인정받기 위한 노력의 과정처럼 보인다. 인정투쟁은 자신이 가진 능력이나 특성을 무시당하거나 제대로 인정받지 못하는 상태에서 겪는 모욕감을 해결하면서 세상에서 자신의 가치를 실현하며 살기 위한 투쟁이다. 호네트가 정확하게 지적하였듯이 "사회관계의 도덕 수준은 단지 물질적 재화의 공정하고 정의로운 분배를 통해서만 측정되는 것이 아니며, 오히려 주체들이 서로를 어떻게 무엇으로 인정하고 있느냐"와도 밀접하게 결부되어 있다.[11] 인정투쟁은 대부분 반복적인 모욕이나 무시와 같이 부정적 경험을 한 사람들에 의해 일어난다.[12] 그것은 무시와 배제의 논리를 비판하고 서로 다름을 차별이 아니라 차이로 받아들이게 하는 투쟁이다. 사회학적 용어를 써서 어렵게 말해보자면 인정투쟁은 '대면 관계 속의 타자'나 '일반화된 타자'에게 자신의 정체성을 인정받기 위한 '정체성의 정치identity politics'다. 어떻게 보면 내가 이 글을 쓰는 행위도 인정투쟁의 하나로 볼 수 있다.

박사학위를 받고 나서도 대학에 자리 잡지 못한 사람들이 흔히 사용하는 자기 정당화는 대학교수 충원 과정에서 연줄과 '빽'을 비롯한 학문 외적 요인들이 작용했다는 점을 지적하는 것이다. 사실 이미 대학에 자리를 차지한 교수들의 업적을 보면 학문적 능력이 있어서 자리를 차지한 사람도 있지만 실력이 부족함에도 불구하고 학연, 지연, 혈연 등 연고주의나 대학 내의 권력 관계 등 비학문적인 기준으로 자리를 차지한 사람들도 있을 것이다.[13] 그래서 대학교수가 못 된 박사들은 자기는 실

다. 누구라도 자신의 행위가 갖는 가치를 사회로부터 인정받을 때 좋은 삶이 가능해진다.
11) 악셀 호네트, 『인정투쟁―사회적 갈등의 도덕적 형식론』, 문성훈·이현재 옮김, 사월의책, 2011, p. 8.
12) 악셀 호네트, 『정의의 타자』, 문성훈 외 옮김, 나남, 2009, p. 5.
13) 김영민은 "진위나 적부보다는 힘의 분배와 응집 상태에 따라 움직이는 것이 학계의 속성이

력은 있는데 비합리적인 이유로 경쟁에서 패배했다고 생각하며 스스로를 위로하기 쉽다. 그러나 그 실력을 자기 말고 누가 알아줄 것이며 그걸 어떻게 입증할 것인가? 이 문제는 나중에 다시 다루기로 하고 일단 내가 직접 경험한 대학교수 채용 과정에 얽힌 이야기를 가능하면 객관적으로 기술해보려 한다. 주관적 감정의 토로가 아닌 객관적 묘사와 분석이 되도록 노력하겠지만 그것이 완전하게 이루어질 가능성은 없다. 어차피 나의 주관적인 가치판단과 감정적 체험들이 알게 모르게 작동할 수 있기 때문이다.[14] 사회학자의 자기분석이라고 할 수 있는 이 글을 쓰면서 장-자크 루소, 피에르 부르디외, 에드워드 사이드 등의 자기분석적 글들이 많은 도움이 되었음을 밝혀둔다.[15]

기도 하고, 또 이미 권력화된 타성을 타고 기득의 안온함을 누리고 있는 세력을 설득으로 퇴위시킬 수도 없는 법"이라고 썼다(김영민, 『탈식민성과 우리 인문학의 글쓰기』, 민음사, 1996, p. 17).

14) 조은은 여성들의 전쟁 체험 고백에 대해 이야기하면서 "헤게모니를 쥐지 못했던 집단들이 만들어내는 언어와 감수성에 주목해야 하는 이유는 그러한 감수성만이 구체적이고 비판적일 수 있기 때문이다"라고 썼는데 헤게모니를 쥐지 못한 내가 쓴 이 글의 언어와 감수성이 구체적이고 비판적일 수 있기를 바란다(조은, 「침묵에 말 걸기—여성의 전쟁 경험 이야기 쓰기」, 김우창 엮음, 『평화를 위한 글쓰기』, 민음사, 2006, pp. 430~42. 인용은 p. 433).

15) 부르디외는 『자기분석을 위한 소묘』의 첫 장을 "이것은 자서전이 아니다"라는 문장으로 시작했는데 나의 글도 자전적인 요소를 재료로 삼아 사회적 문맥 속에서 자기를 분석하는 것을 목적으로 한다. 장-자크 루소는 『루소, 장 자크를 심판하다—대화』(진인혜 옮김, 책세상, 2012)를 다음과 같은 문장으로 시작했다. "이 글을 손에 넣게 될 사람들에게 감히 부탁할 것이 있다면, 이 글을 마음대로 처분하고 이 글에 대해 누군가에게 말하기 전에 먼저 끝까지 읽어달라는 것이다." 에드워드 사이드의 뿌리 뽑힌 지식인의 삶에 대해서는 『에드워드 사이드의 자서전』(김석희 옮김, 살림출판사, 2001) 참조. 동아시아의 지적 전통에서는 개인의 비극을 역사의 문제로 승화시킨 인물로 사마천을 들 수 있다. 그는 현실에서 나타난 불합리함과 부조리를 역사로 기록함으로써 현실보다 더 높은 차원의 천도天道가 역설적으로 구현될 수 있다고 믿었다.

나의 수난기―1989~1993년

1974년 연세대학교 정치외교학과에 입학한 나는 정치외교학과 교수들의 강의에 별 흥미를 느끼지 못한 까닭에 졸업 후 전공을 바꾸어 사회학과 대학원에 진학하여 석사학위를 마쳤다. 그 후 프랑스 파리로 유학을 떠나 1988년에 사회학 박사학위를 받고 1989년 초에 귀국했다. 관례대로 시간강사 생활이 시작되었다. 봄 학기 강의를 마치고 그해 여름 제주에서 열린 한국사회학회에 참석했다. 공식적인 학계 데뷔였다. 거기서 1970년대 이후 문학, 신학, 역사학, 경제학, 사회학 등 여러 분야에서 형성된 민중론을 한국 사회의 대항 이데올로기로서 분석한 논문을 발표했다. 다음 날 아침『제주일보』에 한국사회학회 행사를 소개하는 기사가 실렸다. 학술담당 기자는 수십 편의 학회 발표 논문 가운데 4~5편의 논문을 소개했는데 전체 기사의 제목을 나의 논문 발표를 요약하여「민중론, 산업화와 분단체제의 산물」이라고 붙였다. 지금 와서 생각해보면 그것이 문제의 발단이었던 것 같다. 그 당시는 1987년 6월 항쟁으로 권위주의 체제가 끝났다고는 하지만 구체제의 지배 세력이 민주화 세력의 도전을 받으면서도 아직도 실질적 헤게모니를 장악하고 있는 상황이었다. 비판적인 사회학자들의 모임인 산업사회학회의 도전을 받고 있던 한국사회학회에도 다소 방어적이고 보수적인 입장의 학자들이 주도권을 장악하고 있었다. 논문 발표 이후 몇몇 사람들의 권유를 받아들여『한국사회학』에 그 논문을 제출했다. 그러고 나서 얼마 후 하버드 대학 박사, 시카고 대학 박사, 독일 괴팅겐 대학 박사 이렇게 세 사람으로 구성된 심사위원들의 이름으로 '게재 불가'라는 판정이 난 심사

보고서를 그 가운데 한 사람으로부터 직접 전해받았다.[16] 나는 그 논문에 대한 '게재 불가'라는 평가에는 학문적인 평가만이 아닌 당시 한국사회학계를 주도하는 사람들의 이념적이고 정치적인 판단이 포함되었다고 생각한다.[17] 아무튼 그때 이후 한국사회학계에서 나의 '고난의 행군'이 시작된 듯하다. 무언가 배제되고 있다는 막연한 불안감을 느끼는 가운데, 미국 보스톤 대학으로 떠나게 된 정재식 교수 회갑기념 논문집에 실은 「현대 프랑스 사회학의 지성사」를 비롯하여 몇 편의 논문을 발표하면서 강의를 계속했다. '사회문제론'과 '사회운동론' 과목을 여러 번 맡아 가르쳤다. 그러면서 모교인 연세대학교를 비롯하여 이 대학 저 대학에 지원서를 제출했다.[18] 그 가운데 이화여자대학교, 국민대학교, 성공회대학교, 경희대학교, 한국정신문화연구원 등에는 1~3명의 최종 후보자 가운데 한 사람으로 선정되어 총장이나 이사장과 최종 면담을 하기도 했다. 내가 워낙 뒷소문을 무시하고 살다보니 자세한 사정은 모

---

16) 『한국사회학』에서 게재 불가 판정을 받은 학회 발표 논문은 나의 저서 『의미세계와 사회운동』(민영사, 1993, pp. 101~28)에 「대항 이데올로기로서의 민중론」이란 제목으로 실려 있다(그 무렵 유학에서 막 돌아와 나의 저서를 읽고 개인적으로 서평을 써서 나에게 전해준 박선웅 교수에게 감사한다). 이 사건을 한국의 사회학 공동체가 나에게 행사한 '상징적 배제'로 해석할 수 있다. 상징적 배제는 어느 공동체에 구성원이 되려는 신참자에게 기득권자들이 사용하는 권력 행사의 일종이다.

17) 당시 한국사회학회 회장은 김경동이었다. 강신표가 1983년 한국사회학회에서, 한완상의 민중사회학과 대비하여 김경동의 사회학을 '문화적 제국주의 시대의 매판사회학'이라고 비판한 '사건'이 있었다(강신표, 「인류학적으로 본 한국 사회학의 오늘—김경동과 한완상의 사회학」, 『한국 사회학의 반성』, 현암사, 1984, pp. 9~23). 지금 생각해보면 이 '사건'이 나의 논문 게재 불가와 어떤 관계가 있는지도 모르겠다.

18) 뒤에서도 논의하겠지만 이 무렵 외국에서 박사학위를 받고 귀국한 사람들의 숫자가 크게 늘어났다. 1990년 내가 연세대학교 사회학과에 지원서를 냈을 때 동문 박사 거의 열 명이 함께 지원서를 제출했다. 그때 교수들 사이에 합의가 이루어지지 않아 아무도 뽑지 않는 것으로 끝났다. 이후 나는 연세대학교 사회학과에 지원서를 낸 적이 없다. 그 자리는 2년 후 우여곡절을 거쳐 독일 빌레펠트 대학에서 공부한 김호기 박사가 차지했다.

르지만 대학 인사 과정에서 나에 대한 여러 가지 험담과 폄하하는 발언들이 돌아다녔는지도 모르겠다.[19] 그 무렵 프랑스에 유학했던 선배 교수 한 사람이 내가 묻지도 않았는데 불쑥 나에게 귀띔해준 바에 따르면 내가 "실력이 없다"는 이야기를 자기 학교의 가까운 교수로부터 들었다는 것이다. 짐작컨대 아마도 『한국사회학』에 제출한 논문이 '게재 불가' 판정을 받은 사실이 그 무렵 그런 소문으로 변형되어 떠돌아다녔는지도 모르겠다.[20]

1980년대 말 90년대 초 대학의 교수 임용 과정에는 그 사람의 정치적 입장이 많이 고려되었는데 그 당시 나의 입장은 비판적이되 급진적이지는 않은 '중도 진보' 정도로 분류될 수 있는 것이었다. 그래서 보수적인 입장을 취하는 사람들은 나를 위험한 사람으로 분류하여 알게 모르게 배제하려 하였을 것이다. 그들은 노골적이지는 않지만 자신들이 모르는 프랑스어 책을 읽으면서 현실에 대해 비판적 입장을 취하는 사람에게 경계의 눈초리를 늦추지 않았다. 그러나 다른 한편으로 국내에서 박사학위를 받은 학생운동권 출신 사회학자들도 프랑스에서 유학하고 돌아온 나를 의심하고 경계하기는 마찬가지였다. 구체적인 증거가 없으니 추정할 수밖에 없지만 보수적인 입장과 진보적인 입장 양쪽 모두에서 나를 경계하는 분위기였던 것 같다. 힘든 상황이 계속되었다. 분명하게 드러나는 게 아니라 은밀하게 벌어지는 박해야말로 더 견디기 힘들 수

---

19) 교수 채용 시 지원서를 낸 후보자들에 대한 뒷소문과 험담이 무성하게 돌아다니고 실제로 그것이 영향을 미친다고 한다. 국회의원 선거 때와 마찬가지로 상대방 후보를 해치는 인신공격형 음해성 소문들도 떠돌아다니는 모양이다.

20) 김종영에 따르면 요즘도 교수 충원 과정에서 "무언의 압력이나 소문을 통해 지원자들을 걸러내는 일이 여전히 벌어지고 있다"(김종영, 『지배받는 지배자—미국 유학과 한국 엘리트의 탄생』, 돌베개, 2015, p. 160).

도 있다. 1994년 나는 5년 동안의 강사생활을 마감했다(이후 대학에서 정규 강의를 하지 않겠다는 나의 개인적인 원칙은 지금까지 예외 없이 지켜지고 있다). 속칭 '보따리 장사'라고 부르는 시간강사 생활을 5년 동안 하다보니 더 이상 버티기가 힘들었다. 자부심이 사라지고 모욕감만 커졌다. 그때 이제 대학을 떠날 때가 왔다는 판단이 섰다. 주위의 사람들은 나의 결정을 나무랐다. "취직 문제에 죽기 아니면 살기로 덤벼야 한다"고 말하기도 했고, "너무 깔끔을 떨면 일이 안 된다"고 충고하기도 했으며 "물이 너무 맑으면 물고기가 살지 못한다"는 이야기나 "세월이 가면 옷에 고운 때가 묻기 마련이다"라는 자못 지혜가 담긴 이야기를 들려주기도 했다. 그러나 나는 그런 충고들을 뒤로 하고 대학 강단을 떠나 다른 삶의 길을 모색하기로 결정했다. 귀국하여 처음 몇 해 동안은 취직을 하기 위해 명절 때마다 실권을 쥐고 있는 교수들 집에 선물을 돌리는 등 관행을 따라 살며 한국 사회에 적응하려고 했지만 이제 더 이상은 그렇게 살아가지 않기로 결심했다. 누군가가 "누이 좋고 매부 좋고, 좋은 게 좋은 거다"라는 말을 비판하면서 "옳은 게 좋은 거다"라고 말했는데 나는 두번째 말을 따르기로 했다. 작가 현길언의 표현을 빌리자면 '관행이라는 폭군의 지배'를 거부하게 된 것이다. 교수 자리를 차지하여 그에 따른 경제적 안정과 명예를 누리고 싶다는 욕망이 나로 하여금 올바른 원칙을 버리고 관행이라는 폭군의 지배하에 들어가라고 말하고 있었지만 나는 그럴 수가 없었다. 나 자신의 청춘을 바쳐 오랜 시간 사회학을 공부하면서 형성된 '사회학적 양심'은 사적 연줄망을 최대한으로 활용하여 은밀한 이해관계를 형성하고 이익과 자리를 나누어 먹는 관행의 폭군 앞에 고개 숙이는 것을 허용하지 않았다. 아니 나의 학문적 자존심이 그걸 허락하지 않았다. 현길언이 쓴 다음의 인용문은 그 당시 나의 심정을 잘 표현해준다. 다소 길지만 인용해본다.

"관행의 폭군은 그것을 좋아하는 사람들에게 부끄러움을 모르도록 만든다. 관행의 폭군이 주도하는 도시의 시민이 되기 위해서는 우선 입고 있던 옷을 다 벗어버리도록 한다. 계층의 옷, 지식의 옷, 신앙의 옷, 인격의 옷들을 다 벗어버리고 그다음에 모든 이들에게 이 도시의 시민임을 증명하는 가면을 씌운다. 옷을 벗고 가면을 쓰면 모든 사람들은 구별되지 않는다. 꼭같은 사람이 된다. 모두가 각기 개별적인 존재인데 이 도시에 들어오면 모두가 꼭같은 사람이 된다. 그렇게 되자 이들은 꼭같은 모습으로 꼭같은 행동을 하기 시작한다. 첫째 이들은 부끄러움을 모르게 된다. 우선 이익을 앞세워 행동하는 것을 모두가 인정해준다. 오히려 권장한다. 여기서 주춤거리면 그는 이 도시의 시민이 될 자격이 없다. 돈이 있으면 땅을 사고, 권력을 위해서는 수단과 방법을 가리지 않고, 자식을 위해서라면 위장 전입도 괜찮고, 연구비를 받고 예전에 썼던 논문을 제목만 바꾸거나 서론과 결론을 조금 바꾸어서 제출하면 되고, 누가 보고서를 읽을 것인가, 제출하는 것으로 끝난다. [……] 관행의 폭군은 이 도시 사람들에게 불법과 편법을 감행하도록 부끄러움을 감추는 용기를 준다. 그래서 이러한 일들이 이 도시에서는 아주 자연스럽게 편리하게 이루어진다."[21] 나는 그런 관행의 폭군 앞에 무릎 꿇기를 거부했다. 모욕적이고 굴욕적인 태도를 요구하는 '보따리 장사'를 거부하고 다른 길을 찾기 시작했다.

---

21) 현길언, 「관행의 폭군이 다스리는 도시를 떠나기 위해」, 『본질과 현상』 31호, 2013년 봄, pp. 337~38.

1990년대 대학교수 채용 관행

이화여대 국제대학원의 조기숙 교수는 어느 대학강사가 유서를 남기고 자살을 한 사건이 일어난 직후 한 신문에 그 사건을 주제로 칼럼을 썼다. 조 교수는 자신이 교수 자리를 차지하기까지 겪은 개인적 체험을 비교적 솔직하게 밝혔다. 그녀는 자신의 시간강사 시절을 회상하면서 이렇게 썼다. "내게도 그런 시절이 있었다. 죽음만이 인간 이하의 삶에서 오는 고통으로부터 구원해줄 것이라고 믿었던 때가 [……] 3년 시간강사 시절이 지금 생각하니 30년쯤 되는 것 같다. 하루하루를 견디는 것이 너무 힘든 나머지 소설을 쓰기 시작했다. 글을 쓰면 내면이 다스려지리라 생각했기 때문이다. 그래도 수시로 치밀어 오르는 죽음에 대한 유혹을 뿌리치기 어려웠다." 글은 이렇게 계속된다. "나는 누구보다 꿈이 많고 긍정적인 편이었다. 그랬던 내가 어느 순간부터인지 냉소적이라는 평을 듣기 시작했다. 시간강사를 오래하다보니 모든 것이 부정적으로 보였다. 교수들 한 끼 회식비가 강사 한 달 월급보다 많았기 때문은 아니었다. 은행에서 아예 무직으로 간주해 신용을 인정해주지 않았기 때문도 아니었다. 학기당 세 과목의 강좌를 얻을 수 있을지 전전긍긍했던 것, 교수들의 싸늘한 시선과 냉대, 경제적 어려움, 이런 것들은 어느 정도 각오했던지라 견딜 만했다. 정작 내가 가장 견디기 힘들었던 일은 교수 임용 결과의 공정성을 도저히 신뢰할 수 없는 것이었다. 내가 언제쯤 취직될 것인지, 어떻게 하면 취직이 될 것인지를 예측하자면 어떤 원칙이나 근거가 있어야 했다. 한국의 교수 취업 시장에서 그런 것을 찾는 것은 90년대 초만 해도 불가능해 보였다. 상황에 따라 중요한 요인이 매번 달랐다. 정계의 든든한 줄이나 학교 이사장과의 연줄 등이 중요해 보이다가도 어느 순간에는 학과 교수와의 친소 관계가 가장 중요해 보였다. 어쨌든 교수가 되는 데 가장 중요하다고 생각되는 교수의 연구 업적이나 강의평가 같은 것은 고려조차 되지 않는 풍토였다."[22]

조기숙 교수의 시간강사 시절 체험담이 생생하게 전하고 있듯이 당시 자살로 학문과 삶의 길을 끝낸 비운의 강사를 괴롭힌 것은 단지 경제적 어려움만은 아니었다. 상황에 따라 달라지는 임명권을 쥔 자들의 기준에 시시각각으로 적응하면서 주위의 반응에 민감하게 반응하는 노예적 근성을 발휘하지 않으면 대학에 자리 잡기 어려운 상황이 그를 더 어렵게 만들었을 것이다. 그런 상황이 그를 자살로 몰아간 요인 가운데 하나였을 것이다. 실력 또는 학문적 능력이라는 기준 대신에 연줄과 인맥, 든든한 배경, 자금, 로비 능력 등에 의해 대학교수 채용이 이루어지는 상황에서 윤리적 원칙을 지키려는 사람은 '패자'가 될 수밖에 없다. 그런 상황에서는 눈치 빠르게 잘 적응하고 줄을 잘 서고 시시각각으로 변하는 상황에 대한 정보를 입수하여 발 빠르게 대처하는 사람이 교수 자리를 차지하게 되어 있기 때문이다.[23]

조기숙 교수의 말대로 1990년대 초 한국에서 대학교수 채용 과정은 투명하지 못하고 합리적 기준이 없었으며 해당 학과 교수들 사이의 권

---

22) 조기숙, 「전직 시간강사의 반성문」, 『여성신문』, 2003년 7월 11일자.
23) 김영민은 아직 대학에 자리 잡지 못한 젊은 학자에 대한 평가가 "창의성, 상상력, 현실적용력, 실험정신"은 어디로 가고 "김밥말기, 자신을 드러내지 않기, 틀에 꼭 끼여서 머리카락도 보이지 않기, 재주 없이도 오래 버티기, 인용과 표절 능력, 명절치레나 관혼상제 챙기기" 등으로 이루어지고 있는 현실을 풍자적으로 비판했다. 그 결과 실력이 없는 사람이 "사람이 좋다"는 평가를 받고 실력이 있는 사람은 "인간성에 문제가 있다"는 풍문이 떠돌아다니게 된다(김영민, 『탈식민성과 우리 인문학의 글쓰기』, 민음사, 1996, p. 75).

력 관계나 대학 총장이나 이사장의 전횡적 권력이 작용했다. 나의 개인적 경험에 비추어 보더라도 공정한 인사보다는 불공정한 인사가 훨씬 더 많았다. 학문적 업적과 실력보다는 학연을 비롯한 연고나 인맥을 활용한 로비 능력에 의해서 인사가 이루어졌기 때문이다. 논문 심사, 공개 강좌 등 '객관적' 평가 절차라는 것도 거의 겉치레이고 밖으로부터 '객관적으로' 평가했다는 인정을 받기 위해서 만들어진 장치였다.[24]

위의 주장에 대한 근거를 제시하기 위해 나의 구체적 경험을 짧게 이야기해본다. 어느 대학교수 초빙 과정에서 서류심사를 통해 최종 후보자 가운데 한 명으로 뽑혀 마지막 결정을 위해 총장과 인터뷰를 하게 되었다. 1960년대 학생운동의 주역 가운데 한 사람이었던 그 대학의 총장은 다른 것은 묻지 않고 그 대학 사회학과의 어느 교수와 어떤 관계인가만을 물었다. 왜 그런 질문을 하는지 궁금했다. 나는 그 교수를 개인적으로 알지 못할 뿐만 아니라 인사 문제 때문에 그 교수를 사전에 만난 적도 없었기 때문이다. 나중에 알고 보니까 그 대학 이사장과 가족 관계에 있는 그 교수가 서류심사 과정에서 나에게 높은 점수를 주었던 모양이다. 내가 그 교수와 미리 개인적으로 접촉해 지원을 부탁했더라면, 그래서 그 교수가 총장에게 자신의 의견을 명백하게 피력했더라면 총장은 고민에 빠졌을지도 모른다. 하지만 총장과의 면담에서 내가 그

---

24) 프랑스에서 공부한 정치학자 홍성민은 학계의 '패거리'주의를 다음과 같이 묘사했다. "학문 분과의 벽이 높아짐에 따라서, 학자들의 집단적 무의식이 교묘하게 인맥 집단으로 자리 잡아가고 있다. 그러다보니 자신과 연구 방식이 비슷한 사람들이 모여 '패거리'를 이루게 되고 그들이 교수 초빙이나 논문 심사, 그리고 연구비를 따내는 일에 집단적 권력을 행사한다. 그런데 이 모든 것이 학문의 보편성으로 위장되어 있어 학계의 권력 집단은 언제나 당당하기만 하다"(홍성민, 『취향의 정치학—피에르 부르디외의 「구별짓기」 읽기와 쓰기』, 현암사, 2012, p. 187).

교수와 개인적 관계가 없다고 말하자 총장은 안심하고 이미 내정된 자기가 원하는 사람을 지명했을 것이다.

그런가 하면 진보적인 학문 성향을 내세우는 서울의 어느 대학에서도 우스운 꼴을 당한 적이 있다. 그 무렵 나는 시민운동을 하다가 알게 된 그 대학의 사회복지학과 교수로부터 전화 한 통을 받았다. 자기 대학의 사회학과에서 교수 채용을 하니까 꼭 지원을 해보라는 거였다. 그 대학 사회학과에는 한국에서 내로라하는 진보적 사회학자들이 이미 여러 명 자리 잡고 있기 때문에 나 같은 사람이 자기 대학에 들어오면 좋겠다는 의견이었다. 망설이다가 한번 내보기로 하고 부랴부랴 서류를 만들어 제출했다. 다행히 서류심사를 통과해서 총장 면담을 하게 되었다. 면담 장소인 총장실로 들어가니까 정치적인 이유로 오랜 세월 복역하고 나와서 그 대학에서 가르치고 있는 명망가 한 분이 총장 옆자리에 배석하고 있었다. 나는 그 두 사람과 이런저런 이야기를 나누었다. 긍정적인 분위기였다. 그런데 얼마 후 나는 그 대학에 임용되지 않았음을 알게 되었다. 학교마다 인사 과정이 다르겠지만 큰 문제가 없으면 총장은 대체로 과 교수들의 의견을 존중하는 것으로 알고 있다. 그렇다면 그 학교 사회학과 교수들이 나를 지지하지 않았다는 추론이 가능하다. 진보 학계를 대표하는 학자들도 사적인 이해관계에 얽혀 한국 사회의 관행을 따르고 있는 것은 아닌가 하는 의구심이 들었다. 나중에 알고 보니까 한 사람은 그 대학 사회학과 교수가 박사학위를 받을 때 지도했던 타 대학교수가 부탁한 제자 한 사람을 뽑았고, 다른 한 사람은 그 대학과 관련된 다른 대학 총장이 부탁한 사람을 뽑았다. 진보적이라는 대학도 이런 방식으로 인사가 이루어지는 것을 보고 실망이 컸다. 얼마 후 그 대학교 사회학과 교수 한 사람으로부터 전화가 왔다. 자기 대학에 사회

교육원을 만들려고 하는데 총장 면담 시 배석했던 그 명망가를 원장으로 모시고 부원장이 되어서 일해달라는 부탁이었다. 사회학과 교수 자리는 못 주지만 그래도 함께 일하자는 제의였던 것 같다. 나는 그 부탁을 받아들이지 않았다.[25] 얼마 후 나는 시민운동 단체의 기금 모집을 위한 파티에서 그 대학의 총장과 대면하게 되었다. 그때 그 총장은 나에게 "개인적으로 마음의 빚을 지고 있다"고 말했다. 그런 경우는 그래도 인간적이기라도 하다.

1993년 지칠 대로 지친 상태에서 호남의 어느 지방 국립대학에 원서를 냈을 때의 일이다. 그 무렵에는 저서를 포함하여 꽤 많은 연구 업적이 쌓였다. 그때 그 대학 사회학과 교수들은 연구 업적이 별로 없지만 그 지역 명문 고등학교를 졸업하고 자기 대학을 졸업한 후보자를 뽑았다. 물론 그 지역에 아무 연고도 없이 원서만 내고 얼굴 한번 내밀지 않는 사람을 뽑기 어려웠을지도 모른다. 그러나 교수 채용에서 중요한 것은 학문적 능력이지 연고 관계는 아닐 것이다. 그 지역에서 고등학교와 대학을 나왔다는 것이 학문적 능력에 우선하여 작용한다면 그런 대학 인사는 문제가 아닐 수 없다. 그러면서 지역 차별 운운하는 것은 앞뒤가 맞지 않는다. 나는 그렇게 해서 임용된 사람들이 어떤 학문적 업적을 쌓는지를 관심 있게 바라본다.[26] 많은 대학들, 특히 일류 대학에서

---

25) 17세기 초 영국 케임브리지 대학의 세인트존스 칼리지의 학생들이 만든 한 연극은 대학 교육을 받고 희망에 부풀었으나 정작 그 꿈을 실현할 수 있는 직업이 주어지지 않았다는 모순을 주제로 하고 있다. 극중에 나오는 학문 애호가는 "직업 선택의 기회란, 후원자에게 비굴하게 얽혀살거나 아니면 임시적이고 굴욕적인 직업에 종사해야 하는 알량한 것임을 깨닫는다"(이언 와트, 『근대 개인주의 신화』, 이시연·강유나 옮김, 문학동네, 2004, p. 69).

26) 교수 임용 과정에서 출신 대학도 중요하지만 출신 고등학교도 암암리에 작용한다. 내가 아는 경우만 해도 일류고 출신들은 학문적 능력과 상관없이 쉽게 취직을 하는 경향이 있다. 그 것은 이미 자리 잡은 일류고 출신들의 같은 일류고 출신 후배에 대한 호의적 태도 때문이기

시작된 자기 졸업생 채용 관행은 비일류 대학으로 퍼져서 타 대학 졸업생은 원서 내기도 힘들었다. 아무리 실력이 있어도 그 대학 출신이 아니면 그 대학교수가 될 수 없는 것이다. 서울의 어느 여자 대학의 경우에도 최종 후보로 올라가 총장을 면담할 기회가 있었다. 나는 그때 남성 총장보다 더 권위주의적인 태도를 가진 여성 총장의 모습을 보았다. 그게 나를 임용하지 않겠다는 사전의 의지를 표명하는 것이었는지도 모르겠다. 아무튼 그 학교에도 받아들여지지 않았다. 나를 임용하지 않은 무슨 다른 이유가 있었는지는 알 수가 없지만 나중에 그 대학 원로 교수로부터 자기 대학 졸업생을 뽑으라는 동문들의 압력이 있었다는 말을 들었다. 그런데 다른 학교의 경우에는 학생들이 그런 경향에 반대하는 경우도 있었다. 어느 대학의 어느 학과의 동기 모임이 "모교 교수님께 드리는 글"에는 이런 구절이 나온다. "동창회의 몇몇 인사들이 교수 임용에 있어 장학금을 무기로 삼아 특정인이 채용되기를 요구하였다 하며, 또한 '서열'이라는 것에 의해 우리 학과 교수로 차례차례 내락되어 있다는 차마 믿기 어려운 소문이 전해져오고 있습니다. '우리 학교 출신이 아니면 안 된다'는 발상을 통해 우리들 가슴속 외진 곳에 움츠리고 있는 편협한 이기심에 호소하여 일을 풀어나가기에는 모교를 지켜보고 있는 외부의 시선이 너무나도 엄중하고 그 큰 기대만큼 책임이 막중하

도 하고 비일류고 출신 교수들이 자신들의 오래된 열등감을 해소하는 방법이기도 하다. 지방대의 경우는 경북고, 대전고, 춘천고, 전주고, 광주일고, 경남고, 부산고 등 그 지역 명문고 출신이 아니면 그 지역의 대학에 자리 잡기가 거의 불가능했다. 2001년 5월 30일자 『조선일보』에는 서울대 이기준 총장에 대한 교수들의 반발을 "경기고, 문리대 출신"들의 "서울사대부고, 공대 출신" 총장에 대한 반감으로 설명하고 있다. 서울대 경영대의 한 교수는 이런 사태를 두고 일류고 출신 교수들로 이루어진 "기존 주류 그룹들로부터 총장이 왕따당하는 상황"이라고 말했다.

다는 사실입니다."[27]

개인적인 후일담이 너무 길었다. 그만 줄이고 그 당시 대학 인사를 둘러싼 전체적인 상황이 어떠했는가를 살펴보자. 내가 대학교수가 되기 위해 노력했던 1990년대 초는 대학교수 임용 비리가 극치를 향해서 줄달음질쳤던 시기였다. 그러다가 1990년대 중반을 지나면서 어쩐 일인지 언론에서 대학교수 임용 비리를 다루는 기사들이 줄줄이 실렸다. 1996년 12월 24일자 『한국일보』에는 무려 3면에 걸쳐 대학교수 사회의 비리를 폭로하는 기사가 실렸다. 「교수 임용 비리 대학이 병든다」는 제목의 기사에는 다음과 같은 내용이 나온다. "교수 사회가 교수 임용을 둘러싼 비리와 잡음으로 몸살을 앓고 있다. 실력에 따른 공정하고 투명한 경쟁보다는 인맥과 학맥 청탁 등에 의한 노골적인 '내 사람 심기'가 성행하고 있다. 선배 교수가 후배에게 교수 임용 대가로 금품을 받은 뒤 추가로 선물과 문안 인사를 요구하고 거절당하자 폭언과 폭행을 한 어처구니없는 일조차 있었다. 임용을 조건으로 무급이나 상상 이하의 저임금을 강요당하기도 한다. 총장이나 재단의 전횡, 정·재계 유력 인사의 부당한 개입과 같은 비리도 여전하다. 임용 절차가 끝나자마자 "억대의 금품이 오갔다"는 뒷말이 무성하게 나돌아 '교수직 매매' 의혹을 강하게 받는 대학도 적지 않다. 심지어 우수한 인재가 같은 과에 후배 교

---

27) '교수 공정임용을 위한 모임'의 간사일을 했던 장정현은 교수 임용 과정의 비리와 불합리한 처사들을 자료를 바탕으로 조목조목 분석하고 있다. 장정현은 공정하고 깨끗해야 할 교수 임용 과정이 돈과 인맥이 판치는 암시장으로 변했음을 개탄하면서 금품 수수, 청탁, 인맥에 의해서 신임 교수를 뽑으면 그다음 사람이 똑같은 방식을 되풀이하게 됨을 지적하고 있다. 실력이 없이 부정한 또는 불합리한 방식으로 교수가 된 사람은 당연히 그것을 덮어두고 문제 삼지 않을 자기 사람을 뽑으려 한다는 것이다(장정현, 『한국의 대학교수시장』, 내일을여는책, 1996, p. 218).

수로 들어오는 것을 두려워한 나머지 갖가지 수단을 동원해 임용을 막는 경우도 있다. '사회의 거울'이 되어야 할 교수 사회가 추잡한 '삼류 정치판'을 닮아가고 있다는 우려의 목소리가 여기저기서 들려온다." 1997년 초에 '교수 공정임용을 위한 모임'이 교수 임용 불공정 사례 보고서를 발표했다. 여러 일간지들이 대학교수 임용 과정의 부조리를 공개적으로 비판하면서 이를 바로 잡아야 한다는 사회적 여론이 형성되기 시작했다. 한 일간지의 논설위원은 「불공정한 대학교수 임용」이라는 제목의 사설에서 이렇게 썼다.

"'교수 공정임용을 위한 모임'이 발표한 교수 임용 불공정 사례 25건은 대학교수가 되기 위해선 실력보다 돈이나 출신 성분 또는 든든한 배경이 있어야만 함을 보여주고 있다. 거액의 사례금과 유력 인사의 청탁 등에 의해 부적격자가 교수에 임용되고, 특정인을 위해 과목을 신설하는 등 우리 대학의 현실이라고 믿을 수 없는 일들이 실제로 일어나고 있는 것이다. 대부분의 대학이 공개 채용 공고를 내고 있지만 이는 겉치레일 뿐이며 실제로는 이런 부조리가 만연해 있다는 것이다. 그러나 이런 금품 수수를 통한 노골적 부정 임용 사례는 몇몇 문제가 있는 재단이 운영하는 대학이나 예체능계 부문에서 두드러지고, 실제로 교수 임용에서 가장 일반적이고 심각한 병폐로는 학벌과 인맥, 지연 등에 의한 정실 임용을 지적하는 견해가 지배적이다. 지난해의 한 조사 결과 대학교수들의 75퍼센트가 교수 신규 공채가 비합리적이거나 불공정하다고 여기고 있으며, 그 원인으로 70퍼센트가 '학맥 등 파벌 정실 인사'를 꼽고 있음이 드러났다. 몇몇 대학 출신이 아니면 교수 사회에 발을 붙이기가 어려우며, 이른바 명문대들이 자기 학교 출신들만을 교수에 임용하고 있음을 가장 불공정한 사례로 지적하고 있다."[28]

그러나 그런 비판적 여론의 형성에도 불구하고 교수 임용 비리가 계속되었는지 이 신문은 그다음 해인 1998년 3월에 「심층 점검 대학 비리」라는 제목으로 여러 날에 걸쳐 대학의 문제를 파헤쳤다.[29] 그 첫번째 기사는 「유전 교수, 무전 강사」라는 제목으로 교수 채용 과정의 금품 거래를 다루고 있다. 그러고 나서 5월에는 「대학 비리 이젠 수술해야」라는 제목의 사설을 내보냈다. 그 가운데 한 구절은 다음과 같다.

"대학 비리가 잇따라 불거지고 있다. 〔……〕 정당한 절차를 무시하고 금품이나 인맥을 동원한 특정인을 교수로 임용하는 일도 마찬가지이다. 수많은 학생들을 가르치는 부적격 교수의 폐해는 더욱 심각하다. 〔……〕 대학 비리는 어제오늘의 이야기가 아니다. 이미 지난 2월 서울대 치대 교수를 임용하는 과정에서 거액의 금품이 오간 사실이 드러나 충격을 던진 바 있다. 〔……〕 대학이 썩을 때 희망은 없다. 무릇 대학은 사회의 부정과 비리를 정화하는 마지막 보루인 탓이다. 대학 당국의 뼈를 깎는 자성과 노력이 절실함은 물론 교육 당국의 철저한 감독과 지도가 요구된다. 교육은 대학의 자율적인 철학과 정책에 맡기는 것이 원칙이다. 그러나 사회적 책임을 다하지 못할 때 자율을 구가할 수 없다. 필요하다면 사립학교법을 개정해서라도 대학에 만연된 비리에 대처해야 마땅하다."[30]

원칙에 입각하여 학문의 길을 가려는 사람에게 강요되는 복종과 굴종 그리고 적응에의 강요는 그렇게 하여 대학에 자리를 잡는다 해도 올

---

28) 『한겨레』, 1997년 3월 3일자.
29) 1990년에 나온 하일지의 소설 『경마장 가는 길』(민음사)에는 외국에서 박사학위를 하고 돌아와 주변화된 지식인이 등장하고, 1998년에 나온 홍상수 감독의 영화 「강원도의 힘」에는 대학강사가 교수 임용을 앞두고 양주를 사들고 교수 집을 방문하는 장면이 나온다.
30) 『한겨레』, 1998년 5월 13일자.

바른 학문의 길을 가기 어렵게 만든다. 불공정하고 떳떳하지 못한 방법으로 교수가 된 사람이 진리의 편에 서서 학생들에게 정의를 이야기할 수는 없을 것이다. 그렇게 교수가 된 사람들에게 기존의 잘못된 관행에 저항하면서 올바른 방향으로의 변화를 모색하기를 기대할 수 없다. 대학 사회의 그렇고 그런 비합리적 관행이 그런 사람들에 의해 재생산되는 것이다. 우리 사회가 진정한 변화를 원한다면 합리적이고 공정한 평가의 기준을 제시하고 그에 입각하여 누구라도 고개를 끄떡이게 하는 교수 채용의 관행을 만들어나가야 한다. 자신의 삶의 지향성과 학문의 길에 대한 신념을 저버리지 않고 공정하고 합리적인 기준에 의해 대학에 자리를 잡은 교수들이라야 대학을 포함하여 사회의 제도와 관행에 대해 올바른 기준을 제시하면서 사회를 바람직한 방향으로 변화시킬 수 있을 것이다.

1996년 12월 24일자 『한국일보』의 대학 비리 특집 기사는 당시 서울대 법대 교수 양승규의 다음과 같은 말을 인용하고 있다. "대학 사회가 구조적으로 썩었습니다. 교수들이 패거리를 짜서 집회를 하고 남을 헐뜯는 풍토가 팽배해 있어요. 몇몇 교수들이 재주를 부려 해악을 끼치지만 모두들 침묵하고 있습니다. 옳은 얘기를 하면 손해본다는 생각 때문이죠." 고려대 사학과 교수 이상신도 이렇게 말했다. "대학은 한 사회의 정신문화를 유지하고 이끌어갈 책임이 있어요. 사회가 위기에 처할 때 교수들이 일정 기간 사회나 정치에 참여할 수 있습니다. 그러나 평상시에 교수 사회가 학문은 젖혀둔 채 파벌 싸움이나 하고 힘이나 이미지 구축에 힘 쏟을 때 대학은 사회의 기형아로 변하게 됩니다. 대대적인 수술이 필요하다는 생각입니다."

언론을 비롯한 여론 형성 기구들에서 우리 사회에서 대학교수 임용

문제를 놓고 학맥, 인맥, 파벌, 청탁, 금품수수, 이사장이나 총장의 전
횡 등등에 대한 비판이 있었지만 그 모든 것을 꿰뚫는 우리 사회의 '문
화적 문법'에 대한 근본적 비판은 없었다. 한 개인의 학문적 능력보다
조직 내 사람들 사이의 인간관계가 더 중요하다고 생각하는 문화적 문
법이 문제인 것이다.[31] 학문적 능력과 연구 업적보다도 과 교수들 사이
의 인화단결이 더 중요하다는 생각이 지배적이다. 그런데 인화단결은 서
열 체제와 동의어이다. 서열을 중시하는 우리나라 문화의 영향으로 대
학교수들도 같은 지역, 같은 고등학교, 같은 대학, 유학 시 같은 대학 출
신이면 더욱더 인간적인 친밀성과 상하 수직관계가 분명해지는 상황을
적극적으로 활용한다. 다른 지역, 다른 학교 출신이나 다른 나라에 유
학한 사람은 과 교수들 사이의 인화단결을 해친다는 이유로 배척한다.
박영신은 교수 임용과 관련하여 대학 사회의 윤리적 개혁을 요구하면
서 "체제 수호자들이 그 체제 구성원들에게 사적으로 친밀감을 준다는
것이 확실시되는 친화적인 인물을 선택하려고 하기 때문에 전문적 능
력과 업적의 원칙이 무시"되며 "한통속이 될 수 있는 순응적 체제 동조
세력을 신임 교수로 충원하여 기존 체제를 강화하고 있는 상황"을 통렬
하게 비판했다.[32]

---

31) 연고주의 등 한국인의 문화적 문법의 내용과 그 기원, 그리고 그것이 낳고 있는 병폐와 더불
   어 치유책까지 제시하고 있는 정수복, 『한국인의 문화적 문법』(생각의나무, 2007)을 볼 것.
32) 박영신, 『우리 사회의 성찰적 인식―전통, 구조, 과정』, 현상과인식, 1995, pp. 261~88.

나의 수난에 대한 사회학적 설명

2002년 이후 나는 서울을 떠나 파리에서 거의 10년이라는 세월 동안 자발적 망명생활을 하다가 돌아왔다. 민주화운동을 하다가 해직 교수가 되어 망명생활을 한 것이 아니라 대학교수도 못 된 상태에서 망명생활을 했다. 정치적 이유로 망명생활을 했다면 '정치망명객'이라는 도덕적 명분이라도 있었겠지만 나는 아무 내세울 것도 없이 그저 '정신적 망명자'로 생활했다. 누구에게 내세울 아무런 공적 대의명분도 없이 그저 구석과 그늘에서 조용히 살다 돌아왔다.[33] 다시 만난 사람들이 내가 어디에 자리를 잡았는지를 물을 때마다 나는 나 자신의 과거를 뒤돌아보게 된다. 내가 대학에 교수 자리 하나 차지하지 못한 이유는 어디에 있는가? 그저 내가 못나서인가 아니면 대학 사회가 잘못되어서인가? 1990년대 중반 어느 모임에서 만난 모 대학 사회학과 교수 한 사람이 "정 박사는 참 운이 없어서 고생한다"는 위로의 말을 해주었던 게 기억난다. 장모가 오래전에 답답함을 못 이겨 찾아간 점쟁이가 내 팔자가 아무래도 교수가 될 팔자는 아니라는 점괘를 내놓았다는 이야기도 떠오른다. 그러나 명색이 사회학자인데 내가 나 자신의 인생 경로를 '운'이나 '팔자'로 설명하는 데 만족할 수는 없다. 아니 그래서는 안 된다. 사회학자로서 내 처지를 사회학적으로 설명해야 한다.

대학교수 임용 문제는 20세기 초 독일 사회에서도 논란거리였다. 학

---

33) 나는 이메일상으로 '전달'받은 글을 통해 어떤 교수가 다른 사람에게 보낸 이메일에서 나를 "취직도 안 되고 집에 돈도 있고 해서 파리에 가서 널널하게 지내다 돌아온 사람"으로 소개한 문구를 읽기도 했다.

문의 세계에서 비학문적인 기준이 작용하는 것이 문제였다. 사회학의 창건자 가운데 한 사람으로 꼽히는 막스 베버는 『직업으로서의 학문』에서 당시 독일 대학에서의 교수 임용 과정에 대해 다음과 같이 증언했다. "사私강사가, 더구나 조교가 언젠가 정교수나 심지어는 연구소 소장 자리에 오를 수 있는지는 그야말로 요행에 속하는 문제입니다. 물론 요행만이 지배하는 것은 아닙니다. 그렇지만 요행이 엄청날 정도로 크게 지배하는 것은 사실입니다. 나는 '요행'이 그 정도로 큰 역할을 하고 있는 직업이 이 세상에 또 어디 있을까 싶습니다. 내가 이런 말을 할 수 있는 것은 내가 교수로 채용될 당시의 아래와 같은 나 자신의 경험 때문입니다. 그 당시에 나의 동년배 중 많은 사람들이 내 분야에서 나보다 더 많은 업적을 이룩했음에도 내가 매우 젊은 나이에 이 분야의 정교수로 초빙된 것은 개인적으로는 몇 가지 절대적 우연 덕분이었습니다. 물론 나는 이러한 경험을 통해 많은 사람들의 부당한 운명을 감지할 수 있는 단련된 눈을 지니게 되었다고 자부하는데, 이들에게는 우연이라는 것이 〔나의 경우와는〕 정반대로 작용하였으며, 또 아직도 정반대로 작용하고 있는 것입니다. 다시 말해서 그들은 유능함에도 불구하고 이 선발 장치 안에서는 그들에게 마땅히 돌아가야 할 자리를 차지하지 못하고 있는 것입니다."[34]

자신보다 더 많은 학문적 업적을 이룩한 사람이 있었는데 '우연'과 '요행'으로 자기가 정교수로 임명되었음을 솔직하게 고백하는 막스 베버의 양심적 자세는 존경할 만하다.[35] 막스 베버는 교수가 된 이후 자기보다

---

34) 막스 베버, 『직업으로서의 학문』, 전성우 옮김, 나남, 2006, pp. 25~26.

35) 베버의 이 진술을 겸양의 표현이 아니라 사실로 받아들인다면 그 '요행'을 사회학적으로 좀 더 분명하게 밝힐 필요가 있다. 보기를 들자면 당시 유력한 정치가였던 베버의 아버지가 소

유능함에도 불구하고 우연이라는 것이 반대 방향으로 작용하여 교수가 되지 못하고 있는 '부당한 운명'에 처한 사람들을 적극적으로 지지했다. 보기를 들자면 게오르크 짐멜이 유대인이라는 이유로 교수로 임용되지 못하는 상황을 매우 안타깝게 생각하고 그를 위해 여러 방면으로 힘을 썼다는 사실은 잘 알려져 있다.[36] 그러나 막스 베버의 위의 인용문에는 다소 미흡한 점이 발견된다. 그는 강연회 자리에서 다 말할 수 없었겠지만 자신이 정교수로 임명될 때 작용한 요행과 우연의 내용을 정확하게 제시하지 않았다. 물론 그럴 만한 이유는 있다. 베버 스스로가 같은 강연에서 말했듯이 "대학의 어떤 교수도 자기가 임명될 때 벌어졌던 토론에 대해서 회상하기를 좋아하지 않〔는〕다. 왜냐하면 그 토론이 유쾌했던 경우가 드물기 때문"이다.[37] 그러나 막스 베버가 사회학자라면 자신이 교수로 임용될 당시의 상황을 요행과 우연으로 설명할 것이 아니라 사회학적으로 설명해야 했다. 그 스스로 인정했듯이 자기보다 학문적 업적이 더 많은 사람들이 있었는데 왜 자기가 교수로 임명되었는가에 대한 사회학적 설명이 필요한 것이다. 베버는 대학교수 임용 과정에 우연이나 요행이 작용하는 책임은 "교수진이나 교육행정 당국자들의 인격적 결함이 아니라 추천권을 갖고 있는 교수진과 교육행정 당국

유한 명망과 인맥 등이 어떻게 작용했는지 궁금하다. 내 주변에도 교수가 되는 데 아버지의 권력, 지위, 인맥이 중요하게 작용한 경우를 여러 번 보았기 때문이다.

36) 짐멜이 학자로서 겪은 불운은 유대인이라는 이유 말고도 그가 논문보다는 에세이 형식의 글을 썼다는 점, 사회를 실체로 보지 않고 개인들 사이의 상호작용을 연구 대상으로 설정했다는 점, 그리고 베를린 대학에서 이루어지는 그의 강의가 불러일으킨 지적 열기에 대한 동료 학자들의 시기와 질투 등이 작용했다. 이에 대해서는 김덕영, 『사상의 고향을 찾아서―독일 지성 기행』(길, 2015, pp. 370~71)을 볼 것.

37) 막스 베버, 『직업으로서의 학문/직업으로서의 정치』, 이상률 옮김, 문예출판사, 1994, p. 15.

자들의 공동작업의 법칙 자체에 있다"고 지적했을 뿐 그 공동작업의 법칙을 파헤치지 않았다.[38]

19세기 말의 독일에서 한 세기 후의 한국 사회로 다시 돌아오자.[39] 교수를 뽑을 때 가장 중요한 것은 한 사람의 학문적 능력과 학자로서의 자질이다. 다른 것은 부차적이다. 그런데 우리나라 대학에서 교수를 뽑을 때는 학문적 성취보다 암암리에 '사람됨'이나 '성격'을 강조하는 경우가 많다. 윗사람을 잘 모시고 동료들과 원만한 관계를 유지하며 후배와 제자들을 인간적으로 잘 돌볼 수 있는 사람을 뽑아야 한다는 주장이 설득력을 갖는다.[40] 물론 대학도 사람들이 모여 함께 살아가는 곳이니까 그런 요소를 고려하지 않을 수 없다. 그러나 대학이 다른 조직과 달리 학문적 진리를 추구하는 곳이라면 교수 충원에서 가장 중요한 기준은 역시 학문적 성취와 성취 가능성이어야 한다. 원로 교육학자 정범모는 그런 원칙을 분명하게 표명했다. 그는 학자를 평가하는 기준으로 인격보다 학문적 업적이 중요함을 다음과 같이 역설했다. "학문적 수월성 자체보다는 그의 인간관계에서 드러나는 인물, 인품, 인기 등을 기준으로 학자를 평가하는 경우가 있다. 물론 학문적 수월성이 있으면서도 인물, 인품이 좋고 예의바르고 인화도 좋아 덕망도 좋다면 더 말할 나위 없이 좋다. 그러나 그것은 아무리 좋아도 학문 외적 기준에 의한 평가

---

38) 같은 책, pp. 26~27.

39) 한국 대학의 교수 임용 과정에 대한 신랄한 분석으로 김종영, 『지배받는 지배자—미국 유학과 한국 엘리트의 탄생』, pp. 133~169 참조.

40) "한국의 유교문화와 가족주의는 후보자를 독립적인 인격체라기보다는 '아랫사람'으로 보고, 한국 대학의 작은 학과 규모와 정년제는 예비 교수를 '평생 같이 살 사람'으로 보기 때문에 성격을 중시하는 경향이 있다. [……] 미국 대학과 달리 한국 대학 사회는 교수들 사이의 상호작용이 빈번하고 연공서열에 의해 일이 배분되는 경향이 있어 '성격이 모나 보이는' 후보자[는] 배제되기 쉽다"(같은 책, pp. 154, 168).

다. 덕망 있고 인기는 있어도 학적 성취가 빈약하면 학자로서는 낙제다. 반면 약간 인물이 고약하더라도 탁월하고 참신한 학적 성취가 있다면 그 사람은 학자로서는 훌륭한 학자다. [……] 학덕이라는 말이 있지만, 어쩌면 학자에게 남다른 덕망이 있고 원만하고 인기가 있을 것을 기대하는 것은 좀 무리일지도 모른다. 학자는 직분상 많은 것에 의심을 품고, 많은 것에 반대하고, 많은 것을 부정하고, 반증이 없는 한 많은 것을 억세게 주장하고, 많은 시간을 인간관계에서 떨어져 혼자 연구실에 파묻혀 있어야 하는 것이 학자의 길이기 때문이다. 학자이면서 많은 사람에게 인기가 있는 사람은 아주 비상한 성격의 소유자이거나 학문적으로 별 볼일 없는 사람일지도 모른다. 물론 학자에게도 인간으로서의 기본적 도덕성과 정서는 요구된다. 그것마저 없으면 대학이나 학회의 일원이 될 수 없다. 그러나 파렴치한이 아닌 한, 그 기본적 도덕성과 정서 이상은 학자적 수월성의 기준이 될 수는 없다."[41] 원로 교육학자다운 속 시원한 발언이다. 박영신도 "높은 수준의 강의와 연구를 할 수 있다면, 그 성격이 문제시되어서는 안 된다"는 미국 사회학자 에드워드 쉴스 Edward Shils의 말을 인용하면서 '사람이 덜 되었다'든가 '성격에 문제가 있다'든가 아니면 심지어 '고집이 세다'라는 인신공격성 발언으로 학문적으로 능력이 있는 후보자를 배제하는 교수 사회의 관행을 비판했다.

그렇다면 나의 '수난'을 어떻게 사회학적으로 설명할 수 있을 것인가? 대단한 실력은 아니지만 교수생활을 하기에는 충분한 정도의 학문적 능력과 연구 업적을 가진 사람이 대학에 자리 잡지 못한 이유를 어떻게 설명할 수 있을 것인가? 아래에서는 여덟 가지 이유를 들어 설명을 시

---

41) 정범모, 『학문의 조건―한국에서 학문은 가능한가』, 나남출판, 2006, pp. 156~56.

도해본다.

첫째, 내가 베이비붐 세대에 속하기 때문이다. 1930년대와 1940년대에 태어난 사람들의 경우 박사학위를 받은 사람은 극소수였다. 그 세대 사람들의 경우 박사학위 소지자는 당연히 대학교수가 되었다. 그러나 베이비붐 세대에 속하는 1950년대생들의 경우에는 1980년대 후반에 이르러 박사학위 소지자가 급증했다.[42] 내가 귀국한 1980년대 말 1990년대 초만 하더라도 연세대학교 사회학과 졸업생들의 경우 박사학위를 받고 귀국한 사람이 10여 명에 가까웠다. 1990년대 내내 대학교수 자리는 한정되어 있는데 국내외 박사학위 소지자 수는 급증했다.[43]

두번째 이유는 사회학계 내에서 연세대 출신들의 연줄망의 부족이다. 서울대학교 사회학과가 1946년에 창설되었고 1954년에 경북대에, 1958년에 이화여대에 사회학과가 생겼고 1963년에 고려대 사회학과가 문을 열었다. 연세대 사회학과는 뒤늦게 1972년에 가서야 만들어졌다. 그 이후 1980년대에 대학 정원이 급증하면서 여러 대학에 사회학과가 창설되었다. 새로 생긴 사회학과 교수직을 서울대 출신이 다수 확보했

---

42) 베이비붐 세대에 대한 사례연구로 송호근, 『그들은 소리내 울지 않는다』(이와우, 2013)를 볼 것. 이 책에는 베이비붐 세대로 태어나 서울대 사회학과를 졸업하고 하버드 대학에서 박사학위를 받고 한림대 교수를 거쳐 서울대 교수가 되어 영향력 있는 지식인으로 활동하고 있는 송호근 자신의 이야기도 하나의 사례로 나온다.

43) 『조선일보』, 2001년 5월 3일자의 「박사 공급 넘쳐나 시간강사 10년 예사」라는 제목의 기사에는 독일의 한 명문대에서 문학 박사학위를 받은 K의 사례를 소개하고 있다. K씨는 "나이는 자꾸 먹어가지만 다른 일을 새로 시작하기도 어려워 난감하다"며 "독일에서 박사학위를 받을 때만 해도 자부심에 가득했는데 〔……〕 내가 왜 이 길을 걸었는지 후회가 막급하다"고 말했다. 이 신문은 한국직업능력개발원 보고서에 근거하여 앞으로 "박사 초과공급 현상이 심화될 것으로 보여 특히 인문 계열의 대폭적인 정원 축소가 필요하〔며〕 대학 전임교원 확보, 시간강사 처우 개선, 비정규직 박사들에 대한 국가연구비 제공 등 배출된 박사 인력을 활용하는 획기적 방안이 마련돼야 할 것"이라고 대안을 제시하고 있다.

고 고대 출신들도 어느 정도 자리를 차지했다. 학연과 선후배 관계가 작동하는 교수 충원 과정에서 후발 주자인 연세대 출신들은 자리 잡기가 힘들었다.[44] 막스 베버가 오래전 독일 대학 사회에 대해 관찰했듯이 "경쟁자의 수가 증가함에 따라 경쟁 참여자들에게는 다른 경쟁 참여자를 어떤 방식으로든 제한하려는 이해관계가 자라난다. 이러한 현상이 일어나는 통상적인 형식은 다음과 같다. 경쟁에 참여한 어떤 집단이 현재적 또는 잠재적 경쟁자들의 일부에서 외적으로 확인할 수 있는 어떤 특징을 빌미 삼아 즉 인종, 언어, 교파, 지역적·사회적 출신, 혈통, 주거지 등을 빌미 삼아, 그러한 특징을 지닌 경쟁자들을 경쟁에서 배제하려 노력하는 것이다."[45] 1990년대 한국의 여러 대학 사회학과에 이미 자리 잡은 서울대 출신 교수들은 서울대 출신이 고교 졸업 당시 학업성적이 우수했기 때문에 외국 유학 이후, 박사학위 취득 이후에도 계속해서 타 대학 출신보다 실력이 있다는 자기들 사이의 암묵적 합의를 바탕으로 비서울대 출신보다는 선후배 관계로 엮인 서울대 출신을 선호했을 것이다.[46] 서울대 출신 교수들은 사회학계에 진입한 비서울대 출신 신참 학

---

44) 랜달 콜린스는 한 학자가 경력을 시작하는 초기에 학계의 네트워크상에서 차지하는 위치가 그 사람의 전체 경력에서 결정적인 영향을 미친다고 분석했다. 학계 데뷔 초기에 학계 네트워크상에서 차지하는 불리한 위치는 한 학자를 일생 어려운 상황에 처하게 한다. 학계의 중요한 연결망에 소속되지 않는 사람은 아무리 탁월해도 성공적인 경력을 만들어나갈 수 없다. 콜린스는 학계의 스타가 되는 것도 학계에서 배제된 주변인이 되는 것도 학계 네트워크상의 위치로 설명한다. 어느 학자가 학계의 중심부에서 밀려나면 그는 평균적 학자의 길을 벗어나 주류의 관점에서 보면 '일탈'로 보일 수 있는 새로운 길을 걷는다. 마르크스, 짐멜, 벤야민 등이 그 보기일 것이다(Randall Collins, *Interaction Ritual Chains*, Princeton: Princeton University Press, 2004, pp. 358~59).

45) 막스 베버, 『경제와 사회―공동체들』, 박성환 옮김, 나남, 2009, p. 152.

46) 서울대를 포함하여 소위 일류대 출신들은 서울대 출신 경제학자의 다음과 같은 지적에 대해 한번 생각해볼 기회를 가지면 좋을 것이다. "열아홉 살 무렵의 어느 시점에서 치른 시험의 결과로 인생의 출발 시점 그 후로 오랫동안 헤쳐나가야 할 삶의 난이도가 결정되는 것,

자의 평판을 좌지우지하기도 했을 것이다.[47]

세번째로는 프랑스 박사가 갖는 불리함이다. 해방 이후 우리나라에서 외국 유학은 학문 분야에 따라 다르지만 미국 유학이 일반적이고 유럽 유학은 그다음이다. 식민지 시대 일본의 영향을 받아 독일 유학파는 철학을 비롯하여 몇몇 분야에서 다소 자리를 잡고 있지만 프랑스 유학파는 문학예술 분야를 제외하면 극소수다. 1980년대에 프랑스에서 사회학 박사학위를 받고 귀국한 몇몇 사람들이 있었지만 그들이 한국 사회학계에서 차지하는 위치는 주변적인 것이었다. 1990년대 이후 한국사회학회 회원 수가 늘어나고 미국 대학 출신 박사들의 숫자가 증가함에 따라 미국 주류 사회학의 기준에 따라 한국 사회학을 틀 지우려는 움직임이 일어났다. 이는 암암리에 보수적 성향을 지니는 사회학자들이 민주화 이후 소위 말하는 진보적 사회학의 흐름에 대항하는 하나의 전략이기도 했다. 국내의 진보적 사회학과 구분되는 미국 사회학 이론을 배경으로 통계적 기법을 활용하는 연구를 높게 평가하는 경향이 강화되

'국적은 바꿀 수 있어도 학벌은 바꿀 수 없다'는 말처럼 이른바 패자부활전의 기회가 주어지지 않는다는 것, 정의상 '좋은 학벌'은 항상 전체 게임 참가자의 일부만 가질 수 있다는 것, 이러한 사실로부터 마치 압구정동의 땅이나 아파트가 갖는 렌트로서의 성격이 학벌에도 생겨난다"(류동민, 『서울은 어떻게 작동하는가―그리고 삶은 어떻게 소진되는가』, 코난북스, 2014, pp. 148~49).

47) 서울대 출신으로 서울대 물리천문학부 교수인 오세정은 서울대 출신들이 우리 사회에서 "분수에 맞지 않는 대우를 받는 경우가 종종 있다"면서 정계나 운동권은 물론 학계에서도 정당하지 않은 방식으로 서울대 파워가 작동하고 있음을 지적했다(오세정, 「서울대 프리미엄―서울대는 국가와 사회가 주는 혜택에 보답하고 있나」, 네이버 '열린연단―문화의 안과 밖' 에세이, 2015년 2월 18일 게재). 피에르 부르디외는 프랑스 최고의 명문 파리고등사범학교 출신으로 고등사범 출신들의 무의식적 엘리트 의식을 비판한 이단아였다. 프랑스 학계에서 고등사범학교를 나오지 않은 사람들은 알게 모르게 차별을 당한다. 부르디외는 "원한이 동기가 된 것처럼 보이지 않으면서 [고등사범학교의 '당연한' 지배를 비판하기 위해서는] 고등사범학교 출신이어야만 한다"고 썼다(피에르 부르디외·로익 바캉, 같은 책, p. 341).

었다. 1990년대 초 나의 수난기는 그 시기와 일치한다. 미국 박사가 선호되는 상황에서 프랑스에서 비판사회이론을 공부하고 질적인 방법을 사용하며 개혁적 성향에 속하는 사람은 사회학계에서 불리한 위치에 처할 수밖에 없었다. 나중에 간접적으로 들은 이야기지만 어느 대학 사회학과 교수들은 자기들끼리 "프랑스 박사 실력 없다"는 말을 공공연하게 나누었다고 한다.[48]

네번째로 이념적 동질성을 요구하는 진보학계의 성향이 작용했다. 말하자면 운동권 연고주의다. 1990년대 초 민주화가 진행되면서 일부 대학에서는 운동권 학생들의 요구를 무시할 수 없어 진보적인 성향의 학자를 채용하기도 했다.[49] 그럴 경우에는 학생운동 경험이 있는 진보적 학자가 선호되었기 때문에 운동권과 직접 연결이 없는 학자는 아무리 진보적 성향을 가지고 있어도 경쟁에서 밀리게 마련이었다.[50] 1990년대 초 한국 사회의 민주화 국면에서 대학 내에도 이념적 대립이 심했다. 대학교수 충원 과정에도 후보자의 이념적 성향에 대한 판단이 암암리에 작용했는데 나의 경우에는 그 대립 상황에서 보수적 입장의 교수들로부터도 불신을 당하고 진보적 입장의 교수들에게도 의구심을 불러일으

---

48) 박사학위 논문을 중시하는 프랑스 대학의 박사 훈련 과정이 미국 대학의 박사과정 코스워크에 비해 약한 것은 사실이다. 그러나 그러한 이유 하나로 프랑스 박사 전체를 열등한 박사로 범주화하여 보는 평가 방식에는 문제가 있다. 프랑스 박사 한 사람 한 사람의 개별적 학문 능력을 공정하게 평가해야 한다.

49) 서울대학교 경제학과의 김수행, 정치학과의 김세균, 철학과의 송영배 등을 그 보기로 들 수 있을 것이다.

50) 운동권의 연고주의도 기득권층의 연고주의 못지않게 강했다. 내부 결속을 특징으로 하고 '입장'을 강조하는 운동권은 운동권 외부의 사람을 의심하고 경계했다. 건축가 서현이 지적하듯이 분열된 씨족 사회에서 "때로 그 경계심은 적개심으로 표현되기도 한다"(서현, 『빨간 도시』, 효형출판, 2014, p. 18).

켰다.[51] 보수적 입장의 사람들은 미국이 아닌 프랑스 사회학 박사이고 비판적 성향이며 사회운동론을 전공한 사람을 쉽게 받아들이기 어려웠을 것이며, 국내파 진보적 진영의 사람들은 프랑스에서 공부한 내가 자기들과 다른 논의를 펴서 자신들의 입지가 약해지는 것을 원하지 않았을 것이다. 그들에게는 학생운동 경험으로 맺어진 동지애와 자기들끼리 공유하는 진보적 '입장'이 학문적 능력보다 중요했을 것이다. 프랑스에서 사회운동 연구의 대가인 알랭 투렌과 공부한 나는 국내의 논의와 비판적 거리를 유지하면서 나의 문제의식에 따라 사회운동을 연구했는데 그들은 한국의 사회운동에 대한 설명과 해석을 독점하고 싶었을 것이다.[52] 그러니까 알게 모르게 보수 진보 양쪽으로부터 배제되었다고 할 수 있다.

다섯번째 설명 요인으로 개인적 네트워크와 사회적 자본의 부족을 들 수 있다. 학계에서는 출신 학교(중·고등학교, 대학교, 유학 국가, 박사 학위를 받은 학교), 학번(나이), 성(남성/여성), 정치적 입장, 선후배 관계 등이 네트워크 형성에 중요하게 작용한다. 한국에서는 대학원 시절 사제 관계를 맺은 지도교수의 개인적 연줄망도 중요하게 작용한다. 지도교수의 독립적 입장, 약한 네트워크, 낮은 연고주의 활용도, 소극적 로비활동 등이 내가 대학에 자리 잡는 데 불리하게 작용했을 것이다. 교

---

51) 한국 사회의 이분법적 이념 분열을 극복하기 위한 방안을 모색한 이 글 뒤에 부록으로 붙인 「사이와 너머, 초중도의 길」을 볼 것.

52) 내가 1994년에 펴낸 『의미세계와 사회운동』은 사회운동을 연구하는 학자들 사이에는 거의 인용되지 않았지만 학생들의 스터디 그룹에서는 널리 읽혔다는 이야기를 들었다. 그리고 파리에서 만난 하와이 대학의 구해근 교수로부터 "인상 깊게 읽었다"는 이야기도 들었다. 책이 나온 지 얼마 후 『한국사회학』에 다른 학자의 책과 함께 실린 비교 서평은 나의 책의 의미를 제대로 파악하지 못하고 있었다.

육학자 이성호가 "누구의 지도를 받았느냐, 즉 어느 교수로부터 키움을 받은 제자냐, 누가 그의 학술적 대부代父냐에 따른 분화와 대립"[53]이 교수 채용 과정에서 극히 중요함을 정확하게 지적했지만 나의 지도교수가 서울대 중심의 한국 사회학계에 대해 비판적 거리를 유지했고 연세대 사회학과 내에서도 소수파였다는 사실은 연세대뿐만 아니라 다른 대학에 지원할 경우에도 불리하게 작용했을 것이다.[54]

여섯번째로 내가 사회학과 학부가 아니라 정치외교학과를 졸업한 다음에 대학원 과정에서 사회학과로 전과한 전과자라는 사실도 불리하게 작용하였을 것이다.[55] 나 개인적으로는 학부 시절 정치학을 공부하면서 역사학, 철학, 문학 등에 관심을 갖고 공부했으며 사회학이 나의 학제적 관심을 충족시키기에 가장 적합한 학문이라는 판단에서 사회학과 대학원에 진학했다. 그러나 사람들은 나의 그런 내적 동기를 긍정적으로 보기보다는 학부와 대학원 시절의 전공 불일치를 결점으로 보았을 수 있다. 일단 연세대 사회학과 교수들 가운데 박영신 교수만 빼고 다

53) 이성호, 『세계의 대학교수』, 문이당, 1995.

54) 연세대학교 사회학과 내에서 1970~80년대와 달리 1990년대에 들어서 나의 지도교수가 비주류(소수파)가 되었다. 김종영에 따르면 "해당 학과의 파벌 때문에 〔……〕 특정 교수의 제자일 때는 최종 낙점이 어려워질 때가 있다"(김종영, 같은 책, p. 160). 1996년 12월 24일자 『한국일보』에는 동료 교수들 사이에 편을 갈라 반목질시하면서 서로 자기 사람을 심으려고 갖가지 수단을 다 쓰는 현실을 지적하고 있다. 그 결과 대학 사회에는 『한국일보』 같은 날짜 20면 기사의 제목처럼 "학과는 없고 파벌"만 남게 된다. 이런 상황에서 교수를 꿈꾸는 박사학위 소지자들은 학문적 업적보다는 눈치를 보고 주류파 교수들 앞에 줄을 서고 무릎을 꿇고 아부하는 일에 더 신경을 써야 한다.

55) 최근 어떤 목사가 공식 석상에서 나를 소개하면서 "정치학과를 나와 사회학으로 박사를 했기 때문에 사회학과에서는 정치학과로 가라 하고 정치학과에서는 사회학과로 가라고 해서 대학에 자리 잡지 못했다"라고 농담 같은 말로 나를 소개했는데, 나는 정치학에서 사회학으로 전공을 바꾼 이후 정치학과 교수가 될 생각은 한번도 한 적이 없다. 나의 사회학자로서의 정체성과 자부심은 확실하다.

른 교수들은 학부에서부터 자기들이 가르친 제자를 선호하였을 것이고 다른 대학 사회학과 교수들도 학부에서 정치학과를 졸업하고 대학원부터 사회학을 공부한 사람에게 다소 이질감을 느꼈을 수도 있다. 내 앞에서는 누구도 그 문제를 거론한 사람이 없지만 뒤에서는 연세대 사회학과 교수들과 사회학과를 졸업하고 박사학위를 받은 사람들 사이에서 "사회학과도 안 나온 사람이 사회학과 교수 자리를 넘본다"는 말이 돌았다는 이야기도 들었다. 내가 교수초빙 공고를 보고 지원서를 제출했던 다른 대학 사회학과 교수들 사이에도 그런 이야기가 있었을 수 있다.

일곱번째로 나의 개인주의적 성향이 대학교수로 충원되는 과정에서 부정적으로 작용했을 것이다. 지금 와서 생각해보면 내가 학자가 된 동기 중에는 누구 눈치 보지 않고 자기가 하고 싶은 공부를 마음껏 하면서 자기 생각대로 조용히 살아가고 싶다는 마음이 있었던 것 같다. 그런데 그런 개인주의적 성향은 집단주의적 가치가 작동하는 한국 사회에 잘 맞지 않는다. 학계야말로 개인주의자를 존중해야 하는데 그곳에도 집단주의 논리가 작동하여 개인주의적 성향을 가진 사람을 따돌리고 있다.[56] 패거리주의라고도 할 수 있는 집단주의의 논리는 남과 어울리기보다는 혼자 조용히 연구에 매진하는 사람을 부정적으로 평가한다. 그때 나오는 표현이 "그 사람 성격이 안 좋다"는 말이다. 집단주의가 작동하는 곳에는 언제나 그 집단의 '보스'가 있고 한자리를 차지하고

---

56) 나는 시인이자 국문학자인 마광수의 다음과 같은 주장에 전적으로 동의한다. "지금 우리나라 학계는 '개인적 소신'보다는 '학연에 대한 윤리'만을 중요시하는 '앵무새 집단'들이 '학문적인 힘'이 아니라 '정치적인 힘'을 구사하고 있는 것이다. 〔……〕 학문의 세계에서는 철저한 개인주의자가 으뜸으로 전제되어야 한다. 스승이나 선배에게 충성을 바쳐 그다음 자리를 노리는 식으로 학자 정신이 오염되어간다면, 우리나라의 학계는 계속 집단주의의 폐쇄성에서 벗어날 수가 없다"(마광수, 『이 시대는 개인주의자를 요구한다』, 새빛, 2007, pp. 74~76).

이해관계를 공유하기 위해서는 보스에게 충성하고 선배들을 잘 모셔야 한다. 그런데 나는 그런 일에 익숙하지 못했다. 아니 나는 그런 서열 체제에 거부감을 느꼈다. 교수가 된 다음 자기의 '허드렛일'을 도와주고 충성을 다할 '자기 사람'을 심으려는 사람들이 군림하고 있는 한 개인주의적 성향을 가진 사람이 동료로 받아들여지기는 힘들다. 실력이 부족한 사람들일수록 패거리를 이루어, 조용히 지내면서 학문에 몰두하는 사람을 배제한다. 스스로를 방어하기 위해서 능력 있는 사람을 배제하는 것이다.[57]

여덟번째 이유로 나의 소극적 성향을 들 수 있을 것이다. 1960년대 이후 우리 사회의 압축 근대화 과정에서 수단방법 안 가리고 자기 이익을 극대화하려고 적극적으로 활동하는 사람들이 출세하고 성공하는 확률이 높았다. 나는 누군가와 경쟁 관계에 들어서는 상황을 잘 견디지 못한다. 내가 이기려고 남을 어렵게 만드는 상황이 버겁고 힘겹다. 주위의 교수 한 분이 걱정스런 눈빛으로 "취직을 위해서라면 죽기 아니면 살기로 덤벼들어야 한다"고 충고해주었지만 나는 그런 충고를 따르지 못했다. 발자크의 소설에는 프랑스혁명 이후 사회가 재편되는 과정에서 승리와 성공을 위해 물불 안 가리는 인간 군상들이 등장한다. 거기에는 재능과 야망을 가진 지방의 젊은이들이 파리로 올라와 성공과 출세를

---

57) 이럴 경우 거론되는 것이 후보자의 '인간성'이다 박영신은 인사 과정에 참여해본 자신의 개인적 경험을 바탕으로 다음과 같이 썼다. "후보자가 불편 없이 기존 체제에 순응할 수 있다는 것이 시범되어야 하고 확증되어야 한다. 이 과정에서 오직 '순응형' 후보자가 과 교수로 채용되기 일쑤다. [······] 특정 후보를 낙점해놓은 다음, 이들 체제 수호 세력은 탈락 대상(들)의 전공과 학문적 업적에 대하여 논의하는 양하다가는 드디어 자의적이고 애매모호한 그들 나름의 잣대를 갖다 대어 후보(들)의 '인간성'을 문제 삼는다"(박영신, 「대학의 장막과 정당성 위기」, 『우리 사회의 성찰적 인식─전통, 구조, 과정』, pp. 274~76).

위해 노력하는 모습이 그려지고 있다. 그 대표적인 인물이 『고리오 영감』 『은행가 뉘싱겐』 등에 등장하는 라스티냐크와 『잃어버린 환상』에 나오는 뤼시앙이라는 두 인물이다. 두 사람 가운데 라스티냐크는 출세 가도를 달리는 반면 뤼시앙은 일단 성공하는 듯했으나 결국은 실패하고 만다. 발자크는 두 주인공이 겪는 인생 경로의 차이를 우연이나 재능으로 돌리지 않는다. 재능에 대해서 말하자면 뤼시앙이 라스티냐크를 능가한다. 발자크의 소설을 주의 깊게 읽어보면 두 인물의 차이가 드러난다. 뤼시앙이 일말의 양심과 순진성을 가지고 있다면 라스티냐크는 차가운 계산과 전략으로만 움직이는 인물로 묘사되고 있다. 출세가도를 달린 라스티냐크는 경쟁자들이 두려워하도록 사정없이 공격하라는 보세앙 부인의 다음과 같은 충고를 일관성 있게 실천했다. "자! 라스티냐크 씨. 당신은 출세하고 싶지요? 내가 돕겠어요. 여성들이 얼마나 타락했으며, 남자들이 얼마나 볼썽사나운 허영심에 빠져 있는지를 헤아리게 될 거예요. 세상이라는 책은 열심히 읽어보아도 알쏭달쏭한 페이지들이 있어요. 이제 나는 다 알고 있어요. 당신이 냉철하게 계산하면 할수록, 당신은 앞으로 전진하는 법이지요. 사정없이 때리세요. 그러면 모두가 당신을 두려워할 거예요. 역에서마다 바꿔 타고 내버리는 역마처럼, 남자와 여자를 그렇게 대하세요. 그러면 당신은 욕망의 꼭대기에 도달하게 될 거예요."[58] 그러나 나는 보세앙 부인의 충고를 따라 살기를 거부했다.

---

58) 오노레 드 발자크, 『고리오 영감』, 박영근 옮김, 민음사, 1999, p. 109.

대학 사회의 변화

한국의 대학은 자율성이 약하다. 여러 가지 방식으로 교육부의 통제를 받는다. 그건 일제 시대에 만들어지고 해방 이후 지속된 권위주의적 교육 행정 탓이기도 하지만 대학 스스로 자정하고 개혁하는 능력을 갖추고 있지 못하기 때문이기도 하다. 1990년대 대학 사회가 제 스스로 비리를 척결하지 못하자 대학을 비판하는 사회여론을 배경 삼아 교육부는 교육법, 제도, 인허가, 지원금 등을 무기로 삼아 대학을 관리하고 감독하는 체제를 강화했다. 1998년 때마침 불어 닥친 외환 위기와 그에 대한 신자유주의적 대응책들은 대학에도 구조 변동을 불러일으켰다. 2000년대 들어서면서 가속화된 신자유주의적 관리체제는 대학에도 물밀듯이 밀려들어와 '경영형 총장'이 대학을 마치 기업체를 운영하듯 관리하는 것이 정당화되기 시작했다. 총장의 임무는 정부나 기업 쪽 사람들과 교섭력을 발휘하여 새 건물을 짓고 지원금과 연구비를 많이 끌어오고 그 돈으로 정부가 제시하는 연구를 하고 기업이 요구하는 인력을 공급하면서 세계적인 수준에서 벌어지는 경쟁 체제에서 살아남을 수 있는 인적·기술적 자원을 확보하는 일이 되었다.[59]

교육부는 '교수 계약제'를 도입하여 대학의 인사 원칙을 제시하고 교수들의 연구 업적을 평가하기 위해 한국연구재단에서 인정하는 '등재

---

59) 최근 들어 기업에 의한 대학 지배에 대해서는 오찬호, 『진격의 대학교─기업의 노예가 된 한국 대학의 자화상』(문학동네, 2015)을 볼 것. 기업, 정부, 언론이 대학과 학계에 미치는 영향을 분석하고 이에 대한 학계의 대응 방식을 논의한 한준·김수환, 「제도의 압력, 지표의 사회학」, 『한국 사회학의 사회학』(2015년 전기 사회학대회 자료집, pp. 43~61)도 볼 것.

지' 제도를 만들고 거기에 게재된 논문 편수에 따라 점수를 매기고 교수 임용, 승진, 보수 체계의 합리화, 표준화, 획일화를 주도했다. 교수들은 이제 자기가 소속한 학교의 논문집이 아니라 세 명의 심사위원의 평가를 통과하여 등재지에 실린 논문이라야 점수를 받을 수 있게 되었다. 그래서 이 학회 저 학회 모두 등재지가 되기 위해 노력했고 교수들과 예비 교수들은 논문 게재비를 내면서 등재지에 논문을 실으려고 애쓰게 되었다. 등재지에 실린 논문 편수로 연구 업적을 평가하는 체제는 표절, 중복 게재 등의 문제에도 불구하고 교수 임용이나 승진 과정에서 최소한 몇 편 이상의 논문이 있어야 한다는 기준을 마련했다. 이러한 교수 업적 평가제도는 교수 임용 과정에 작용하던 정실주의 및 '돈 보따리'를 추방하는 데 일정 정도 기여했고 연구 윤리의 확산에도 기여한 부분이 있다. 어느 법대 교수는 교육부의 이러한 움직임을 "우리나라 대학 사회에 팽배한 연고주의, 온정주의의 폐해를 불식하고 연구자로서 교수의 경쟁력을 높이기 위한 조처라는 점에서 일단 수긍이 간다. 〔……〕 그러기에 강제로 개선을 시도하겠다는 뜻도 이해가 된다. 자율의 미덕이 세워지지 않는 곳에는 타율의 규제가 불가피하다"고 수긍했다.[60] 이제 대학은 교육부의 규제를 받으며 기업과 똑같이 수지타산을 맞추어 학생을 고객으로 대접하고 교수들을 피고용인으로 관리하는 체제로 바뀌었다.

교수만이 아니라 대학 자체도 평가의 대상이 되었다. 주요 일간지들이 경쟁적으로 주도하는 국내 수준의 대학 평가만이 아니라 세계적인 수준의 평가기관들이 우수 대학 순위를 발표하자 한국의 대학 경영진

---

60) 안경환, 「한겨레 시평—교수 계약제 성공시키려면」, 『한겨레』, 1998년 11월 12일자.

들은 세계 100대 대학, 50대 대학의 순위 안에 들어가기 위해 평가기관의 평가 기준에 맞추어 대학을 더욱 체계적으로 관리하기 시작했다. 영어로 하는 강의의 비율이 중요하다고 해서 한국 학생들 앞에서 한국 교수가 영어 강의를 하게 했고 교수 임용과 승진에 SSCI에 등록된 유명 국제학술지에 발표한 논문의 편수가 학문적 능력을 평가하는 중요한 기준이 되었다.[61] 다른 한편 한국연구재단의 BK, HK, SSK 등의 이름을 내건 프로젝트 연구비가 수여되면서 예비 교수들의 일거리가 생기고 일정한 정도의 월수입이 보장되었다. 그러나 그 과정에서 연구자들은 스스로 중요하다고 생각해서 하는 연구가 아니라 연구비를 따내기 위해서 연구재단의 지침과 방침을 참조하여 연구 계획을 수립하고 연구 보고서를 쓰는 용역 연구업자가 되었다. 돈을 벌기 위한 연구를 하면서 교수와 예비 교수들은 점점 더 '논문 제조업자'가 되었고 대학은 '논문생산 공장'이 되었다.[62] 국문학자 정현기는 오늘날 이와 같이 변해버린 대학교수의 실상을 적나라하게 비판했다. "대학교수치고 교육부 방침에 신경 쓰지 않는 학자란 거의 없다. [……] 교수 충원을 위한 학교 원칙이나 월급 수준, 강좌에 임하는 교수의 자질 문제, 승진 원칙들이 모두

---

61) 미디어에 의한 대학 순위 발표가 대학 운영에 미치는 영향을 분석한 한준·김수환, 같은 글.

62) 대학 안에서 비판적 지식인으로 존재하기 어려운 상황을 따져본 김원은 학문 후속 세대 젊은 지식 생산자들이 "대학에서 자리를 잡으려는 욕망과 경제적 어려움, 생활고 사이에서 분열적 태도를 드러내고 있으며, 직장 등의 문제로 독자적인 자기 목소리 역시 내기 어려운 상황에 처해 있다"며 이런 상황은 "기존 지식시장 내 편입 가능성은 희박하지만 아무런 대안이 없는 상황에서 고립된 결과"라고 분석한다(김원, 「대학 속의 지식인 어디로 가야 하나」, 당대비평기획위원회 편찬, 『당대비평―광장의 문화에서 현실의 정치로』, 산책자, 2008, pp. 167~84). "이들은 고전적 자유주의적 지식인으로 살아갈 수도 없으며 자신의 '존재론적 기반이 되는 새로운 이론'을 발견하지도 못한 상황"에 처해 있다. 학문 후속 세대로서의 대학원생들의 상황을 분석하고 있는 정민우도 볼 것(정민우, 「지식 장의 구조변동과 대학원생의 계보학」, 『문화와 사회』 15권(가을/겨울호), 2013, pp. 7~78).

교육부로부터 지원받는 지원금의 규모, 지원 원칙, 정부 또는 교육부의 정치적 이념에 의해 조종당한다. 학자들의 자발성은 점점 저하되어 좁혀올 뿐만 아니라 거세고도 강력하게 조여오고 있다. 이러한 피동형 학문은 자발성이나 독자성과는 거리가 멀다. 〔……〕 이미 한국 학문에서 독자적 자아는 없어져버렸다."[63] 젊은 세대의 국문학자 천정환은 정현기와 같은 내용의 주장을 좀더 분명한 방식으로 표현했다. "강한 신념과 특별한 능력을 가진 극소수의 교수를 제외하고는 거의 모든 연구자들의 모든 연구 성과가 학진 시스템에 '등재'되어 관리되고 있다. 학진 시스템은 학學의 세계를 평준화, 전일화, 국가화하며, 학문 연구의 결과를 거대한 하나의 창구, 하나의 틀 속에 밀어넣고 있다. 그럼으로써 학진 시스템은 모든 체제 밖의 학문활동을 빠르게 지워나가고 있다. 그 의미는 무엇일까? 길들여지지 않은 비판적 지식인의 소멸이다."[64] 정현기가 말하는 '독자성'과 '자발성'을 가지고 학문을 하려면 어떻게 해야 할 것인가? 천정환이 말하는 '길들여지지 않은 비판적 지식인'으로 살아가려면 어떻게 해야 할까? 불행인지 다행인지 나는 그렇게 변해버린 대학 밖에서 살아가고 있다. 그렇다면 나는 대학 밖에서 어떻게 살아왔으며 또 어떻게 살아가야 할 것인가?

---

63) 정현기, 『정현기 비평선집 1978~2011』, 채륜, 2011.
64) 천정환, 「신자유주의 대학 체제의 평가제도와 글쓰기」, 『역사비평』 92호, 가을호, 2010, pp. 85~209, p. 194.

시민운동과 자발적 망명생활—1994~2011년

1994년 나는 이 교수 저 교수 눈치 보는 굴욕적인 시간강사 생활을 청산하고 환경운동연합, 크리스챤아카데미, 경실련, YMCA, 녹색연합 등 시민단체들에서 일하기 시작했다. 수동적 피해자로 눈치 보며 살아가는 대신 적극적 행위자로 내 뜻대로 살아가고 싶었다. 지식인과 사회운동에 대한 논문을 쓴 사회학자로서, 밑으로부터 한국 사회의 민주화에 기여하는 시민사회의 지식인으로 살아가려고 결단했다. 대학에서 학생들을 대상으로 강의하는 대신 시민단체의 간사나 회원들 앞에서 강의했고 시민운동 현장에서 한국 사회를 연구했다. 1999년부터는 텔레비전과 라디오에서 공공성이 높은 방송 진행을 맡기도 했다.[65] 그러다가 2002년 모든 것을 뒤로 하고 다시 파리로 떠났다. 박사학위를 받고 귀국하여 서울에서 13년을 보내고 난 다음의 결정이었다.

그 후 파리에 은거하면서 새로운 삶을 모색했다. 매일 파리를 걸었고, 일기를 썼고, 나의 개인사를 가족사 그리고 한국 사회의 정치, 사회, 역사적 상황과 이어서 설명해보는 자기분석적 글쓰기를 했다. 2007년에는 한국 사회의 오래되고 잘 변하지 않는 '마음의 습관'을 비판하고 대안을 제시하는 『한국인의 문화적 문법』을 펴냈다. 그해 출판문화상을 받은 이 책에서 나는 멀리 파리에서 비판적 거리를 유지하면서 한국인이 당연하게 받아들이고 사는 관습, 관행, 습관의 내용을 체계적으로

---

65) 이 시기의 활동에 대한 나 나름의 의미 부여는 정수복, 『시민의식과 시민참여』(아르케, 2002, pp. 23~26)를 볼 것.

구분하고 그것들의 종교적, 역사적, 정치적 기원을 밝혔다.[66] 학연, 지연, 혈연 등의 연고주의를 비롯하여 열두 가지 요소로 구성된 한국인의 '문화적 문법'을 비판적으로 검토하고 능력과 업적을 기준으로 정당한 평가와 보상이 이루어지는 정의로운 사회를 만들기 위한 나 나름의 지적 노력이었다. 그 책을 쓰면서 나는 내가 겪은 개인적 수난을 우리 사회의 문제를 밝히는 지적인 동력으로 전환시키려고 노력했다. 단지 문제를 비판하거나 그 원인을 지적하는 데 그치지 않고 문제의 해결책까지 모색했다.[67]

한나 아렌트가 유대인 문제와 관련하여 "피해자의 위치가 선善을 전제하는 것은 아니며 모든 책임에서 면제되게 하지는 않는다"라고 말한 적이 있지만 나는 고립되어 홀로 선을 자처하기보다는 시민들과 함께

---

66) 사회학계 밖에서도 이 책에 대한 훌륭한 독자가 나타나고 있다. 서울 시청사를 설계한 건축가 유걸은 한 잡지사의 요청에 따라 자신이 중요하다고 생각하는 열 권의 책 중에 이 책을 선정하면서 "한국 사람들과 한국 문화의 근원을 이보다 더 잘 서술한 책은 없다고 생각합니다. 한국 사회가 갖고 있는 힘과 병증 등의 저변에 깔린 원인을 분석하는 책으로 개인의 아이덴티티 부재가 주는 한국의 집단 문화에 대해 많은 생각을 하게 합니다. 한국 건축문화와 관련된 문제와 그 근원을 찾을 때 많은 답을 내려주기 때문에 자주 인용합니다"라고 썼다 (『뮤인MUINE』, 2011년 9월호).

67) 미학자이자 독일문학 전공자인 문광훈은 『한국인의 문화적 문법』을 "근대적 자아의식의 시민적 가능성을 아직도 완성되지 못한 근대적 가치의 내면화라는 관점에서 거시적 조감 아래 언급한" 책으로 자리매김하고 있다. 그러면서 그는 이 책의 의미를 최장집의 저서와 비교하면서 다음과 같이 논의하였다. "예를 들어 최장집의 『민주화 이후의 민주주의』(후마니타스, 2005)나 정수복의 『한국인의 문화적 문법』은 내가 보기에 한국 사회에 대한 정치학과 사회학에서 이루어진 이런 거시적 고찰의 좋은 예로 보인다. 흥미로운 것은 두 학자가 공유하는 문제의식의 하나가 바로 시민성, 즉 시민적 주체의 가능성에 놓여 있다는 점이다(최장집, 『민중에서 시민으로』(돌베개, 2009)와 정수복, 『시민의식과 시민참여』 참조). 최장집이 책임성과 참여성을 정치의 핵심 요소로 간주하고 이것을 실행할 수 있는 정당의 조직을 누누이 강조할 때, 또 정수복이 미숙한 개인성이 한국 사회의 후진성을 지탱하는 아킬레스건이라고 지적할 때, 그래서 법과 제도 그리고 사회구조의 변화를 위한 시민의 주체적 참여가 불가결하다고 말할 때, 이 모든 것은 각성한 시민들의 생활적 실천 문제로 귀결된다고 할 것이다."

새로운 길을 만드는 창조적 행위 주체가 되고 싶었다.[68] 대학에서 뛰쳐나온 1994년 이후 나의 삶은 대안의 가치와 대안의 삶을 모색하는 삶이었다.[69] 파리에서의 자발적 망명 기간은 대안적 삶을 좀더 분명하게 만들어가는 시기였다. 그것은 '사회학자'에서 '작가'로 변신하는 과정이었다. 파리에 살면서 『한국인의 문화적 문법』에 이어 『파리를 생각한다―도시 걷기의 인문학』(2009), 『파리의 장소들―풍경과 기억의 도시미학』(2010), 『프로방스에서의 완전한 휴식』(2011), 『책인시공―책 읽는 사람의 시간과 공간』(2013) 이렇게 다섯 권의 책을 쓰면서 나는 사회학계와 시민운동권의 독자를 넘어서 좀더 넓은 교양층의 독자들과 글로 소통하는 능력을 키웠다. 그렇다고 내가 더 이상 사회학자가 아니라는 뜻은 아니다. 나는 나를 사회학자이면서 작가라고 생각한다. 그래서 부득이 나를 소개해야 할 때면 '정수복(사회학자/작가)'으로 표기한다.

백의종군하는 삶―2012년 이후

이제 나는 '사회학자/작가'라는 이중의 정체성으로 살아가려고 하지

---

68) 시인 박노해는 "길 찾는 사람은/그 자신이 새길이다"라고 썼다(박노해, 『사람만이 희망이다』, 느린걸음, 2015, p. 61).

69) 2001년에 아내와 함께 펴낸 『바다로 간 게으름뱅이』에서 나는 많은 윤리적·도덕적 문제를 안고 있는 한국 사회에 자발적으로 부적응하는 삶을 주장한 바 있다. 이 책에 대한 추천사에서 박영신 교수는 이렇게 썼다. "거짓과 부정이 판치는 이 땅에서 잘 적응하며 산다는 것은 무엇인가? 그것은 어떻게 보면 악과 결탁한 공범자의 삶이며 책임의식을 저버린 윤리적 파산자의 삶일 수밖에 없다. 이 책을 함께 쓴 두 사람은 뒤틀린 '적응의 삶'에 맞서 '부적응의 삶'을 자임하고 나선 부부다. 그들은 담담하게 그러나 당차게 오늘의 삶의 방식에 대해 가장 강렬한 비판과 도발을 감행하여 어그러진 삶 너머의 진실된 삶을 비추고자 한다. '적응의 도사'로 살아가는 동시대인들의 부끄러움을 들추어내면서."

만 과거에 나를 알던 사람들은 마치 나이 든 미혼남녀에게 언제 결혼할 것인가를 묻듯이 늦었지만 지금이라도 대학에 들어가야 하지 않겠느냐는 의견을 넌지시 표명한다. 내가 아무리 다른 방식으로 살아가고 있어도 그들의 마음속에는 '그래도 그렇지……'라는 생각이 사라지지 않는다. 그러나 나는 이미 대학이라는 제도가 보장하는 안정된 삶의 울타리를 저만치 벗어나 있고, 대학이 요구하는 기준에 맞추어 내 삶을 재단할 마음이 없다. 그럼에도 사람들은 나에게 '그래도 그렇지……'라는 마음으로 '당연한 세상'의 '물론의 규칙'을 내미는 것이다. 내 생각이 아무리 바뀌었어도 나를 바라보는 사람들의 시선은 바뀌지 않는다. '상식'과 '통념'의 세계는 그토록 강고한 성벽이다. 사람들은 나의 내면적 의미 세계의 변화에는 관심이 없다. 그들에게는 내가 어떤 공식적인 직함을 가졌는가가 중요하다. 사람들은 내가 파리생활을 마치고 서울로 돌아온 것이 무슨 근사한 자리가 생겼기 때문이라고 추측한다. 그러나 나는 무슨 그럴듯한 직장에 자리를 얻어서 '금의환향'한 것이 아니라 '사회학자/작가'가 되어 돌아왔다. 그들의 관점으로 보면 나는 여전히 '백의종군'을 하고 있는 셈이다. 그런 나의 처지가 혼자 지낼 때는 아무 문제가 없다. 그러나 이른바 '사회생활'을 하다보면 불편한 일이 생긴다.

귀국 이후 2012년 8월 한국이론사회학회 학술대회에 토론자로 나간 적이 있다. 그때 주최 측은 나의 소속단체 이름을 요구했는데 나는 소속이 없기 때문에 '정수복(작가/사회학자)'이라고 써서 보냈다. 그랬더니 주최 측은 학회 안내 팸플릿에 '정수복(파리 사회과학고등연구원 사회학 박사)'라고 바꾸어 적어놓았다. 괄호 안의 그 소개를 보고 착잡한 심정이 들었다. 학회의 다른 발표자와 토론자 이름 옆에는 소속 대학이나 연구소의 이름이 적혀 있는데 내 이름 옆에는 24년 전에 박사학위를 받은 대학의 이름이 적혀 있었다. 그런 소개 방식은 내가 아직 취직을 못한 사람이라는 사실을 모든 사람에게 확연하게 환기시켜주고 있었다. 나는 '사회학자/작가'로 살아가기에 그렇게 나 자신을 소개했는데 학회를 조직하는 관계자들은 내 소개를 지우고 자기들 마음대로 '파리 사회과학고등연구원 박사'라고 바꾸어놓은 것이다. 그래서 담당자에게 전화를 걸었더니 학회 회장에게 직접 전화를 걸어보라고 했다. 회장과 전화로 한참을 이야기한 후에 '정수복(작가/사회학자)'이라고 고쳐놓을 수 있었다. 그 학회가 끝나고 회식 자리에서 만난 한 원로 교수는 그 소개를 보았는지 안 보았는지 "아직 어디 어필리에이트affiliate한 데 없느냐?"고 물어보았다.

소속과 직함 없이 사회생활을 하기는 불편하다. 평소에 알던 사람들을 만날 때는 괜찮지만 처음 만나는 사람에게 나를 소개할 때면 언제나 당혹감을 면치 못한다. 처음 대면하는 자리에서는 누구나 명함을 내민다. 거기에는 이름이 적혀 있고 소속과 지위 그리고 연락처가 적혀 있다. "참을 수 없는 명함의 가벼움"이라는 말도 있지만 사람들 사이의 상호작용은 명함 위에 적힌 소속과 지위를 바탕으로 시작된다. 처음 만나는 사람들은 어느 대학 무슨 과 교수, 어느 회사 무슨 과 과장, 어느 관광서의 차관, 어느 신문사의 부장, 어느 출판사의 대표, 어느 카페의 대표 등의 소속과 직함이 적힌 명함을 내밀면서 사회적 상호작용 의례를 시작한다. 상대방의 소속과 직함을 파악하고 거기에서부터 이야기를 풀어나간다. 어느 대학의 연구소에 이름을 걸치고 그럴싸한 명함을 만들어 가지고 다닐 수도 있겠지만 나는 그런 구차한 처지가 싫어서 아예 명함 자체를 가지고 다니지 않는다. 그래서 늘 상대방의 명함을 받기만 한다. 내 명함을 기다리던 상대방은 내가 명함이 없다고 말하면 거기서부터 불편해하기 시작한다. 명함이 없으니 상대방의 위치를 파악할 수 없기 때문이다.

한국 사회처럼 호칭이 중요한 나라는 없을 것이다. 10년 만에 프랑스에서 돌아와 그것을 더 확연하게 느꼈다. 예를 들자면 프랑스 신문에는 기사를 쓴 기자의 이름만 나오지 직위가 나오지 않는다. 그런데 우리나라 신문을 펴들면 기자의 이름과 직위가 병기되어 있다. 자리는 한정되어 있고 승진할 사람은 많은지 '아무개(정치부장 대우)' 같은 소개도 자주 접하게 된다. 호칭은 남이 부를 때 쓰는 것인데 자기가 자기를 소개할 때도 사용한다. 전화를 하면서 상대방에게 "나 누구누구 교수입니다" 또는 "아무개 목사입니다"라고 말한다. 내 귀에는 그게 참 어색하게 들린다. 우리나라에서 호칭은 대체로 직함 뒤에다 '님' 자를 붙이는 방식으로 되어 있다. 사장님, 과장님, 교수님 등이 일반적인 호칭이다. 한국 사회에서 소속과 직위가 없이 자영업을 하고 살아가는 사람들은 자기들끼리 김 사장님, 박 사장님 하는 식으로 성씨 뒤에 무조건 사장님이라는 칭호를 붙인다. 외국에서 박사학위를 받고 돌아와 대학이나 연구소에 소속되지 않고 독립적으로 살아가는 나 같은 사람에게는 이 호칭 문화가 상당히 거북하게 느껴진다. 1990년대 시민운동을 할 때는 주위 사람들이 나를 "정수복 박사"라고 불렀다. 그러나 지금 그런 호칭은 어색하게 들린다. 이승만 박사, 장면 박사 등 정치가들에게도 박사라는 칭호를 붙이던 때가 있었다. 그때는 박사가 아주 희귀했을 때다. 그러나 이제는 매년 국내외에서 박사학위 받는 사람들의 숫자가 계속 늘어나고 있다. 그래서인지 정수복 '박사'라는 호칭을 들으면 불쑥 '박사학위 한 지가 언젠데……' 하는 생각이 든다. 게다가 기분이라도 안 좋을 때면 거기에다가 '박사라고 다 똑같은 박사는 아니다'라는 생각을 떠올리기도 한다. 때로 나를 "정수복 교수"라고 부르는 사람도 있다. 2012년 연말에 내가 책을 내는 어느 출판사 송년회에 갔더니 평소에 존경하는 어느 시인 한 분이 나를 "정수복 교수"라고 불렀다. 다른 마땅한 호칭이 없어서 나를 우대하는 뜻으로 그렇게 불렀을 것이다. 대학교수가 아니라 만인을 위한 교수로 생각할 수도 있을 것이다. 그런데 정규직 대학교수가 아닌 나에게 '교수'라는 호칭은 불편하다. 아니 때로는 불쾌하다. 2013년 4월과 5월 두 번에 걸쳐 연세대학교 사회학과 대학원에서 주최하는 콜로키움에 초청을 받아 강연을 하러 간 적이 있다. 그때 강연장 입구에 붙어 있는 강연안내 공고 포스터에 "정수복 교수(작가/사회학자)"라고 적어놓은 것을 보고 속으로 웃었다. 사회학자/작가는 맞지만 교수는 아니기 때문이다.

박사학위를 받고 교수가 아니라 대학 밖에서 '사회학자/작가'로 살아가다보면 "박사는 교수가 되어야 한다"는 상식의 벽과 종종 부딪치게 된다. 2013년 3월 초 오랫동안 공들여 쓴 『책인시공―책 읽는 사람의 시간과 공간』이 출간되었다. 어느 일간지 기자가 책과 관련하여 인터뷰를 하고 싶다고 해서 신문사를 방문하게 되었다. 그 기자는 책에 대해 이야기를 하다가 인터뷰 중간에 이런 질문을 던졌다. 프랑스에서 사회과학 분야의 명문 학교에서 유명한 교수의 지도를 받으며 박사학위를 받았는데 왜 대학교수가 되지 않고 힘든 대학 밖 지식인으로 남아 있느냐는 질문이었다. 또다시 그 난감한 질문을 받으며 상식의 벽에 부딪쳤다. 거의 두 시간 가깝게 인터뷰를 했는데 기자는 내가 한 말을 이렇게 요약했다. "많이 읽고 많이 쓰는 정씨는 쉬우면서도 사람들 마음을 파고드는 글을 쓰려고 애쓴다고 했다. 이런 태도는 '지식인'의 역할, 특히 공공성에 관한 철학에서 비롯됐다. 그는 '지식인은 독립성, 자율성과 더불어 공공성이 있어야 한다. 공공의 지식인은 학계를 넘어 대중을 위해 글 쓰는 사람'이라며 쉽고 정확한 글을 강조했다. '아름다운 표현'을 중요하게 여기는 그는 '사회학자로서 지적이고 투명한 글쓰기와 문학적 감수성으로 마음을 열어주는 글쓰기를 결합하는 것을 고민하고 있다'고 말했다. 〔……〕 전작 『프로방스에서의 완전한 휴식』 같은 책을 보면 에세이스트로서 그의 글쓰기 실력이 유감없이 드러난다. 그러나 그는 본래는 사회학자의 길을 걸었다. 한때는 교수가 되려 했다. 1989년 프랑스 파리 사회과학고등연구원에서 박사학위를 끝내고 돌아왔을 때 '열심히 연구하고, 좋은 논문을 쓰면 교수가 될 것'이라고 여겼지만, 몇몇 대학 채용에서 낙방한 뒤 마음을 고쳐먹었다. 그는 '출신학교 선후배 따지는 채용 문화에서 굽실대면서까지 교수로 들어갈 생각은 없었다'고 했다. 〔……〕 2011년 귀국한 정씨는 방대한 독서 편력과 깊이 있는 사유와 성찰을 바탕으로 글쓰기를 이어가고 있다."[70]

상식의 벽은 두텁다. 결코 무너지지 않는다. 어느 출판사 대표와 이야기를 나눌 때의 일이다. 그 사람은 나에게 자기가 아는 누구누구가 어느 대학 겸임교수가 되었다느니, 자기가 아는 다른 사람은 어느 대학에 원서를 냈다가 마지막 단계인 이사장 면접에서 탈락했다느니 하는 교수 채용과 관련된 이야기를 늘어놓았다. 내가 듣기를 원하지도 않고 나를 불편하게 만드는 그런 이야기를 할 때 그 사람은 나를 아직도 대학에 들어가지 못했지만 언젠가는 대학에 들어가 교수가 되어야 할 사람이라고 생각하고 있는 것이다.

---

70) 『경향신문』, 2013년 3월 9일자. 그 무렵 SBS 라디오의 책 관련 프로그램에 출현했을 때도 진행자는 "왜 다시 프랑스로 떠났냐?"는 질문을 해서 나의 과거를 상기시켰다.

내가 겪는 불편한 상황들은 한 사람의 정체성이 개인적으로 구성되는 것이 아니라 사회적으로 구성되는 것임을 보여준다. 내가 나를 어떻게 생각하든 다른 사람들은 '외국에서 박사학위를 하고 돌아왔으면 대학교수가 되어야지 뭐하고 있는 거냐'는 완강한 생각을 포기하지 않는다. 그건 너무나 굳건한 상식이기 때문이다. '체면'이 강조되는 우리 사회에서 남에게 대접받으며 편하게 살아가려면 일단 버젓한 사회적 지위가 있어야 한다. 조선 시대 이후로 남이 정의해주는 자기를 가지고 살아가는 '체면 문화'에 익숙한 사람들에게 '미취업 박사'는 아직 완전한 사회 구성원이 아니다. 성인의 경우 가장 중요한 정체성 구성 요소는 직장과 직함이다. 소속 기관의 이름과 그곳에서의 직책이 그 사람을 대변하는 정체성 구성의 최고 요소이다. 그렇기에 소속과 직함 없이 사회생활을 하는 일은 일종의 '장애'를 가지고 살아가는 일과 마찬가지다. 내가 아무리 '사회학자/작가'라고 소개해도 소용이 없다.[71] 사회학에서 시카고학파를 이루었던 '상징적 상호작용론자'들이 말하듯이 한 개인의 자아상이란 타자와의 관계 속에서 만들어진다. 타인의 시선, 기대, 평가, 인정, 보상이 사회 속에서 살아가는 한 개인의 정체성 형성과 유지에 결정적 영향을 미친다. 대한민국 성인들의 자부심은 직장과 그 직장에서의 직급에서 나온다. 그 밑에는 그 사람의 출신 배경(부모의 직업)과 출신 학교(중·고등학교, 대학교, 석·박사학위 소유 여부)가 자리하고 있다. 직장, 가문, 학벌이 한 사람을 평가하는 가장 중요한 사회적 기준이다.

---

71) 내가 나 스스로를 작가라고 생각하는 것은 내가 매일 직장에 나가듯 같은 시간에 글을 쓰는 일을 하고 있으며 그 결과 1년에 한 권꼴로 책을 출판하고 있기 때문이다. 그러나 내가 작가임을 내세울 수 있는 더 중요한 근거는 내가 남은 쓰지 못하고 나만이 쓸 수 있는 글을 쓰려고 노력하고 있기 때문이다.

우리나라만이 아니라 미국도 마찬가지다. 체제를 비판하는 비판적 지식인이라도 체제 안의 공식적인 소속과 근거가 있어야 지적 권위를 행사할 수 있다. 촘스키는 하버드 대학에서 박사학위를 받은 MIT 교수였고, 에드워드 사이드도 하버드 대학 박사에다가 컬럼비아·대학 교수였다. 프랑스의 비판적 사회학자 피에르 부르디외는 파리의 명문고 루이르 그랑 고등학교와 파리고등사범 출신으로 사회과학고등연구원과 콜레주 드 프랑스 교수를 역임했다. 나는 그들과 달리 상식을 벗어나는 분류 불가능한 사람이다.

'사회학자/작가'의 길

그렇지만 나는 앞으로도 계속해서 어디에 소속되지 않고 '사회학자/작가'의 길을 걸을 것이다. 자유롭게 읽고 쓰고 말하고 떠나고 돌아오는 생활을 계속할 것이다. 소속 없이 활동하다보면 자율성을 누리는 대신 의심스런 사회적 지위, 의아해하는 타인의 시선, 불안정한 수입 등 많은 부분에서 불이익이라는 대가를 지불하게 된다. 나에게는 다행스럽게도 그런 길을 걸으면서 불후의 업적을 남긴 정신적 선조들이 있다. 마르크스, 짐멜, 벤야민 등은 대학 밖이나 대학 주변에서 수난을 당하면서 자신의 지적 작업을 계속한 사람들이다.[72] 앙드레 지드, 장—폴 사르트르, 시몬 드 보부아르, 알베르 카뮈, 장 주네 등은 문필가, 작가로 인

---

[72] 짐멜은 50대 후반에 스트라스부르 대학 대학교수 되었다가 불과 4년 만에 사망했고 벤야민은 나치를 피해 스페인으로 망명하려다가 자살했다. 『일상의 발명』을 쓴 미셸 드 세르토도 59세가 되어서야 사회과학고등연구원 교수가 되었다가 2년 만에 작고했다.

세 수입을 기본으로 하여 대학 밖 지식인으로 중요한 사회활동을 전개했다. 그들은 언론매체를 활용했으며 『엔에르에프*NRF*』 『레탕모데른*Les Temps Modernes*』 등의 지식인 잡지를 창간하고 사회운동단체, 정치단체, 국제적 포럼을 활동의 기반으로 삼았다. 어디 서양 지식인들뿐인가? 우리나라에도 정약용 같은 실학자, 정제두 같은 양명학자들은 오히려 소외되고 배제된 상태에서 자신들만의 고유한 정신적 업적을 이룩하지 않았는가?

내가 '사회학자/작가'라는 정체성을 가지고 살아가려고 한다면 사회학자는 그렇다 치고 '작가'란 무엇인가에 대한 명확한 생각을 가지고 살아야 한다. 그렇다면 내가 생각하는 작가는 어떤 사람인가? 오정희는 작가를 아래와 같이 정의했는데 그 정의는 내가 생각하는 '사회학자/작가'와 큰 차이가 없다. 오정희에 따르면 "작가는 언제나 자신의 시대와 환경을 위기로 인식하는 사람이고 의심하는 사람이다. 불확실한 상황 속에 머무르는 사람이고 경계에 서 있는 사람이며 미아이고 고아일 수밖에 없는 위치에 자신의 자리를 둔 사람이다. 〔……〕 빛보다는 그늘에, 영광보다는 상처에, 승리보다는 패배에, 기쁨보다는 고통 쪽에 자신의 자리를 마련하는 것이 작가의 숙명이다. 글쓰기를 통해 우리의 삶의 심연과 우리를 억압하고 훼손하는 것들의 정체를 드러내며 무심하고 무감각하게 지나치는 것들 앞에 발걸음을 멈추고 주위를 돌아보게 하여 우리가 얼마나 이상한 세계에 살고 있는가를 일깨울 수 있을 뿐이다. 그러나 그러한 '일깨움'은 '우연히 던져진 존재'라고도 하는 우리들의 인생에는 단지 생존하는 것 이상의 분명한 뜻과 목적이 있다는 것을 각성시키고 보다 가치 있고 존엄한 삶을 꿈꾸게 하고 그것을 위해 노력하게 하는 것이다."[73]

나는 신춘문예를 통해서 등단한 '자격증'을 갖춘 작가가 아니라 위에서 오정희가 말하는 진정한 뜻에서 '작가'가 되었다. 남이 인정해서 작가가 아니라 나 스스로 작가라고 생각하고 그 역할을 자임했기 때문에 작가가 된 것이다.[74] 내가 '사회학자/작가'라고 하면 사람들은 내가 시나 소설을 쓸 것으로 기대한다. 그러나 나는 그냥 작가가 아니라 작가이면서 동시에 사회학자이다. 그러므로 내가 쓰는 글은 시나 소설이나 수필이 아니다. 그렇다고 논문도 아니다. 나는 '사회학자/작가'로서 나만의 글쓰기를 실험하고 모색하고 있다.

사회학자는 무엇 때문에 존재하는가? 사회학자는 자신과 자신을 둘러싼 가족 그리고 가족을 넘어 세상에서 살아가는 사람들이 삶에서 겪는 억압과 고통, 고민과 고뇌가 개인적 차원의 문제가 아니라 사회적 조건에 의해 만들어져 있음을 밝혀냄으로써 개인적 차원의 문제와 사회적 차원의 문제를 연결시키는 사람이다. 사회학자의 존재 이유는 사회 속에서 살아가는 사람들이 자신의 삶을 규정짓는 사회적 조건들을 더 잘 파악하게 함으로써 불필요한 억압과 부당한 불평등을 강요하는 사회적 조건을 개선하기 위한 지적 자원을 제공하는 데 있다. 사회적 조건에 의해 규정된 삶에 매몰되지 않고 비인간적 삶을 강요하는 사회적 조건을 파악하고 그것을 바람직한 방향으로 개선하려고 노력하는 사람을 사회적 '주체'라고 부를 수 있다면 사회학은 모든 사람이 자기 삶을 주관하는 사회적 주체로 형성되는 데 도움을 주는 지식을 창조해야 한다.

---

73) 오정희, 「내 안에 드리운 전쟁의 그림자」, 김우창 엮음, 『평화를 위한 글쓰기』, 민음사, 2006, pp. 307~308.

74) 젊은 나이에 신춘문예를 통해 등단한 작가는 나처럼 정체성의 위기를 겪지 않는다. 그들은 언제 어디서나 작가로 인정받기 때문이다. 그런데 몇몇 작가들은 나를 작가로 인정해준다.

사회학적 지식은 사회의 구성원들이 정의롭고 자유롭고 서로 돕는 인간적인 사회를 만들어가는 창조적 행위자로 살아가는 일에 기여해야 한다.[75]

나에게 사회학자와 작가는 상호보완적으로 연결된 두 개의 역할이다. 작가가 비인간적인 세상의 모습을 보여주고 인간적인 존엄성을 각성시키는 존재라면 사회학자는 그 이상한 세계가 역사 속에서 어떻게 형성되어 개인의 삶을 억압하고 훼손하는가를 보여주는 사람이다. 그런데 내가 나를 아무리 '사회학자/작가'라고 주장해도 나를 바라보는 사람들은 의아한 눈빛을 감추지 못한다. 나는 그런 시선들과 마주칠 때마다 흔들리는 정체성을 다시 한 번 가다듬는다. 그러면서 예술사학자 에르빈 파노프스키의 비유를 떠올린다. 파노프스키는 순수예술가와 상업예술가를 구분했다. 그에 따르면 순수예술가는 자신의 창조적 충동을 충족시키기 위해 예술을 하는 사람이다. 반면에 상업예술가는 주문자나 구매하는 대중의 요구에 호응하여 예술을 하는 사람이다. 순수예술가가 노처녀로 일생을 마칠 수 있는 위험에 처해 있는 반면 상업예술가는 매춘부로 전락할 가능성이 높다.[76] 모든 예술가는 그 둘 사이를 오간다. 작가나 사회학자도 예술가와 마찬가지의 상황에 처해 있다. 나는 학자로서 순수성을 잃지 않으면서 작가로서 대중과의 소통을 추구한다. '사회학자/작가'를 다른 말로 표현하자면 '공공의 지식인public intellectual' 이라고 할 수 있을 것이다. 학문적 연구를 바탕으로 대중과 소통하는

---

75) 이런 사회학을 알랭 투렌은 '행위의 사회학sociology of action'이라고 하였고 마이클 부라보이는 '공공의 사회학public sociology'이라고 이름 붙였다.

76) 에르빈 파노프스키, 「영화에서의 양식과 매체」, 이윤영 엮고옮김, 『사유 속의 영화』, 문학과지성사, 2011, p. 99.

공공의 지식인은 학자와는 다른 말하기와 글쓰기 방식을 개발해야 한다. 대중문화에 영합하지 않으면서도 대중과 소통하기 위해, 대중의 문제의식과 교양의 수준을 높이기 위해, 어떤 어법과 문체를 사용할 것인가를 고민하지 않을 수 없다.

'패자'에게 주어진 선택

인생을 살아가다보면 어두운 터널 속을 걷게 될 때가 있다. 가도 가도 끝나지 않는 컴컴한 터널 속을 걷다보면 더 이상 걸을 용기가 사라지고 인생이 허무해지면서 소중하게 생각했던 가치들마저 시들해진다. 그럴 때 사람들은 자포자기의 심정이 되어 그 자리에 주저앉게 된다. 분노에 차서 타인과 세상을 비난하는 태도로 삶을 계속하기도 한다. 그러다가 타락의 길로 들어서거나 자살의 길을 택하는 사람도 있다.[77] 요즈음 고학력 실업자나 대졸 청년 실업자들의 이야기가 심심치 않게 논의되고 있다. 높은 수준의 교육을 받았지만 안정된 직업을 찾지 못한 사람들은 사회에서 '패자'로 분류된다. 그들은 백수, 잉여라는 별칭을 달고 살아간다. 경쟁이 점점 더 치열해질수록 승자는 줄어들고 패자는 늘어난다. 모든 사람이 다 승자로 살아갈 수 없다면 패자로서 당당하게 살아갈 수 있는 길을 모색해야 한다. 정해진 길, 당연한 길, 다른 사람들이 다 가는 길이 아니면 길은 없는 것일까? 승자가 될 가능성이 없는데도 뒤처

---

77) "타락이란 다름 아니라 부당한 것으로 보이는 것과 변칙적인 것을 상습적이고 체질적인 것으로 받아들이는 것이다"(오르테가 이 가세트, 『대중의 반역』, 황보영조 옮김, 역사비평사, 2005, p. 194).

진 상태에서 운동장의 트랙을 계속 달려야 하는 것일까? 운동장 밖에
는 무슨 일이 벌어지고 있는 것일까? 운동장 밖에는 정말 지옥 같은 삶
말고 다른 삶은 없는 것일까? 이미 끝난 경기에서 한번 패자가 된 사람
은 영원히 패자로 살아가야 하는가? 패자부활전이 없는 사회에서 패자
가 다른 방식으로 부활하는 방법은 없는 것인가? 이미 많은 사람이 걸
어가서 편안하지만 지루한 길을 벗어나 위험하지만 가슴 설레게 하는
남들이 가지 않은 길을 걸을 수는 없는 것일까? 이미 끝난 경기에서 패
자가 된 것을 있는 그대로 수용하고 다른 길을 모색할 수는 없는 것일
까?

　위에서 나는 내가 겪은 '수난'을 사회학적으로 분석해보고 거기에는
내 책임도 있지만 잘못된 사회의 책임도 있다고 밝혔다. 잘못된 사회는
고쳐야 한다. 그런 일을 포기해서는 안 된다. 그런데 그건 당장 결과가
나오는 일이 아니다. 죽을 때까지 끊임없이 계속해야 할 일이다. 그러면
서 하루하루를 의미 있고 보람 있게 살아가야 한다. 그러려면 지난 일
을 한탄하며 사회를 비판해보아야 아무 소용이 없다. 어찌 되었든 오늘
을 내일을 그리고 모래를 살아가야 한다. 그러려면 지난 일을 이미 읽
은 책장을 넘기듯 넘겨야 한다. 그것을 피할 수 없는 '운명'처럼 수용해
야 한다. 그래야 새로운 삶을 모색할 수 있다. 사회학자로서 '운명론'을
받아들이기 어려운 나는 그런 태도를 '방법론적 운명론'이라고 부르고
싶다. '방법론적 운명론'은 자기의 현 상태를 어쩔 수 없는 것으로 받아
들이고 거기에 순응하는 운명론이 아니라 현 상태를 깨고 새로운 단계,
더 높은 단계로 도약하기 위한 운명론이다. 스페인의 사상가 오르테가
이 가세트는 운명과 관련하여 이렇게 썼다. "운명은 논의의 대상이 아니
라 받아들일 것인가 받아들이지 않을 것인가 하는 수용 여부의 대상이

다. 받아들인다면 진정성을 지닐 수 있지만, 받아들이지 않는다면 자기 자신을 부정하는 위선에 빠진다. 타락함과 비열함은 자신의 운명을 거부한 사람에게 남겨진 생활 방식과 다르지 않다. 또한 운명을 받아들인다고 해서 진정한 본질이 사라지는 것도 아니다. 오히려 비난하는 그림자와 유령이 되어 마땅히 짊어져야 할 것을 짊어지지 못하고 있다는 끊임없는 강박증에 시달린다. 타락한 인간은 이미 자살한 생존자인 셈이다. 운명이란 하고 싶어 하는 것에 있는 것이 아니라, 하고 싶지 않은 것을 해야만 한다는 생각을 할 때 분명하고 엄격하게 그 모습을 드러낸다."[78] 피할 수 없는 삶의 조건이라면 자신의 운명과 맞대면하여 그 상황을 돌파해야 한다. 같은 맥락에서 박영신은 이렇게 썼다. "인간 존재는 삶의 조건을 피해갈 수 없다. 그러나 그 조건에 무작정 굴복하지 않는다. 인간은 그 조건을 돌파해간다. 그 행위 속에 인간답게 살고자 하는 삶의 의미가 있다. 바로 이런 까닭에 인간은 조건과 싸우는 전사의 삶을 산다."[79] 오르테가 이 가세트가 말하듯이 "삶이란 무엇보다 가능성의 산물로서 여러 가능성들 가운데 실제로 희망하는 바를 선택하는 것이다. 상황과 선택이 삶을 구성하는 본질적인 두 요소이다. 〔……〕 우리에게 부과된 것은 하나의 궤도가 아니라 여러 개의 궤도이며, 따라서 우리는 선택을 해야만 한다. 얼마나 놀라운 조건인가! 산다는 것은 우리가 자유를 행사하고 우리의 위치를 이 세계 속에서 선택하도록 운명적으로 강요받았음을 느끼는 것이다. 한순간도 우리의 선택 행위를 쉽게 내버려두지 않는다. 낙담하여 될 대로 되라는 식의 자포자기에 빠진

---

78) 오르테가 이 가세트, 같은 책, p. 143.
79) 박영신, 「나의 사회학―우리 사회의 구조와 변동에 대한 관심 하나」, 『본질과 현상』 23호, 2011년 봄, pp. 18~30. 인용은 p. 28.

경우조차도 선택하지 않는 선택을 한 것이다. 따라서 상황이 삶을 결정한다고 말하는 것은 거짓이다. 오히려 그 반대로 상황은 항상 새로운 딜레마이고 그것에 직면한 우리가 선택을 해야만 한다. 선택을 하는 것은 우리의 특성이다."[80]

그래서 나는 선택을 했다. 세상의 관행에 순응하여 대학교수로 살아가기를 거부했다. '사회학자/작가'의 길은 주어진 상황 속에서 내가 주체적으로 결정한 삶의 방식이다. 대학의 규율을 따르지 않는 나는 어떤 프로젝트 연구에도 참여하지 않는다. 모든 대학 강의를 거부한다. 학회에서 발표는 하고 있다. 그러나 세 명의 심사위원의 평가가 필요한 등재지 논문 게재는 하지 않을 것이다. 나는 내가 하고 싶은 특강 요청에 응하고, 내가 중요하다고 생각하는 문제에 대해 나만의 방식으로 글을 쓰며 살아갈 것이다.[81]

나는 나의 삶과 앎이 어우러지게 하고 싶다. 삶과 앎이 겉돌고 헛도는 게 아니라 삶은 앎을 기름지게 하고 앎은 삶을 의미 있게 해야 한다. 이런 생각을 하면서 아직도 내 서가에 꽂혀 있는 오래된 책 한 권을 펼쳐보았다. 20대 초 대학생 시절에 읽은 철학자 이규호의 『앎과 삶』이었다. 40년 만의 재독이었다. 책을 읽다보니까 다음과 같은 구절에 밑줄이 그어져 있었다. "집단적인 의견 혹은 일반적인 여론의 압력에 대항해서 스스로의 의견을 형성한다는 것은 언제나 긴장된 노력을 필요로 한

---

80) 오르테가 이 가세트, 같은 책, pp. 65~66.
81) 노벨문학상을 수상한 칠레의 시인 파블로 네루다는 중년의 나이에 이렇게 말했다. "두려움이 없어지기까지는 많은 시간이 걸렸다. 내가 젊었을 때 나는 구석에 몰린 쥐처럼 공포로 가득 차 있었다. 내가 아주 젊은 시인이었을 때 나는 비평가들이 우리한테 강요한 법칙들을 깨는 걸 두려워했다. 그러나 지금은 그렇지 않다"(파블로 네루다, 『네루다 시선』, 정현종 옮김, 민음사, 2011, p. 134).

다. 집단적인 의견에 대항해서 스스로의 의견을 관철한다는 것은 위험을 동반하는 일이기도 하다. 왜냐하면 집단적인 의견은 파문을 일으키는 그러한 귀찮은 존재를 그대로 두지 않으려고 하기 때문이다. 물론 현대 사회는 이단자를 처형하지는 않지만 눈에 보이지 않는 그러면서 강하게 작용하는 수단으로 다른 의견을 가진 이단자를 제재한다. 〔……〕 스스로의 자립적인 의견을 형성한다는 것은 언제나 어렵고 위험한 일이다. 그것은 결단과 노력과 용기를 필요로 한다. 〔……〕 인간은 결코 단순한 호기심에서 집단적인 의견이나 일반적인 여론에 도전하려고 하지 않는다. 깊은 필연성이 그를 강요할 때만 그는 주위의 지배적인 의견에 대립해서 스스로의 의견을 형성한다. 그는 지배적인 의견의 압력이 부당하며 자기 자신의 의견이 정당하고 따라서 그러한 압력과 싸우는 것은 신성한 의무라고 느끼게 된다. 이것은 이미 윤리적인 대결이며 싸움이다."[82] 5월의 신록처럼 푸르던 시절, 그러나 고민이 많던 그 시절에 읽고 감동을 받아 밑줄을 그어놓은 이 문장은 아직도 나에게 깊은 울림을 준다. 모든 윤리적 싸움은 지배질서와의 대결이면서 동시에 자기와의 싸움이다. 분노하지 않고 좌절하지 않고 끝까지 나의 생각과 나의 삶의 방식을 지켜나가는 것 그것이 내가 살아가야 할 길이다.[83] 세상의 기준

---

82) 이규호, 『앎과 삶—해석학적 지식론』, 연세대학교출판부, 1974, p. 93.

83) 1970년대 초 『앎과 삶』을 펴낼 무렵의 이규호의 삶과 1980년대 5공 시절 교육부장관과 청와대 비서실장으로 일할 때의 이규호의 삶 사이에는 너무나 커다란 간격이 있다. 한 사람의 지식인으로서 앎과 삶이 서로 어긋나 일관성을 상실한 삶을 드러냈다. "그런 사람의 책을 인용할 필요가 있을까?"라는 질문이 가능하다. 그러나 1970년대 중반 이규호의 책이 나의 앎과 삶에 큰 영향을 준 것은 부인할 수 없는 사실이기에 그 책의 한 구절을 굳이 인용했다. 다른 한편 나는 조한혜정의 『(탈식민지 시대 지식인의, 바로 여기 교실에서) 글 읽기와 삶 읽기』1권(또하나의문화, 1992)에 나오는 "겉도는 말, 헛도는 삶"이라는 표현을 처음 읽었을 때 이규호의 책 『앎과 삶』을 떠올렸다. 조한혜정의 책은 "이 책은 겉도는 글, 헛도는 삶에 관한 책이다"(p. 6)라는 문장으로 시작하고, 1장의 제목은 "겉도는 말, 헛도는 삶"(p. 15)이다.

에서 보았을 때 패자이지만 세속의 판단을 넘어서는 다른 기준으로 새로운 길을 걷는 희망의 등불을 켜는 패자, '패자 아닌 패자'로 살아가는 일은 이제 나에게 주어진 신성한 의무가 되었다.

'패자'가 받는 축복

보이지 않는 마음의 상처를 안고 대안을 모색하는 사람에게는 위안과 격려가 필요하다. 체코의 극작가이자 반체제 지식인으로 훗날 대통령이 된 바츨라프 하벨Vaclav Havel의 글은 어두운 터널 속을 걷고 있던 나에게 용기를 주었다. 거짓된 삶이 지배하는 세상에서 '진리 안에서 살기living in the truth'는 그 자체로서 체제에 대한 도전이며 위협이다. 그것이야말로 '힘없는 자의 힘'이다. 그것은 세속적 힘이 아니라 도덕적 힘이다. 체제 안의 타성적인 삶, 거짓된 삶을 극복하려는 노력, 위선적인 삶을 넘어서려는 비순응적이고 비타협적인 저항의 삶이야말로 희망의 등불이 될 수 있다. 하벨만이 아니라 남아공의 아파르트헤이트 체제에 저항하여 무기수로 복역한 만델라, 중국 천안문 민주화운동 이후 공산당체제에 저항한 중국의 비판적 지식인 류 샤오보 등은 모두 힘없는 자의 힘을 보여준 사람들이다.[84] 믿음과 행위가 분리되는 사회, 진실에 대한 금기가 존재하는 사회에서 힘없는 지식인들의 진실을 찾고자 하는 노력과 그에 따른 시련은 힘없는 자가 또 다른 힘을 갖게 하는 보이지 않는

---

84) 박영신, 『실천도덕으로서의 정치―바츨라브 하벨의 역사 참여』, 연세대학교출판부, 2000과 원재연, 「사회주의 중국에서 '진리 안의 삶'의 모색―저항 지식인 류 샤오보를 중심으로」, 『현상과인식』 제35권 3호(통권 111호), 2010년 9월, pp. 225~50.

역사의 진실을 보여주었다. 노동운동가에서 평화운동가로 전환한 시인 박노해는 그런 정신을 "비폭력 무저항이 아니라, 비폭력 끝까지 저항"[85] 이라고 표현했다.

> 반대를 위한 반대가 아니라
> 삶을 위한 반대를 하는 것
> 비록 전쟁의 세상에 살지만
> 전쟁이 내 안에 살지 않게 하는 것
> 폭력 앞에 비폭력으로 그러나 끝까지 저항하면서
> 따뜻이 평화의 씨앗을 눈물로 심어가는 것

기독교 지식인으로 민주화운동에 헌신하다 투옥되었던 경험을 가지고 있는 사회학자 한완상은 "승자만 있고 패자는 없는 시대 진짜 이기는 힘은 무엇인가"를 물으면서 "우아한 패배"의 의미를 되새겼다.[86] 어려운 조건에서 해외 난민 봉사를 계속하고 있는 송강호는 패배에 대한 자신의 생각을 이렇게 밝혔다. "단 한 번 혹은 몇 번의 패배로 물러나는 미완성의 패배가 아니라 어떤 시련과 절망과 좌절도 끝내 거부하고 끝없이 패배하는 삶을 한없이 긍정하면서 끝까지 포기하지 않는 삶이 우리의 운명이 되어야 한다."[87] 나는 다른 사람들이 걷지 않는 좁은 길을 걸으며 끝까지 포기하지 않는 사람들의 말에 귀를 기울인다. 세상에는 그런 사람들끼리 들리지 않는 교신이 이어지고 있다.

---

85) 박노해, 『그러니 그대 사라지지 말아라』, 느린걸음, 2010, p. 132.
86) 한완상, 『우아한 패배』, 김영사, 2009, pp. 506~30.
87) 송강호, 『평화, 그 아득한 희망을 걷다』, IVP, 2012, pp. 167~68.

내가 파리에서 자발적 망명생활을 하고 있을 때의 일이다. 그때 나는 산책을 하다가 소르본 대학 앞에 있는 콩파니라는 서점을 들르곤 했는데 어느 날 그 서점에서 주관하는 저자 초청 대화 모임에서 안토니오 네그리의 이야기를 들을 수 있게 되었다. 이탈리아의 지식인 안토니오 네그리는 1970년대에 사회 변혁을 꿈꾸는 사상문화운동을 주도하다가 체포되어 감옥에 갇힌 상태에서 성서의 「욥기」를 읽으며 고통에 대한 성찰을 시작했다. 혁명의 열기는 사그라들었고 그는 독방에 갇힌 신세였다. 그는 자신에게 닥친 좌절과 고통의 의미를 새롭게 해석하기 시작했다. 그런 내면의 성찰은 그에게 주어진 마지막 저항의 수단이었다. 그는 출옥 후에도 지적 저항을 계속하면서 책에서 이렇게 썼다. "나는 오래전인 1982~83년경에 이 책을 쓰기 시작했다. 당시 나는 4년째 감옥생활 중이었(다). 그때 나는 절망적 상황에 처해 있었다. 정치적 이유로 장시간 고도의 감시를 받는 감옥에 있었고, 어떻게 그곳을 벗어날지 헤매고 있었다. 나는 고통에 대한 분석 속에서 저항의 수단을 찾았다. 나는 누구나 자신을 절대 권력으로부터 방어할 수 있다는 환상을 일찍이 극복했는데, 결국 그 문제는 감옥의 고통과 비참함 속에서 지성적으로 허물어지지 않는 것이었다. 〔……〕 어떻게 해방의 길을 걷기 위해 욥의 길을 따라갈 것인가?"[88]

---

88) 파리 망명 시절 탈고하여 1990년에 이탈리아에서 처음 발간된 이 책에서 네그리는 '신의 초월성'을 인정하지 않고 인간을 신과 함께 세상을 공동으로 창조하는 존재로 본다. 네그리에게 욥의 고통은 인간이 행해야 하는 노동의 비유이며 「욥기」는 신의 정의를 따를 수도 없고 노동 가치를 따를 수도 없는 상황, 즉 '측정을 위한 척도 체계의 불가능성the impossibility of system of measure'을 보여주는 것이다(안토니오 네그리, 『욥의 노동』, 박영기 옮김, 논밭출판, 2011, pp. 6~7). 사도 바울을 제국, 인종, 계급, 영토, 가족 등 모든 경계를 넘어서는 '보편주의'의 발명자로 해석하는 또 한 명의 마르크스주의 철학자 알랭 바디우도 볼 것 (Alain Badiou, *Saint-Paul, La Fondation de l'Universalisme*, Paris: PUF, 1998).

미국 뉴욕에 있는 어느 신체장애자회관에 적혀 있는 한 편의 시는 세상의 기준에서 보았을 때 패자가 될 수밖에 없던 사람이 자신의 운명을 수용하고 그것을 더 높은 차원으로 승화시키는 욥의 모습을 보여준다.

나는 신에게 나를 강하게 만들어달라고 부탁했다.
내가 원하는 것을 이룰 수 있도록.
하지만 신은 나를 약하게 만들었다.
겸손해지는 법을 배우도록.

나는 신에게 건강을 부탁했다.
더 큰 일을 할 수 있도록.
하지만 신은 내게 허약함을 주었다.
더 의미 있는 일을 하도록.

나는 부자가 되게 해달라고 부탁했다.
행복할 수 있도록.
하지만 난 가난을 선물받았다.
지혜로운 사람이 되도록.

나는 재능을 달라고 부탁했다.
그래서 사람들의 찬사를 받을 수 있도록.
하지만 난 열등감을 선물받았다.
신의 필요성을 느끼도록.

나는 신에게 모든 것을 부탁했다.

삶을 누릴 수 있도록.

하지만 신은 내게 삶을 선물했다.

모든 것을 누릴 수 있도록.

나는 내가 부탁한 것을 하나도 받지 못했지만

내게 필요한 모든 걸 선물받았다.

나는 작은 존재임에도 불구하고

신은 내 무언의 기도를 다 들어주셨다.

모든 사람 중에서

나는 가장 축복받은 자이다.

—작자 미상, 「난 부탁했다」[89]

흔들리는 마음 다스리기

대학 밖에서 '사회학자/작가'라는 정체성을 지키며 사회생활을 하다 보면 때로 마음의 평화를 잃는다. 그럴 때면 프랑스의 수도사이자 학자였던 앙토냉-질베르 세르티양주Antonin-Gilbert Sertillange가 쓴 다음과 같은 구절을 다시 읽어보면서 흔들린 마음을 다스린다.

---

89) 류시화 엮음, 『지금 알고 있는 걸 그때도 알았더라면』, 열림원, 1998, pp. 34~35.

세상이 당신을 좋아하지 않을 때 세상은 당신에게 해를 끼친다. 혹시 당신을 좋아한다 해도 당신을 타락시키는 방식으로 역시 해를 끼친다. 당신의 유일한 대처법은 당신이 세상에 봉사할 준비가 된 만큼이나 세상의 평가에 무관심한 채로 세상과 동떨어져 공부하는 것이다. 세상이 당신을 거부해서 당신이 어쩔 수 없이 당신 자신에게 의지하고, 내적으로 성장하고, 스스로를 관찰하고, 스스로 깊이를 더한다면 최선일 것이다. [……] 그렇다고 해도 남을 혹평하고 시기하고 부당하게 비난하고, 남에게 반박하고 싶은 유혹을 느끼게 되지 않을까? 그럴 때는 마음을 어지럽히고 불화를 일으키는 그런 성향이 영원한 진리를 해치며 그 진리와 양립할 수 없음을 기억해야 한다.[90]

젊은 시절에는 고리타분하게만 느껴졌던 공자와 맹자의 말에서도 때로 위안을 받을 때가 있다. 공자는 자신의 체험을 바탕으로 다음과 같이 이야기했다. "배우고 때로 익히면 즐겁지 아니한가, 벗이 있어 먼 곳에서 찾아오면 즐겁지 아니한가, 남이 알아주지 않는다고 하여 성내지 않으면 군자라 할 만하지 않은가? 有朋自遠方來 不亦說乎 學而時習之 不亦說乎 人不知而不慍 不亦君子乎." 나는 배우고 익히는 즐거움을 알아 학자의 길에 들어섰고 나와 뜻이 통하는 친구들과 만나 뜻을 나누는 즐거움도 느꼈기에 앞의 두 문장은 쉽게 받아들였다. 그러나 세번째 문장은 오랫동안 내 것으로 만들 수 없었다. 나는 사람들이 내 뜻을 알아주지 않는다고 성을 내고 있었기 때문이다. 그런데 이제는 공자의 그 말뜻을 조금은 이해할

---

90) 앙토냉-질베르 세르티양주, 『공부하는 삶』, 이재만 옮김, 유유, 2013, p. 377.

수 있을 것 같다. 공자는 천하를 떠돌며 여러 나라의 군왕들에게 자신의 생각을 알렸지만 그 누구도 그의 말을 기꺼이 들어주는 사람이 없었다. 그래서 그는 세상에서 느낀 실망과 좌절을 군자됨의 즐거움으로 승화시켰다. 나는 가끔씩 혼자 이렇게 중얼거려본다. "남이 알아주지 않는다고 하여 성내지 않으면 그 또한 군자가 아니겠는가?"

맹자도 이렇게 말했다. 『맹자』 제6편 「고자 장구告子章句」에 나오는 말이다. "도道란 큰 길과 같아서 어찌 알기가 어렵겠는가. 사람들이 그것을 구하지 않는 것을 의심할 뿐이다. 〔……〕하늘이 장차 큰일을 어떤 사람에게 맡기려 할 때는 반드시 먼저 그 마음을 괴롭히고, 그 근골을 지치게 하고, 그 육체를 굶주리게 하고, 그 생활을 곤궁하게 해서 행하는 일이 뜻과 같지 않게 한다. 이는 그 마음을 흔들어 참을성을 기르게 하고 지금까지 할 수 없었던 일을 할 수 있게 하기 위함이다." 이 말은 맹자 자신이 겪었던 실존적 고뇌의 고백이기도 하다. 작가이든 예술가이든 학자이든 정치가이든 지금까지 없었던 새로운 일, 중요한 일을 할 사람은 고통의 과정을 겪게 되어 있다는 맹자의 말은 때로 움츠리고 때로 쓰러지는 나를 다시 일으켜 세운다.

'패자'만의 즐거움

한때 민주화운동에 관여했다가 감옥살이를 했던 사람과 함께 아시아 시민단체들을 방문했던 적이 있다. 그때 감옥 체험을 물어보는 외국 사람들에게 그는 "그리 나쁜 것만은 아니었다It was not so bad"고 답하곤 했다. 대안代案의 가치를 추구하며 무릎 꿇지 않는 삶을 사는 일이 그렇게 고통스러운 것만은 아니다. 다수가 따르는 통상의 기준에서 벗어난 삶을 살아가는 사람은 자신의 삶을 현실 너머 초월적 세계에 연결시킴으로써 자신의 삶의 의미를 풍요롭게 만들 수 있다. 종교는 우리의 삶을 초월적 세계와 이어서 해석하게 만든다. 나는 비기독교 집안에서 태어났지만 연세대라는 기독교 대학을 다녔고, 기독교 집안에서 자란 여성과 결혼했고, YMCA, 크리스챤아카데미 등 기독교 관련 단체에서 일하면서 기독교에 반감을 전혀 느끼지 않았다. 오히려 마음이 편안했다. 그러다가 1990년대 중반 어려운 시절 청파교회에 나가기 시작했다. 박정오 목사의 "좋은 게 좋은 게 아니고 옳은 게 좋은 거다"라는 설교가 마음에 와 닿았다. 그 교회의 강단 전면에는 '언제 어디서나 그리스도인'이라는 글귀가 붙어 있었다. 박정오 목사의 뒤를 이은 김기석 목사는 2013년 부활절 예배에서 이렇게 설교했다. "절망을 끌어안을 때, 희망은 새벽처럼 찾아옵니다. [······] 패배를 좋아하는 사람이 어디 있겠습니까? 하지만 끝없이 패배한다 해도 그 삶을 긍정하면서 끝까지 포기하지 않는 삶을 운명으로 받아들이는 것, 참으로 장엄한 삶이 아닐 수 없습니다. 부활신앙이란 이런 것입니다. 의를 위해 싸우다가 나는 패배해도 하나님은 결코 패배하지 않는다는 사실을 믿는 것 바로 이것이 부활신앙을 가진 사람들의 삶입니다."

"좋은 게 좋은 게 아니라 옳은 게 좋은 것"이라는 생각을 내려놓지 않고 나는 패배해도 하나님은 패배하지 않는다는 믿음을 갖고 자신이 선택한 길을 온갖 시련에도 불구하고 계속 걷는 삶, 그것이 크리스천의 삶이라면 나는 그 길에 들어섰다.

아! 군중은 시장의 가치를 좋아한다.

그리고 하인은 더 강한 자를 존중할 뿐이다.

신에게 양심을 거는 자.

오직 그자들만 스스로 진실하게 존재한다.

—프리드리히 횔덜린

대학 안에 안정된 정규직 교수 자리를 차지하지 못하고 대학 밖에서 '사회학자/작가'로 살아가는 일에 어려움만 있는 것은 아니다. 거기에는 그 나름의 자유와 즐거움이 있다. 우선 매일 하루 24시간을 자기가 원하는 방식대로 살 수 있다. 거기에는 상투적인 삶의 방식을 벗어나 남과 다른 삶의 경로를 만들어나가는 즐거움이 있다. 틀에 박힌 인생길에서 해방되었기에 규격화된 행로를 따르지 않고 자기만의 길을 개척하는 모험가의 삶을 살 수 있다. 자유와 자율의 삶을 꾸려가면서 발견과 발명의 삶을 살 수 있다. 충성과 복종을 강요하는 중심부 세력으로부터 거리를 두고 스스로 변두리를 향하여 걸어나가는 즐거운 산책자로서 당연한 세상을 낯설게 볼 수 있는 이방인의 삶을 살 수 있다. 중심부와 주변부를 가로지르며 관습의 세계를 흔들고 상식의 세계를 뒤집어볼 수 있다. 주변부에서 서식하는 삶은 '정상正常'이라는 꼭 막힌 틀을 벗어나지 못하는 체제 안의 사람들에게는 견디기 힘든 고통이요 박탈의 경험이라고 생각될 것이지만, '비정상非正常'이라는 스티그마를 두려워하지 않는 체제 밖 사람들에게 삶은 무한한 자유의 시간이며 새로운 도전과 창조의 시간이 될 수 있다. 그래서 영원한 망명 지식인이었던 에드워드 사이드는 이렇게 썼다. "망명은 당신이 언제나 주변에 머무르는 것을 의미한다. 그리고 당신은 정해진 길을 따를 수 없기 때문에 항상 무언가를 스스로 해야 한다. 당신이 그러한 운명을 박탈이나 통곡할 일로 받아들이지 않고, 자유와 당신의 방식대로 무언가를 발견하는 과정으로 받아들인다면, 다양한 관심이 당신의 주의를 요구하는 것으로 받아들인다면, 당신이 스스로에게 명령한 특별한 목표라고 받아들인다면 그것은 고유한 즐거움이 될 것이다."[91] '자발적 망명자'를 자처하는 나는 이제 사이드가 말한 '고유한 즐거움'이 찾아오고 있음을 예감한다.

낙타가 사막을 건너는 법

　1980년대 프랑스 유학 시절 알퐁스 도데가 쓴 단편소설 「스갱 씨의 염소La Chèvre de M. Seguin」를 원문으로 읽으면서 지식인이 걸어야 할 길을 생각해보곤 했다. 이 소설에는 안전한 울타리 안에서 주인이 주는 건초를 편안하게 받아먹으며 안락한 나날을 지내는 염소 한 마리가 주인공으로 나온다. 그런데 그 팔자 좋은 염소는 어느 날 매일매일 똑같이 반복되는 안정된 생활이 지루해서 자유를 찾아 울타리를 넘어 탈출을 감행한다. 감옥처럼 느껴지던 울타리를 벗어나 들과 산에서 자유를 만끽하던 염소는 밤이 되어 자신을 잡아먹으려는 늑대를 만나게 된다. 염소는 늑대와 밤새 사투를 벌인다. 그러나 역부족이었다. 힘이 다 빠진 염소는 동이 틀 무렵 장렬하게 전사한다.

　대학 밖에서 사회학자/작가로 살아가면서 힘든 일을 겪을 때면 그 염

---

91) Edward Said, *Representations of the Intellectual*, New York: Pantheon Books, 1994, p. 62. 이에 대한 박영신의 「즐거운 유배자, 지성인의 삶」, 『우리사회의 성찰적 인식』(현상과인식, 1994, pp. 368~69)의 논의도 볼 것.

소가 전사하는 장면이 눈앞에 아른거린다. 그럴 때면 얼른 장면을 바꾸어 사막을 걷는 낙타를 머릿속에 떠올린다. 4천 5백만 년 전 지구에 나타난 낙타는 수천 만 년 동안 북아메리카 대륙에서 별 문제없이 잘 살았다. 하지만 아메리카들소 등 거센 동물들이 늘어나면서 상황이 달라졌다. 순한 낙타는 거친 동물들에게 눌리고 쫓겨나 점점 더 살기 어려운 환경으로 내몰렸다. 그렇게 해서 마지막으로 도착한 곳이 사막이다. 낙타는 오랜 세월 동안 사막에 살면서 척박한 땅에서 살아가는 방법을 터득했다. 견디기 어렵게 뜨거운 태양이 내리쪼이고, 눈을 뜨고 앞을 보지 못하게 하는 모래바람이 부는 사막을 묵묵히 걷는 낙타의 의연한 모습은 경외감을 불러일으킨다. 사막의 낙타는 아무런 불평도 하지 않고, 울지도 웃지도 않고, 곁눈질도 하지 않고, 그냥 앞을 향해 타박타박 걸어간다. 오아시스를 기다리지도 않고 뛰지도 않고 쉬지도 않고 그저 앞을 향해 천천히 발걸음을 옮긴다. 그런 삶을 살면서 낙타는 진화에 진화를 거듭했다. 등에는 물을 보관하는 혹이 생겼고 모래바람을 막기 위해 긴 눈썹이 생겼다. 사막의 뜨거운 지열을 피하기 위해 다리가 길어졌고 모래에 빠지지 않기 위해 발바닥에는 두터운 각질이 발달했다.[92] 만년에 이르러 지성에서 영성으로 넘어간 문학평론가 이어령은 젊은 시절에 그런 낙타의 삶을 이렇게 찬양했다.[93]

낙타는 어째서 눈썹이 긴가? 낙타는 사막을 건너기 때문이다. 허허벌판에 모래바람이 분다. 불타는 사자의 눈이라 해도 혹은 그것이 아름다

92) 최형선, 『낙타는 왜 사막으로 갔을까―살아남은 동물들의 비결』, 부키, 2011, pp. 76~103.
93) 이어령, 『지성채집』, 나남, 1986, p. 38.

운 사슴의 눈이라 해도 사막의 지평을 바라볼 수는 없다. 모래 언덕에서 뜨거운 모래바람이 앞을 가릴 때 오직 갈 길을 잃지 않고 앞으로 갈 수 있는 것은 낙타뿐이다.

낙타는 어째서 등에 커다란 혹을 짊어지고 다니는가? 낙타는 사막을 지나가기 때문이다. 가도 가도 목이 타는 모래밭이다. 한 포기 풀도 없고 한 뼘의 그늘도 없다. 땅을 파도 물 한 방울 솟지 않는 죽음의 땅, 이 갈증의 길을 가려면 자신의 육신 속에 물을 저장해두지 않으면 안 된다. 표범은 날쌔지만 갈증을 이길 수 없고, 침팬지는 영리하지만 그 뙤약볕을 이겨내지 못한다.

낙타는 가끔 운다. 낙타는 왜 슬퍼 보이는가? 사막의 길을 가기 때문이다. 표지판도 방향도 없는 모래 한복판에서 낙타는 긴 목을 빼고 가야 할 먼 지평의 구름을 본다. 모래바람이 부는 목 타는 길이다. 쉬어 갈 녹지는 너무나도 멀다. 그러나 선인장 가시 같은 의지가 길을 인도한다. 해도 달도 믿을 것은 못 된다.

낙타 같은 언어를 갖고 싶다. 사자의 눈이나 사치한 사슴의 뿔 같은 언어보다도 사막을 건너가는 그런 낙타의 언어로 시를 쓰고 싶다. 지평을 바라볼 수 있는 기다란 목으로, 바람 속에서도 앞을 내다볼 수 있는 긴 눈썹으로 그리고 혀를 말리는 갈증을 제 몸으로 스스로 적셔가는 등 위의 혹으로 내 생의 길을 걷고 싶다.

시는 푸른 초원에서만 살 수 있는 양떼가 아니다. 시는 맑은 호수에서 살 수 있는 백조는 아니다. 더더구나 늪에서 뒹굴며 사는 하마는 아니다.

시인의 언어는 낙타이다. 멀고 푸른 녹지를 향해서, 오늘의 모래 길을 걷는 낙타이다. 목 타는 생의 모래밭, 우물이 없어도, 비가 내리지 않아도, 그늘이 없어도 제 몸으로 목을 적시며 살아가는 낙타이다.

낙타여! 시인의 언어여! 다시 무거운 생의 짐을 지고 일어나라. 아무리 지평이 멀어도, 너는 갈 수가 있다. 갈증을 이기고 모래바람을 막으며 너는 저 생명의 녹지를 향해 갈 수가 있다.

사이와 너머, 초중도의 길

이분법을 넘어서 제3의 길찾기

누구라도 세상에 태어나 가정과 학교를 거쳐 성인이 되는 과정에서 자신의 처지와 입장에 따라 일정한 정치적 의견을 갖게 된다. 그렇게 형성된 정치적 입장은 한 사람이 스스로에 대해서 갖는 정체성의 일부를 구성한다. 정치적 갈등이 전 사회적으로 전개되는 상황이 되면 정치적 입장의 차이는 개인들 사이에 상호불통을 넘어 혐오와 증오를 확대재생산한다. 이데올로기의 차이는 우정도 갈라놓는다. 세상을 보고 해석하는 방식이 극단적으로 다른 사람들이 어떻게 싸우지 않고 잘 지낼 수가 있겠는가. 친구 사이만이 아니라 연인이나 부부 사이에도 정치적 입장이 다르면 안정된 관계를 지속하기 어렵다. 우리나라의 1980년대가 그랬다. 1987년 민주화 이후 시민들은 각자 조용히 생업에 종사하고 있지만 사회적으로 커다란 사건이 일어나거나 대선 등 정권 교체의 시기가 오면 다시 어느 한쪽 진영의 입장을 강력하게 지지하게 된다. 우리 편과 상대편, 아군과 적군의 선명한 구분이 이루어지는 것이다.

그런 적대적 관계를 대화와 토론, 소통과 타협을 통해 상호인정하는 관계로 변화시킬 수 있는 방법은 없는가? 이 문제를 해결하기 위해서는 여러 방면에서 다양한 방안의 모색이 필요하다. 우선 누구나 지켜야 할 공동의 규칙을 마련할 필요가 있다. 상호비방 중지는 그 첫걸음이다. 그다음으로 역지사지의 자세가 필요하다. 고집불통에서 열린 소통으로 가기 위해서는 상대방의 입장에 서서 생각해보아야 한다. 그러나 첨예한 대립 상황이 되면 그런 생각이 실천으로 이어지기 어렵다. 그렇다면 어떻게 할 것인가? 이분법적 사고를 넘어 최소한 삼분법적 사고의 가능성을 모색해볼 수 있다. 양극단 사이에 위치하는 제3의 입장이 가능하게 해야 한다. 제3의 입장을 사쿠라나 박쥐에 비유하며 비난하거나 양비론이나 기회주의라고 매도하지 말고 양극단을 조정하고 종합하여 더 나은 의견이 될 수 있다는 생각을 가져야 한다. 그런 입장을 흔히 '중도'라고 부르는데 나는 그런 입장을 '초超중도'라고 부를 것을 제안한다. '단순중도'가 극좌와 극우의 양극단과 같은 평면의 정중앙에 위치한다면 '초중도'는 좌우의 평면 스펙트럼보다 다소 높은 지점에 위치하며 상황에 따라 이동한다. 그러면서 양극단을 넘어 모두가 합의할 수 있는 안을 모색한다. '초중도'를 '사이between'에서 '너머beyond'를 모색하는 입장이라고 말할 수 있을 것이다. 현실과 다소 비판적 거리를 유지하면서 양극단을 이동하며 전체의 입장에서 사유하고 판단하고 개입하는 세력이 초중도다. 초중도는 좌와 우, 보수와 진보라는 양극단이 내세우는 명분 뒤에 감추어진 실리를 드러낸다. 초중도라는 위치는 권력과 부에 대한 욕심에서 벗어난 사람들이 위치할 수 있는 지점이다. 자신의 세속적

이익을 옹호하기 위해 중간 입장을 취하는 중도를 초중도와 구별하여 '세속世俗중도'라고 부를 수 있을 것이다. 세속중도는 자신의 이익에 따라 좌나 우 어느 한쪽 편으로 치우칠 수밖에 없다. 그러나 초중도의 입장에 서면 기존의 질서에 스며들어 있는 기득권과 그에 대항하는 비판 세력의 욕심과 한계를 모두 꿰뚫어볼 수 있다. 그런 초중도 세력이 존재할 때 소모적 이념 대립을 완화시키고 전체를 위한 대안 모색이 가능해질 것이다.[1]

지식사회학적 관점과 '사회적 성찰성'

그렇다면 초중도의 입장을 가지려면 어떻게 해야 하는가? 조건반사, 비성찰성, 즉흥성, 난폭성을 벗어나야 한다. 자신의 관점으로 인식한 왜곡된 현실을 온전한 현실이라고 우기는 무지를 벗어나야 한다. 부분을 보고 전체를 보았다고 말하는 어리석음을 떨쳐버려야 한다. 오만과 편견에서 벗어나 겸허한 자기 성찰에 이르러야 한다. 말하고 있는 자기를 들여다볼 줄 아는 능력을 배양해야 한다. 그러기 위해서는 지식사회학적 관점이 필요하다. 한 사람이 세상을 보는 관점에는 그 사람의 가족 배경, 출신 지역, 직업, 교육 수준, 종교, 계급, 소득과 재산 정도가 작용한다. 지식사회학은 자신의 입장이 그런 요소들에 의해 어떻게 영향

---

1) 이 글을 쓰고 난 다음, 작고한 미국의 철학자 리처드 로티가 쓴 자전적 글의 첫머리에서 다음과 같은 문장을 발견했다. "지식인이 취할 수 있는 최선의 입장은 정치적 우파와 정치적 좌파로부터 똑같은 정도로 신랄하게 비판받는 자리이다"(Richard Rorty, "Trotsky and the Wild Orchids", *Philosophy and Social Hope*, New york: Penguin, 2000, p. 3).

받는가를 생각해보고 그런 개별적 입장을 떠나 전체의 입장에서 생각해보는 능력을 키워준다. 지식사회학의 관점을 가질 때 자신이 서 있는 사회적 위치를 헤아리게 되고 자신의 입장을 상대화시켜 역지사지의 능력을 갖게 된다.

자연 상태에서 우리는 누구나 자신이 처한 위치에서 세상을 보고 상대방을 바라본다. 그러나 상대방은 그 또한 자신의 입장에서 세상을 해석하고 나를 바라본다. 각자가 자신이 속한 가족을 비롯한 사회적 집단과 자신이 살아온 삶의 과정을 상대화시켜볼 수 있는 능력을 '사회적 성찰성social reflexivity'이라고 부를 수 있다면 지식사회학은 그런 능력의 배양에 기여할 수 있다. 누구라도 '사회적 성찰성'을 가질 때 이전투구하는 상황을 벗어나 인간적 품위를 회복할 수 있다. 자기 이익을 추구하기 위해 내뱉는 막말을 거두고 품위 있는 언어, 새로운 언어를 쓰게 될 것이다. 자신의 한계와 부족함, 자신의 관점이 갖는 부분성을 인식하고 상대방의 말에 귀를 기울이는 경청의 능력을 키워나갈 것이다. 너와 나의 부분적이고 제한적인 진실을 넘어서 더 큰 진리가 있다는 믿음을 가질 때 상대방을 포용包容하면서 자신의 좁은 관점을 초월超越하는 포월包越의 논리가 생긴다. 그것이 초중도의 논리다.

'사회적 성찰성'에서 '사회적 영성'으로

초중도의 입장을 갖기 위해서는 '사회적 성찰성'만으로는 부족하다. '사회적 영성social spirituality'의 고양이 필요하다. 세상에는 합리성의 차원에서 해결될 수 있는 문제도 있지만 합리적 분석 너머 초월적 세계와 이어질 때 해결이 가능해지는 문제도 있다. 모든 종교는 자기 이익을 극대화하고 자기 권력을 확장하기 위해 물고 뜯는 속된 세계의 유한성을 인식하고 그것을 넘어서는 초월적 세계의 존재를 각성시킨다. 초월적 세계의 관점에서 보면 이 세상에서 벌이는 권력과 부와 명예와 쾌락을 위한 다툼은 부질없고 유치한 싸움이 된다. 종교는 미움과 질투가 아니라 사랑과 협력을 가르친다. 속된 세계의 다툼을 벗어나기 위해서는 이 세상에 살면서도 이 세상을 넘어서는 거룩한 세계에 맞닿아 있어야 한다. 그런 초월의 관점에서 이 세상의 갈등을 상대화시킬 수 있어야 한다. 인간이라면 누구라도 자기 안에 의미 있고 숭고한 삶을 위해 자신의 현존재를 초월하려는 열망을 갖고 있다. 이 열망 때문에 인간은 자신의 삶을 성찰하고 정화하며 넘어서려고 노력한다. 숭고한 삶을 위한 이런 초월의 열망이 '영성'이다. 영성은 개인이 자신의 존재 의미를 탐구하면서 더 넓은 존재론적 맥락 속에 자아를 위치시키려고 시도할 때 발견된다. 영성을 통해 인간은 세속적 삶에 대한 집착을 상대화할 수 있다. 고귀하고 의미 있는 삶을 추구하는, 영성 없이 소유와 소비와 쾌락으로만 이루어진 삶은 정신적으로 덧없고 공허하게 되어 쇠락하고 만다. 자신의 이익, 권력, 명예, 쾌락 추구에서 빠져나와 타인과 함께 나누는 마음, 전체를 생각하는 마음, 타인을 섬기고 모시는 마음을 갖기 위해서는 영성을 높여야 한다. 자신의 영혼을 맑게 하는 일을 넘어 자기와 생각이 다른 사람마저도 포용하고 초월할 수 있는 능력을 '사회적 영성'이라고 한다면 그런 능력의 배양이 새로운 사회를 여는 근본적 힘이 될 것이다.

한국 사회학의
새로운 길 찾기

3부

소통하는 사회학
—노명우의 '대중과 소통하는 글쓰기'

현자들이 보통 사람에게 보통 사람의 언어 대신에 자신들의 언어로 말한다면, 보통 사람들은 그 말을 알아듣지 못할 것이다.

—장-자크 루소, 『사회계약론』

사회학의 흥망성쇠

로마제국만이 아니라 세상만사에는 흥망성쇠의 주기가 있다. 사회학이라는 학문도 예외가 아니다. 내가 사회학을 공부하던 1970년대와 1980년대에는 사회학과가 인기 학과였다. 사회학을 공부해서 자유롭고 평등하고 정의로운 사회를 만들려는 열기가 충천했다. 학부에서 사회학을 전공하지 않은 사람이 사회학을 공부하겠다고 사회학과 대학원에 진학하는 경우도 많았다. 나도 그 가운데 한 사람이다. 그러나 이제 그런 사회학의 황금기는 지나갔다. 전 세계적인 차원에서는 미소 간의 냉전 체제가 막을 내리고 무역 자유화를 필두로 하는 세계화가 진행되면서 사회학의 위상이 하락했고, 국내적인 맥락으로 보자면 1987년 5월항쟁 이후의 민주화, 1989년 베를린 장벽 붕괴, 1997년 IMF 금융 위기와 구조조정을 겪으면서 사회학에 대한 일반적 관심이 점차 하향 곡

선을 긋기 시작했다. 대학을 포함해 사회 전체가 신자유주의 경쟁 원리로 재편되면서 이런 상황은 더욱 심화되고 있다. 사회학과는 졸업 후 취업이 어려운 학과로 인식되면서 지원자 수가 현저하게 줄어들었다. 그래서 어느 대학에서는 사회학과 신입생을 더 이상 뽑지 않겠다는 결정을 내렸다. 그런 결정이 현실화된다면 4년 후면 그 대학의 사회학과는 문을 닫게 될 것이다. 사회학과의 원로 교수가 퇴임한 지 몇 년이 지나도 신임 교수를 뽑지 않는 학교가 있다는 이야기도 들었고 전임 한국사회학회 회장으로부터 사회학계에 대한 외부의 연구비 지원도 다른 사회과학 분야에 비해 눈에 띄게 줄어들고 있다는 하소연을 듣기도 했다.[1] 학생들이 더 이상 사회학과를 지원하지 않고 대학이 더 이상 사회학 전공 교수를 충원하지 않으며 사회학 연구비가 줄어드는 상황을 사회학의 현실적 위기라고 한다면 그런 구체적인 위기의 배후에는 학문적 위기 상황이 도사리고 있다. 그건 사회학이라는 학문의 정체성과 관련된 문제다. 한때 '운동권 인사'를 다량으로 배출했던 사회학과는 사회복지학이나 신문방송학에 비해 유용성이 없고 정치학, 행정학, 경제학, 법학과 비교해볼 때 학문의 연구 대상 자체가 모호하며 외국 학자들의 이름과 복잡한 개념어들이 수도 없이 열거되는 골치 아픈 학문이라는 인식이 비사회학도와 일반 대중들 사이에 널리 퍼져 있다. 사회학에 대한 이런 편향된 인식을 깨고 사회학이 더 나은 삶이 가능한 더 좋은 사회를 만드는 데 꼭 필요한 학문임을 인식시키지 못하는 한 사회학의 현실적 위기는 지속되고 심화될 것이다.

---

1) 오찬호의 가상 시나리오에 따르면 2022년 서울대학교 사회학과를 마지막으로 한국의 대학교에서 사회학과는 완전히 사라진다(오찬호, 『진격의 대학교—기업의 노예가 된 한국 대학의 자화상』, 문학동네, 2015, p. 14).

『그들은 소리내 울지 않는다』로 사회학의 울타리를 넘어 넓은 독자층에 다가가는 글쓰기를 선보인 사회학자 송호근은 한국사회학회가 사회학 부흥을 위해 기획한 총서 발간에 즈음하여 한국 사회학의 현 상태를 이렇게 진단했다. "돌이켜보건대, 한국 사회학은 사회변동의 척후 역할을 담당하던 '호황의 시대'를 지나 사회적 수요가 현저히 줄어든 '위축의 시대'를 맞고 있다. 누구나 사회학적 지혜를 필요로 했던 '격동의 시대'에 오늘날의 수요 위기를 예측하고 적절한 대비책을 준비해야 했다는 뒤늦은 반성이 총서를 발간하게 된 주요한 계기일 것이다. 사회학은 수요의 위기와 함께 정체성의 위기라는 이중적 위기에 당면하고 있다. 인접 학문으로 주제와 쟁점이 이관되는 자연스런 학문 분화, 산업화와 민주화가 어느 정도 정착함에 따라 변동론적 비전이 상대적으로 설득력을 잃은 현상, 그리고 무엇보다 사회학 내부에서 진행된 과잉 전문화로 연구자와 대중이 분리되는 현상 등이 대중독자와 지지 기반을 약화시킨 요인들로 보인다. 이는 사회과학 전반에서 목격되는 일반적 모습인데 사회학에서 그 중첩효과가 극대화되었다." 이런 진단에 이어 송호근은 위기 극복의 방향을 다음과 같이 제시했다. "아카데미아에서 사회학의 위상을 회복하는 일, 대중독자들로부터 사랑과 신뢰를 회복하는 일이 무엇보다도 절실한 지금, '풍요 사회'의 내부 역학을 파헤치고 시민과 시민사회, 그리고 국가권력의 양지와 음지를 날카로운 분석기제와 '생생한 언어'로 조명하는 것은 사회학의 정체성을 살려내고자 하는 이 시대 사회학자들의 가장 중요한 과제라고 생각한다."[2]

---

2) 송호근, 「발간사」, 김정한 외, 『현대사회학이론—패러다임적 구도와 전환』, 다산출판사, 2013, pp. vii~viii.

사회학의 위기감은 젊은 세대 학자들에게도 심각하게 인지되고 있다. 1990년대에 독문학과를 졸업하고 사회학으로 전공을 바꾸어 사회학자가 된 김민환은 지난날을 돌아보면서 현재 사회학이 처한 위기 상황을 이렇게 진단했다. "내 경험에 비추어볼 때 그 시절 외부 세계에 대해서 사회학이 무시하지 못할 사회적·지적 영향력이 있었다고 생각한다. 나처럼 사회학계 바깥에서 사회학 저서의 애독자가 되어 사회학계에 입문한 사람들이 적지 않았으니까. 이 점에서 과연 지금도 비사회과학도들에게 매혹적인 글을 쓰는 사람들이 있을까라는 질문을 해볼 필요가 있는 것 같다. 오늘날 사회학자들은 더 이상 사회에 대해 발언하는 것이 아니라, 독자를 '사회학' 제도 내에 있는 사람들로 한정하고 있는 것은 아닌가. 충격 요법으로 과장해서 말하자면 사회학자들이 쓴 논문의 독자는 학술지 편집위원과 심사위원 3인 정도뿐이다. 이것이 현재 한국 사회학의 가장 큰 문제라고 생각한다. 지금 우리가 '사회적 발언'이라는 의식적인 작업을 과연 한 적이 있느냐는 것이다. 나는 이 점이 '사회학의 위기'의 본질적 원인인지는 모르겠지만 '사회학의 위기'를 돌파하지 못하게 하는 원인이라고 생각한다."[3]

송호근과 김민환의 진단과 처방에 대체로 동의하면서 그러면 어떻게 할 것인가에 대한 답을 모색하는데 노명우가 펴낸 『세상물정의 사회학—세속을 산다는 것에 대하여』가 퍼뜩 머리를 스쳐갔다. 이 책은 사회학계라는 좁은 울타리를 뛰쳐나와 일반 독자들을 대상으로 생생한 언어를 구사하여 '풍요 사회'의 내부 역학을 파헤치면서 대중독자들로

---

3) 김백영·김민환·채오병 외, 「한국사회사·역사사회학의 미래를 말한다—사회사·역사사회학 신진연구자 집담회」, 『사회와 역사』 100집, 2013, pp. 107~108.

부터 사랑과 신뢰를 회복하는 데 기여하고 나아가서는 '사회적 발언'까지 하고 있기 때문이다. 오늘날 사회학이 겪고 있는 위기를 돌파하기 위해서는 이런 책들이 우수수 쏟아져 나와야 한다는 생각이 들었다. 그렇다. 사회학의 위기를 감지한 사회학자라면 『세상물정의 사회학』을 하나의 보기로 삼아 각자의 세부 전공과 개인적 역량을 발휘하여 보통 사람들에게 사회학이야말로 우리 사회에 꼭 필요한 학문이라는 생각을 갖게 할 글쓰기에 나서야 한다. 자기계발서와 힐링서에 묻혀 있고 인문학 열풍과 대중 철학자의 저술과 강연에 매료된 일반 대중들에게 '사회학이 필요한 시간'임을 알리고 '도대체 세상은 왜 이렇게 돌아가는 걸까?'라는 대중들의 잠재된 질문에 '응답하는 사회학' 책들이 쏟아져 나와야 한다. 그런데 안타깝게도 현실은 그렇지 못하다.

사회학자들이 대중과 소통하는 책을 쓰지 못하는 이유는 무엇일까? 연구비 '지원'을 미끼로 하여 이루어지는 정부의 '지도'와 '산학협동'을 요구하는 기업의 '후원'이 대학교수들의 연구와 글쓰기 방식을 일정한 방향으로 몰아가고 있는 것은 아닌가? 언제부터인가 교수 업적 평가제가 실시되면서 사회학자들도 예외 없이 국내의 등재학술지와 '사회과학 인용지수ssci'에 공인된 외국 저널에 실을 논문을 쓰는 일에 온 힘을 쏟고 있다. 능력 있는 젊은 학자들일수록 연구 업적 쌓기에 바빠서 사회학의 위기나 임무에 대해서는 생각할 겨를이 없다. 그래서 한국 사회학은 점점 더 '영혼 없는 사회학sociology without spirit'이 되어가고 있다.[4] 왜 그리고 무엇 때문에, 무엇을 위하여, 그리고 누구를 위하여 사회학을 하

---

4) '영혼 없는 사회학'이라는 표현은 '가슴 없는 감각주의자sensualist without heart' '영혼 없는 전문가specialist without spirit'라는 막스 베버의 표현에서 따온 것이다.

고 있는가라는 질문은 더 이상 제기되지 않는다. 역사사회학을 전공하는 채오병은 사회학이 외부와 고립되어 있고 내부적으로는 공동의 관심사가 없이 파편화되어 있는 상황을 다음과 같이 지적한다. "물리학, 자연과학과 마찬가지로 사회학을 하나의 보편 학문으로 간주하여 보편적인 독자들이 있을 것 같다는 가정을 하고 그 가정하에 논문 쓰는 사람들이 많은 것 같다. 그런 가정하에서 작업을 한다면 반드시 한국의 독자들과 소통할 필요가 없다고 느낄 것이다. 그래서 SSCI 논문을 많이 쓰고자 할 테고. 나는 이런 현상이 현재 한국 사회학이 갖고 있는 하나의 문제가 아닌가 한다. [……] 요즘 사회학에서 공통적인, 보편적인 어젠다가 없는 것 같아 파편화된 느낌을 많이 받는다. 사실 우리가 '비주류'라고 느끼는 사람도 많겠지만, 사실 주류일 것 같은 사회학자들의 얘기를 들어봐도 그들도 자신을 주류라고 생각하지 않는다. 지금 주류라는 건 없는 것 같다. 각자 개별적으로 작업을 하고 있는 상황인 것 같고, 그런 상황 속에서 공통의 어젠다가 없다는 점이 문제인 것 같다. 물론 파편화라는 것이 다양성을 증진시킨다는 점에서 장점도 있지만, 그러한 파편화로 인해 토론의 장이 부재한다는 것이 현실적인 문제라고 생각한다."[5]

『세상물정의 사회학』의 저자 노명우 역시 송호근, 김민환, 채오병과 마찬가지로 대중으로부터 외면당하고 내부적으로 파편화된 사회학의 현 상태를 위기로 본다. 그가 볼 때 "지금 사회학자는 '상실의 시대' 이후에 찾아온 '위로의 시대'에 철저하게 고립되어 있는 존재로 전락해 있

---

5) 김백영·김민환·채오병 외, 「한국사회사·역사사회학의 미래를 말한다—사회사·역사사회학 신진연구자 집담회」, p. 110.

다."[6] 사회를 연구한다는 사회학자들이 사회로부터 외면당하고 고립되는 상황을 돌파하려면 무엇을 어떻게 해야 할 것인가? 『세상물정의 사회학』은 사회학의 그런 위기 상황을 돌파하기 위한 하나의 길을 제시한다. 어째서 그런가?

서평에서 사회학평론으로

일간지에서 서평 전문지에 이르기까지 여러 대중매체에 실리는 서평은 대체로 신간을 소개하는 짧은 형식의 글이다. 쏟아져 나오는 신간 가운데 '권할 만한 책'이 선정되어 서평의 대상이 된다. 『1984』의 작가 조지 오웰은 직업적 서평가이기도 했는데 그는 바람직한 서평에 대한 자신의 견해를 다음과 같이 피력한 바 있다. "책을 무차별적으로 평하는 일을 오랫동안 한다는 건 유난히 달갑지 않고 짜증스럽고 피곤한 노릇이다. 그것은 쓰레기를 칭찬하는 일일 뿐 아니라 그냥 두면 아무 감흥도 불러일으키지 않을 책에 대한 반응을 계속해서 '날조'해내는 작업이기도 하다. 아무리 지겨워한다 해도 서평자는 책에 대한 관심이 각별한 사람이며, 매년 수천 종씩 쏟아지는 책 중에서 쉰 권이나 백 권쯤에 대해서는 기꺼이 서평을 쓰고 싶어 한다. 업계 최고 수준의 사람이라면 열 권에서 스무 권 정도를 택할 것이며, 두세 권만 꼽을 수도 있다. 그 나머지 일은 아무리 양심적으로 칭찬을 하든, 욕을 하든, 본질적으로 사기다. 그는 자신의 불멸의 영혼을 하수구로 그것도 한 번에 반 파인트씩

---

6) 노명우, 『세상물정의 사회학―세속을 산다는 것에 대하여』, 사계절, 2013, p. 258.

홀려보내는 셈이다. [……] 객관적이고 참된 비평은 열에 아홉 '이 책은 쓸모없다'일 것이며, 서평자의 본심은 '나는 이 책에 아무 흥미도 못 느끼기에 돈 때문이 아니면 이 책에 대한 글을 쓰지 않을 것이다'일 것이다. 하지만 대중은 그런 책을 돈 주고 사지 않을 것이다. 그럴 이유가 있겠는가? 그들은 어떤 책을 읽어보라는 권유와 안내를 원하며, 어떤 식의 평가를 원한다. [……] 내가 보기에 최선의 방법은 대부분의 책은 그냥 무시해버리고 중요해 보이는 소수의 책에 아주 긴 서평을 쓰도록 하는 것이다."[7]

『세상물정의 사회학』을 읽으면서 아주 오랜만에 내 마음속에 한 편의 긴 서평을 쓰고 싶다는 소용돌이가 일어났다. 그때 마침 『문화와 사회』의 편집진이 이 책에 대한 서평을 의뢰해왔다. 본래 서평에 할애되는 지면은 언제나 인색하다. 그 점에서는 대중매체만이 아니라 학술지의 서평도 마찬가지다. 또 보통 서평은 주어진 한 권의 책에 집중하기 때문에 다른 이야기나 각주가 들어가지 않는다. 서평의 형식은 언제나 서평의 대상이 되는 책의 내용을 간략하게 요약하고 그 책의 의의와 중요성, 기여한 점과 부족한 점을 이야기하는 순서로 구성된다. 대체로 앞의 요약 부분이 길고 뒤의 논평 부분은 짧다. 서평의 목적이 아직 책을 읽지 않은 사람들을 위한 책 소개라면 이런 형식이 적당하다고 할 수도 있다. 그러나 저자가 책을 통해 제기한 중요한 문제를 본격적으로 논의하기 위해서라면 각주가 달린 긴 서평을 쓸 수도 있다는 게 나의 생각이다. 신간을 소개하는 서평이 아니라 학문적 토론을 위한 서평이 가능하다는 말이다. 그래서 나는 통상적인 서평의 분량을 훨씬 초과하는 '긴

---

7) 조지 오웰, 『나는 왜 쓰는가』, 이한중 옮김, 한겨레출판, 2010, pp. 286~87.

서평'을 쓰기로 했다.

한국의 사회학자들은 주변 동료학자들이 한글로 쓴 글을 거의 읽지 않는다. 상호무관심과 상호무시의 분위기가 지배한다. 그 대신 '원서'라고 불리는 외국 학자들이 영어로 쓴 책과 논문을 열심히 찾아 읽는다. 학계의 흐름에 뒤지지 않으려면 그래야 한다고 생각한다. 한국 사회학계도 성장을 거듭하여 사회학자의 수가 크게 늘고 발표되는 논문과 저서의 양도 날로 증가하고 있다. 그런데도 외국 학자들의 글을 읽고 참조하여 자기 이름으로 발표하는 논문 쓰기에 매몰되어 동료학자의 글을 거의 읽지 않는다. 안타까운 일이다. 주체적인 한국 사회학의 전통을 만들려면 한국 사회학자들 사이에서 지적인 상호작용이 활발하게 일어나야 한다. 원로 사회학자 강신표가 누누이 강조하듯이 "한국 사회학의 토착화의 길은 우리의 사회학도들의 글들을 본격적으로 심도 있게 검토하고 논의를 나누어가질 때 한 걸음 한 걸음 앞으로 나아가게 될 것이다. 그러는 가운데 한국 사회학은 한국인과 한국 사회에 좀더 의미 있는 학문이 될 것이다."[8] 학회는 그런 학문적 상호작용을 위한 모임이고 학회지에 실리는 서평은 다른 학자의 글을 읽고 그에 대해 논평하는 글쓰기이다.

나는 이 글에서 '사회학평론'이라는 장르를 제안하고 싶다. '사회평론'이 사회현상에 대한 비판적 평론이라면, '사회학평론'은 사회학자들의 연구 결과인 논문과 저술에 대한 비평을 말한다. 한국 문학의 발전을 위해 한국 문학평론이 있어야 하듯이 한국 사회학이 발전하기 위해서

---

8) 강신표, 「전통문화문법과 세계관의 변화─한국사회학 토착이론은 불가능한가? 불필요한가?」, 『사회와 이론』 6집, 2005년 1호, p. 40.

는 한국 사회학평론이 있어야 한다는 게 내 생각이다.[9] 문학평론이 작품론과 더불어 작가론으로 이루어지듯이 사회학평론에서도 사회학 저서와 더불어 그것을 저술한 사회학자에 대한 논의가 함께 이루어질 수 있다. 사회학자의 삶과 사회학자의 저서가 따로 분리된 것이 아니라 서로 밀접히 연결되어 있기 때문이다. 그렇다면 노명우는 어떤 지적 형성 과정을 겪은 사회학자인가?

인생을 바꾼 두 권의 책

나의 부모와 스승들은 일제강점기와 한국전쟁을 겪은 세대에 속한다(책의 '머리말'에 등장하는 1923년생인, 노명우의 아버지도 그렇다). 그들은 '헝그리 정신hungry spirit'으로 분발하여 무에서 유를 창조한 사람들이다.[10] 나의 세대는 그들의 물적·정신적 상속자로서 전 세대에게 많은 빚을 지고 있다. 그러나 이제 60대에 접어드는 내 눈에는 그들의 한계와 문제점도 환하게 들어온다. 그래서인지 언제부터인가 나는 선학들보다는 후학들에게 더 많이 배우고 있다. 노명우도 내가 관심을 기울이는 후배 학자 가운데 한 사람이다. 나는 그를 개인적으로 알지 못한 상태에서 그의 책을 먼저 읽었다. 작년 가을에 나온 『혼자 사는 사람들에 대하여—고독한 사람들의 사회학』이 바로 그 책이다. 그 책에 이어 나온

---

9) 서평가 이현우에 따르면 책에 대한 정보 전달을 목적으로 하는 서평이 시간과 함께 사라지는 글이라면, 책에 대해 논평하며 자기 생각을 밝히는 평론은 시간이 지나도 살아남을 수 있다(이현우, 「책은 3차원의 세상이다」, 『인물과 사상』 204호, 2015년 4월호, pp. 25~26).
10) 헝그리 세대의 철학자이자 시인인 박이문의 지적 편력을 다룬 정수복, 『삶을 긍정하는 허무주의』(알마, 2013)를 볼 것.

『세상물정의 사회학』은 내가 사회학자로서의 노명우에 대해 관심을 가지게 된 결정적인 계기가 되었다. 그리고 2014년 2월에 열린 '푸른역사 아카데미' 서평회에서 그를 처음으로 만나 책을 둘러싼 이야기를 나눌 수 있었다.[11]

『세상물정의 사회학』은 노명우가 읽은 책들을 바탕으로 쓴 또 한 권의 책이다. 그렇다면 그에게 책이란 무엇일까? 신문과 방송이 정권의 철저한 통제하에 '국가의 이데올로기적 장치'라는 역할을 충실하게 수행했던 1980년대에 대학생 시절을 보낸 노명우는 그 당시를 회상하며 이렇게 썼다. "책은 현실을 부정해야 했던 나에게 세상을 알려주는 유일한 매체였다."[12] 그 시절 그는 마르크스와 엥겔스가 함께 쓴 『공산당 선언』을 읽고 엄청나게 큰 존재론적 충격을 받았다. 이후 그는 세상을 마르크스의 관점에서 읽고 보고 해석하기 시작했다. 서강대학교 사회학과에서 「맑스 노동운동론의 형성과 발전에 관한 연구」로 석사학위를 받은 그는 1994년 독일로 유학을 떠났다. 노동계급의 개혁정신으로 충만한 브레멘 대학에서 노동운동을 주제로 박사학위 과정에 등록했다. 그러다가 그는 우연치 않은 기회에 아도르노의 『계몽의 변증법』을 접하게 되면서 다시 한 번 인식과 존재의 전환을 경험하게 된다. "어느 날 밤 '섬광'처럼 이 책은 나에게 충격을 던져주었다. 그날 이후 『계몽의 변증법』은 내 인생을 바꾸어놓았다. [······] 아도르노를 포기하는 것은 내 인생을 포기하는 것과 같았다."[13] 『공산당 선언』에 이어 『계몽의 변증

---

11) 이 서평 모임은 나의 『책에 대해 던지는 7가지 질문』과 노명우의 『세상물정의 사회학』 두 권을 대상으로 이루어졌다. 사회는 국문학자 천정환이 맡았고 일반 독자들이 참여했다.

12) 노명우, 『계몽의 변증법—야만으로 후퇴하는 현대』, 살림, 2005, p. 24.

13) 같은 책, p. 27.

법』은 그가 세상을 보고 세상을 사는 방식을 바꾸어놓은 두번째 책이 되었다. 그는 이제 아도르노를 깊이 알지 않고서는 살 수 없게 되었다. 참을 수 없는 지적 갈증이었다. 그래서 1997년 아예 베를린 대학으로 적을 옮겨 그곳에서 비판이론 전문가인 디트마르 캄퍼Dietmar Kamper 교수의 지도를 받아 아도르노에 관해 박사학위 논문을 썼다. "나는 베를린에서 철저한 망명객이었으나 전혀 외롭지 않았다. 『계몽의 변증법』을 통해 나는 학문 탐구와 삶의 고통의 해명이 다르지 않음을 배웠다. 근대 학문의 비극은 삶의 고통에 대한 이해와 학문적 호기심의 분리에서 발생했음도 알았다. 『계몽의 변증법』은 그때까지 분리되어 있던 개체로서의 삶의 번민과 학문적 고민은 결코 분리될 수 없음을 깨닫게 해주었다. 이렇게 『계몽의 변증법』은 나의 삶을 바꾸어놓았다."[14] 1999년 박사학위를 마치고 2000년에 귀국했다. 프랑크푸르트학파의 비판이론에서 사회를 비판적으로 성찰하는 열정을 물려받은 그는 영국 버밍엄 학파의 문화연구에 관심을 기울이면서 동시대를 감지하는 민감한 촉수를 다듬어나갔다. 그는 아도르노의 음악사회학과 쇤베르크의 현대음악을 통해 사회이론의 또 다른 가능성을 탐색했고, 사이버스페이스에서 보이는 젊은이들의 행태를 관찰했고, 텔레비전이 우리들의 삶에 미치는 영향을 연구했고, 발터 벤야민의 관점에서 도시 공간을 관찰하면서 청계천에 관한 글을 쓰기도 했다. 그러다가 『혼자 사는 사람들에 대하여』라는 자전적 사회학 책을 펴내었고, 그에 이어 『세상물정의 사회학』으로 사회학 밖의 일반 교양대중들에게 사회학에 대한 관심을 불러일으켰다. 그는 비판적 열정과 민감한 감수성으로 한국 사회를 연구하며 새

---

14) 같은 곳.

로운 사회이론의 구성을 꿈꾸고 있다.

한 권의 독특한 책

『세상물정의 사회학』은 상식, 명품, 프랜차이즈, 해외여행, 성공, 명예, 인정, 수치심, 자살, 취미, 섹스, 남자, 종교, 이웃, 개인, 집, 가족, 노동, 게으름, 언론, 기억, 열광, 불안, 성숙, 죽음이라는 다양한 주제를 다루고 있는 독특한 책이다. 이 책은 여러 가지 의미에서 참신함을 지녔지만 일단 형식상의 독특함이 도드라진다. 스물다섯 개의 주제를 다루는 각 장은 일단 장의 제목을 달고 난 다음 그 바로 밑에 주제와 관련된 책 제목을 제시하며 시작한다. 그런 다음 곧바로 주제와 관련된 이야기를 전개하면서 어느 순간 서평의 대상이 된 책 속에서 글의 주제와 딱 들어맞는 대목을 정확하게 인용한다. 보기를 들자면 상식이라는 주제를 다루면서 "상식의 배반, 양식의 딜레마"라는 제목을 붙인 다음, 그 밑에 안토니오 그람시의 『옥중수고』와 『감옥에서 보낸 편지』, 그리고 신영복의 『감옥으로부터의 사색』을 제시한다. 그리고 본문에서 주제와 관련된 그람시의 글을 세 번 인용한다. 25개의 주제를 다루고 있는 이 책은 총 47권의 책이 등장하는 버라이어티 공연물이다. 거기에는 칼 마르크스의 『임금노동과 자본』, 막스 베버의 『프로테스탄트 윤리와 자본주의 정신』, 에밀 뒤르켐의 『자살론』 등 사회학을 만든 세 명의 아버지들의 저서가 나오고, 소스타인 베블런의 『유한계급론』, 가브리엘 타르드의 『여론과 군중』, 구스타브 르 봉의 『군중심리』 등 중간급 고전을 거쳐, 노르베르트 엘리아스의 『문명화 과정』, C. 라이트 밀스의 『사회학적 상상력』, 위르겐 하버마스의『공론장의 구조변동』, 장 보드리아르의『소비의 사회』, 피에르 부르디외의『구별짓기』, 울리히 벡의『위험사회』등 20세기 현대 사회학의 고전들이 줄지어 등장한다. 그런 다음 로버트 퍼트넘의『나 홀로 볼링』, 악셀 호네트의『인정투쟁』, 조지 리처의『맥도날드 그리고 맥도날드화』, 지그문트 바우만의『모두스 비벤디』등 근자에 널리 읽힌 사회학 저서들이 등장한다. 그러나 이 책에 사회학 저서만 등장하는 것은 아니다. 조영래의『전태일 평전』, 신영복의『감옥으로부터의 사색』, 전인권의『남자의 탄생』등 20세기 한국인의 삶을 보여주는 저서는 물론 혜초의『왕오천축국전』, 유길준의『서유견문』과 같은 8세기와 19세기 말에 해외 유학을 다녀온 선각자들이 쓴 책이 등장하기도 한다. 서경식의『사라지지 않는 사람들』, 강상중의『어머니』같은 재일동포 저자들이 쓴 책이 등장하는가 하면, 샤를 보들레르의『현대적 삶의 화가』, 프란츠 카프카의『아버지에게 드리는 편지』와 같은 유럽의 '문제아'들이 쓴 책도 등장한다. 어디 그뿐인가. 노엄 촘스키와 에드워드 사이드 등 미국의 비판적 지식인들의 저서와 벤야민과 아도르노 등 독일 문예비평가들의 저서, 빌헬름 라이히와 에리히 프롬과 같은 정신분석학적 사회이론가들의 저서, 수전 손택과 주디스 버틀러 같은 미국 여성학자들의 책도 줄줄이 등장한다. 한마디로 종횡무진이다.

"이 책은 연구의 대상으로 쓰인 것이 아니라 그저 널리 읽히기 위해 쓰였다. 이 책은 교과서도 아니고 이론적 체계를 세우려는 시도도 아니다. 이 책은 내가 아주 흥미 있고 중요하다고 생각하는 지적인 세계로의 초대이다. 독자가 만약 이 초대를 진지하게 받아들이도록 결심한다면, 독자는 이 책의 범위를 넘어서서 훨씬 더 광범위한 지적인 세계를 체험하게 될 것이다."[15] 1960년대 미국에서 사회학의 경계선을 넘어 일반 대중에게 널리 읽히면서 베스트셀러이자 스테디셀러가 된 피터 버거의 『사회학에의 초대』 서문은 위와 같은 문장으로 시작한다.[16] 나는 노명우의 『세상물정의 사회학』을 읽으면서 『사회학에의 초대』에 나오는 이 첫 구절을 떠올렸다.[17] 피터 버거는 이 책에서 논문 같은 딱딱한 느낌을 주지 않기 위해 주를 달지 않은 대신 책의 맨 뒤에 사회학에 대해 더 알고 싶은 사람들을 위해 그가 중요하다고 생각하는 사회학 책들을 소개하고 있다. 『세상물정의 사회학』의 맨 뒤에도 책 소개가 나온다. "키워드로 책 읽기"라는 항목에는 47권의 책과 그 책을 쓴 저자들의 삶이 요령 있게 소개되어 있다. 책 한 권에 짧게는 반 쪽 길게는 한 쪽의 지면을 할애한 그의 소개 글은 정확하게 핵심을 찌른다(감이 빠른 독자들은 알아차렸겠지만 이 책은 원래 모 일간지에 자유로운 서평 형식으로 연재되었던 글을 고치고 보완하여 다시 쓴 것이라고 한다). "키워드로 책 읽기" 앞에는 에필로그가 나오고 뒤에는 주註가 나온다. 책의 맨 마지막 쪽에는 "키워드로 책 읽기"의 주가 나온다. 이 책은 이렇듯 여러 겹으로 굽이치는 독특한 형식의 책이다.

노명우는 『세상물정의 사회학』을 '상식'과 '양식' 사이의 문제를 제기하면서 시작한다(상식이 바람직하다는 인정을 받으면 양식이 된다). 그

---

15) 피터 버거, 『사회학에의 초대』, 한완상 옮김, 현대사상사, 1977, p. 5.

16) 1977년 한완상이 번역한 이 책은 1995년 이상률에 의해 『사회학에의 초대—인간주의적 전망』이란 제목으로 문예출판사에서 다시 번역되어 나왔다.

17) 피터 버거의 *Invitation to Sociology*(New York: Anchor Books, 1963)는 미국의 사회학 저서 가운데 베스트셀러가 된 책이다. 로버트 벨라의 *Habits of the Heart*(New York: Harper and Row, 1985)도 베스트셀러가 된 책이다. B자로 시작하는 영미권 사회학자 가운데 사회학을 넘어 널리 읽히는 저자로 폴란드계 영국 사회학자 지그문트 바우만을 들 수 있을 것이다. 나는 버거, 벨라, 바우만을 3B라고 부르고 싶다.

것은 사회학자와 일반 대중 사이의 문제이기도 하다. 노명우는 대중 위에 군림하는 학자의 태도에 이의를 제기한다. 학자들이 고자세로 하는 말은 그 말이 아무리 옳더라도 대중에게 외면당하기 때문이다. 왜 그런가? 대중은 낱낱의 구체적인 체험과 경험에 기초하여 사고하는 경향이 있는 반면 학자는 개별적이고 구체적인 사건을 추상화하고 일반화하여 이론을 만들고 그 이론으로 현실을 설명한다. 그래서 학자들의 언어와 대중의 언어 사이에는 건널 수 없는 강물이 흐른다. 노명우는 "이론이 이론을 낳고 해석에 해석을 덧칠하는" 학자들의 게토를 벗어나 대중을 향해 말문을 연다. 그는 평범한 사람들의 일상에서 연구 동기를 찾고 그들과 대화하는 '세상물정의 사회학'을 제창한다.[18] 세상물정의 사회학은 한편으로는 "삶에 대한 개인의 생생한 느낌"과 "삶의 리얼리티"를 존중하면서 다른 한편으로는 "냉정한 사회학적 분석의 태도"를 버리지 않고 그 둘 사이의 균형을 이루려는 힘겨운 시도다. 노명우는 어느 날 팔순이 넘어 보이는 할아버지를 포함하여 자기보다 인생 경험은 훨씬 더 많지만 사회학적 지식은 거의 없는 청중 앞에서 강연을 하게 되었다. 그날 그는 엄청난 당혹감에 휩싸였다. 도대체 그런 청중들 앞에서 무엇을 어떻게 이야기해야 한단 말인가? 그날 이후 그는 보통 사람들이 살아가는 '세상'과 학자들이 갇혀 사는 '세계'를 양분해서 보게 되었다. '세상'

---

18) 노명우가 책의 제목에 '사회' 대신 '세상'이라는 단어를 쓰고 있음은 우연이 아니다. 사회라는 서구어의 번역어가 추상적이고 싸늘한 느낌을 주는 데 비해 세상이라는 말은 오랫동안 쓰여진 말이어서 구체적이며 어감이 풍부하다. 그리고 사회라는 말이 '정의사회'라는 표현에서처럼 중립적이거나 긍정적인 의미를 지니는 데 비해서 "세상이 왜 이래?"라고 말하듯이 세상이라는 말은 문제적이고 부정적인 의미를 담고 있다. 사회와 세상이라는 두 단어의 뜻을 비교하고 있는 야나부 아키라의 『번역어의 성립』(김옥희 옮김, 마음산책, 2011, pp. 32~34)을 볼 것.

은 사람들의 삶이 이루어지는 구체적인 공간인 반면, '세계'는 사회학자의 연구 대상이 된 추상화된 세상을 말한다. 노명우는 그날 이후 서로 분리되어 있는 '세상'과 '세계'를 소통시키는 작업을 자신의 임무로 설정했다. 그런 임무 수행의 일환으로 『세상물정의 사회학』이 세상에 나왔다. 그렇다면 노명우는 이 책에서 자신의 임무를 어떻게 수행했는가?

세상을 바꾸는 글쓰기

루소와 볼테르로 대표되는 프랑스혁명에 결정적인 사상을 제공한 계몽주의 사상가들은 다양한 장르의 글쓰기를 통해 공중과 소통하는 데 익숙해진 전문적인 '작가écrivain'들이었다. 그들은 이미 1740년대부터 파리의 살롱과 아카데미를 거점으로 하여 역사와 문학, 예술과 과학 분야의 새로운 지식을 바탕으로 가톨릭 사상과 절대왕정을 비판하고 새로운 사회의 구성 원리를 제시하기 시작했다. 가톨릭교회의 낡은 믿음 대신 사회를 비추는 이성이라는 새로운 빛의 힘을 믿었던 그들은 "오랫동안 공적 영역에서 배제되었던 만큼 대담하고 자유분방하고 경쾌하고 신랄한 풍자와 비난, 과장으로 독자층의 인기를 누렸다."[19] 철학논문, 백과사전, 소설, 희곡, 우화, 에세이, 서간문, 정치 팸플릿, 비방문 등 다양한 형식에 담은 그들의 글은 널리 확산되고 토론되면서 앙시앵레짐의 정신적 토대를 허물어뜨렸다. 그때부터 프랑스에서 '작가'는 한 사회

---

19) 이영림, 「18세기 프랑스의 종교와 정치」, 역사학회 편, 『정조와 18세기』, 푸른역사, 2013, p. 265.

의 정신적 지도자로 존중받기 시작했다.

18세기 말 조선에서도 사회 구성의 근간을 이루는 성리학을 비판하면서 새로운 방식으로 세상을 보고자 하는 새로운 지식인들이 등장했다. 이옥, 강이천, 문양해 등이 그런 지식인에 속했다. 그들은 무엇보다도 고리타분한 경학經學의 문체를 버리고 문학적 상상력을 발휘하는 새로운 문체를 구사했다. 이에 대해 정조는 문체반정文體反正을 내세워 새로운 문체를 구사하는 지식인들을 탄압했다. 정조에게 문장은 기존의 질서를 보장하는 도道를 담는 그릇이어야 했다. 새로운 문체를 구사했던 사람 가운데 한 사람이었던 이옥은 학식을 과시하거나 과거에 급제하기 위한 글을 죽은 글이라고 비판하면서 새로운 글쓰기를 실험했다. 그는 사물을 치밀하게 관찰하고 면밀하게 묘사했다. "눈이 같으면 코가다르고, 코가 같으면 입이 다르고, 입이 같으면 얼굴빛이 다르고, 모두같으면 키와 체구가 다르고, 키와 체구가 같으면 자세가 다르다." 이옥은 사물들 사이의 차이에서 의미를 발견하려고 했다. 그러나 정조는 사물이 지닌 구체적인 개성을 제거하고 관념적인 도를 표현하는 문장을쓰라고 요구했다. 정조의 눈에는 이옥과 같은 사람들이 쓰는 이른바 '소품문'은 조선 왕조를 부정하는 반체제 사상의 표현처럼 보였다. 새로운문체는 기존의 정체를 위협하고 새로운 정체를 추구하는 반항 행위였다. 기존의 권력은 그런 행위를 싹부터 잘라야 했다. 그것이 바로 문체반정이었다.[20]

그렇다면 오늘날의 사회학자들은 어떤 글쓰기를 하고 있는가? 미국

---

20) 이옥과 문체반정에 대해서는 김기봉, 「태양왕과 만천명월주인옹」, 역사학회 편, 같은 책, pp. 302~304를 볼 것.

이나 그 영향권 아래 있는 우리나라의 경우나 다 똑같이 사회학은 점점 더 세분화되고 전문화되면서 사회학자들의 활동 범위는 대학과 좁은 학계로 국한되고 사회학자가 쓰는 글은 학술지에 게재하는 학술논문으로 한정되고 있다. 그러나 프랑스처럼 학자가 사회의 쟁점이 되는 공적 사안들에 대해 공적으로 발언하는 일을 의무이자 권리로 여기는 풍토에서는 학자들이 자신의 학술 연구를 바탕으로 자유로운 글쓰기를 실험하게 된다. 프랑스에서는 명망 있는 학자들이 자주 대중을 상대로 강연을 하고 대중매체를 통해 자기의 생각을 알린다. 그렇다고 그들이 학술적인 연구를 등한시하는 것은 아니다. 그들은 아카데미즘과 저널리즘을 자유롭게 오간다.[21] 미국 학계가 논문을 강조한다면 프랑스 학계는 논문보다 저서를 더 강조하는 분위기다. 저서라고 하더라도 미국의 경우 학자가 쓰는 책은 학술서에 국한되는 데 비해 프랑스에서는 유명한 학자들이 일반 교양 독자를 염두에 둔 저서를 펴내기도 한다. 레몽 아롱은 훌륭한 학술적인 저서를 펴내면서 신문에 칼럼을 쓰고 지식대중에게 큰 영향을 미친 『지식인의 아편』 같은 베스트셀러를 쓰기도 했다. 물론 프랑스에는 그런 책을 사서 읽는 교양대중─문화적 교양층이 존재한다. 그것이 그런 글쓰기의 사회적 조건이 될 것이다. 그러나 그런 독자층이 없을 경우 어떻게 해야 할 것인가? 답은 의외로 단순하다. 그런 독자층을 만드는 것이다. 노명우가 그런 일을 하고 있다. 『세상물정의 사회학』은 한 사람의 사회학자가 동료 사회학자를 대상으로 쓴 학술서가 아니라 일반 대중을 위해 쓴 교양서다. 그러나 사회학자라면 누구

---

21) 레몽 아롱이 사회학자이면서 저널리스트였음은 널리 알려져 있다. 알랭 투렌이나 피에르 부르디외도 대중매체를 활용했고 최근에 세상을 떠난 세계적인 중세사가 자크 르고프는 30년 이상 라디오 방송에서 전문적인 역사 연구를 대중화시키는 고정 프로그램을 진행했다.

라도 꼭 읽어보아야 할 사회학 교양서다.

'통렬한 풍자'의 문체

세상은 만만하지 않다. 우리는 살면서 자기 뜻이 이뤄지는 순간보다 좌절하는 순간을 더 많이 경험한다. 때로 세상은 마땅치 않다. 도덕 교과서의 주장과는 달리, 선함이 항상 대접을 받지는 않는다. 사악하다고 손가락질을 받고 있는 사람이 높은 지위를 차지하고 돈까지 거머쥐곤 하는 게 세상이다.[22]

나이 듦의 가능성을 알지 못하고, 허무함을 달래기 위해 돈과 지위 자랑질에 몸을 내맡긴 노인은 추하다.[23]

그렇게 배움에 투자했지만 '싸가지 없는 애들'과 '추접스런 중년'과 '나잇값 못하는 늙은이들'이 뒤섞인 지하철 풍경은 배움이 사람을 바꾸어놓을 것이라는 철썩 같은 믿음을 접도록 만든다.[24]

패거리는 다름을 원하지 않는다. 아니 오히려 두려워한다. [……] 패거리 내에서 가장 유리한 조건은 개성이 아니라 동질성이다.[25]

---

22) 노명우, 『세상물정의 사회학』, 사계절, 2013, p. 14.
23) 같은 책, p. 254.
24) 같은 책, p. 241.
25) 같은 책, p. 116.

백화점은 판매를 목적으로 잘 고안된 취향의 전시장이다.[26]

탐욕을 선동하는 자본의 논리에 포섭되면, 개인은 화폐의 소유자, 탐욕의 거주지일 뿐이다.[27]

비판이란 본래 투덜대지 않으면서도 세상에 불만을 말할 수 있는 능력이다.[28]

모욕은 자기 존엄을 추구하는 개인에 대한 일종의 관념적 살인이다.[29]

투쟁은 모욕당한 사람이 훼손된 자기 존엄을 다시 획득하려고 떠나는 기나긴 여행이다.[30]

대형 서점에는 경제경영서에 이어 자기계발서와 힐링서적, 대중을 위한 인문학책들이 베스트셀러를 전시하는 자리에 편안하게 앉아 있다. 그 화려한 베스트셀러의 자리에 노명우의 책이 버젓이 한자리를 차지하고 있다. 『세상물정의 사회학』은 어떤 이유로 그 자리를 차지하게 되었을까? 그 첫번째 이유는 그의 글쓰기 방식에 있다. 노명우는 위의 인용문들에서 볼 수 있듯이 가려운 곳을 박박 긁어주고 상처를 후벼 파듯

---

26) 같은 책, p. 151.
27) 같은 책, p. 221.
28) 같은 책, p. 21.
29) 같은 책, p. 208.
30) 같은 곳.

이 통렬한 풍자의 문체를 구사한다. 그것은 카타르시스 효과를 자아내고 성찰을 유발하기도 한다. 그것이 그의 글이 내장하고 있는 힘이다.

사회학이 대중들로부터 외면당하고 있는 오늘의 상황에서 대중을 향한 노명우의 새로운 글쓰기는 사회학의 위기를 극복하기 위한 하나의 방안이 될 수 있다. 역사학자와 국문학자와 철학자 들은 대중들의 눈높이에 맞는 책을 집필하면서 넓은 독자층을 형성하고 있다.[31] 이제 사회학자들도 그런 일에 나설 때가 되었다. 보통 사람들이 일상생활에서 느끼는 문제들로부터 시작하는 '세상물정의 사회학'이 여러 사람에 의해 더욱 활성화되어야 한다. 사회학자가 아닌 보통 사람들은 다 자기 나름의 활동 영역에서 보고 듣고 체험한 바를 바탕으로 세상물정을 나름대로 파악하며 살아간다. 세상물정의 사회학은 갑남을녀 보통 사람들이 살아가는 구체적인 일상생활의 현장에서 시작하는 사회학이다. 세상물정의 사회학은 일상생활에서 출발하기에 일상의 언어를 활용하면서 일상을 살아가는 사람들과 대화한다. 그러려면 '무엇을' 쓸 것인가에 못지않게 '어떻게' 쓸 것인가가 중요해진다. 어떻게 쓸 것인가의 문제는 누구를 위해서, 누구를 향해서 쓰는가라는 문제와 직결되어 있다. 모든 글쓰기는 누군가 읽어줄 사람을 상정하고 시작한다. 글쓴이가 아무리 익명의 독자를 대상으로 쓴다고 하더라도 일정한 범주의 사람들을 염두에 두지 않을 수 없다. 동료 사회학자를 향해 글을 쓸 때와 사회학을 넘어서 인문학과 사회과학을 전공하는 학자들까지 염두에 두고 글을 쓸

---

31) 역사학 대중서적은 김기봉 등을 볼 것(김기봉, 『흥미진진한 우리 역사 읽기』, 동아일보사, 2007). 역사학에서는 한명기, 백승종, 철학에서는 강신주, 이진경, 국문학 쪽에서는 정민, 강명관 등이 쓴 대중적인 책들이 그 보기이다. 한국의 사회학자들이 펴낸 책들 가운데 대중들과 함께 공유할 수 있는 책 10권을 선정하라면 어떤 책을 제시할 수 있을까?

때, 그리고 고급 공무원이나 정책 결정자를 위해서 글을 쓸 때와 대학생들을 위해서 글을 쓸 때는 각각 그 대상에 따라 글쓰기의 스타일이 달라질 수밖에 없다. 모든 글의 성패가 궁극적으로 소통 가능성에 있다면 독백으로 끝나는 글은 쓰이지 않은 것과 마찬가지다. 노명우는 『세상물정의 사회학』에서 "이해되지 않는 지식, 느낌을 전달하지 못하는 어투로 말하는 지식은 지식 그 자체에 머무를 수밖에 없다"고 말했는데 그의 책을 읽은 독자들은 저자의 글 쓰는 방식에 대해 네이버 북리뷰에 다음과 같은 소견들을 남겼다.

소름끼치는 비유 표현에 책장 한 장을 넘길 때마다 놀라웠다.

—2014. 01.29, bearhyang

사회학자가 쓴 책임에도 어려운 학자명과 이론, 지표들이 담긴 '콜드 팩트'보다는 알아보기 쉬운 문장과 감성적 글로 이루어져 있다보니 책장이 야금야금 잘 넘어간다. 딱딱한 글을 더 좋아하는 편이지만, 종종 가볍게 읽어도 가볍지만은 않은 이런 책들을 읽는 것도 숨을 돌릴 수 있어서 좋다.

—2014. 1. 31, lifree

사회학이라는 분야, 솔직히 낯설다. 알듯하면서 정의를 내리라면 횡설수설할 듯한 분야가 사회학 아닐까? 아직은 1/3정도 읽었지만, 재밌네…… 첫 시작의 문구가 나를 잡아 쭈우욱 읽게 된다.

—2014. 2. 06, gfph

한 가지 덧붙이자면 저자의 문체가 상당히 마음에 든다. 저자가 쓴 다른 책의 문체는 어떤지 아직 모르겠지만, 노명우라는 저자가 얼마나 아카데미에서 벗어나고자 했는지 여실히 드러난다.

—2014. 2. 13, rmfwoddl178

책은 '리얼리티'를 잘 보여준다. 읽으면서 속이 시원하고 후련하다는 느낌을 자주 받았다. 저자는 불편한 진실을 책 한 권 내내 얘기하는 용감한 사람이다.

—2014. 03. 20, 읽는 사람

세상 돌아가는 모습을 사회학자의 시선으로 적나라하게 드러내니 알고는 있지만, 쉽게 형용할 수 없었던 우리 사회의 문제들을 속 시원하게 볼 수 있었다. 그리고 누구보다 날카로운 시선으로 사회문제들을 낱낱이 파헤쳐준 저자에게 감사함을 느낀다.

—2014. 03. 28, kiki8090

일반 독자들은 현학적 문체를 구사하는 사회학자들의 논문체의 글을 읽고 나서라면 위와 같은 리뷰를 남기지 않을 것이다. 생소한 개념어를 자주 활용하고, 객관적으로 보이는 자료를 제시하면서 중립을 가장한 냉정하고 분석적인 문체로 써내려가는 논문은 결코 대중을 움직일 수 없다. 앎을 위한 앎에 머무르지 않고 삶을 바꾸고 세상을 바꾸기 위한 앎이 되려면 사회학자의 글쓰기는 근본적으로 달라져야 한다. 노명우는 사회학자가 아무리 옳은 이야기를 해도 '가르치는 말투'를 유지하는 한 대중에게 그 말의 뜻을 전달할 수 없다면서 그람시가 감옥에서 쓴 『옥중수고』의 한 구절을 인용한다.

대중적인 요소는 '느낌'인 반면 항상 앎이나 이해는 아니다. 이에 반해 지식인적 요소는 '앎'이지만, 항상 이해는 아니며, 특히 느낌은 더더욱 아니다. …… 지식인의 오류는 이해나 심지어 느낌 및 열정이 없이도 알 수 있다고 믿는 데 있다. …… 즉 민중의 기본적 열정을 느끼고 이해함이 없이도 지식인일 수 있다고 믿는 데 있다. 〔……〕"참된 철학적 운동이란 몇몇 제한된 지식인 집단 사이의 특수한 문화를 창조하는 데 그치는가, 아니면 '상식'보다 우월하며 과학적 정합성을 갖는 사상 형식을 만들어 내는 과정에서조차도 결코 '순진한' 대중과의 연관성을 잃지 않고 또 바로 그 속에서 실로 자신이 참구하고 해결해야 할 과제의 원천을 발견하는 것인가 하는 문제이다. 이와 같은 연관성을 잃지 않을 때에야 비로소 철학은 '역사적'으로 되며, 한 개인의 지적 호기심을 넘어서는 '삶'이 되는 것이다."[32]

대중이 일상의 삶을 살아가면서 느끼는 분노와 회한, 기쁨과 슬픔, 수치심과 모멸감을 이해하지 못하는 한 어떠한 바른 말과 옳은 말도 대중을 움직일 수 없다. 정치가와 대중매체가 애용하는 감각을 자극하는 말에 현혹되어 지식인의 바른 말과 옳은 말을 귀담아 듣지 않는 대중을 향해 어떻게 쓸 것인가? 그람시는 당시 이탈리아에서 최고 지식인의 한 사람이었던 크로체가 대중적인 영향력을 행사했던 이유를 찾다가 그 비결이 문체에 있었음을 깨달았다. 그람시는 크로체에 대해 이렇게 썼다.

---

32) 노명우, 같은 책, pp. 30~31에서 재인용.

홍미로운 하나의 문제는 크로체의 작업이 왜 그렇게 성공적이었는가입니다. 〔……〕 크로체가 성공한 이유 가운데 하나는 크로체의 문체입니다. …… 더욱이 크로체의 사상이 언제나 육중하고 이해되기 어려운 체계로 나타나는 것은 아니라는 점을 명심해야 합니다. 언제나 그의 가장 뛰어난 자질은 세계에 대한 자신의 생각을 일련의 짧고 비현학적인 저술들로 전파하는 능력에 있었고, 일반 대중은 그의 글을 '양식'이자 '상식'으로 쉽게 받아들입니다.[33]

살아 있는 앎은 이해와 느낌의 결합체이다. 느낌은 문체에서 온다. 지난날 백낙청, 김현, 유종호, 김병익 등 문학평론가들이 여느 사회학자들과는 비교가 되지 않는 대중적 영향력을 행사한 이유도 그들이 글을 쓰는 방식에 있다. 그들이 쓰는 글에는 느낌과 윤리적 판단이 들어가 있고 글을 읽다보면 심미적 만족감을 준다. 그런 점에서 사회학자들은 문학평론가들에게 글 쓰는 방식을 배워야 한다. 대중과 유리된 '전문가 사회학expert sociology'이 아니라 대중과 교감하고 사회의 공적인 문제 해결에 관여하는 '공공사회학public sociology'을 지향하는 사회학자라면 글쓰기의 문제는 사활의 문제다. 동료 학자들을 위한 글쓰기가 아니라 넓은 범위의 일반적 독자를 대상으로 하는 공공사회학자의 글쓰기는 쉽게 알아들을 수 있는 말로 소통하면서 일상의 세계를 지배하는 상식과 편견의 세계를 뚫고 들어가 세상을 다르게 볼 수 있는 시선을 제공해야 한다.

---

33) 같은 책, p. 32에서 재인용.

대중은 소설을 읽고 영화를 보고 친구들이나 동료들과 이야기하면서 사회에 대해서 배우지 사회학자들이 쓴 논문이나 책을 읽어서 사회를 배우려고 하지 않는다. 왜 그런 것일까? 일단 사회학자들이 쓴 글들이 재미가 없어서 안 읽는다.[34] 사회학자가 아무리 의미 있는 발견을 하고 새로운 지식을 만들어냈다 하더라도 외면당하고 소통되지 않는 지식은 불모의 지식이고 불발의 폭탄이다. 모든 사회학자는 사회학의 길로 들어선 각자의 개별적인 이유가 있을 터이지만 사회학자가 된 기본 동기에는 누구라도 자기가 사는 사회를 더 넓고 깊이 이해하여 자유롭고 평등하고 의미 있는 삶이 가능한 사회를 만드는 일에 기여하고 싶다는 애초의 포부가 있었을 것이다. 그렇다면 지식의 생산만이 아니라 지식의 공유에도 신경을 써야 한다. 지식의 공유를 위해서는 소통이 필수다. 소통을 하려면 사회학자가 일반 시민들에게 다가가야 한다. 학점을 따기 위해서 어쩔 수 없이 강의를 들어야 하는 사회학과 학생을 넘어서, 사회학의 기본 지식을 공유하는 학회의 동료들을 넘어서, 현실의 세상 속에서 생활하는 사람들을 향하여, 사회라는 그물망 속에서 하루하루를 힘겹게 살아가는 익명의 다수를 향하여 '우리는 어떤 사회 속에 살고 있으며 그 사회는 어떻게 움직이고 있으며 그런 사회의 작동 방식이 우리들 개인적 삶 하나하나에 어떻게 영향을 미치고 있는가?'를 말해줄 수 있어야 한다. 사회학자는 동료 학자나 타 분야의 학자, 작가, 기자, 전문직 종사자들 등 지식과 정보가 많을 것으로 생각되는 사람들만이 아니라 동네 아저씨나 할머니, 노동자나 아르바이트 학생, 농부와

---

34) 젊은 출판인 김홍민의 출판 경험담을 담은 『재미가 없으면 의미도 없다』(어크로스, 2015)를 볼 것.

행상, 주부와 어린이와도 겸손하게 이야기를 나눌 수 있어야 한다.[35] 그렇다고 세상물정의 사회학자가 평범한 사람들의 말동무에 머무를 수는 없다. 그들이 안고 있는 '고민덩어리'를 이해하는 데 도움이 될 수 있는 사회학 지식을 만들어 그들이 알아들을 수 있는 말과 글로 전달할 수 있어야 한다. 『세상물정의 사회학』은 그러한 소통에 성공하고 있다. 사회학자들은 그 성공의 비결을 배워야 한다.

『세상물정의 사회학』은 어떻게 읽히고 있을까?

노명우는 즐거움과 깨달음으로 황홀감을 느끼는 독서를 이상적인 독서라고 생각한다. 그러나 입시나 취직시험을 준비하는 사람들에게 "익숙한 책 읽기 방법은 퀴즈 대회에 나가는 사람들의 준비와 별반 다르지 않다. 사상가의 이름과 그 사상가의 대표 저작을 연결하기, 그리고 그 대표 저작에 담겨 있는 핵심적인 테제를 암기하기 위해 책을 읽[는]

---

35) 하버드 대학교 사회학과 교수이자 미국정치학회 회장을 역임한 테다 스카치폴도 한 인터뷰에서 이렇게 자신의 의견을 밝혔다. "미국에서 학자는 시간이 지나면 종신교수가 되어 높은 연봉을 받는데, 한 가지에만 골몰하는 일은 정당화될 수 없다. 사회에서 문제시되는 주제를 연구해야만 한다. 물론 고도의 테크닉이 필요한 과학적 연구가 최선의 방법인 경우도 있다. 그러나 나를 포함한 사회과학자 모두가 전문가가 아닌 일반 대중의 입장에서 생각해보는 것이 중요하다. 학자의 소임 중 하나는 동료 시민이나 학부생 같은 비전문가들을 만나 그들이 이해할 수 있는 방식으로 자신의 연구를 설명해주는 일이다. [……] 솔직히 외숙모에게 설명 못할 사회과학 연구는 없다고 생각한다. 많은 학자가 전문 용어를 써가며 말해야 한다고 여기는 것 같은데 전혀 그렇게 할 필요가 없다. 비전문가로 구성된 청중에게 연구의 복잡한 사항을 하나하나 설명할 것까지는 없으나, 왜 그들이 이 문제에 관심을 가져야 하는지, 그리고 왜 내가 관심을 가지고 있는지를 말할 수 있어야 한다"(「테다 스카치폴—국가와 혁명 그리고 비교 역사적 상상력」, 제라르도 뭉크·리처드 스나이더(인터뷰), 『그들은 어떻게 최고의 정치학자가 되었나』 3권, 정치학 강독 모임 옮김, 후마니타스, 2012, pp. 416~17).

다. [……] 모범생은 '밑줄 쫙!'에 능하다. 모범생은 퀴즈에 단골로 출제될 예상 문제를 잘 정리한다. [……] 모범생은 책 읽는 기계, 암기하는 기계에 가깝다. 기계의 책 읽기는 즐거움 따위와는 거리가 멀다. 기계의 암기하는 책 읽기는 합격이나 취업 같은 실용적 목적과 결합될 때, 그 합격의 영광의 순간을 위해 억지로 참아내는 과정이지, 독서의 즐거움이나 깨달음의 황홀함과는 거리가 멀다."[36] 『세상물정의 사회학』은 노명우가 즐거움과 깨달음으로 황홀함을 느끼며 사회학의 고전과 그 밖의 책들을 읽은 결과를 풀어놓은 책으로서 독자들에게 즐거움과 깨달음을 선사한다. 독자들은 그 즐거움과 깨달음 속에서 나름대로 자기 생각을 만들어나갈 것이다. 그게 바로 성찰하는 책 읽기이다. 노명우는 저자와 독자 사이를 오가는 능력을 가지고 있다. 그는 『계몽의 변증법』에 대한 해설서의 서문에서 이렇게 썼다. "나는 이 책에 대한 유일한 해설자, 배타적 해설자의 지위를 차지하기 위하여 이 책을 쓰지 않았다. 나의 지위는 『계몽의 변증법』의 저자들과 대화를 시도하는 한 사람의 독자이다. 나는 『계몽의 변증법』에 도달하려는 독자들과 『계몽의 변증법』의 저자 사이의 대화를 촉진하기 위하여 이 책을 쓴다. 나는 매개자로서 때로는 저자들의 입장에, 때로는 독자들의 입장에 선다."[37]

그렇다면 독자들은 과연 노명우의 『세상물정의 사회학』을 어떻게 읽고 어떻게 수용하고 어떤 의식 상태에 도달하였을까? 그들은 세상의 문제를 사회적으로 해결하지 않고는 자신들의 개인적 문제가 해결될 수 없다는 노명우의 메시지에 동의하였을까? 어느 독자는 인터넷에 올린

---

36) 노명우, 같은 책, pp. 262~63.
37) 노명우, 『계몽의 변증법—야만으로 후퇴하는 현대』.

서평에서 노명우가 시작은 그럴듯하게 했지만 뒷심이 약해서 뚜렷한 전망을 보여주지 못한다는 평을 하고 있으며, 또 다른 독자는 노명우의 결론은 "닥치고 정치" 아닌가, 그렇다면 기존의 정치평론들과 무엇이 다른가라는 질문을 제기했다. 이런 질문들은 노명우에게만 해당되는 것이 아니고 사회학자 모두에게 해당한다. 위로부터 이루어지는 일방적인 정책 변화가 아니라 세상 속에서 살아가는 보통 사람들의 의식과 행동에 변화를 일으켜 밑으로부터의 자발적 참여에 의한 사회적 요구를 만들고 이를 통해 사회 변화를 지향하는 사회학자들에게 이 문제는 결정적으로 중요한 질문이다. 글을 쓰고 나면 그만이 아니라 그 글이 어떻게 읽히고 어떤 결과를 가져오느냐도 생각해보아야 하는 것이다. 사회학은 어떤 사회 문제를 어떻게 해결할 수 있다는 단순 처방책을 즉각 내놓는 처방전 학문이 아니다. 사회학은 이것이냐 저것이냐를 놓고 사유하고 성찰하고 스스로 판단할 수 있는 능력을 키워주는 학문이다. 사회학은 여러 다양한 의견들이 서로 대화하고 토론을 거쳐 공론을 형성하는 과정에 작용하는 기초 학문이지 구체적인 해결책을 제시하는 실용학문이 아니다. 그런 사회학의 중요성을 어떻게 인식시킬 것인가? 『세상물정의 사회학』을 읽은 독자들은 과연 성찰성과 대화와 토론의 능력을 키워가고 있을까?

세상물정의 사회학과 공공사회학

사회학자라면 자살, 이혼, 불평등, 빈곤, 환경파괴, 부정부패, 독재, 전쟁, 학살, 성폭력, 가정폭력, 학교폭력, 입시지옥, 청년 실업, 비정규직의 증가, 술 중독, 우울증, 범죄 등 사회에서 일어나는 여러 가지 집단적 불행을 사회학적 문제로 만들어 함께 논의하는 장을 만들어야 한다. 사회학자의 글은 문제를 제기하고 현상을 심층적으로 보여주고 문제의 원인과 결과를 분석하고, 문제 해결을 위한 성찰의 자료를 제공하면서 토론을 유발시켜야 한다. 그때 사회학은 '공공사회학'이 된다. 공공사회학자의 글은 독자들에게 일상의 의식 상태를 벗어나 깊이 있게 생각하게 만들고 책임 있는 공적 토론을 유발시켜야 한다. 공공의 문제를 전문가가 제시하는 전문적 묘안을 통해 해결하는 것이 아니라 민주적 토론을 통해 해결해나가는 것이 공공사회학의 기본 정신이기 때문이다. 노명우는 『세상물정의 사회학』에서 공공사회학이라는 말을 쓰지는 않지만 내심 공공사회학과 결을 같이하는 듯이 보인다. 『세상물정의 사회학』은 정책 입안자나 고급 공무원을 위해 정책적 처방을 제시하는 글쓰기가 아니라 일반 독자들이 겪는 일상의 삶에서 시작하여 그 삶이 사회적으로 짜여지는 방식을 보통 사람들이 알아들을 수 있는 방식으로 쓰여졌기 때문이다.

강단 사회학자들의 주요 청중은 학생들이다. 학생들은 학점을 따기 위해 사회학자의 강의를 들어야 한다. 아니 듣는 척이라도 해야 한다. 그러나 대학 밖의 평범한 사람들은 사회학자들의 복잡한 이야기를 귀담아 듣지 않는다. 그들은 속으로 '사회학자는 책 속의 이론이나 알지 세상물정은 나보다 몰라!'라고 생각하기도 한다. "스스로 생각하지 못하고 책을 통해서만 생각할 수 있는 모범생"이었던 사회학자 노명우는 책 속의 세계와 보통 사람들의 세상을 이어주는 다리가 되기 위해 새로운 말투와 문체를 선보였다. 그는 이 책에서 이전에 쓴 논문과는 아주 다른 새로운 글쓰기를 시도했다. 자연과학적 모델에 입각한 과학적 사회학 논문을 쓸 경우에는 글쓴이의 주관적 체험이 쏙 빠져 있고 글을 읽는 독자의 공감을 자아내기 위한 배려도 있을 필요가 없다. 아니 그래서는 절대 안 된다. 저자와 독자 밖에 객관적으로 존재하는 '사회적 사실'의 세계에 대한 묘사와 인과 분석만이 허용된다. 그러나 그렇게 해서는 일반 독자를 끌어들이는 흡인력 있는 글쓰기가 나올 수 없다. 논문식 글쓰기만 고집하다보면 사회학은 세상에서 가장 따분한 학문이 되어버릴 것이다.[38] 독자들의 흥미를 유발하려면 따분하지 않고 재미있게 써야 한다.[39] 독자와 눈높이를 맞추어야 한다. 복잡한 생각이라도 간명하게 써야 한다. 차근차근 또박또박 사실을 제시하면서 문제를 제기하고 점진적으로 이해 가능한 방식으로 논리를 전개해야 한다. 구체적인 생활에서 흔히 발견할 수 있는 보기를 많이 들어야 한다. 호기심을 불러일으켜야 한다. 왜 사람들은 사회학 책보다 소설을 많이 읽는가? 그 이유는 소설이 이야기로 되어 있으며 이야기의 전개에는 긴장과 이완이 있기 때문이다. 그러나 그보다 더 큰 이유는 소설을 읽다보면 독자가 이야기에 나오는 사람들의 마음속으로 빠져들어가기 때문이다. 독자는 자기도 모르게 소설 속의 상황으로 이끌려 들어가며 소설에 나오는 주인공과 스스로를 동일시하며 흥분하고 분노하고 안도하고 슬퍼하게 된다. 사회학자도 소설처럼 재미있는 글을 쓸 수는 없는 것일까? 그러려면 사회학자들이 글을 통해 제기하는 문제가 일단 독자들에게 관심을 불러일으켜야 한다. 그리고 글을 읽는 독자가 그것이 자기의 문제라고

---

38) 피터 버거는 시한부 인생을 진단받은 환자가 가장 오래 살 수 있는 방법은 지루한 말을 계속하는 사회학자와 결혼해서 미국 북부의 밋밋한 노스다코타 주로 가서 사는 것이라는 농담을 소개하고 있다(피터 버거, 『어쩌다 사회학자가 되어』, 노상미 옮김, 책세상, 2012, p. 8).

39) 피터 버거의 지적 자서전인 위 책의 영어판은 "따분한 사람이 되지 않고 세상을 설명하는 법 How to explain the world without becoming a bore"이라는 부제를 달고 있다.

생각하게 해야 한다. 그래야 감정이입이 일어난다. 그런 과정이 없이 곧장 자료의 제시와 분석으로 들어가면 보통의 독자는 글을 읽기도 전에 질려버리고 읽기 시작했어도 지루해서 도중에 멈춰버리게 된다.[40] 대중과 소통하려면 사회학자는 독자들에게 자기가 다루는 문제가 어떤 점에서 중요한가를 소설처럼 재미있게 설명할 수 있어야 한다. 그런데 노명우의 『세상물정의 사회학』은 소설처럼 재미있게 읽힌다. 그런 이유에서 노명우는 훌륭한 공공사회학자가 될 가능성이 풍부하다.

다시, 사회학적 관점이란 무엇인가?

사회학자가 대중들에게 접근하여 사회적 활력을 불러일으키기 위해서 무엇을 어떻게 해야 할 것인가? 이 문제에 답하기 위해서 우선 다른 학문 분과와 구별되는 사회학적 관점을 분명히 해야 한다. 그렇다면 노명우는 사회학적 관점을 어떻게 생각하고 있으며 그것을 어떻게 전달하고 있는가? 아래 문장은 노명우의 사회학적 관점을 간명하게 표현하고 있다. "상처받은 삶은 상처받은 사회를 치유하지 않은 채 치유될 수 없다. [……] 세상물정의 사회학은 죄가 없는 개인들이 죄가 많은 사회에게 불만을 말하는 애처로운 시도이다. 모두가 리얼리티에서 눈을 돌리고 위안을 찾기 위해 위안의 노래만을 듣는 시대에 사회학자는 '콜드

---

40) 알랭 투렌은 사회학 책이 소설보다 더 재미있다고 말한 바 있는데 그건 그가 다른 사회학자가 제기하는 문제의식을 빨리 알아차리고 책에서 전개되는 논의에 쉽게 몰입할 수 있는 능력을 갖추고 있기 때문이다. 그러나 일반 독자는 사회학자의 글에 그렇게 쉽게 빨려들지 않는다.

팩트'를 혼자 부르고 있다. 그 외로운 노래가 합창이 될 때, 상처받은 사회는 비로소 치유의 길을 발견하게 될 것이다."[41] 노명우가 볼 때 사회학은 사회 속에서 상처받은 사람들이 그들에게 상처를 주는 사회의 문제를 인식하고 공동으로 나서서 그 문제를 해결하는 데 도움이 되는 성찰의 자료를 제공하는 학문이다. 노명우는 일찍이 석사학위 논문으로 제출한 「맑스 노동운동의 형성과 발전에 관한 연구」에서 계급의식의 형성이 객관적 모순의 증대나 노동운동의 경험 축적을 기계적으로 반영하는 것이 아니라 경제로부터 상대적으로 독립적인 영역인 이데올로기 투쟁을 거쳐서 이루어지는 것임을 밝힌 바 있다. "노동운동의 발전은 자본제적 발전 정도와 기계적으로 일치하는 것이 아닌 것이다." 사회학적 관점은 한 사회의 지배적 담론에 대해 비판적 관점을 유지하고 새로운 의식의 형성을 지향한다. 부르디외가 말했듯이 사회학은 스포츠에 비유하여 말하자면 일종의 투기 종목이다. 사회학은 사람들로 하여금 현실을 왜곡시켜 보는 허위의식에서 깨어나 주체적인 방식으로 자기 자신과 세상을 투명하게 보고 인간적인 사회를 만들어가는 데 기여하는 학문이다.

1970년대 말에 '민중사회학'을 제창했던 한완상은 피터 버거의 『사회학에의 초대』 역자 후기에서 사회학적 의식의 형태를 네 가지로 요약했다.[42] 첫째, 사회학적 의식은 "모두가 당연시하는 생활세계의 껍질을 벗기는 의식이다. 이것은 상식적 세계를 꿰뚫어보는 날카로운 의식이다." 기득권자나 지배엘리트들은 이런 의식을 달갑지 않게 생각하고 '불온한

---

41) 노명우, 『세상물정의 사회학』, p. 266.
42) 피터 버거, 『사회학에의 초대』, pp. 252~53.

의식'으로 낙인찍으려 하지만 사회학자는 당연의 세계에 질문을 던지지 않을 수 없다.[43] 둘째, 사회학적 의식은 사회의 "어두운 구석을 세밀하게 쳐다보는 '점잖지 못한 의식'이다." 부정과 부패, 일탈과 범죄, 저항과 사회적 갈등 등 그냥 덮어두고 그냥 넘어가고 싶은 골치 아픈 주제에 호기심을 보인다. 셋째, 사회학적 의식은 "모든 것을 상대화시키는 동기를 갖고 있다." 세상에 확고부동한 절대적인 것은 없다. 하나의 기준, 하나의 규범으로 사람들의 의식과 행동을 통일하려는 보이지 않는 의도를 간파하고 그것을 상대화시킨다. 폐쇄적 의식을 깨트리고 개방적 선택의 가능성을 넓힌다. 넷째로 "사회학적 의식은 국지적 시각을 버리고 세계적 시각과 보편적 시각을 존중한다." 부분적이고 특수주의적인 관점에 만족하지 않고 부분과 부분이 이어지면서 만들어지는 전체를 바라보려고 애쓴다. 경제와 정치, 문화와 종교를 따로 떨어진 것으로 보지 않고 서로 이어져 있는 것으로 본다. 한마디로 사회학적 의식은 절대적 확신보다는 불신하고 회의하는 의식이다. 겉에 홀리지 않고 속을 들여다보고 무대 앞면에 만족하지 않고 무대 뒷면을 바라보는 의식이다. 사회학적 의식은 기성의 시각으로 보면 '삐딱한 의식'이지만, 변화를 추구하는 시각에서 보면 늘 푸른 '젊은 의식'이라고 할 수 있다. 『우리는 차별에 찬성합니다』를 쓴 젊은 세대 사회학자 오찬호는 "나는 세상만사를 청개구리처럼 삐딱하게 보는 사회학이 실제로는 참으로 '인간적'인 학문임을 느낄 수 있었다"[44]라며 사회학자를 거꾸로 생각하는 '청개구

---

43) 이상의 「날개」에는 다음과 같은 구절이 나온다. "나는 또 회탁의 거리를 내려다 보았다. 거기서는 피곤한 생활이 뚝 금붕어 지느레미처럼 흐늑흐늑 허비적거렸다. 눈에 보이지 않는 끈적끈적한 줄에 엉켜서 헤어나지들을 못한다." 그 '눈에 보이지 않는 끈적끈적한 줄'을 드러내 보여주는 게 사회학자의 임무다.
44) 오찬호, 『우리는 차별에 찬성합니다』, 개마고원, 2013, p. 235.

리'로 표상했는데 나는 거기에 하나를 덧붙여 사회학자는 '우물 밖으로 나온 청개구리'라고 생각한다. 『세상물정의 사회학』은 이런 사회학적 시선과 젊은 세대의 감수성을 노명우 식의 통렬한 풍자의 문체로 전달하고 있는 어느 '청개구리'의 외침이다.

새로운 글쓰기를 실험하는 사회학자들

한국의 주류 사회학은 '과학으로서의 사회학'이라는 기치를 내걸고 양적 분석 방법을 선호하며 전문가적 논문 쓰기로 스스로 방어막을 치면서 대중으로부터 외면당하는 상황에 있다. 그러나 이런 상황을 극복하려는 움직임도 여기저기서 나타나고 있다. 노명우만이 아니라 일군의 사회학자들이 사회학에서의 글쓰기 문제를 제기하고 있는 것이다. 사회학자의 글쓰기는 단지 문체나 글의 전개 방식, 전문용어의 사용 여부나 수사법의 문제에 국한되는 것이 아니고 사회학이라는 학문의 존재론적, 인식론적, 윤리적, 정치적, 미학적 문제와 연관된 주제다.[45] 이론 사회학자이자 문화사회학자인 최종렬은 과학으로서의 사회학을 주장하는 한국 사회학자들의 지배적 글쓰기 방식을 다음과 같이 요약한다. "전형적인 학문적 글쓰기는 연구자의 주체성, 감정, 체험 등을 최대한 억제하고 객관적 방식으로 실재의 진실을 드러내라고 요구한다. 17세기 서구에서 과학적 글쓰기와 문학적 글쓰기가 분리된 이래로, 학문적 글

---

45) 이 문제에 대해서는 Jongryul Choi, *Postmodern American Sociology: A Response to the Aesthetic Challenge*, Dallas·New York·Oxford: University press of America, 2004와 최종렬, 「사회학, 서사를 어떻게 할 것인가?」, 『사회이론』 41호, 2012년, pp. 121~68.

쓰기는 주체성, 문학적 수사, 서사, 은유를 배제한 명료한 언어, 객관성, 사실의 집적으로 이루어진 과학적 글쓰기로 정의되었다. 다른 학문과 마찬가지로 서구에서 수입된 학문으로서의 한국 사회학 역시 이러한 과학적 글쓰기의 문법을 따르도록 요구되어왔다."[46] 그런 다음 최종렬은 거의 아무도 읽어주지 않는 그런 글쓰기의 목적에 대해 다음과 같이 질문한다. "도대체 문제적 상황을 해결하기 위해 누가 사회학자의 글을 읽는가? 사회학자 외에 누가 『한국사회학』을 읽는단 말인가? 왜 논문 쓰기에 밤낮 고생하고 있나? 업적 쌓고 취직하고 승진하기 위해서? 우리 사회엔 '사회'에 관심 없는 사회학자가 왜 그리도 많은가? 설사 있다 해도 '사회적 삶의 의미'에 대해서 눈감은 사회학자는 또 그 얼마란 말인가?" 최종렬은 특별히 '이야기story' 형식의 글쓰기에 관심을 기울인다. "인간이 사용하는 문화자원 중 가장 중요한 것은 이야기다. 사회학은 스스로 고안한 개념으로 사람들의 이야기를 재단하는 대신 사람들의 이야기에 귀 기울여야 한다. 사람들의 이야기를 그들의 시각에서 읽고 해석해야 한다. 그와 동시에 사회학 자체도 이야기성을 회복해야 한다. 이야기에는 인물, 플롯, 사건, 장르가 있어, 인간의 삶을 극화된 방식으로 이끈다." 그런 이야기가 한 사회의 공적 이슈를 만들어낸다. 최종렬은 자신의 주장을 이렇게 마무리한다. "이제 사회학은 수학화를 추구하는 대신 존재론적으로나 인식론적, 방법론적으로 더 나아가 윤리적, 정치적으로도 의미와 상징이 행하는 역할에 주목해야 한다."[47]

문학과 예술을 사회학에 접목시키려고 애쓰는 이론사회학자이자 문

---

46) 최종렬, 『지구화의 이방인들』, 마음의거울, 2013, p. 409.
47) 최종렬, 『사회학의 문화적 전환―과학에서 미학으로 되살아난 고전 사회학』, 살림, 2009, pp. 16~18.

학사회학자인 김홍중은 뒤르켐의 '집합표상', 베버의 '정신', 푸코의 '에토스', 토크빌의 '습속', 아날학파의 '심성', 레이먼드 윌리엄스의 '정서구조'와 같은 사회학의 방대한 전통에 이미 존재하는 '집합적 마음의 구조화된 질서'를 탐구하기 위해 '인문학적 통찰력'을 활용한다. 김홍중은 세련된 과학적 도구들이나 통계 기법을 사용하는 대신 개념적 사유를 실험하고 이론적 상상력을 발휘한다. 숫자는 그가 다루는 마음의 대지 앞에서 우스꽝스러울 정도로 무용한 도구로 전락하는 경우가 많기 때문이다. 사회와 사회를 구성하는 인간에 대한 근본적 이해로서의 사회학은 '인문학적 통찰력'을 추구한다. 그런데 인문학적 통찰력은 문필文筆이라는 그 오래되고 낡은 도구를 통해서만 자신의 모습을 드러낸다. 인문학적 통찰력을 추구하는 사회학은 문학과 예술을 포함하는 문화적 산물을 주의 깊게 관찰하고 창조적으로 해석한다. 바로 이런 점에서 김홍중의 '마음의 사회학'은 고전과 현대 사회학의 다양한 이론적 기초들을 아우르면서 문화, 문학, 예술사회학, 사회심리학, 정신분석학, 사회운동론, 사회사를 가로지르는 트랜스적 탐구가 된다. 그런 탐구를 위해서 김홍중은 "어떤 모양의 칼이라 할지라도, 기꺼이 그것을 사용했으며, 앞으로 또한 사용할 준비가 되어 있다"고 선언한다.[48]

『아파트에 미치다—현대한국의 주거사회학』(2008), 『옥상의 공간사회학』(김미영과 공저, 2012), 『편의점 사회학』(2014) 등의 저작을 펴낸 공간사회학자이자 정치사회학자인 전상인도 글쓰기 문제를 제기하면서 새로운 글쓰기를 실험하고 있다. 그는 『아파트에 미치다』의 머리말에서 그동안 한국의 사회과학자들이 거시적 현상들에 연구를 집중하

---

48) 김홍중, 『마음의 사회학』, 문학동네, 2009, p. 7.

느라 미시적 일상의 삶을 무시했다고 지적하면서 연구 주제만이 아니라 표준화되고 획일적으로 양식화된 학술논문 형식의 글쓰기도 문제라고 지적했다. 학자들이 '의무방어'나 '통과의례'로 쓰는 학술논문은 스토리가 부족하고 디테일이 취약하며 모국어의 미학을 충분히 구사하지 못하고 있다는 것이다. 그래서 그는 "구체적인 서사와 밀착된 서술"을 통해 재미있으면서 대중과 소통하는 글쓰기를 실험하고 있다. 그의 공간사회학은 아파트에서 시작하여 옥상을 거쳐 편의점에 도달해 있다. 『옥상의 공간사회학』에서 그는 사회학적 상상력을 자극하는 "옥상의 이곳저곳 이모저모"의 디테일을 재미있는 이야기로 풀어내고 있다. 이 책은 "공중의 땅으로서, 콘크리트의 녹색 피부로서, 도시 농업의 거점으로서, 그리고 문화생활의 터전"으로서의 옥상의 가치를 새롭게 드러내 보여주고 있다. 그는 또한 자신의 학문적 관심을 토착화, 미시화, 대중화로 요약했다. "토착화는 다른 나라의 이론이나 경험을 앞세우는 대신 우리의 고유한 문제를 우리 자신의 입장에서 접근"하는 것이며, "미시화는 구조적이거나 거시적인 주제를 넘어서 연구 소재를 일상의 생활 주변에서 찾아보려는" 노력이며, "대중화란 지식 생산 및 유통 체계의 엘리트주의로부터 벗어나 보통 사람의 언어로 소통하고 교감하자는 것이다. 한마디로 한국인과 한국 사회에 대한 한국 사회학의 체감도를 높이자는 것이다."[49] 전상인의 저서들에서 보듯이 토착화, 미시화, 대중화를 지향하는 사회학을 추구하다보면 필연적으로 글쓰기 자체가 달라질 수밖에 없다. 디테일에 신경을 쓰고 이야기를 구성하면서 우리말의 아름다움을 구사하는 글쓰기를 하게 되는 것이다.

---

49) 전상인, 『편의점 사회학』, 민음사, 2014, p. 5.

『문화의 발견』(2007), 『돈의 인문학』(2011), 『모멸감』(2014) 등 대중
과 소통하는 책을 여러 권 펴낸 사회학자이자 문화인류학자인 김찬호
는 『사회를 보는 논리』(2001)의 서문에서 이렇게 쓴 바 있다. "이 책을
집필하면서 각별히 유념한 것은 문체이다. 즉 무엇을 쓸 것인가보다 어
떻게 쓸 것인가에 더 신경을 쓴 것이다. 이것은 지금 우리 사회의 정신
적 상황에 대한 내 나름의 진단에서 비롯된다. 지금 한국 사회는 시스
템의 위기와 함께 동기 부여의 위기가 중첩되어 있다고 생각한다. 즉 우
리의 사회와 삶을 이야기할 수 있는 공통의 언어가 급격히 고갈되어가
는 것이다." 이런 상황에서 김찬호는 동기 부여의 위기를 극복하기 위
해 서로 소통할 수 있는 공통의 언어를 만들어내고 개인적 삶의 의미
를 사회적 삶과 연결짓는 글쓰기를 계속한다. 그는 최근의 저서에서 이
렇게 썼다. "사회적 결속이 느슨해지고 사적인 영역에서도 친밀한 관계
가 어려워지는 상황, 그렇다고 개인주의적 세계관이 형성된 것도 아니
어서 타인의 시선에 늘 전전긍긍하는 삶은 모멸감에 취약할 수밖에 없
다. 〔……〕 내면이 풍부한 사람은 구차하게 자기를 증명하려 애쓰지 않
는다. 스스로 드높은 세계에 충실한 사람은 타인의 평가나 인정에 얽매
이지 않는다. 그가 머무는 마음의 정원은 타인에게 잘 드러나지 않는다.
억지로 은폐하기 때문에 그런 것이 아니라, 범상한 사람들이 그 깊이에
이르지 못해서 알아보지 못할 뿐이다. 그럴수록 오묘한 경지를 누릴 수
있다."[50]

예술사회학자 심보선은 시인이며 사회학자다. 그의 작업은 "예술의
위기와 삶의 비참을 사회학적으로 분석하고 전망하는" 데서 멈추지 않

---

50) 김찬호, 『모멸감』, 문학과지성사, 2014, pp. 143, 270.

는다.[51] 그는 시인으로 꾸는 꿈을 현실에 기입하며 그 꿈을 실현시키기 위해 사회가 지시하는 행위의 규칙을 거스를 수 있는 피난처, 서식지, 투쟁의 거점을 만들려고 애쓴다. 현대 자본주의가 강요하는 노예화, 속물화, 동물화에 저항하는 '인간적 장소'를 만들려고 한다. 거기에 사회학적 분석이 들어간다. 그는 영웅이나 천재로서의 예술가가 아니라 삶을 살아가는 사람들이 삶 속에서 꾸는 꿈으로서의 예술을 옹호한다. 그는 굴곡이 있는 세상을 살아가면서도 진정한 삶이 가능한 사회를 포기하지 않는 예술을 '그을린 예술'이라고 명명한다. '그을린 예술'을 옹호하기 위해 심보선은 다음 문장에서 보듯이 타들어가는 느낌을 불러일으키는 글쓰기를 시도한다. "그을린 예술은 타들어가고 부서지는 현대인의 삶, 자본주의의 격렬하고 성마른 불길에 사로잡힌 우리네 삶 가운데서 꿈틀거리는 꿈, 긍정성의 몸짓, 유토피아적 충동이다."[52]

'이방인의 사회학' 연작 논문을 책으로 펴낸 현상학적 사회학자 김광기의 글쓰기도 새로운 글쓰기의 흐름에 속한다.[53] 현상학적 사회학이라는 그의 이론적 관심이 자연스럽게 새로운 글쓰기를 실험하게 만든다. 그는 글쓰기 문제를 제기하지 않으면서 새로운 글쓰기를 실험하고 있는 셈이다. 김광기는 이방인을 주제로 하는 자신의 저서의 첫 장을 이렇게 시작한다. "'이방인'······ 여행을 좋아하는 사람은 물론이고 낯선 곳으로의 여행을 해본 사람들이라면 누구나 느꼈을 법한 '나그네'로서의 이 짜릿한 경험은 그것이 주는 어떤 알지 못할 신비감 때문에, 문필가와 예술가들뿐만 아니라 평범한 일상인들에 이르기까지 누구를 막론하

---

51) 심보선, 『그을린 예술』, 민음사, 2013, p. 11.
52) 같은 책, p. 15.
53) 김광기, 『이방인의 사회학』, 글항아리, 2014.

고 한번쯤은 '이방인'이라는 단어에 매혹되지 않는 이가 없다고 해도 과언은 아닐 것이다. [……] 한 사람의 사회학자로서 필자 또한 이 고혹적인 주제에 어느 순간 매료되었다."[54] 대중과의 소통을 지향하는 문화사회학자 전상진도 새로운 글쓰기를 실험하는 사회학자의 흐름에 속한다. "그래도 그렇지!"가 아니라 "그럼에도 불구하고!"를 세계 이해의 주된 방법으로 삼는 전상진은 언론의 주목을 받은 자신의 저서 『음모론의 시대』를 이렇게 시작했다. "고통은 어떻게든 설명되어야 한다. 설명은 그 까닭을 밝히고 죄인을 쫓고 책임자를 색출한다. 크고 작은 고통은 언제나 있었고 앞으로도 그럴 것이다. 고통 없는 삶과 세계는 현실일 수 없다. 고통 자체는 아직 문제가 아니다. 이유를 알 수 없고, 의미를 찾을 수 없고, 정당한 것으로 받아들일 수 없으며, 무엇보다도 고통을 일으킨 죄인이나 책임자를 찾을 수 없을 때 비로소 문제가 된다."[55]

조은이 펴낸 『사당동 더하기 25』는 원로 사회학자의 새로운 글쓰기를 보여준다. 이 책은 "가난에 대한 스물다섯 해의 기록"이라는 부제가 말해주듯이 연구자가 오랜 세월 동안 한 가난한 가족의 생활에 밀착해 연구한 결과의 기록이다. 조은은 장기간에 걸쳐 이루어진 참여관찰의 결과를 '문화기술지ethnography' 형식으로 기술하면서 이렇게 썼다. "이 연구는 문화기술지의 여러 계기와 단계를 모두 압축적으로 거치거나 실험해야 했다. 외래 수입 학문의 모든 연구 방법처럼 문화기술지라는 연구 방법을 압축해 수입하고 실험했다기보다는 현장 속에 너무 오래 있다보니 자연스럽게 실증주의적, 객관적, 근대적 문화기술지 쓰기의 한

---

54) 김광기, 같은 책, p. 24.
55) 전상진, 『음모론의 시대』, 문학과지성사, 2014, p. 19.

계에 부딪히면서 실험적 글쓰기를 모색했다고 할 수 있다. 탈식민주의 문화기술지, 포스트콜로니얼 문화기술지 또는 자기 성찰 문화기술지 어떤 이름으로 불려도 상관없지만 그런 이름을 빌리기 위해 또는 그런 이름에 걸맞기 위해 작업을 하거나 글쓰기를 한 건 아니다. 그러나 '현실의 재현'이라는 문제와 '두꺼운 기술thick description'을 구체적으로 고민하고 실험하려 했다."[56] 그렇다면 그 고민과 실험은 어떻게 이루어졌을까? 책을 마무리하면서 조은은 이렇게 썼다. "빈곤 현장에 대한 문화기술지를 쓰는 일은 쉽지 않았다. 무엇을 보았느냐가 아니라 무엇을 쓸 것인가를 고민했고 무엇보다도 어떻게 쓸 것인가를 고민했다. 연구자와 연구 대상 간의 경계를 넘나드는 해석적, 성찰적 기술지를 쓰고 싶었고, 어떤 사람들에게는 너무나 낯익은 가난을 낯설게 읽고, 어떤 사람들에게는 너무나 낯선 가난을 낯익게 읽어보려고 했다."[57] 일반적인 학술논문은 저자가 하나의 논리로 하나의 일관된 주장을 전개함으로써 하나의 해석을 가능케 하는 방식으로 쓰여진다. 그러나 조은의 저서는 마치 문학작품이 그러하듯이 독자들에게 다양한 해석의 가능성을 남긴다. "이 책을 쓰면서 해석의 영역이 필자의 몫이 아니라 읽는 사람들의 몫이라는 생각을 더욱 하게 되었다. 해석의 영역을 독자들의 몫으로 남기고 싶다. 드러나게 분석을 하기보다는 모든 사람들에게 분석의 텍스트가 되도록 여지를 남기기로 했다."[58]

몇 년 전부터 한국 사회학계 내에 형성된 새로운 글쓰기의 흐름 속에서 노명우의 『세상물정의 사회학』이 대중의 관심을 끌어 베스트셀러가

---

56) 조은, 『사당동 더하기 25』, 또하나의문화, 2012, p. 36.
57) 같은 책, p. 315.
58) 같은 책, p. 319.

되었다는 사실을 사회학이 다시 살아나 힘을 발휘할 수 있다는 징후로 해석할 수 있다. 물론 그런 징후가 현실로 바뀌려면 새로운 글쓰기가 다양한 방식으로 꽃피워야 한다. 이제 모든 사회학자가 하나의 문체를 가지고 똑같은 방식으로 글을 쓰는 대신 각자 자신의 개성을 최대한으로 발휘하여 대중과 소통하는 글쓰기를 해야 하는 시대가 다가오고 있다. 프랑스 역사를 전공하는 영국의 역사가 시어도어 젤딘은 동료 역사가들에게 이렇게 말했다. "나는 어떤 사람에게도 특정한 방식으로 역사를 기술하라고 촉구하고 싶지 않다. 나는 당신이 쓰는 역사서가 당신의 개성의 표현임을 믿는다. 독창적인 역사학은 독창적인 정신의 반영물이며 따라서 그것을 낳을 수 있는 어떤 표준적인 처방이 있는 것은 아니다."[59] 젤딘의 이 말은 사회학자들에게도 똑같이 적용될 수 있다. 최종렬, 김홍중, 전상인, 김찬호, 심보선, 조은의 글쓰기가 각자 자기의 개성을 표현하듯이 노명우의 『세상물정의 사회학』은 노명우의 개성이 넘치는 독창적인 사회학 저서이며 공중의 형성을 위한 공공사회학 저서라고 할 수 있다. 더 많은 사회학자들이 개성 있는 문체로 독자들에게 다가갈 때 사회학은 위기를 극복하고 자신의 역할을 제대로 수행하게 될 것이다.

---

59) Theodore Zeldin, "Social History and Total History", *Journal of Social History*, vol. 10, 1976, p. 237; 이영석, 『나를 사로잡은 역사가들』, 푸른역사, 2006, p. 118에서 재인용.

만인을 위한 사회학개론을 향하여

보통 사람들이 공유하는 일반적인 지식을 상식common sense, practical sense, common knowledge이라고 한다면 사회학자들은 상식에 만족하지 않고 상식을 의심하며 상식 속에 숨어 있는 편견과 오류를 찾아내려는 사람들이다. 학자들은 체계적이고 포괄적이고 근거 있는 믿을 만한 지식을 추구한다. 학자들의 지식을 학식academic knowledge, scholastic knowledge이라고 부를 수 있다면 학식의 세계와 상식의 세계는 때로 충돌할 수 있다. 보기를 들자면 해가 뜨고 지는 것으로 생각하는 게 상식이라면 지구가 자전한다고 생각하는 것은 학식이라고 할 수 있다. 직업 생활을 하면서 사람들과 거래 관계를 맺고 살아가는 사람들이 실제 생활에서 얻은 상식이라는 것이 사실은 관습이고 관례이고 처세술이고 사기술일 수 있다. 가치와 이상을 추구하며 정의로운 사회를 꿈꾸는 사람들을 '꽉 막힌 인간' '교과서적 인간'이라고 조롱하면서 혈연, 지연, 학연을 포함하여 모든 인연의 사슬을 다 동원하여 자기 이익을 챙기기에 바쁜 사람들에게 좋은 사회를 만들기 위한 사회학적 지식을 전달하는 작업은 생각만큼 그리 쉬운 일이 아니다.[60] 사회학을 공부하겠다고

---

60) 보기를 들자면 내가 말하는 '한국인의 문화적 문법'을 구성하는 현세적 물질주의, 가족주의, 연고주의, 권위주의, 갈등회피주의, 감상적 민족주의, 국가중심주의, 속도지상주의, 근거 없는 낙관주의, 수단방법중심주의, 이중규범주의 등은 보통 사람들에게 '상식'으로 통한다. 그런 '상식'을 고쳐나가기 위한 방법에 대해서는 정수복의 『한국인의 문화적 문법—당연의 세계 낯설게 보기』(생각의나무, 2007)의 10장과 11장을 볼 것. 부정적 효과를 자아내는 문화적 문법을 고치기 위해서는 일단 한국인들이 살아가는 '사회적 세상social world'이 상호주관적으로 짜여 있는 방식, 서로 합의된 행위의 문법을 공유하고 그 위에서 일상의 삶이 이루어지고 있는 방식을 연구해야 한다.

사회학과에 입학한 학생들에게만 사회학을 강의하던 사람이 밥 벌어먹고 살아가기 바쁜 사람들이나 은퇴한 노인에게 교양으로서의 사회학을 가르친다고 생각해보라. 대학물이라도 먹은 사람은 좀 낫겠지만 제도 교육을 별로 받지 않고 그야말로 자수성가한 70대 노인에게 사회학을 강의해보라. 그 사람은 강의를 듣고 나서 "사회학자들은 세상물정을 몰라! 이상적인 이야기만 하고 있어!"라는 반응을 보일 것이다. 그들 앞에서는 외국의 유수한 대학에서 박사학위를 받았다는 공인증서도 안 통할 것이고 사회학자는 보통 사람들과 달리 이론적 지식을 추구한다고 말해보아도 꿈쩍도 안할 것이다. 이제 박사학위는 권위를 갖기에는 너무 흔해졌고 사람들은 전체를 파악하게 해주는 이론적 지식보다는 눈앞의 구체적 이익에 관심이 있다.

사회학자라면 여기에서 정신을 차리고 사회학이라는 학문의 기원으로 돌아가볼 필요가 있다. 원래 사회학이라는 학문은 국가 권력에 대항하는 시민사회의 형성과 함께 태어났다. 관습과 전통, 세습적 정치권력과 근거 없는 종교에 의해 움직이는 사회를 타파하고 이성과 합리성으로 모든 사람이 자유롭고 평등한 사회를 만들려는 집합적 의지야말로 사회학이라는 학문이 만들어진 정신적 기반이다. 그런데 개화기 이후 식민지 체제, 분단과 전쟁, 빈곤과 독재 체제를 경험하고 오로지 경제 성장을 목표로 달려오다가 민주화가 된 지 아직 30년도 안 된 한국 사회에서 시민사회의 힘은 너무나 미약하다. 국가 중심으로 이루어지던 사회의 작동은 IMF 금융위기 이후 점점 더 시장의 논리에 의해 움직이게 되었고, 1990년대 활발하던 시민운동은 시간이 갈수록 열기를 잃어가고 그에 따라 시민사회의 영역도 점점 줄어들고 있다. 이런 상황에서 사람들은 어떻게 해서라도 자기 이익을 챙기는 데 혈안이 되어 사투를 벌이고 있다. 자기 이익 확보 경쟁에 빠져 있는 사람들에게 '좋은 삶'이 가능한 '좋은 사회'를 만드는 일에 필요한 지식을 전달하는 일은 난공불락이다. 공공성의 증진을 목표로 하는 사회학적 지식으로 일상생활의 경험을 통해 얻은 '민속적 지식'의 보수성, 관습성, 상투성을 극복하려면 어떻게 해야 하는가라는 문제는 사회학자 모두가 고민해야 할 문제이다. 사회학자들이 개인적 가치와 감정을 배제하고 많은 수의 사례를 연구해서 얻은 학문적 지식을 주장해도 세상물정을 잘 안다고 생각하는 사람들이 그것을 받아들이지 않는다면 어떻게 할 것인가? 사회생활에 능수능란해서 사회학자의 지식을 우습게 아는 세상물정의 '달인'들에게 어떻게 접근할 것인가? 그들이 실제 생활에서 길어올린 '자생적 사회학spontaneous sociology'보다 '사회학자의 사회학sociological sociology'이 우월하다는 것을 어떻게 주장할 것인가?[61] 그들의 실용적 처세술에서 나온 진위 판단 기준에 맞설 수 있는 사회학자의 설득력은 어디서 나오는가? 보통 사람들은 세상을 사는 데 도움이 되는 지식, 자기 개인의 이익을 증진시키는 데 도움이 되는 지식을 바라고 있다. 경제경영서, 자기계발서, 힐링 서적, 요리책, 여행안내서 등은 그런 그들의 요구에 부응하는 책들이다. 사회학은 공공성을 증진하고 시민의식을 함양해서 좋은 삶이 가능한 좋은 사회를 만드는 데 기여하는 지식을 추구한다. 그런데 정작 보통 사람들이 그런 사회학적 지식에 관심이 없고 무시해 버리면 어떻게 할 것인가? 현행 이자율이나 부동산 가격 등 돈과 관련된 정보나 건강과 요리에 관한 정보에 관심이 쏠리는 사람들에게 사회

---

61) 노명우는 "자신도 모르게 '자전적 사회학자'였던 사람들의 세상 경험"이라는 표현을 쓰고 있는데 피에르 부르디외는 사회학자가 아닌 보통 사람들의 사회학을 '자연발생적 사회학 sociologie spontanée'이라고 불렀다(노명우, 같은 책, p. 8).

적 삶의 의미와 관련된 교양적 지식을 어떻게 전달할 것인가?

노명우는 이런 문제에 봉착해서 심각하게 고민하는 과정을 거쳐『세상물정의 사회학』을 펴냈다. 그러나 그 책의 주요 독자층은 대체로 20~30대의 대학생과 대학을 졸업한 사회생활의 주변부에 위치한 사람들로 보인다. 노명우가 사회학적 지식으로 그들의 관심을 불러일으킨 것만 해도 큰 성공이다. 그러나 범위를 넓혀 초·중·고등학생과 중년층, 노년층의 관심을 불러일으키는 사회학은 어떻게 가능할까를 질문해야 한다. 또 사회 중심부의 권력층과 기득권층에게 사회학적 지식이 정말 흥미롭고 유용하다는 생각을 갖게 하려면 어떻게 접근해야 할 것인지를 고민해야 한다. 그러려면 사회학자는 대학 강의실 밖으로 걸어나와 세상 사람들과 대화하려는 마음을 가져야 한다. 외국어 원서와 통계 수치에 빠져 있지 말고 사람들이 살고 있는 세상물정을 살피고 파악해야 한다. 그리고 다시 연구실로 돌아가 세상물정을 설명할 수 있는 사유 체계와 문체를 개발해야 한다. 그런 다음 다시 세상으로 돌아와 보통 사람들이 알아들을 수 있는 방식으로 그 사유의 결과를 전달해야 한다. 그리고 나서 사회학자의 글을 읽은 보통 사람들의 이야기를 들어보아야 한다. 세상물정에 닳고 단 사람들이 "사회학자들은 나보다 세상물정을 몰라!"라고 말할 때 "어이구 무식한 놈들!"이라는 반응을 보이는 대신 "네, 그렇습니다. 그래도 제 이야기를 잠깐 들어보시겠습니까?"라는 방식으로 대응해야 한다.

사회학과에 입학한 학생들은 누구나 '사회학개론' 강의를 필수적으로 듣게 되어 있다. 개론은 대상이 된 학문에 대한 전체적 윤곽을 그려주는 안내 과목이다. 지금까지 수십 종의 외국 사회학개론서가 번역되었고 여러 사회학자들이 사회학개론의 저자와 공저자가 되었다. 그러나 그 책들 가운데 사회학을 전공하지 않는 보통 사람들에게 널리 읽힌 책은 없었다. 이런 상황에서 『세상물정의 사회학』은 만인을 위한 사회학 개론으로 발전할 건강한 씨앗을 품고 있다. 그 씨앗을 발아시키기 위해서 몇 가지 비판적 제안을 하지 않을 수 없다.

먼저 노명우가 인용하고 있는 책들을 보면서 든 생각이다. 앞에서도 말했지만 나는 평소에 한국의 사회학자로서 동료 학자들과의 지적 상호작용을 활발히 해야 한국 사회학이 발전한다는 생각을 가지고 있다. 그런데 노명우는 어쩐 이유에서인지 동료학자들의 저서를 언급하지 않는다. 노명우가 『세상물정의 사회학』에 나오는 47권의 "책을 고른 기준은 학자들만의 첨예한 논쟁도 책을 쓴 학자의 저명도도 아니었다. 책은 어디까지나 우리들의 삶을 구성하고 있는 요소들을 생각할 수 있는지 여부에 따라 선정되었다."[62] 그렇다고 하지만 우리나라 저자들보다는 서양의 저자들이 쓴 책이 대다수를 이룬다. 독일에 유학한 사회학자답게 독일 저자가 쓴 책이 13권으로 가장 많고, 그다음이 미국 저자가 쓴 책 9권, 프랑스 저자의 책 7권, 한국 저자의 책 6권, 재일동포와 일본인 저자가 쓴 책이 4권 순이다. 그리고 한국인 저자 가운데 사회학자는 한 사람도 없다. 그는 책의 머리말에서 이미 다음과 같이 한국 사회학계에 대해 비판적인 거리감을 표명했다. "호사가들의 허망한 지식 견주기나 사회조사기법의 현란한 테크닉에 의해 살해당할 지경에 처한 사회학이라는 학문은 그 '마지막 비상구'를 사회 속에 살고 있는 구체적 사람들의 삶을 설명할 수 있는 능력의 회복에서 찾을 수 있다."[63] 그러나 동료

---

62) 노명우, 같은 책, p. 8.
63) 같은 책, p. 6.

사회학자들의 저서에 조금만 관심을 기울인다면 '성숙'이라는 주제를 다룬 "배운 괴물들의 사회"에서는 김홍중의 『마음의 사회학』을 함께 읽을 수 있었고, '자살'에 대해서는 박형민의 『자살, 차악의 선택―자살의 성찰성과 소통 지향성』(2010)을 참조할 수 있었으며, '취미'를 다룬 장에서는 홍성민의 『피에르 부르디외와 한국사회』(2004)를 곁들일 수 있었고, '기억'을 이야기하면서는 김귀옥의 『전쟁의 기억 냉전의 구술』(2008)을 덧붙일 수도 있었을 것이며, '죽음'에 대해 쓰면서 천선영의 『죽음을 살다―우리 시대 죽음의 의미와 담론』(2012)을 참조할 수 있었다. 사회학자는 아니더라도 외국 저자보다는 한국 저자들의 책을 제시하는 게 더 나을 수도 있었다. 보기를 들자면 "자기계발서의 장르 규칙"을 쓸 때는 새뮤얼 스마일즈의 『자조론』과 더불어 김난도의 『아프니까 청춘이다』(2010)를 직접 분석할 수도 있었고, '게으름'이란 주제를 논의할 때는 한병철의 『피로사회』(2012)를 언급할 수도 있었다. 물론 참고할 책의 선정은 저자의 자유 사항에 속한다. 그러나 "사회로부터 고립당할 위험에 처한 사회학자"[64]로서 그런 고립으로부터 벗어나기 위해 노력하고 있다면 같은 뜻을 나누는 동료 사회학자들의 저서를 눈여겨 읽고 인용하면서 그들과 함께 사회학의 위기를 헤쳐나갈 연대의식을 형성해야 하는 것은 아닐까?

47권의 책 선정은 그렇다 치고 책에서 다루고 있는 25개의 주제는 어떻게 선정되었는가? 저자는 어디에서도 분명한 선정 기준을 제시하지 않는다. 그렇다면 25개의 주제는 오늘날의 사회를 살아가는 보통 사람들의 삶의 중요한 측면들을 포괄하고 있는가라는 질문이 가능하다. 물

---

64) 같은 책, p. 256.

론 주제 선정 역시 저자의 자유 선택 사항이다. 그러나 이 책의 머리말에서 저자는 "태어나서 학교를 다니고 성인이 되어 직장을 얻고 아등바등 살면서 부딪히는 삶의 굴곡과 그 굴곡에서 피할 수 없는 희로애락이라는 감정에 주목"하면서 모든 사람이 공유하는 "삶의 평범성"을 다룬다고 명시했다. 그렇다면 이 책에서 저자는 25개의 주제 말고도 다른 주제들을 다룰 수 있었다. 많은 사람들이 공통적으로 겪고 있는 문제들, 이를테면 '교육열'이라는 주제로 우리나라 대학 입시를 향한 초·중·고등학교 교실과 사교육비로 시달리는 가정 경제의 문제를 다룰 수 있었고, '건강'이라는 주제로 웰빙과 힐링 담론과 질병과 의료 불평등의 문제를 다룰 수도 있었으며, '실업'으로 인한 일상적 삶의 변화를 다룰 수도 있었다.

마지막으로 저자가 선정한 25개의 주제가 모두 만족스럽게 다루어졌는지에 대해서도 토론해볼 수 있다. 모든 주제가 고르게 다 잘 쓰인 것은 아니다. 통찰력과 설득력이라는 기준에 따라 25개의 장을 간략하게 평가하자면 상식과 명품, 프랜차이즈와 명예, 인정과 죽음에 대한 장은 훌륭한 반면 종교와 개인, 자살과 집은 중요한 이야기를 다 듣지 못해서 조금 서운하게 느껴진다. 섹스의 문제는 연애의 문제와 결합시킬 수 있었으며 남자라는 주제를 다룰 때는 젠더와 더불어 동성애 문제를 다룰 수 있었다. 물론 한 권의 작은 책에서 모든 요구를 다 충족시킬 수는 없다. 그리고 이런 비판에도 불구하고 『세상물정의 사회학』의 가치가 절하되는 것은 아니다.

『세상물정의 사회학』에 대한 독자들의 열렬한 반응은 이제 '다시 사회학이 필요한 시대'를 예감하게 한다. 문제는 사회학자들이 연구실과 강의실, 한때 '우골탑' 또는 '상아탑'이라고 불렸던 대학의 울타리를 벗어나 일상의 세속을 살아가는 보통 사람들의 삶을 얼마큼 공감할 수 있고 그 느낌을 사회학적으로 풀이할 수 있는가에 있다. 사회학자는 보통 사람들이 자신의 삶의 '사회적 의미'를 파악하는 데 도움을 줄 수 있는 해석적 지식을 제공할 수 있을 때, 더 좋은 삶이 가능한 더 나은 사회를 만드는 데 기여하는 지식을 널리 확산시킬 때, 자신의 임무를 다하는 것이다.

조선 시대 선비들은 시를 짓고 경서를 쓰고 역사서를 집필하고 서간문을 쓰고 소설도 썼다. 그러나 개화기 이후 신학문이 도래하면서 학자들의 세계에서는 학술논문과 학술서 이외의 글을 '잡문雜文' 또는 '잡글'이라고 여겨 그 가치를 폄하해왔다. 학자들을 대상으로 하는 학회지에 학술논문을 쓰고 그것을 모아 학술서적을 내는 일이 정도正道를 걷는 일이라면 일반인을 상대로 글을 쓰는 일은 외도外道하는 것으로 평가했다. 일제강점기에 설립된 경성제국대학의 일본인 교수들이 강조한 식민지 아카데미즘의 글쓰기 기준은 해방 이후 미국 유학을 마치고 돌아온 학자들에 의해 다시 한 번 강조되었다. 대학원에 진학하면 박사학위를 받을 때까지 잡문은 쓰지 말아야 하고 교수가 되어 일정한 연구 업적을 쌓은 다음에라야 잡문을 조금 쓸 수 있다는 분위기가 팽배했다. 그것도 약간의 죄책감을 느끼면서. 미국에서 공부한 학자들의 머릿속에 각인된 "출판할 것인가 사라질 것인가publish or perish"라는 말은 연구 결과의 발표가 학자의 사활의 문제라는 것을 말해주었지만, 거기에는 의미 있는 연구 결과는 논문과 학술서뿐이라는 뜻이 내포되어 있다.

학문하는 사람의 숫자가 적고 아직 학문의 기초가 다져지지 않은 상태에서 아카데미즘을 강조하고 저널리즘을 경계하는 일은 근거가 있었다.[65] 그리고 대학은 언제까지나 아카데미즘을 우선시해야 한다. 그것이

대학의 존재 이유다. 그러나 다른 학문과 달리 사회학은 그 학문의 성격
상 아카데미즘의 연구 성과를 어떻게 교양대중과 공유할 수 있을 것인
가를 진지하게 물어야 한다. 모든 앎은 궁극적으로는 인간의 삶에서 나
오고 삶의 향상에 보탬이 되어야 한다. 사회학적 지식은 사회학자들의
전유물이 아니라 사회 속에서 살아가는 보통 사람들이 자신들의 사회
적 삶과 그 삶이 이루어지는 사회를 투명하게 이해하는 데 기여함으로
써 누구나 더 자기 삶의 주체가 되고 의미 있는 상호작용이 일어나고 더
좋은 삶이 가능한 사회를 만드는 데 기여해야 한다. 사회학자는 새로운
지식을 창출하는 일에 매진해야 한다. 그러나 그 지식이 정말 의미 있는
지식이라면 더 많은 사람들과 공유해야 한다. 전문적인 학술 연구의 결
과를 공인된 학술지에 발표하는 작업도 해야 한다. ASR, AJS 등 미국의
유명한 사회학 저널에 기고도 해야 한다. 그러나 사회학의 궁극적인 목
표는 사회학자 개인의 연구 업적을 쌓는 데 있지 않다. 사회학자의 임무
는 더 좋은 삶이 가능한 더 좋은 사회를 만드는 데 기여하는 지식을 생
산하고 공유하고 유통시키고 그런 과정에서 기존의 지식을 수정하고
교정하고 확장하고 심화시키는 것이다. 물론 새로운 지식의 생산이 중
요하다. 그러나 지식의 생산만큼 중요한 것이 지식의 공유이고 지식의
활용이다. 지식의 생산에서 활용에 이르는 지식 순환의 전 과정에 모두
관여하는 학자를 '지적 장인intellectual craftsman'이라고 부를 수 있을 것
이다. 지적 장인은 틀에 박힌 논문 생산 체제에 갇히지 않고 자신의 개
성이 들어간 자기만의 글쓰기를 지향한다. 자기가 쓰는 글에 영혼을 불

---

65) 1946년에 서울대학교 사회학과를 창설한 이상백은 1953년에 쓴 「저널리즘과 아카데미즘」에
서 저널리즘을 경계하고 아카데미즘을 옹호했다. 이 글은 『이상백 저작집』 3권(을유문화사,
1978)에 실려 있다. 최재석과 양영진은 이 글을 읽고 깊은 영향을 받았다고 술회한 바 있다.

어넣어 그것을 읽는 사람의 정신 상태를 고양시키는 글을 쓰려고 애쓴다. 그런 점에서 지적 장인은 '작가'이기도 하다.[66] 노명우는 언젠가부터 학술논문이 아닌 자유로운 에세이를 쓰고 싶었다고 한다. 『세상물정의 사회학』은 노명우가 그런 글쓰기의 욕망을 사회학적 통찰력과 적절하게 버무려 보통 사람들과 소통할 수 있는 방식으로 쓴 사회학적 에세이라고 할 수 있다. 그리고 대중과의 소통에 성공했다. 그러나 모든 사회학자에게 그런 책을 쓰라고 주문하는 것은 무리일 수 있다. 오늘날 대학교수들은 연구와 강의, 학생 지도와 사무 처리에 시달려서 연구 업적을 채우기 위한 논문을 쓰기에도 시간이 모자랄 지경이다. 그런데 거기에다가 교양대중을 위한 책까지 쓰라고 요구하는 것은 투우사가 기다리고 있는 투우장으로 들어가 소가 되어 싸우라는 이야기와 마찬가지다.[67] 더더구나 교수업적평가에서 일반 대중을 위한 비학술서의 간행은 겨우 논문 한 편 쓴 것과 같은 점수를 받는다고 한다. 이런 상황에서도 보통 사람들이 재미있게 읽고 진지하게 성찰하게 만드는 사회학 책을 쓴다는 것은 그런 일을 사명으로 받아들인 사람만이 할 수 있는 일이다. 앞서도 말했듯이 사회학은 민주주의와 시민사회, 공론 형성을 위한

---

66) 냉전 시기 미국의 비판적 사회학자 밀스는 많은 사람들이 알아들을 수 있게 글을 쓰는 학자를 두고 단순한 문학인mere literary man 또는 난지 저널리스트mere journalist일 뿐이라고 폄하하는 미국 학계의 잘못된 경향을 비판했다. 실력이 없는 사람일수록 자신들의 지적 위엄을 확보하기 위해 스스로를 '과학자'나 '전문가'로 자처하면서 전문 용어를 구사하며 대중이 알아듣지 못하는 방식으로 글을 쓴다는 것이다. 이류급 학자들일수록 가독성이 높은 readable 글은 무조건 피상적superficial이고 깊이가 없는shallow 글이라고 깎아내리면서 학계와 그 바깥의 판단력 있는 사람들의 주목을 받는 뛰어난 학자를 배제하는 경향이 있다는 것이다(C. Wright, Mills, *The Sociological Imagination*, Oxford: Oxford University Press, 1968[1959], p. 218).

67) 이런 상황에서 언론학자이며 언론운동가인 강준만이 교양대중을 상대로 하는 엄청난 양의 저술 작업은 극단적인 예외에 속한다. 그는 이미 300여 권의 저서를 펴냈다.

토론과 대화가 가능한 땅에서만 자라는 나무와 같다. 스스로 푸르게 빛나고 여름이면 시원한 그늘을 제공하는 나무가 되기 위해서도 사회학은 대중과 소통해야 한다. 이제 힐링과 위로, 좌절과 분노의 시간을 지나 다시 '사회학이 필요한 시간'이 오고 있다. 『세상물정의 사회학』은 그런 사회학의 시대를 알리는 기상나팔이다. 지금 익명의 대중들은 "응답하라 사회학!"이라는 신호를 보내고 있다. 이제 그런 신호에 사회학자들이 응답할 차례다.

기억하는 사회학

―사회인간학으로 읽는 조은의 소설

그날 이후 내 가슴에는 비명이 살고 있다네.

―쿠르드 민요

한 사람이 미치는 데는 3대가 필요하다.

―프랑스 속담

폭력의 트라우마에서 벗어나는 데는 4대가 걸린다.

―인디언 속담

사회인간학이란 무엇인가?

사회학은 단수sociology가 아니라 복수sociologies다. 사회학자의 수만큼 서로 다른 사회학이 존재할 수 있다. 미국에서 수입한 표준적이고 통상적인 강단 사회학을 벗어나 지금 여기 우리들의 삶의 현장에서 살아 숨 쉬는 전복적 사회학을 하고 싶다면 무엇을 어떻게 해야 할 것인가? 그러기 위해서는 일단 사회 속에서 울고 웃으며 살아가는 사람들의 삶에 관심을 기울여야 한다. 사회학은 사회만 다루는 학문이 아니라 사회와 더불어 인간의 삶을 다루는 학문이다. 거기에는 사회에서 출발해서 인간의 삶으로 가는 방향도 있지만 사람들의 삶에서 시작해서 사회로 나아갈 수도 있다. 사회 속에서 살아가는 인간의 삶에 초점을 맞추는 '삶의 사회학'은 유럽에서 미국으로 건너가 주류 사회학이 된 자연과학적 인식모델을 거부하고 해석학적이고 인문학적인 접근을 시도한다. 삶의 사회학은 과학적 사회학의 탈맥락화된 추상적 이론과 양적 연구 방법의 한계를 민감하게 의식하면서 '앎과 삶'의 역사적 문화적 맥락과 사회적 관계를 중시한다.

'삶의 사회학'은 사회적 관계 속에서 살아가는 인간의 삶을 연구하는 사회학적 인간학이다. 그래서 삶의 사회학을 '사회인간학Social Studies of Human Life'이라고 부를 수 있다.[1] 사회인간학은 무엇보다도 사회적 삶의 고통에 관심을 기울인다. 자살률 세계 1위, 불평등의 심화와 새로운 빈곤층의 확대, 청년실업과 명예퇴직으로 인한 개인적 사회적 고통의 증가, 성희롱과 성차별의 지속, 기업의 경영 합리화와 구조조정으로 인한 일상 업무 스트레스의 증가, 학교 내 성적 경쟁의 심화와 학교 폭력 현상, 가출 탈학교 청소년들의 소외와 범죄, 알코올중독, 마약중독, 소수자에 대한 비인간적 차별, 가족 내 의사불통과 갈등, 이혼의 증가와 가족의 해체, 노령화 사회와 독거노인의 증가, 세대 차이와 세대 갈등 등은 사회인간학의 긴급한 개입을 요청하고 있다. 사회인간학은 이런저런 문제를 겪고 있는 사람들에게 직접 접근하여 구체적인 해결책을 모색한다. 사회인간학적 개입은 인간관계와 사회적 관계에서 비롯되는 '의미'와 '인정'의 문제를 다룸으로써 개개인이 자신의 내면 세계를 들여다보고 분석하고 재조정하고 재구성해서 현실 세계에 새로운 방식으로 대처해나갈 수 있도록 돕는 일이다. 기존의 상담과 임상심리학이 사회적 문제의 개인적 증상을 주로 개인의 차원에서 다루었던 데 반해 사회인간

---

1) 사회인간학은 현재 형성 중이다. 나는 앞으로 사회인간학의 이론과 방법론, 사례 연구를 내용으로 하는 단행본을 출간할 예정이다. 여기서는 그 골격을 아주 간략하게 제시해본다.

학은 사회적 문제와 개인의 심리적 기제가 서로 어떻게 연결되어 개인적 문제를 발생시키는가를 연구하고 개인적 차원과 사회적 차원 모두에서 해결책을 모색한다.[2]

사회인간학은 사회문제를 해결하기 위한 정부의 정책 형성에 도움이 되는 전문가들의 학문이 아니라 사회 속에서 살아가는 인간의 삶을 의미 있게 만드는 공공의 학문이다. 삶의 의미라는 문제를 다루는 사회인간학은 양적 일반화보다는 질적 개별화를 추구한다. 따라서 일기, 편지, 자서전, 전기, 생애사, 구술사, 면접 등의 자료와 연구 방법을 적극적으로 활용한다.[3] 사회인간학은 오랜 세월의 흐름에도 불구하고 여기저기 남아 있는 삶의 흔적들에서 중요한 단서를 발견하여 지난날의 삶과 사회를 재구성하는 심리고고학적 연구 방법, 엉뚱한 말실수에서 무의식의 표현을 찾아내는 정신분석학적 접근, 사소한 실마리로부터 사건의 전모를 찾아들어가는 탐정의 수사 방법 등에서 방법론적 영감을 추구한다.

사회인간학은 모든 인간의 삶에 관심을 기울이지만 특히 고아, 과부, 홀아비, 이민자, 망명객, 장애인, 실업자, 만성 환자 또는 시한부 환자, 수감자, 전과자, 자살미수자 등의 삶의 이야기에 특별한 관심을 기울인다. 감추어진 이야기, 숨기고 싶은 이야기, 억압받고 금지된 이야기들

---

2) 사회학은 쇠퇴하고 있으나 심리학은 호황이다. 최근 몇 년 사이에 서울에만 용문상담대학원 대학과 강남상담대학원 대학 이렇게 두 개의 상담대학원 대학이 생겼음은 상담과 심리치료에 대한 관심의 증가를 보여준다. 사회인간학은 기존의 사회학과 심리학은 물론 역사학과 인류학 등 여러 학문 분야를 아우르는 종합적 접근이다.

3) 이희영, 「사회학 방법론으로서의 생애사 재구성」, 『한국사회학』 39권 3호, 2005, "분단과 전쟁이 사람과 사회에 미친 영향"에 주목하는 김귀옥의 『구술사연구—방법과 실천』(한울, 2014)과 윤택림, 『문화와 역사 연구를 위한 질적 연구 방법론』(아르케, 2013) 등을 볼 것.

이 삶에 미치는 영향에 관심을 기울인다. 사생아, 서자, 입양아, 고아로서 겪은 삶, 학대받은 아동기, 억압적 학교 체험, (성)폭력 체험, 청소년기의 연애와 성의 발견, 사랑과 결혼, 이혼과 재혼, 퇴출과 실업의 체험, 백수와 잉여의 삶, 범죄와 감옥 체험, 사기와 파산의 체험, 사회적 신분 이동 체험, 질병과 육체적 장애의 체험, 가까운 가족의 실종, 행방불명, 조난, 자살, 타살, 암살, 학살, 처형, 병사, 변사 등의 자연스럽지 못한 죽음 등 인간이 삶에서 경험하는 갖가지 문제적 상황에 주목한다. 그런 체험들이 남긴 상처의 흔적과 그것들로부터 유래하는 열등감과 수치심, 결핍감과 박탈감, 마음의 상처와 삶의 왜곡을 이해하고 설명하고 치유하려고 애쓴다.

그러기 위해서 사회인간학은 '개인사-가족사-사회사'라는 3차원의 역사를 동시에 고려한다. 개인의 삶을 일차적으로 가족사 속에 넣어 이해하고 가족사를 다시 마을사, 국가사, 지역사, 세계사의 문맥에 넣어 이해한다. 전쟁(사망, 피난), 식민지 체제(빈곤, 군위안부, 징병, 징용), 경제성장(사회적 상승 또는 하강 이동), 독재 체제(민주화운동, 고문, 해직), 정치 변동(한자리 하거나 밀려나기), 경제 위기(파산, 도산, 실업) 등의 역사적 사건들이 가족을 거쳐 개인의 삶에 미치는 영향과 그런 과정에서 살아남기 위해 개인과 가족이 구사하는 생존과 적응의 전략 그리고 그런 삶을 살다보면 생겨나는 정신적 문제들을 이해하려고 노력한다.

사회인간학은 위에서 말한 3차원의 역사를 최소한 3세대에 걸쳐 추적한다. 전 세대의 삶은 육체적 소멸과 함께 사라지지 않는다. 그것은 어떤 방식으로든 살아남아 다음 세대의 삶에 계속 영향을 미친다. 그러므로 지금 여기 살고 있는 한 개인의 내면 세계를 파악하기 위해서는 최소한 3대를 거슬러 올라가면서 가족 구성원들의 직업, 교육 수준, 사회

계층, 문화자본, 사회자본, 종교, 결혼 과정과 부부 관계의 형식과 내용, 부모의 자녀에 대한 기대, 부모와 자녀 사이의 관계, 부모의 이혼과 재혼, 친족 관계의 조화와 갈등, 경쟁과 원한 관계 등을 알아야 한다. 사회인간학은 그런 구체적 상황 속에서 윗세대로부터 아랫세대로 이어지는 정신적 대물림 현상에 초점을 맞춘다. 망각되고 은폐되고 검열의 대상이 되는 '가족의 비밀'을 환기시키고 기억하고 반추하고 회상하며 부끄러운 사건, 위험한 사실, 억울한 사건이 가족 관계와 가족 구성원의 삶에 어떻게 영향을 미치는가를 연구한다. 그것은 고통스런 과정이다. 그러나 그것은 정신의 해방과 새로운 삶을 위해 어둠의 터널을 뚫고 지나가는 일이다. 한 개인의 삶은 가족과 사회라는 외부적 환경에 의해 영향을 받는다. 하지만 한 개인은 주체적으로 그 환경을 극복하기도 한다. 한 개인의 삶은 그 개인이 세상사에 대해 갖는 해석과 판단, 의지와 노력에 따라 다르게 전개될 여지가 있다. 이 세상의 모든 자서전과 전기는 주어진 상황과 여건에 도전해서 자신의 삶을 바꾼 이야기들로 가득 차 있지 않은가? 사회인간학은 삶의 비주체를 자기 삶의 주체가 되게 하고 그 주체를 더욱 강한 주체가 되도록 도우며 가족 관계를 중심으로 하여 학교, 직장, 지역사회, 국가, 세계 체계의 사회적 관계를 개인의 자아실현을 최대한으로 돕는 방향으로 바꾸어나가려는 실천 지향성을 갖는다.[4]

---

4) 사회인간학은 마이클 부라보이가 분류한 강단사회학, 비판사회학, 전문가사회학, 공공사회학 가운데 공공사회학의 입장에 제일 가깝다(Michael Burawoy, "For Public Sociologie", *American Sociological Review*, Feburary, 2005 참조).

실험적 글쓰기

위기에 처한 인문학과 사회학이 다시 살아나기 위해서는 글쓰기가 달라져야 한다. 오늘날 사회학이라는 학문 분야가 우리가 살아가는 사회의 이해에 별다르게 기여하지 못하고 있다는 일반적인 인식에도 불구하고 몇몇 인문학자와 사회학자들은 논문이라는 '학문적' 글쓰기의 굴레를 벗어나 '자유로운' 글쓰기로 우리 사회의 이해에 도움을 주는 저술들을 펴내고 있다.[5] 그런 흐름이 어느 날 갑자기 생성된 것은 아니다. 문화인류학자 조한혜정은 20년 전인 1994년에 펴낸 『(탈식민지 시대 지식인의) 글 읽기와 삶 읽기』 2권에서 "인문사회과학에서 독창성이란 어떤 새로운 객관적인 사실을 알아내는 데서 오는 것이 아니다. 그것은 어떤 이가 자신의 삶 속에서 절실하게 꺼낸 이야기가 듣는 이의 삶 속에서 공명을 일으키는 데서 오는 것이다"라고 말하면서 관습적 표현이 아닌 실험적 글쓰기가 필요함을 주장한 바 있다.[6] 조한혜정에 이어 철학

---

5) 『모멸감』(문학과지성사, 2014)의 저자 김찬호, 『사람, 장소, 환대』(문학과지성사, 2015)를 쓴 김현경, 『진격의 대학교』(문학동네, 2015)를 펴낸 오찬호 등을 보기로 들 수 있다. 새로운 글쓰기를 실험하는 학자들은 대체로 대학의 주변부에서 활동하는 사람들이다.

6) 조한혜정, 『(탈식민지 시대 지식인의) 글 읽기와 삶 읽기』 2, 또하나의문화, 1994, p. 245. 그러나 조한혜정의 자전적 글 속에는 타인의 고통에 대한 연민이 느껴지지 않으며 깊은 성찰성이 결여되어 있다는 주변의 지적도 있다. 김경만은 "이 책은 각 장에 붙은 제목만 봐도, 성찰을 통한 '자신의 언어'로 쓴 책이 아님을 단박에 알 수 있다"면서 "자신의 언어를 갖지 못한 식민지 지식인이 안쓰럽고 불쌍하다는 투로 써내려간 책이 결국은 하려는 얘기를 '서구의 언어로밖에' 할 수 없는 아이러니를 드러낸 것이다"라고 썼다(김경만, 『글로벌 지식장과 상징폭력』, 문학동네, pp. 52~53). 조한혜정의 책이 나오기 전 미국 인류학계에서 이루어진 글쓰기와 성찰성에 대한 논의를 알기 위해서는 James Clifford · George E. Marcus(eds), *Writing Culture: The Poetics and Politics of Ethnography*, Berkeley: University of California Press, 1986와 George E. Marcus · Michael M. J. Fischer, *Anthropology as Cultural*

자 김영민과 문헌정보학자 김정근 등도 틀에 박힌 학술논문 형식을 벗어나 새로운 글쓰기 실험의 중요성을 역설했다.[7]

이런 분위기에 힘입어 문영미는 1997년 한신대학 대학원에 자신의 할머니의 삶의 이야기를 소설 형식으로 작성한 글을 석사논문으로 제출했다. "합리성과 객관성이라는 명목 아래 개인의 감정이나 느낌을 완전히 숨긴 채 쓰는 글들의 논문중심주의와 원전중심주의를 극복하고 인간과 사회의 다차원성, 복합성, 중첩성을 표현"하기 위해 이야기체 글쓰기를 선택한 이 논문의 저자는 자신의 생각을 이렇게 밝혔다. "이론적이고 학문적인 언어는 권위와 관계되기 때문에 폭력의 한 형태일 수 있다. 삶의 언어가 풍부하게 담겨 있는 이야기 형식이 여성의 언어를 잘 드러내줄 수 있는 틀이 아닐까."[8] 1999년에는 김귀옥의 『월남민의 생활경험과 정체성』이 출간되었다. 이 책은 구술사 방법론을 사용한 사회학 저서로서 한국전쟁 기간에 남한으로 내려온 월남민들의 기억을 불러내어 그들의 심층 의식을 연구했다.[9]

역사인류학자 윤택림도 새로운 글쓰기를 실험했다. 미국 대학에서 쓴 박사학위 논문을 10년 만에 수정하고 번역하여 펴낸 『인류학자의 과거

Critique: An Experimental Moment in the Human Sciences, Chicago: University of Chicago Press, 1999를 참조할 것.

7) 김영민, 『탈식민성과 우리 인문학의 글쓰기』(민음사, 1996)와 김정근 엮음, 『학술연구에서 글쓰기의 혁신은 가능한가』(한울, 1996)를 볼 것.

8) 문영미, 「나의 할머니, 김신묵의 살아온 이야기—한 여성의 삶에 대한 이야기 여성신학적 시론」, 한신대 신학대학원 석사학위 논문, 1997, p. 10.

9) 김귀옥, 『월남민의 생활경험과 정체성—밑으로부터의 월남민 연구』(서울대학교출판부, 1999) 이후 김귀옥은 구술사 연구방법론을 체계화하여 『구술사연구—방법과 실천』(한울, 2014)을 펴냈다. 구술사 방법으로 한국전쟁 시기 학살을 연구한 한성훈의 『가면권력—한국전쟁과 학살』(후마니타스, 2014)도 볼 것.

여행』이란 제목의 책이 그 결과물이다.[10] 구술사 연구 방법을 활용하는 윤택림은 연구자 자신이 쏙 빠져 있는 논문의 한계를 지적하면서 "기존의 사회과학적 글쓰기는 구술사의 역동성과 풍부함을 담보하기에는 너무나 도식적(이다). 따라서 구술사의 글쓰기는 실험적 글쓰기가 될 수밖에 없다"고 밝혔다. 특히 이 책의 7장「한국 근현대사와 유씨 가족」은 한 좌익 가족의 역사를 한국 근현대 사회사라는 큰 문맥 속에 넣어 기술하고 있다.

2005년에 출판된 조이담의『구보씨와 더불어 경성을 가다』도 새로운 글쓰기를 실험하고 있다. 이 책의 1부「경성 만보객―新 박태원 전」은 1919년부터 1934년까지 경성을 주 무대로 한 실명 소설이다. 1934년은 박태원이「소설가 구보씨의 일일」을 발표하기 직전이다.「소설가 구보씨의 일일」의 전사前史에 해당하는「경성 만보객―新 박태원 전」은 1930년대에 비해 자료가 빈약한 1920년대의 경성 풍경을 생생하게 그려내기 위해 3·1운동 당시의 민족대표 33인, 유길준, 윤치호, 이광수, 이상, 윤심덕 등 당대 유명 인사들의 입을 빌리기도 하고 박태원 일가, 이덕교, 한위건, 김산 등 역사에 가려졌던 새로운 인물들을 발굴하여 시간과 공간 속에 재배치하면서 사실과 상상이 혼합되는 소설 형식으로 구성되어 있다. 책 읽는 건축가 서현은 "이 책이 소설이라면 개인적 독백의 세계에 빠져드는 우울한 소설 세계에 던지는 냉소이고, 학술서라면 학문을 하는 데 인문학적 상상력이 얼마나 중요한지를 보여주는 증거가 될 것이다"라고 평가했다.[11]

---

10) 윤택림,『인류학자의 과거 여행―한 빨갱이 마을의 역사를 찾아서』, 역사비평사, 2003.

11) 서현,『또 한 권의 벽돌―건축가 서현의 난독일기』, 효형출판, 2011, p. 173.

조선 후기 한국사를 전공하는 역사학자 백승종도 2006년에 나온 『정감록 역모 사건의 진실게임』에서 '색다른 글쓰기 실험'을 하고 있다. 이 책에서 저자는 역모자와 가상 인터뷰를 실행하며 당시의 상황에 비추어 역모자들의 최후 진술을 상상으로 만들어 제시한다. "가상의 상황에 대한 소설과도 같은 서사적 묘사가 있고, 추리소설이나 법정의 진실 공방에서나 나올 법한 반대심문과 추론과 뒤집어보기의 글쓰기가 꼬리를 문다."[12] 저자는 여러 가지 서술 기법을 동원하여 역사학자의 내면적 사유와 그 결과를 독자들과 널리 공유하고자 했다. 역모자들의 행동 동기와 그들의 삶 그리고 그들의 반역 행위에 영향을 끼친 내외적 환경 등을 다각적인 관점에서 파악하고 있는 이 책의 저자는 새로운 역사 쓰기에 대해 이렇게 말한다. "역사는 몇 가지 가능성 가운데 하나의 진실을 찾아내는 작업으로 국한할 필요가 없다. 그런 일반화는 근대 역사학의 특징이며 오늘의 입장에서 보면 이미 진부한 것이다. 우리가 찾아내야 할 역사의 새로운 의미는 중층적인 데 있다. 역사적 사건과 행위에 담긴 중층성이 제대로 밝혀질 때 역사 속 인물들이 선택했던 다양한 생존 전략들이 우리 앞에 모습을 드러낼 것이다. 역사를 그렇게 읽고 쓴다는 것은 아마도 일종의 '게임'일 것이다. 역사적 상상력이 동원된 게임이라는 점에서 '상상 게임'이라 불릴 만하다. 〔……〕 때로 허구는 사실 이상의 역사성을 지닐 수도 있다. 〔……〕 이 경우 허구란 깨진 청자 조각과 조각 사이를 이어주는 접착제 같은 것, 달아난 부분을 메워 항아리의 원형을 보여주는 보철 같은 것이다."[13] 백승종은 『정조와 불량선비

---

12) 백승종, 『정감록 역모 사건의 진실게임』, 푸른역사, 2006, p. 14.
13) 같은 책, p. 375.

강이천』이라는 저서에서도 실험적 글쓰기를 계속했다. "강이천이라는 연구 주제에 매달렸을 때 나는 역사란 무엇일까를 여러 차례 생각해보았다. 우리의 전통 속에서 역사는 에피소드로 둔갑될 때가 많았다. 서사가 결핍되었다. 그래서 나는 중층적인 서사를 써보자는 생각을 많이 했다. 사람의 얼굴이 보이고 사람의 냄새가 풍겨나는 서사, 역사 속 인물들의 망설임과 혼란과 고독함이 가슴으로 전달되는 역사, 역사적 주인공들이 추구한 삶의 전략이 파헤쳐지는 역사를 쓰자는 것이다."[14]

이런 새로운 글쓰기 실험은 여러 학문 분야의 경계를 넘어 이곳저곳에서 계속되고 있다. 2010년 한문학을 전공하는 국문학자 박희병은 18세기 조선에 살다가 27세의 나이에 요절한 천재 이언진의 평전을 쓰면서 새로운 형식 실험의 필요성을 다음과 같이 이야기했다. "나는 요 몇 년 새 한국학 글쓰기의 새로운 형식에 대한 모색을 나름대로 해오고 있다. 인식과 사고의 진전, 그리고 학문적 주체성은 비단 내용에서만이 아니라, 형식을 통해 담보된다는 믿음 때문이다."[15]

사회학적 소설 쓰기

사회학자 조은은 이런 새로운 글쓰기 움직임에 대해 다음과 같은 해

---

14) 백승종, 『정조와 불량선비 강이천—18세기 조선의 문화투쟁』, 푸른역사, 2011, pp. 15, 379. 헤이든 화이트는 역사적 서술은 근본적으로 말로 된 허구이며 '문학적 가공물literal artifact'이라는 주장을 펼친다. 역사적 서술은 플롯에 의해 사건들을 의미화하면서 개인적·공적 과거를 이해할 수 있게 만든다(Hayden White, "The Historical Text as Literary Artifact" in *Tropics of Discourses*, Baltimore: Johns Hopkins University Press, 1978, p. 85).
15) 박희병, 『나는 골목길 부처다—이언진 평전』, 돌베개, 2010, pp. 6~7.

석을 내리고 있다. "역사와 허구의 경계 허물기를 통해 역사 재구성의 행위를 문제시하는 이른바 '새로운 글쓰기'는 새로운 역사 쓰기와 맞물려 있으며 이 새로운 역사 쓰기는 역사적 지식이라는 것이 허구와는 구별되는 확실한 실체라는 전통적 개념에 도전한다. 이 새로운 역사 쓰기는 또한 '새로운' 소설 쓰기로 이어지며 정전적 역사에 도전하여 역사적으로 열세에 몰려 있던 사람들의 시각으로 역사를 재조명해보려는 시도라고 할 수 있다."[16] 조은은 이런 입장에서 사회학 논문이라는 틀을 완전히 벗어던지고 소설 쓰기로 나아갔다. 2003년에 출간된 『침묵으로 지은 집』은 역사와 허구, 자서전과 소설의 경계를 교란시키는 '새로운 글쓰기' 흐름에 속하는 사회학적 소설이다.[17] 책 속에는 1950년에서 2000년이라는 50년 동안 개인-가족-사회 속에 일어난 수많은 '사건'들이 기억의 강가를 따라 흘러간다. 6·25전쟁 당시 실종된 아버지 이야기를 중심으로 하여 자신의 개인사와 가족사가 사회사의 흐름 속에 전개된다. 저자는 원래 200자 원고지로 20매씩 20일을 써서 원고지 400매 정도 분량의 소설을 쓸 계획이었는데 이야기가 두 배 이상으로 길어지면서 탈고하는 데 2년 6개월이 걸렸다. 글을 쓸 때 아홉시 뉴스나 신문의 기사 한 토막 또는 누군가의 엉뚱한 질문이 저자가 잃어버렸던 기억을 환기시키곤 했다.[18] 그래서 소설을 쓰는 과정은 저자가 자기 안의

---

16) 조은, 「차가운 전쟁의 기억―'여성적' 글쓰기와 역사의 침묵읽기」, 『한국문학연구』 26집, 동국대학교 한국문학연구소, 2003, p. 15.

17) 조은은 이후에도 새로운 글쓰기에 대한 고민을 계속했다. "가난에 대한 스물다섯 해의 기록"이라는 부제가 붙은 책에서 조은은 다음과 같이 썼다. "빈곤 현장에 대한 문화기술지 ethnography를 쓰는 일은 쉽지 않았다. 무엇을 보았느냐가 아니라 무엇을 쓸 것인가를 고민했고 무엇보다도 어떻게 쓸 것인가를 고민했다"(조은, 『사당동 더하기 25』, 또하나의문화, 2012, p. 315).

18) 조은, 『침묵으로 지은 집』, 문학동네, 2003, p. 311.

깊은 심연 속으로 떠나는 시간 여행이었다. 그렇게 해서 한 편의 사회학적 소설이 탄생했다.

자기분석은 없고 타인 비난만 난무하는 비정한 사회에서 자신과 자신의 가족사를 힘들여 써서 책으로 출판하는 행위는 엄청난 용기를 필요로 한다. 이청준이 단편소설 「자서전들 쓰십시다」에서 신랄하게 꼬집었듯이 우리 사회에서 자서전이나 전기라는 장르는 자기분석이나 자기성찰이라기보다는 권력이나 돈을 기준으로 이른바 '성공'했다고 하는 사람들이 자기자랑을 하거나 자기합리화를 하는 경우가 대부분이다. 그런 풍토에서 누구에게도 이야기할 수 없어서 시종 고통스럽게 간직했던 희미한 이야기를 가까스로 꺼내 진지하게 써내려간 저자의 이야기는 그 자체로 우리 사회의 자기성찰 능력을 한 단계 높여주었다고 볼 수 있다.

저자는 아주 오랜 세월 동안 유지했던 '침묵의 벽'을 깨고 어렵사리 이 책을 썼다. 책 속에는 다섯 살부터 쉰다섯 살이 될 때까지 지배적 현실의 한 모퉁이에서 침묵하면서 세상을 그저 바라보기만 했던 한 여자의 이야기가 실려 있다. 이야기 속에는 세상을 떠난 사람도 나오지만 아직 살아 있는 실존 인물도 등장해서 논픽션 실화 같으면서도 전체적으로는 픽션 소설의 형식을 취하고 있다. 저자는 "어디까지가 사실이고 어디까지가 픽션이냐는 물음에 답할 수 없다"며 기억을 극화하지 않는 담담한 글쓰기 전략을 취했다고 밝혔다. 그리고 개인의 사생활 보호를 위해 등장인물들은 공인을 제외하고는 모두 가공화했다. 그래서 저자는 "나의 이야기를 쓴 것이냐고 묻는다면 우리들의 이야기를 쓴 것이라고 답할 것이며 우리 집 이야기냐고 묻는다면 우리 역사의 한 모서리를 살았던 집들의 이야기를 쓰고 싶었다고 답할 것이다"라고 말한다.

조은은 2003년 이 소설을 펴낸 이후 기억과 관련된 주제로 두 편의 논문을 발표했다. 2008년 출판된 『전쟁의 기억 냉전의 구술』에 수록된 「전쟁과 분단의 일상화와 기억의 정치—월남가족과 월북가족 자녀들의 구술을 중심으로」와 2011년에 나온 『구술사로 읽는 한국전쟁』에 실린 「분단의 긴 그림자—월북가족 이야기」가 그것이다. 그런데 두 논문을 읽다보면 기억을 환기시키는 능력이나 글이 불러일으키는 감동이 『침묵으로 지은 집』보다 훨씬 약하게 느껴진다. 여기서 똑같은 주제라도 어떤 형식으로 글을 쓰는가가 중요함을 알 수 있고 문제의식의 전달을 위해서는 학문적 분석력 못지않게 문학적 표현력이 필요함을 알 수 있다. 그렇다면 학자들의 글쓰기가 꼭 논문 형식에만 매여 있을 것도 아니라는 생각도 든다. 문학평론가 김재용이 쓴 조은의 『침묵으로 지은 집』에 대한 다음과 같은 평가는 그런 나의 생각을 지지해준다. 조은의 소설은 "삶의 기미를 읽어내는 섬세함과 시대의 흐름을 포착하는 거시적 통찰력으로 상상력이 결여된 사회과학계와 사회학적 통찰력이 부족한 문학계" 사이에 대화의 창구를 열어준다. 문학평론가뿐만 아니라 작고한 진보 사회학자 김진균도 소설 형식으로 쓴 『침묵으로 지은 집』 한 권이 수많은 학술논문보다 훨씬 의미 있는 작업이라고 평가했다.[19]

---

19) 김진균기념사업회 엮음, 『벗으로 스승으로—김진균 선생을 기리며』, 문화과학사, 2005, p. 331.

소설 속의 사회인간학

아래에서는 앞에서 그 대강의 윤곽을 제시한 사회인간학의 관점에서 조은의 소설 『침묵으로 지은 집』을 분석하려고 한다. 현실이 아닌 허구가 섞여들어간 소설이 사회인간학의 분석 대상이 될 수 있는가라는 질문이 제기될 수 있다. 답은 소설 속에 등장하는 인물들의 삶에 대한 사회인간학적 접근이 충분히 가능하다는 것이다. 『침묵으로 지은 집』은 소설처럼 쓴 사회학적 자기분석이며 우리 사회의 묻히고 잊혀진 역사를 복원하는 작업의 결과이기 때문이다. 더욱이 그 소설이 저자의 삶에서 나온 이야기들이고 상상력만이 아니라 기억을 존중하면서 쓴 글이라면 사회인간학적 접근을 못할 이유가 없다. 프랑스의 작가 아니 에르노가 자신의 사적 체험을 바탕으로 쓴 『남자의 자리』『한 여자』『얼어붙은 여인』『단순한 열정』『수치』『탐닉』 등의 자전적 소설들이 뱅상 드 골작이나 디디에 에리봉 같은 사회학자들의 분석 대상이 되듯이 조은의 자전적 소설은 사회인간학적 분석의 대상이 되고도 남는다.[20] "지워진 역사, 아니 거세된 역사" 속의 "사적 경험"을 통해 '개인사-가족사-사

---

20) 아니 에르노의 작품들은 Annie Ernaux, *Écrire la vie*(Paris: Gallimard, 2011)에 집대성되었다. 그 가운데 우리말 번역본으로는 『남자의 자리』(임호경 옮김, 열린책들, 2012)와 『한 여자』(정혜용 옮김, 열린책들, 2012)가 나와 있고 아니 에르노가 자신의 글쓰기에 대한 생각을 풀어놓은 대담집으로 아니 에르노·프레데리크-이브 자네(대담), 『칼 같은 글쓰기』(최영애 옮김, 문학동네, 2005)가 번역되었다. 아니 에르노에 대한 사회인간학적 분석으로는 Vincent de Gauljac, *La névrose de classe*(Paris: Hommes et groupes, 1987)가 있다. 푸코 전기로 유명한 디디에 에리봉의 자전적 글쓰기는 두 권의 연작으로 출판되었다 (Didier Eribon, *Retour à Reims*, Paris: Fayard, 2009; *La société comme verdict*, Paris: Fayard, 2013). 디디에 에리봉은 두번째 책에서 아니 에르노의 작품들을 분석하고 있다.

회사'를 연결시키고 있는 이 책이야말로 사회인간학적 분석의 적합성을 잘 보여주는 연구 자료라고 볼 수 있다.[21]

그렇다면 자료의 한계는 없는가? 『침묵으로 지은 집』의 저자는 자기 기억의 한계를 인정한 상태에서 먼 옛날의 시간으로 기억 여행을 떠난다. 저자는 "봉인된 기억 속으로 들어가 〔……〕 아무도 기억하고 싶어 하지 않는 역사의 미로로 들어"서지만 "절제切除된 기억, 칼로 오려내듯 잘려나가버린 기억은 이 기억 여행에서도 빠졌을 것"이라고 기억의 한계를 인정한다.[22] 기억은 언제나 선택적이고 우리가 기억하고 싶지 않은 기억들은 깊고 깊은 무의식의 심연 속에 응고된 형태로 가라앉아 있어 의식의 표면으로 떠오르지 않기 때문이다. 게다가 기억의 주체인 개인의 통찰력과 감수성, 분석 능력과 종합 능력에 따라 지나간 사건에 대한 기억의 내용은 달라질 수 있다. 저자가 말하는 기억의 한계는 사회인간학적 개입, 개인적 면담이나 집단상담, 정신분석 등의 과정을 통해 보완되거나 새롭게 해석될 수 있을 것이고 그럴 때 좀더 깊이 있는 사회인간학적 분석이 가능할 것이다. 그럼에도 불구하고 소설의 내용을 자료로 하여 사회인간학적 분석을 시도할 수 있다. 『침묵으로 지은 집』은 개인사-가족사-사회사를 4대에 걸쳐 전개하고 있어서 사회인간학적 독서와 분석의 귀한 대상이다.

소설 속에서 전개되는 이야기의 중심에는 한국전쟁 중에 사라진 아버지가 있다. 저자는 월북인지, 납북인지, 실종인지 모르지만 6·25 때

---

21) 조은은 "사적 경험의 공적 기술의 전통이 약한 사회에서 개인적 기억의 파일을 푸는 일을 어떻게 할 것인가를 고민하다가 『침묵으로 지은 집』이라는 소설을 낸 것이다"라고 밝혔다(조은, 「침묵에 말 걸기—여성의 전쟁 경험 이야기 쓰기」, 김우창 엮음, 『평화를 위한 글쓰기』, p. 433).
22) 조은, 『침묵으로 지은 집』, pp. 7~8.

사라진 그 아버지에 대해서 오랫동안 밖으로 내놓고 말할 수 없었다.[23] 그런데 사회주의권이 붕괴하고 남북 관계에 변화가 일어나고 6·25전쟁이 발발한 지 반세기 이상이 지나면서 그 이야기를 할 수 있는 사회적 분위기가 조성되었다. '역사 바로 세우기'가 정부의 정책 과제가 되면서 20세기의 역사가 진행되는 과정에서 비명에 죽거나 억울하게 피해를 본 사람들에 대한 이야기가 입밖으로 나오기 시작했다.[24] 일제 시대의 독립운동, 제주도 4·3항쟁, 여순반란, 한국전쟁, 군사정권 시절, 광주항쟁 당시 부당하게 죽은 사람들에 대한 조사와 연구가 시작되고 '과거사 청산'이란 말이 나돌기 시작했다. 그런 분위기에서 저자의 뇌리에 억압되어 있던 기억이 "어디에 숨어 있다가 날아오듯이 몰려왔다." 그래서 저자는 오십대에 도달하면서 '침묵의 단단한 껍질'을 깨고 흘러나오는 이야기를 쓰기 시작했다. 확인되지 않은 아버지의 죽음과 동거해온 유

---

23) 이 작품은 자전적 성격의 글이므로 저자와 화자가 중복되는 면이 있지만, 소설의 형식을 취하고 있으므로 저자와 화자를 구별해서 보아야 한다.

24) 2000년대 들어서 여러 사람들이 잊혀진 기억을 이야기하기 시작했다. 작고한 건축가 정기용은 어린 시절 살던 서울 중구 신당동의 한옥집을 기억하며 사라진 아버지를 이렇게 떠올렸다. "내가 다섯 살 때, 6·25전쟁이 나고 한 달이 채 지나기 전에 아버지께서 인민군들에게 붙잡혀간 후 아직껏 돌아오시지 않고, 대문의 두툼한 빗장은 이제 열어드릴 수도 없게 사라져버렸다. 아버지께서 다시 돌아올 집이 사라진 것처럼 내 어린 시절의 집 또한 사라져버렸다"(정기용, 『서울 이야기』, 현실문화, 2008, p. 32). 연세대 경영학과 교수로 조직행동론을 연구하다가 혁명적 사회주의자가 된 오세철은 『다시 혁명을 말한다』(빛나는 전망, 2009, p. 6) 서문에서 "공개적이고 대중적인 사회주의운동을 전개하는 거스를 수 없는 역사적 흐름에 발맞추어 나의 삶과 나의 입장을 숨김없이 그려내는 일은 혁명적 마르크스주의자가 해야 할 최소한의 임무라고 생각한다"면서 한국전쟁 당시 돌아가신 어머니 이야기를 하고 있다. 어머니 박노경은 한국전쟁 당시 이화여대 교수였고 '여인소극장' 대표로서 진보적 연극운동의 지도자였다. 어머니의 죽음은 미스터리로 남아 있다. 당시 살던 집이 있던 서울 서대문구 북아현동 산머리에서 교전 중에 날아온 유탄에 맞아 사망했다는 설과 월북설, 강제 납북설 등이 있었는데 미국에서 의사를 하는 이종사촌 누나의 증언에 따르면 어머니가 남로당원으로 활동하다가 9·28수복 당시 국군에 의해 사망했다고 한다. 정기용과 오세철의 사례 역시 '사회인간학적 분석'의 중요한 대상이 될 수 있을 것이다.

예된 삶을 기록하기 시작했다. "침묵의 틈새로 비주룩이 새어나오는 구겨진 기억들"을, "침묵의 벽에 갇힌 가족사"의 토막 난 조각들을 맞추어 보는 작업이 시작되었다

구한말 개화기, 일제 시대, 해방, 한국전쟁, 4·19와 5·16, 박정희 치하의 독재와 경제성장, 1970년대의 민주화운동과 5·18 광주항쟁, 1980년대의 학생운동과 노동운동, 민주화와 경제 위기, 시민운동, 정보사회의 도래와 세계화라는 지난 한 세기 이상에 걸쳐 압축적으로 진행된 한국 근현대사는 한국의 모든 가족의 역사에 이런저런 방식으로 명암을 드리우고 있다. 그러기에 한국 사회를 살아가는 한 개인의 삶을 제대로 이해하기 위해서는 우선 그 개인의 삶을 가족의 삶 속에 넣어서 해석해보아야 하고 그다음으로 그가 속한 가족의 역사를 한국사의 흐름 속에 넣어 설명할 수 있어야 한다. 한 개인의 삶의 역사 속에는 '개인사-가족사-사회사'가 중첩되어 있기 때문이다. 그런데 현실을 살아가는 보통 사람들은 개인사와 가족사를 사회사의 맥락 속에 집어넣어 이해하는 방식에 익숙하지 않다. 이를테면 1980년대 말 1990년대 초 충청도 어느 '빨갱이 마을'을 연구한 윤택림의 다음과 같은 관찰 기록이 그런 현실을 잘 보여준다. "그들은 한국 근현대사를 '가족이 먹고사는 생존 전략' 수준에서 이해했고 현재의 '경제지상주의'라는 잣대에 의해서 자신들의 삶을 해석하고 있었다. 그래서 한국 근현대사의 주요한 사건들의 의미란 그들 가족들의 삶에 있어서 가족의 해체나 생존의 위기와 관련하지 않는 한 큰 의미가 되지 못하고 있었다."[25]

그러나 위에서 누차 말했듯이 사회인간학은 개인사와 가족사를 전체

---

25) 윤택림, 같은 책, p. 220.

사회사 속에 넣어 개인과 가족의 삶이 갖는 숨겨진 의미를 찾고 새로운 의미를 재구성한다. 개인사를 가족사와 사회사 속에 넣어 삶의 풍부한 의미를 재구성하는 일은 사회인간학의 과제다. 『침묵으로 지은 집』에는 개인사와 가족사 그리고 한국 사회 전체의 역사가 씨줄과 날줄로 엮여 있다. 그 속에는 가족이 뿌리내린 지역의 역사, 일제 시대에서 오늘날에 이르는 사회문화적 변동이 그려진다. 반상의식의 잔존, 전통과 근대의 착종(종과 첩의 존재, 이혼의 금기시, 가부장제, 남아선호), 전쟁과 분단, 산업화, 민주화운동 시절에서 오늘에 이르는 한국 사회가 역사적 배경으로 설정되고 한 가족의 역사가 구체적으로 전개되고 있다. 화자의 가족사는 일제 시대에 시작하여 최근의 한국 사회에까지 이어진다. 아버지의 '행불'을 중심으로 한 이야기는 1950년 6·25 발발에서 시작하여 1951년 9·28 서울수복, 1952년 1·4후퇴를 거쳐 1953년 7·27 휴전협정으로 이어지는 한국전쟁과 맞물려 있다.

가계도 그리기

한 개인의 삶을 이해하기 위해서는 최소한 그 사람의 부모 대와 조부모 대를 포함하는 최소한 3대 이상의 가족사를 살펴볼 필요가 있다. 개인은 대를 이어 전달되는 유형무형의 유산을 전수받아 자신의 삶을 만들고 다시 그것을 다음 세대에 알게 모르게 전달하기 때문이다. 가족사 연구는 대를 이어 진행되는 가족의 역사를 통해 개인, 가족, 사회 사이의 역동적 관계를 이어볼 때 그 빛을 발한다. 가족은 거시적 사회구조를 반영하는 거울이며 사회구조와 개인 행위를 연결하는 교량 역할을 한다. 그래서 가족을 따로 떼어 연구할 것이 아니라 개인과 사회를 잇는 중간의 연결 지점으로 연구해야 한다. 극심한 정치적, 경제적, 사회적, 문화적 변동을 거쳐온 한국 근현대사는 한국 가족들의 삶에 뚜렷한 흔적을 남겼다. 한국의 가족사를 깊이 들여다보면 어떤 가족의 이야기든 간에 가족 구성원들이 한국 근현대사의 굴곡과 파장 속에서 만난 수많은 어려움들을 어떻게 수용하고 대처했는가를 보여준다. 특히 일제 식민지배와 한국전쟁이 낳은 분단의 현실은 한국 가족의 삶에 깊이 각인되어 있다. 『침묵으로 지은 집』 속의 가족사는 그런 한국의 근현대사 속에서 진행된다.

모든 가족사 연구는 누가 누구를 낳고 또 누가 누구와 결혼하여 누구누구를 낳았는가를 나뭇가지가 퍼져나가는 형태로 그려보는 일로 시작한다. 그리고 거기에 삶의 이야기가 얽혀 들어간다. 소설 속 화자를 중심으로 등장하는 주요 인물들의 3세대 가계도의 얼개를 그려보면 다음과 같다.

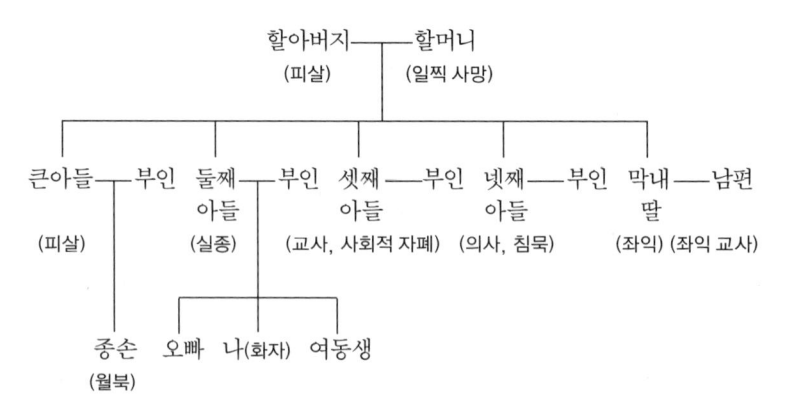

『침묵으로 지은 집』 가계도 1

소설 속 화자의 할아버지는 오랜 양반 가문의 유학자로서 마을 사람들 누구에게나 존경을 받는 인품이 높은 지주였다. 슬하에 아들 넷, 딸 넷 이렇게 8남매를 두었다. 그런 할아버지의 할머니에 대한 애정은 각별했다. 할머니가 일찍 세상을 뜨자 할아버지는 매일 할머니를 생각하는 시조를 한 편씩 지어서 읊을 정도였다. 큰아들이 장성하자 할아버지는 본가를 큰아들 내외에게 물려주고 나와 따로 살면서 집안 소유의 산에서 나오는 나무로 제재소를 운영했다. 그런데 6·25전쟁이 터지면서 집안 전체에 급격한 반전이 일어난다. 집안의 주축을 이루던 할아버지와 큰아버지가 인공 치하에서 좌익 편에 섰다가 수복 직후 경찰 수색대에 의해 총살되는 사건이 일어났다. 종손인 큰아버지의 큰아들은 6·25 발발 직전에 월북했다. 화자의 아버지인 이 집안의 둘째아들은 6·25 때 실종되어 지난 50년 동안 그 행적을 모르는 상태에 있다. 그러니까 할아버지와 큰아버지는 총살당하고 종손은 의과대학 재학 중 월북하고 둘째아들은 실종이 되었으니, 화자의 아버지 대에서 집안의 남자라고는 셋째아들과 넷째아들만 남았다. 그 두 명의 숙부도 수복 후에는 전쟁 중에 좌익에 부역했다는 혐의로 고문을 당하고 여러 모로 어려운 삶을 살았다. 셋째숙부는 전쟁의 충격에서 벗어나지 못해 거의 사회적 자폐 상태로 지냈고 넷째숙부는 전시에 인민병원을 운영한 경력 때문에 법적으로 거의 금치산자에 가까운 삶을 살았다. 막내고모와 고숙도 '빨갱이'였다. 막내고모는 "해방 공간에서 담요를 싸들고 산에서 내려오고는 했다." 고숙은 일제 때 집에 자가용 벤츠가 있을 정도로 소문난 대지주였는데 6·25전쟁이 터지기 전 해방 공간에서 이미 좌익 교사로 널리 이름이 나 있었다. 이승만 정부가 토지개혁을 실시했을 때는 다행히 큰집에 은행에 다니는 사위와 공무원 사위가 있어서 집안의 재산을 적절하게 처분하는 일에 도움을 주었다. 1965년경에야 비로소 비운에 돌아가신 할아버지 산소를 다시 쓰고 비석을 제대로 세울 수 있었다.

사라진 아버지

소설 속 화자의 아버지는 1910년, 전남 영광에 뿌리내린 대지주 집안의 둘째아들로 태어났다. 그곳에서 보통학교를 다녔고 그 후 서울로 유학하여 중앙고보를 졸업하고 연희전문에 입학했다. 그 뒤 어떤 이유에선지 신경쇠약을 앓다가 일제 말기 학교를 그만두고 나와서 군청에 공무원으로 취직했다. 결혼해서 딸 하나를 두었으나 곧 부인과 사별한 이후 1944년 화자의 어머니와 재혼했다. 그때 어머니 나이 열아홉이었다(그러니까 어머니는 1925년생이다). 아버지는 어릴 때부터 여러 모로 특별한 능력을 보여서 동네 사람들은 조씨 집안의 "네 아들 중 둘째가 가장 큰 인물이 될 것"이라고 예언하곤 했다. 1945년 해방이 되면서 아버지는 목포시의 부시장이 되었다. 좌익 성향이던 목포 시장이 1948년 건국 직후에 이루어진 전남 도지사 선거에 출마했을 때 아버지는 선거전에서 그를 적극 지지했다. 그러나 결과는 낙선이었다(그 후 그 목포 시장은 인공 치하에서 전남 도위원장을 맡았기 때문에 수복 후 총살을 당했고 이화여대를 나온 그의 부인은 아이들을 데리고 군산에서 다방 마담을 하며 어렵게 살게 되었다). 선거 패배 이후 아버지는 목포시 부시장직을 사퇴하고 서울시 별정직 공무원이 되었다. 1949년 12월 아버지는 가족을 이끌고 고향을 떠나 의정부에 큰 저택을 사서 이사했다. 그곳에서 기차를 이용하여 서울로 출퇴근을 했다. 다음 해에 6·25전쟁이 터졌다. 인공치하에서 화자의 가족이 살던 의정부 집에는 '반동분자의 집'이라는 딱지가 붙었다. 인민군이 진주하면서 화자의 아버지처럼 대한민국 정부에서 공무원으로 일한 사람은 모두 반동분자로 취급되었다. 거기다가 아버지가 지주 집안의 아들이라는 것은 온 동네가 알고 있었다. 상황이 어렵게 돌아갔다. 아버지는 전쟁이 난 후 인공 치하에서 피난을 가지 못하고 서울 시청에서 열흘 정도 부역하다가 어느 날 갑자기 행방불명되었다. "9·28수복 직후 종로경찰서에서 사람들이 와서 아버지를 데리고 갔는데 그 뒤로 소식이 끊겼다." 어머니는 아버지를 찾아 곳곳을 수소문하고 다니다가 아버지가 15년 징역형을 받고 서대문형무소에 수감되었다는 사실을 알게 되었다. 그런데 이상한 일이었다. 어머니가 경찰서와 형무소를 찾아다니며 온갖 서류를 다 뒤졌지만 아버지는 수감자 명단에도 없었고 출감자 기록에도 나오지 않았다. 그러니까 논리상으로는 구형을 받고 수감되는 과정에서 어디로 사라진 것이다. 종적이 묘연했다. 그리고 50년이라는 긴 세월이 흘렀다. 그 오랜 세월 동안 어머니가 떠올리는 아버지의 모습은 때에 따라 달라졌다. 어머니의 마음속에 아버지는 "청렴결백한 관리"였다가 "지주 아들로 소갈머리 없는 남자"가 되기도 했고 "시국을 잘못 만나 뜻을 못 펼친 운 없는 남자"와 "시국 판단도 못하고 처자식을 고생시킨 철없는 남자" 사이를 오갔다. 시국이 얼어붙고 반공 열풍이 불어닥칠 때면 아버지는 철없는 남자가 되었고 그런대로 시국이 냉정을 되찾으면 '뜻을 못 펼친 운 없는 남자'로 복원되곤 했다.

좌익 아버지들

우리 사회에는 알게 모르게 월북한 아버지를 둔 사람들의 이야기가 입에서 입으로 돌아다녔다. 널리 알려진 사람들만 하더라도 작가 이문열, 이문구, 김원일, 김성동, 국문학자 김열규 등의 부친이 모든 월북한 사람들이다.[26] 해방 공간과 6·25전쟁 당시 좌익활동을 하다가 남한에 남아 아무런 경력을 쌓지 못하고 은둔생활을 한 사람들도 많다. "이른바 좌익으로 찍혀 사회적 활동을 못하는 아버지들"이다. 『침묵으로 지은 집』에는 그런 아버지들이 줄지어 나온다. 그들은 대체로 남보다 공부를 많이 한 인텔리들이었지만 6·25전쟁 이후 정상적인 직업활동을 하지 못하고 고등룸펜이 되었다. 그런 집안은 모두 아버지 대신 어머니가 생계를 꾸려나갔다. 책 속에서 화자의 중학교 때 친구였던 영신의 아버지도 광업전문대학을 나왔지만 해방 이후 광산 노조에 관여한 전력으로 인해 좌익으로 찍힌 인텔리였다. 그 집은 비록 초가집이지만 집 안에 서재가 있었고 거기에는 영어와 일어 책들이 가득했고 살림살이에도 대갓집의 풍모가 그대로 남아 있었다. 영신의 아버지가 좌익으로 찍

---

26) 황석영, 『황석영의 한국 명단편 101』(1~10권, 문학동네, 2015)에 실린 각 작가에 대한 글을 참조할 것. "이문구(1941년생)나 김원일(1942년생)처럼 8~9세의 나이에 아버지와 결별한 작가들은 아버지에 대한 뚜렷한 추억을 지녔고 가난과 고초 속에 혼자 남은 어머니를 내면에서 극복해나가면서 '아이어른 또는 소년가장'이 되어 아버지와 자신을 일체화하고 그를 이해하게 된다." 반면에 김성동(1947년생)이나 이문열(1948년생)같이 3~4세의 나이에 전쟁을 경험한 세대는 어머니가 부여한 아버지의 초상을 통해 아버지를 "관념적으로 희미하게 형상화"하며 "감성적인 편향으로 분리된 채로 애증을 과장하게 된다"(황석영, 같은 책, 6권, p. 316). 1946년생인 조은은 연령을 기준으로 하면 후자에 가깝지만 여성이라는 점이 다르다.

혀 아무 일자리도 얻을 수 없었기 때문에 해남 지주의 딸로 일제 시대 경기여고를 나온 영신의 어머니가 나서서 생계를 꾸려나갔다. 화자의 3학년 2학기 때 담임선생님의 아버지도 월북자였다. 화자 어머니의 친구인 유명순의 남편도 월북자였다. 휴전 협정 직후 박헌영, 임화, 이강국 등과 함께 종파 사건에 연루되어 15년 형 선고를 받았던 윤순달이 바로 유명순의 남편이었다. 화자가 대학교 3학년 때 같은 과 친구 한 명이 군복무 중 납북되었다. 사실은 월북이었다. 그 친구는 제주도 출신이었고 그의 아버지는 월북 지식인으로 김일성대학 교수로 있었다. 대학생 때 함께 모이던 그룹에는 권영길도 끼어 있었다. 그의 아버지는 전쟁 막바지에 빨치산 활동을 하다가 사망했다. 홀어머니를 모시고 살던 그는 서클 친구들이 함께 모이던 건물 주인의 무남독녀와 결혼하고 기자를 거쳐 진보 정치인이 되었다. 화자의 초등학교 3학년 때 담임선생님이었던 신영진 선생의 아버지도 빨치산 활동을 하다가 사망했는데 신영진 선생과 그의 딸은 그 이유 때문에 인생이 온통 망가진다.

『침묵으로 지은 집』에는 위에서 보았듯이 좌익활동 때문에 가족사가 헝클어진 여러 사례들이 등장하는데 그 가족들의 역사는 '개인사–가족사–사회사'로 이어지는 사회인간학적 상상력을 생생하게 발동시킨다. 해방 공간에서 6·25전쟁이 끝날 때까지 좌익으로 활동한 사람들은 어떤 사람들이었으며 그들의 부모형제는 또 어떤 사람들이었으며 이후 그들의 자식은 어떤 삶을 살게 되었는가? 그리고 그들의 손자손녀들에게 그 가족의 역사는 어떤 흔적을 남기고 있는가? 아래에서는 『침묵으로 지은 집』을 사회인간학의 시각에서 읽으면서 이 문제들에 대해 생각해본다.

실종된 아버지가 남긴 가족의 역사

소설 속에서 화자의 친가는 물론 외가도 글을 하는 양반집이었다. 외할아버지는 전남 영암에 뿌리내린 양반가의 둘째아들이었는데 아버지와 형님이 책만 붙잡고 있는 게 무능하고 한심해 보여서 일찍부터 글 근처에도 안 가고 농사일만 하던 분이었다. 외할머니는 서당 훈장의 딸로 호남 경계를 벗어나본 적이 없는데도 호남 사투리가 강하지 않았고 한자어 표현을 꽤 많이 썼다. 외가 동네에는 일제 때 독립운동을 한 사람도 꽤 있고 좌익활동을 한 사람도 많았다. 화자의 어머니는 신식 교육을 받지는 않았지만 현명하고 영특한 여성이었다. 소설 속의 그 어머니는 결혼한 지 칠 년 만에 남편이 행방불명된 이후 아들 하나, 딸 둘을 키우며 수절했다. 자식들 교육에 각별한 신경을 썼으며 기존의 사회적 연결망을 활용하여 집안 문제를 해결해나갔다. 어머니의 꿈은 아들을 링컨처럼, 딸을 퀴리 부인처럼 키우는 것이었다. 그래서 아이들은 어머니가 사다준 『링컨전』이나 『퀴리부인전』 같은 위인전을 비롯해서 『소공자』 『소공녀』 『알프스 소녀』 『거지 왕자』 같은 동화책들을 읽으며 지냈다. 어머니는 아이들에게 좋은 책을 사다주기만 한 것이 아니라, 편법을 쓰면서까지 좋은 학군의 초등학교에 입학시켰고 새로운 학년이 되면 아이들의 담임선생님들을 집으로 초대하여 식사 대접을 하기도 했다. 그건 어머니의 교육열이기도 했지만 양반으로서 지닌 자부심의 표현이기도 했다. 비록 물질적으로 가난했지만 어머니의 정신적 자부심은 사라지지 않고 있었던 것이다. 어머니에게 체화된 양반 문화의 유산은 '문화적 자본'이 되어 다음 세대에 전달되었다. 남편 없이 홀로 어렵게 산

어머니는 다른 한편 딸들의 행복한 결혼에 과도하게 집착했다. 어머니는 자식들이 공부 잘해서 좋은 직장 갖고 좋은 남자와 결혼해서 버젓하게 살기를 간절히 바랐다. 그래서 아버지 집안의 과거 행적으로부터 아이들을 보호하기 위해 아이들의 사상과 교우 관계를 세심하게 통제했다. "어머니는 아이들이 요주의 인물이거나 사상이 온건하지 않은 사람들과 조금이라도 접촉하는 듯싶으면 과민 반응을 보이면서 괜한 잔소리를 하고는 했다."

소설 속에는 실종된 아버지의 아들과 두 딸이 등장한다. 그 가운데 큰딸이 소설 속의 화자이다. 화자는 광주에서 명문 중고등학교를 다녔고 서울대 영문과에 진학한 수재였다. 졸업 후 영자신문사에서 기자로 일하다가 경상도 출신 남자와 결혼했다. 그 후 미국에 유학하여 박사학위를 받고 귀국하여 대학교수가 되었다. 화자는 어머니의 바람대로 별다른 굴곡을 겪지 않고 안정된 삶을 살았다. 화자는 "27년 만에 만난 초등학교 3학년 시절 담임선생님과 이야기를 나누면서 "나의 인생이 매우 평탄했음을 알 수 있었다"라고 자신의 인생을 회고한다.

화자의 오빠는 어릴 때 골목대장이었다. 중학생 때 선거 포스터를 훼손했다는 이유로 소년원에 들어갔다 나온 이후 '나쁜 길'로 들어선 오빠는 그리 순조롭지 못한 인생을 살았다. 5·16 때 깡패 소탕전이 벌어졌을 때 길거리에서 조사를 받다가 별다른 이유도 없이 그 자리에서 잡혀가기도 했다. 고등학생 때 오빠가 학교에서 제적을 당하자 어머니는 오빠를 시골 고등학교로 전학시켜 겨우 졸업시켰다. 오빠는 나이 사십 가까이 되어서야 가까스로 사업에 성공했지만 대형 교통사고를 당해 실명의 위기를 겨우 넘겼다. 화자의 동생은 서울 강남의 아파트에서 안정된 생활을 하는 것으로 묘사되고 있는데 더 이상 자세한 이야기는 나오지 않는다. 그렇다면 6·25전쟁 당시의 좌우 이념 대립 속에서 총살당한 할아버지와 큰아버지의 죽음, 그리고 전쟁이 터지고 행방불명된 아버지의 부재는 다음 세대의 구성원들에게 어떤 영향을 미쳤을까?

요란한 하강, 조용한 상승

『침묵으로 지은 집』을 프랑스의 사회학자 피에르 부르디외가 만든 '문화자본'이라는 프리즘을 통해 읽을 수 있다.[27] 문화자본은 가정 교육과 학교 교육을 통해 체득한 인지적 자원과 미학적 감수성의 차원을 포함하여 한 사회의 정통 문화, 지배 문화를 체화하여 현시할 수 있는 능력을 말한다. 한국 사회에서 지배 문화는 유교적 양반 문화에서 서구적 부르주아 문화로 패러다임 이동을 겪었다고 할 수 있다. 지배 계급은 경제적 자본과 함께 문화적 자본을 소유함으로써 자신들의 지배를 정당화한다. 경제적 자본, 문화적 자본과 더불어 사회적 네트워크라고도 부를 수 있는 사회자본은 지배 계급이 사회에서 지배적 위치를 재생산하는 데 활용된다. 『침묵으로 지은 집』에 나오는 조씨 가문은 십대 이상 영광에서 살아온 대지주 집안으로 할아버지 대는 양반 선비였고 일제 시대를 겪으면 아들 세대는 서울에 유학하여 근대적 신식 교육을 받은 세대이다. 이 소설은 그런 집안의 역사가 해방 이후 한반도의 이념 대립 속에서 어떤 변화를 겪게 되는가를 생생하게 보여주고 있다. 이 소설은

---

27) 조은은 『침묵으로 지은 집』 발간 이후 『문화와 사회』(2010)에 「부르디외를 빌려도 될까요? ─월남가족과 월북가족의 계급재생산에서 문화자본 읽기」라는 논문을 발표하기도 했다.

남한의 반공분단 체제에서 한때 좌익의 입장에 섰다가 경제적으로 사회적으로 몰락한 집안도 어떤 과정을 거쳐 다시 일어설 수 있음을 보여준다.[28] 거기에 문화자본이 중요한 역할을 한다.

화자의 가문이 뿌리내린 영광은 해방 이후 호남에서 좌우 대립이 가장 극심했던 지역 중의 하나다. 그곳에는 상당한 규모의 전답을 소유한 지주들이 적잖았고 개명한 지주들은 일찍부터 자녀들을 서울로 유학보낼 만큼 교육열이 높았다. 해방 공간에서는 좌익 지식인들이 많아서 건국준비위원회가 가장 빨리 만들어졌던 곳이기도 하다. 조씨 가문은 경제자본과 동시에 문화자본과 사회자본을 소유하고 있던 영광의 유지 집안이었다. 6대 독자였던 할아버지는 천석지기 규모의 지주였다. 빨래를 하는 날이면 동네 빨래터의 산이 온통 조씨 집안 빨래로 덮일 정도로 번창한 집안이었다. 할아버지는 한학에 밝은 유학자였지만 갑오경장 이후 집안의 노비문서를 즉각 불태워버릴 만큼 일찍 개화한 사람이었다. 서울로 유학을 가서 배재학당을 다녔던 할아버지는 일제 시기에는 상해 임시정부에 지속적으로 군자금을 보내기도 했다. 일제 말기에는 윗대의 조상들이 남긴 문집들 가운데 10분의 1 정도를 취사선택하고 거기에 당신의 편집후기를 덧붙여 『하성세고』라는 제목의 문집을 펴냈는데 그중 한 권이 어떤 경로를 거쳐 하버드 대학교 옌칭도서관에 소장되어 있다. 그 책의 표지에는 1941년에 찍은 가족사진이 나온다. 남자 14명, 여자 22명으로 이루어진 대가족의 모습이다. 아들보다 딸이 훨씬

---

28) 러시아혁명 이후 숙청된 집안의 한 자손이 다시 교육을 통해 소련 사회의 상층부로 진입하는 데 문화자본이 중요했음을 밝힌 Daniel Bertaux, "Les transmissions en situation extrême—Familles expropriées par la révolution d'Octobre," *Communications*, no, 59, 1994, pp. 73~99 참조.

많은 집이다. 사진의 한가운데에는 월북한 큰집의 종손이 딱 버티고 앉아 있다. 집 안의 사랑채에는 한서가 가득 차 있었지만 6·25 때 인민군들에 의해 불타버리고 휑한 빈터만 남아 있다. 중요한 장서는 항아리에 넣어 집 근처 어딘가에 묻었다고 하나 전후에 그 누구도 파낼 생각을 하지 않았다.

조씨 집안은 화자의 전 세대에서 다음 세대에 이르기까지 모두 높은 교육 수준을 유지하고 있다. 전 세대에는 일제 시대에 전문학교를 나온 남자 친척들 이야기와 지방의 명문 여고나 서울의 경기여, 이화여대를 나온 여자 친척들 이야기가 나오고, 다음 세대에 와서는 명문대 출신의 조카들, 미국에 유학 중인 조카들, KS마크의 조카사위 등이 등장한다. 6·25 때 실종된 아버지는 특히나 문화자본이 많은 분이었다. 아버지는 상당한 장서가로 봉급만 받으면 책부터 사들고 왔을 정도로 애서가였다. 집에는 호남을 대표하는 화가 남농의 산수화를 비롯하여 대원군이 친 난 그림으로 만든 여덟 폭짜리 병풍도 있었고 김정희의 서예 작품으로 만든 열두 폭짜리 병풍도 있었다. 그뿐만 아니라 싱거 재봉틀 등 그 당시로서는 진귀한 근대적 물건들이 많아서 동네 사람들이 구경하러 올 정도였다.[29]

소설 속에는 조씨 집안의 문화적 자본만이 아니라 사회적 자본을 드러내는 이야기도 나온다. 신익희의 본처, 장덕수의 조카, 1980년대 국방위 소속 국회위원 등 정치 엘리트들과 연관된 인물들이 나오고 시인 김현승, 시조작가 가람 이병기, 화백 오지호 등 문화계 인물들도 등장

---

29) 집 안의 가구와 골동품, 미술작품들의 배치는 소속 계급의 문화자본과 아비투스를 드러낸다. Pierre Bourdieu, *La Distinction — Critique sociale du jugement*(Paris: Minuit, 1979, pp. 302~303)에 나오는 집 안의 응접실 사진을 참조할 것.

한다. 월북 시조시인 조운은 할아버지의 친구였고 목포 출신의 소설가 박화성은 아버지가 보통학교 2학년 때 담임선생님이었다. 고숙의 백모는 육당 최남선의 누이였고 광주 운동권의 대모 격인 조아라와 사회적 연결망을 가지고 있었다. 이렇듯 화자의 가문은 경제적 자본, 문화적 자본, 사회적 자본을 겸비한 엘리트층이었다. 그러나 해방 이후 "소문난 빨갱이 집안"으로 6·25 때 "머리 잘못 써서 망한 집안"이 되었다. 이런 집안이 전쟁이 끝난 이후 반세기 동안 어떤 변화를 겪었는가가 이 소설의 이야기다.

사회 이동social mobility이라는 관점에서 보자면 이 소설은 한국전쟁 때 좌익의 편을 들었다가 전쟁 이후 경제적으로 몰락하고 정신적으로 힘든 세월을 살지만 대대로 누적된 사회문화적 자본을 바탕으로 다시 상향 계층 이동을 하는 이야기로 읽힌다.[30] 대대로 뼈대 있는 양반 집안, 천석지기 지주였지만 독립운동 자금을 지원했고 노비문서를 불태워버린 개명한 집안이며 학문, 문학, 예술에 조예가 있는 '글집' 출신이라는 자부심, 할아버지의 유명한 문인들과의 교유, 조상들의 문집을 정리한 책이 하버드 옌칭도서관에 보관되어 있다는 사실, 아버지 서재를 채웠던 엄청난 장서, 화자 자신이 중학교 때 전국 수학능력시험에서 일등을 할 정도로 뛰어나게 공부를 잘했고 미국에서 박사학위를 받았다는 사실, 미국 대학에 유학 중인 친척 조카들도 많다는 점 등이 모두 화자

---

30) 조은은 월남가족과 월북가족을 비교하면서 북한에서 내려온 월남가족들은 학력자본을 포함한 문화자본이 쉽게 경제자본과 사회자본으로 전환되지만, 아버지 등이 월북한 가족의 경우에는 자녀들의 학력자본이 반공 이데올로기, 연좌제 등 배제의 기제가 작동함에 따라 다른 자본으로 쉽사리 전환되지 못한다는 점을 사례 연구를 통해 밝혔다. 따라서 소설 속의 사례는 매우 예외적인 경우로 보아야 한다(조은, 「부르디외를 빌려도 될까요?—월남가족과 월북가족의 계급재생산에서 문화자본 읽기」, pp. 96~97).

가 자부심을 느끼는 근거로 작용한다. 그런 문화적 자본은 화자의 집안이 좌익의 편에 섰다가 일거에 쇠퇴했지만 그 집안의 후손들이 조용히 다시 일어나 지배층으로 진입할 수 있는 중요한 자원으로 작용했다. 화자의 어린 시절 친구들도 한국의 지배층에 속한다. 김대중 대통령 시절 부시가 방한을 마치고 서울을 떠난 날 화자의 초등학교 친구 넷이 모였다. 남편이 검찰총수에서 물러난 친구를 위로하는 점심 모임이었다. 한 친구의 남편은 서울에서 가장 큰 학원의 원장이고, 다른 친구의 남편은 무슨 증권회사의 사장이었다가 지금은 대기업의 고문이다. 가장 친한 친구 진희는 의과 대학을 졸업하고 공무원과 결혼했고 지금은 서울 강남에서 산부인과 클리닉 원장을 하고 있다.

한국에서 결혼식과 장례식은 한 사람의 사회적 자본을 측정할 수 있는 좋은 기회다. 소설 속에는 고등학교 때 친했던 친구의 맏딸 결혼식이나 막내 고숙 장례식 장면이 나온다. 이들의 결혼식과 장례식은 한때 번성했던 집안이 몰락했다가 다시 한국의 상류층으로 진입한 모습을 보여준다.[31] 화자 가족은 6·25전쟁 당시 '반동분자의 집'이라는 딱지가 붙었던 의정부의 큰집에 살다가 거의 빈털터리가 되어 의정부를 떠났다. 그러나 전 세대로부터 물려받은 문화자본과 교육자본을 바탕으로 다음 세대에 다시 사회적 상승 이동을 경험하게 된다. 그것은 '빨갱이 집안'이라는 견디기 힘든 낙인에도 불구하고 문화-사회-교육 자본을 바탕으로 다시 사회적 지위를 회복하는 과정이라고 볼 수 있다. 그것은 밟아도 밟히지 않고 다시 일어나는 침묵 속의 저항이었고 분단된 남

---

31) 윤택림이 분석한 유씨 집안의 경우에도 좌익활동을 하다가 사망한 유찬길의 자식들은 다 대학 교육을 받고 사회적으로 안정된 생활을 하고 있다(윤택림, 『인류학자의 과거여행—한 빨갱이 마을의 역사를 찾아서』, p. 217).

한 사회가 좌익 가족에 가한 폭력을 어렵사리 극복하는 과정이었다. 한 때 잘나가다가 몰락하여 남에게 손가락질당하는 것처럼 심한 정신적 고통은 없다. 사람은 누구나 긍정적 자아상을 갖기를 원하고 남에게 인정받고 떳떳하게 살기를 원하기 때문이다. 『침묵으로 지은 집』은 실종된 아버지를 중심으로 하여 월북한 친척이나 친지들, 세브란스 의전 출신 숙부, 좌익활동을 하다가 남한에 잔류한 화자의 친척들이 겪은 '강요된 수치심'을 역전시켜 '내밀한 자부심'으로 재해석하기 위한 글쓰기 작업인지도 모른다.[32]

불행의 세습

역사학자 박찬승은 『마을로 간 한국전쟁』의 서문에 이렇게 썼다. "마을에서 벌어진 좌우익 간의 학살은 불과 두세 달 동안 벌어진 일이었다. 하지만 그때 있었던 일들은 60년이 다 되도록 마을을 붙잡아두고 있다. 이들 마을은 전쟁의 그림자로부터 언제쯤 벗어날 수 있을까. 혹시 그 그림자가 대물림되지는 않을까."[33] 조은의 『침묵으로 지은 집』은 박찬승이 지적했듯이 반세기도 넘은 지난날의 일들이 어떻게 대물림되어 어떤 일들을 일어나게 하는가를 치밀하게 추적하고 있다. 2003년 『침묵

---

32) 이러한 해석이 근거를 갖기 위해서는 좀더 심층적 분석이 필요하다. 이와 관련하여 이청준은 다음과 같이 고백한 바 있다. 글쓰기란 "현실 질서와 싸움에서 패배한 자가 그 패배의 상처로부터 자신을 구해내기 위한 위로와 그를 패배시킨 현실을 자기 이념의 질서로 거꾸로 지배해나가려는 강한 복수심에서 비롯된다(황석영, 「자기 구제로서의 글쓰기」, 『황석영의 한국 명단편 101』 4권, p. 245).
33) 박찬승, 『마을로 간 한국전쟁』, 돌베개, 2010, p. 8.

으로 지은 집』 발표 이후 2008년에 쓴 글에는 이런 구절이 나온다. "월남가족과 월북가족들의 불균형한 기억 만들기가 자녀 세대의 기억의 정치에 어떤 영향을 미칠 것인가? [……] 이는 가족이 한국 사회의 지배 담론의 포획에서 자유롭지 않은 정치사회화의 장임을 확인시켜준다. 가족이 '월남했음' 또는 '월북했음'이 주는 과거 역사의 기억과 이야기가 '지금 이곳'의 다음 세대들에게 어떻게 작동하고 어떤 이념적 지형을 가져올지에 대해 보다 치밀한 읽기와 해석이 요구된다."[34]

억눌리고 왜곡되고 잊혀지고 삭제된 기억들이 사회사와 가족사를 거쳐 한 개인의 삶에 어떻게 작용하는가라는 문제를 『침묵으로 지은 집』에 나타난 사례들을 통해 사회인간학적으로 분석해볼 수 있다. 화자의 사촌인 조명희의 사례는 가족의 역사가 가장 극적으로 영향을 미치는 경우다. 조명희의 3대 가계도는 다음과 같다.

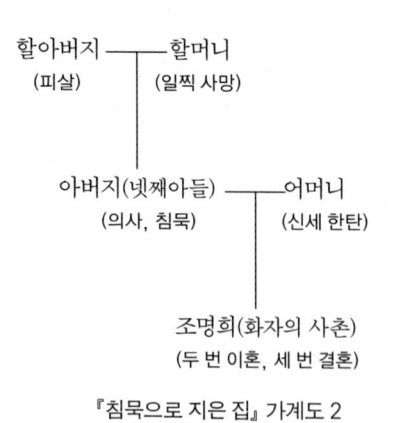

할아버지 ——— 할머니
(피살)　　　(일찍 사망)

아버지(넷째아들) ——— 어머니
(의사, 침묵)　　　(신세 한탄)

조명희(화자의 사촌)
(두 번 이혼, 세 번 결혼)

『침묵으로 지은 집』 가계도 2

---

34) 조은, 「전쟁과 분단의 일상화와 기억의 정치—'월남'가족과 '월북'가족 자녀들의 구술을 중심으로」, 김귀옥 외, 『전쟁의 기억 냉전의 구술』, 선인, 2008, p. 101.

조명희의 할아버지는 6·25 때 좌익으로 분류되어 남한 쪽 경찰에 의해 총살당했다. 아버지는 세브란스 의전 출신으로 좌익 학생회장으로 활동한 바 있다. 인공 시절 고향의 할아버지 집의 사랑채에서 인민병원을 운영했다는 이유로 전쟁이 끝난 후 고문을 받고 평생 침묵으로 일관한 삶을 살았다. 전후 고향 영광을 떠나 서울 중구 신당동에서 간호사도 없이 조그만 개인 병원을 운영하면서 겨우 생계를 유지했다. 명희의 어머니는 경기여고, 이화여대 출신의 부잣집 딸이었는데 대학 시절에는 국문학을 전공하고 한때 소설가를 꿈꾸기도 한 재원이었다. 명희의 어머니는 여고 시절 내내 반장을 했고 명문 여대까지 나온 자기가 사는 꼴이 이게 뭐냐고 항상 신세 한탄을 하며 살았다. 기세당당한 군인한테 시집가서 지프차 타고 거리를 누비는 친구들을 부러워하기도 했다. 훤칠한 키에 약간 구부정한 등, 까다로운 성격, 그리고 조각처럼 잘 깎인 얼굴을 한 명희의 아버지는 체념 속에서 궁상맞은 일상의 삶을 유지했다. 세상이 바뀌면서 과거 좌익활동을 했던 친구들이 빠르게 변신하여 다 한자리를 차지했지만 명희의 아버지는 그런 사람이 못 되었다. 소박한 개업의로 근근이 생계를 꾸려갈 뿐이었다.

이 사례의 주인공 명희는 1950년 6·25가 발발한 지 한 달 만에 출생한 6·25둥이다. 명희는 대학을 졸업하고 중학교 교사생활을 하다가 채 일 년도 안 되어 서둘러 결혼했다. 아버지가 있는 집에서 빨리 도망가고 싶었기 때문이다. 명희가 몇 번의 소개 끝에 비교적 쉽사리 선택한 남편은 월급쟁이여서 매일 출퇴근하고 까다롭지 않은 성격이었다. 데이트할 때 돈도 잘 쓰고 호탕하고 시원시원하고 화끈하고 단순하고 명쾌하고 큰 소리로 웃는 남자였다. 아버지하고는 다른 정도가 아니라 모든 점에서 반대인 남자였다. 신세 한탄을 하면서 살림집에서 병원을 운영하는 남편이 싫어서 "모름지기 남자는 밖으로 돌아다녀야지"라는 말을 입에 달고 살았던 어머니의 꿈을 명희가 실현한 것인지도 모른다. 어머니와 딸의 공모가 아마도 아버지와 정반대의 남자를 선택하게 했을 것이다. 그런데 이게 웬일인가. 일 년도 채 못 되어서 명희의 결혼생활이 파탄이 났다. 결혼 후 남편은 명희에게 습관적으로 폭력을 가했다. 그런 상황을 견딜 수 없어 친정 부모에게 이혼 의사를 내비치면서 명희는 자기 남편에게는 좋은 점이 하나도 없다고 말했다. 그러면서 "우리 아버지는 점잖기라도 하지"라는 말을 덧붙였다.

당시 이혼이라고는 도저히 생각할 수 없는 집안의 분위기를 거슬러 명희는 집안에서 첫번째로 이혼한 여자가 되었다. 아버지는 웬만하면 딸을 이혼시키지 않으려고 버텼다. 딸의 이혼은 집안 전체의 수치였기 때문이다. 그러나 어느 날 밤 명희가 온몸에 퍼렇게 멍이 들어 친정으로 피난 온 것을 보고 아버지는 마음을 바꾸었다. 좀처럼 흥분하지 않던 아버지는 명희의 몸에 난 멍을 보고 나서 몸을 부들부들 떨었다. 그의 눈빛에는 살기 어린 공포의 기운이 감돌기도 했다. 지난날 받았던 고문이 생각났기 때문이다. 그렇게 해서 명희는 첫번째 이혼을 했다.

집안에서는 다들 명희가 재혼을 하지 않고 혼자 조용히 살 줄 알았다. 집안에는 남편이 비운에 죽거나 월북하거나 실종되어 혼자 남은 여자들 가운데 그 누구도 재혼한 사람이 없었다. 그러나 명희는 이혼한 지 삼 년 만에 아들 하나 딸린 서른 살 이혼남과 재혼했다. 명희의 두번째 남편은 경기고와 서울대를 나와서 잘나가는 대기업에 다니고 있었다. 그러나 명희는 두번째 남편과도 이혼을 하고 말았다. 남편은 홀어머니의 외아들이었고 시어머니는 그 아들 하나를 바라보고 평생을 혼자 산 사람이었다. 결혼 후 명희는 시어머니와 남편이 지나치게 가깝다고 생각했지만 그런 대로 참으면서 일 년을 보냈다. 그러나 점점 남편이 시어머니와 너무 가깝다는 데 신경이 쓰이기 시작했다. 시어머니는 아무리 아들이지만 곧잘 속옷 차림으로 아들을 맞았다. 모자가 근친상간의 관계이지 않나 의심스러웠다. 남편과 시어머니는 불과 열일곱 살 차이였다. 처음에는 자신이 노이로제가 아닐까 하는 생각이 들어 정신과에 가 볼 생각까지 했다. 그러다가 남편이 전 부인과 그런 문제로 이혼한 사실을 알게 되었다. 명희는 재혼 삼 년 만에 뱃속에 있던 아이를 인공유산시키고 이혼하지 않을 수 없었다. 명희가 두번째로 이혼한 후 일 년 만에 명희의 아버지는 간암 진단을 받았다. 그리고 3년이라는 투병 기간을 끝내고 세상을 떴다. 주변 사람들은 그가 간암으로 죽은 까닭을 세상을 살면서 너무나 애간장을 태워서일 거라고 말했다. 아버지 장례식에 왔던 아버지의 친구 한 사람이 명희의 재혼 자리를 주선했다. 나이 마흔에 명희는 세번째 시집을 갔다. 상대는 아버지보다 두 살이나 많은 일흔 살 먹은 노인 의사였다. 명희는 아들을 낳았고 더 이상 이혼했다는 말은 들려오지 않았다.

위에 요약한 사례의 분석으로 들어가자. 명희는 좌익 집안의 침침한 분위기를 벗어나기 위해 아버지와 반대되는 남자를 찾았지만 두 번의 실패 끝에 결국은 아버지와 비슷한 남자를 만나 세번째로 결혼하여 평온한 삶에 안착한다. 명희가 젊어서는 그토록 싫어하던 아버지 같은 유형의 사람과 안식을 누리며 살게 된 이유는 무엇일까? 명희의 배우자 선택에는 사회적-가족적-개인적 요소가 복합적으로 작용한다. 반공이 국시로 된 사회에서 명희는 자기도 모른 채 좌익 집안을 빨리 떠나고 싶다는 마음을 갖게 되었을 것이다. 아버지의 침묵과 어머니의 신세 한탄은 빨갱이 집안이라는 '강요된 수치심'이 사라지지 않고 계속 작동하고 있는 상태를 뜻한다. 그랬기 때문에 딸에게는 자기가 직접 관련되지 않은 집안의 수치심으로부터 가능한 빨리 그리고 멀리 벗어나려는 심리가 작용했을 것이다. 그래서 자기와 어울리는 남자가 어떤 남자인지를 생각하기보다는 일단 아버지와 반대되는 남자를 찾았다. 그러나 딸에게 아버지는 세상에서 만난 첫번째 남자다. 명희의 마음속에는 아버지를 싫어하면서도 안타깝게 사랑하는 마음이 숨어 있었다. 명희가 두 번씩이나 결혼에서 실패한 이유는 우리 사회가 강요한 억압된 수치심이 자리하고 있다. 그녀의 불행은 '강요된 수치심'의 우회적 결과였다. 명희는 세번째 남편에게서 아버지의 모습을 발견했다. 세번째 결혼생활을 하면서 명희는 '강요된 수치심'을 치유한 것일까? 우리 사회에는 아직도 반공이라는 분위기가 지배적이고 '빨갱이'라는 말은 공포를 불러일으킨다. 그런 상황에서 강요된 수치심을 극복하고 정신적으로 건강하게 살아갈 수 있는 방법은 무엇인가? 명희가 그 문제를 해결하지 못한 상태에 있다면 명희의 자식들에게 그 문제는 또 어떻게 나타날 것인가?

불행한 사건의 재발

아래에서는 총살당한 할아버지로부터 4세대를 내려간 증손녀들의 사례를 다룬다. 이 집안의 이야기야말로 한국 현대사의 진행 속에서 가족사 전체가 극적인 사건들로 가득 차 있다. 사례가 된 가족의 대략의 가계도는 다음과 같다.

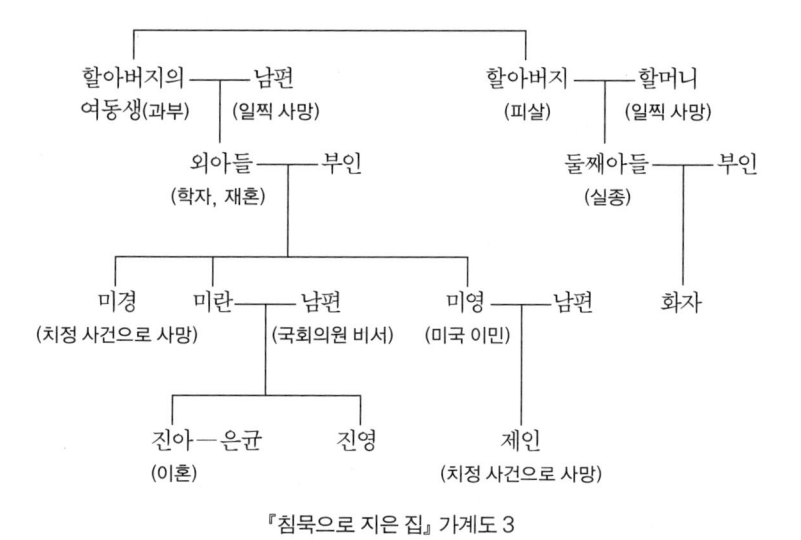

『침묵으로 지은 집』가계도 3

　화자의 조카 진아는 미국에 유학하여 한 대학에서 인류학 박사학위 논문을 쓰고 있다. 진아의 집안에는 이모의 유명한 연애 사건 이야기가 은밀하게 전해 내려온다. 진아의 할머니는 일찍 과부가 되어 아들 하나를 데리고 친정을 의지하고 살았다. 조용한 풍모의 선비였던 그 아들에게는 딸이 셋 있었다. 미경, 미란, 미영이다. 할머니는 큰 키에 호리호리하고 피부는 희고 눈이 큰 분이었는데 세 명의 손녀 중 미경이가 할머니를 제일 많이 닮았다고들 했다. 실제로 미경은 누가 보아도 빼어난 미인이었다. 미경의 아버지는 지주였기에 인공 시절 인민재판에 회부되었지만 일제 때 독립운동을 하다가 옥살이를 한 적도 있고 동네 사람들에게 인심을 잃지 않아서 겨우 목숨을 건졌다. 남한 경찰이 들어온 뒤에 또한 번 죽을 뻔했는데 어찌어찌해서 다시 살아남았다. 이후 그는 학문에 전념하여 광주에서 이름만 대면 알 정도로 유명한 학자가 되었다.

1953년 7월 27일 휴전협정이 막 체결되었을 무렵이었다. 일본 사람들이 개발해놓은 고향 가까이에 위치한 해수욕장에서 젊은 여자가 연인의 총에 맞아 숨진 사건이 발생했다. 그 피해자가 바로 화자의 사촌언니 미경이었다. 미경은 그야말로 '끼'이 철철 넘치는 매력적인 용모의 여자였다. 그래서 남자들에게 엄청나게 인기가 있었다. 미경의 집 대문 앞에 젊은 남자들이 줄을 설 정도였다. 그런 광경을 보다 못한 아버지는 미경이 외출을 못하도록 아예 머리를 박박 밀어버렸다. 그런데도 미경은 머리에 수건을 쓰고 담을 넘어 남자들을 만나러 다녔다. 사건 당일 미경은 해수욕장에서 Y대생 애인과 함께 있었는데 그 광경을 목격한 미경의 다른 애인이 질투심에 불타 두 남녀에게 권총을 발사했던 것이다. 범행을 저지른 청년은 당시 육군사관학교 생도였는데 현장에서 범행 직후 자기 머리에 권총의 방아쇠를 당겨 자살했다. 그 당시는 처녀가 남자와 해수욕장에 갔다는 사실만으로 사람들의 입방아에 오르내리는 때였는데 미경이 삼각관계에 휘말려 권총에 맞아 피를 흘리고 죽었으니 집안 사람들에게는 말할 수 없이 수치스러운 사건이었다. 그 후 누구도 집안에서 이 이야기를 입밖에 꺼내는 사람이 없었다. 말로 할 수 없는 충격적인 사건이라서 침묵의 벽에 갇힌 것이다. 그러나 갇힌 이야기는 유령이 되어 어떻게 해서든지 자신의 모습을 드러낸다.[35] 그렇다면 이 사건은 가족 구성원들에게 어떤 모습으로 다시 나타났을까?

그 사건이 터졌을 때 미경의 동생 미란은 고3이었다. 언니의 끔찍한 사건 이후 미란은 도통 자기 방에서 잘 나오지 않았다. 그 후 미란은 대

---

35) '유령'이란 세상을 떠난 과거의 인물이나 지나간 사건이 지금 여기 다시 출현하여 삶이 제대로 흘러가지 못하게 하는 비존재를 말한다(백상현, 『라캉 미술관의 유령들—그림으로 읽는 욕망의 윤리학』, 책세상, 2014, p. 12 참조).

학에 입학했지만 2학년 초에 학교를 중퇴하고 서둘러 결혼했다. 집안에서는 둘째딸 미란을 적당한 혼처만 나오면 일찌감치 시집보내야 한다고 생각했다. 미란도 숨을 막히게 하는 광주를 빠져나갈 수만 있다면 시집가는 것이 나쁘지 않다고 생각했다. 그래서 중매로 만난 남자와 서둘러 결혼했다. 신랑감은 땅 부자로 소문난 어느 집안의 셋째아들로 명문대 사회학과를 졸업하고 국회의원 비서로 일하고 있었다. 미란은 결혼 후 광주를 떠나 서울 용산구 청파동의 이층집에 신접살림을 차렸다. 얼마 지나지 않아 미란은 결혼생활을 그다지 행복하게 여기지 않게 되었다. 그래도 참고 사는 수밖에 다른 도리가 없었다. 언니의 치정 살해 사건은 이혼이라는 생각을 단호하게 가로막았다. 둘째딸인 자기라도 정상적인 가정생활을 유지해야 한다는 압박감이 작용했을 것이다. 미란은 결혼생활에서 두 살 터울의 딸 둘을 낳았다.

1960년대 초에 태어나 386세대에 속하는 큰딸 진아는 사회 계층이 다른 남자와 결혼했다. 별다른 물질적 어려움 없이 자란 진아와 달리 남편 은균은 달동네의 가난한 집안 출신이다. 두 사람은 1980년대 운동권에서 동지로 만난 모범적인 커플이었다. 당시 이념적으로 급진화된 학생운동권의 분위기에서 부르주아 계급 출신의 진아는 자신의 출신 성분을 부정하고 노동자 계급의 삶에 동참하려고 했다.[36] 진아는 은균과 결혼하면서 부르주아적 안락함과 특권을 다 버렸다. 고급 주택가 이층집을 떠나 달동네 판잣집으로 들어갔다. 여러 모로 어려운 신혼생활에도 불구하고 불평 한번 하지 않았다. 진아는 자기 안에 들어 있는 부르

---

36) 1980년대 학생운동 활동가가 노동현장으로 존재 이동하는 현상을 '이데올로기적 개종'이라는 개념으로 분석하고 있는 정수복, 「지식인의 이데올로기적 개종」, 『의미세계와 사회운동』(민영사, 1994, pp. 39~67)을 볼 것.

주아 근성을 스스로 뿌리 뽑겠다고 다짐했다. 그래서 판자로 칸막이 친 달동네 신혼방에서 스스럼없이 생활하려고 노력했다. 그러나 그럴 수가 없었다. 마음과 달리 몸이 따라주지 않았다. 그런 진아에게 남편 은균은 아직도 부르주아 근성을 못 버렸다고 질책했다. '잘못된 계급'에 태어난 진아는 그런 분위기에 주눅이 들어 살았다.

은균의 아버지는 초등학교만 나와서 농사를 짓다가 군대에 가서 직업 군인으로 복무하다가 제대한 이후 농촌을 떠나 서울의 달동네로 이주해 가정을 이룬 사람이다. 그 집안의 장남인 은균은 어릴 때부터 공부를 뛰어나게 잘해서 명문대 의대에 입학했고 학생운동권의 리더로 활동했다. 은균은 의대를 졸업하고 의사가 되어 병원을 개업했다. 개천에서 용이 난 것이다. 그때부터 오랫동안 억눌렸던 은균의 열등감이 표출되기 시작했다. 은균은 진아의 할아버지가 한약방을 했으니까 중인 출신이지만 자기 할아버지는 시골 양반이었다고 말하곤 했다. 아들 은균이 의사가 되어 돈을 잘 벌어서 살 만해지자 은균의 아버지는 자기 집안의 족보 만드는 일에 몰두했다.

얼마 후 사회주의권이 붕괴하고 세상이 바뀌었다. 진아와 은균 두 사람은 미국으로 함께 유학을 떠났다. 은균은 미국의 명문 대학에서 박사학위를 받고 의과대학 교수가 되어 먼저 귀국했다. 진아는 인류학 박사 논문을 끝내기 위해 미국에 혼자 남아 있었다. 그 별거의 시기에 대학 시절 은균을 좋아하던 여자가 은균에게 접근했다. 은균은 그 여자에게 진아에 대한 불평을 늘어놓고는 했다. 자기에게 밥 한번 제대로 해준 적이 없고 첫애를 낳을 때 힘들었다고 둘째는 안 갖겠다고 버텼으며 부르주아인 처가는 달동네 출신인 자기를 늘 우습게 여겼다는 것이다. 진아와 은균의 사이에는 금이 가기 시작했다. 진아는 우여곡절을 거쳐 결혼생활 18년 만에 결국 남편과 헤어지게 되었다. 이혼 이야기가 나왔을 때 진아의 시어머니는 진아에게 진아의 외할아버지의 과거 이혼 사실을 폭로했다. 모든 사람에게 존경을 받는 그 온화한 성격의 외할아버지가 첫째 부인을 쫓아내고 같은 집안의 여자와 연애 행각을 벌여서 온 동네가 시끄러웠다는 것이다. 그런데 사실은 진아 외할아버지가 첫째 부인을 쫓아버린 것이 아니라 그 여자 스스로 시집살이를 견디지 못하고 나가버린 사건이었다. 신여성이자 화가였던 그 여자는 얼마 후 월북을 했다고 한다. 집안에서는 묻혀 있던 이야기가 밖에서는 이리저리 돌아다녔고 그것이 와전되어 진아의 시어머니의 귀에까지 들어왔던 것이다. 과거의 수치스러운 사건은 집안에서 쉬쉬하면서 다음 세대들에게 내놓고 이야기하지 않는다. 그래서 집집마다 오랜 세월 동안 침묵 속에 묻히고 감추어져 있는 비밀 이야기가 있다. 한 집안에서 전 세대에 있었던 이혼이 다음 세대와 그다음 세대에 어떤 영향을 미치는 것일까? 진아의 시어머니는 왜 진아의 외할아버지가 이혼한 사실을 폭로한 것일까? 외할아버지의 이혼과 진아의 이혼 사이에 무슨 관계가 있는가? 한 집안에서 대를 이어 이혼이라는 원치 않는 일이 재발되는 이유는 무엇인가?

같은 집안의 두번째 사례가 있다. 미란의 동생 미영의 딸 제인의 경우다. 미영은 일찍 한국생활을 접고 미국으로 이민을 떠났다. 미영의 딸 제인이 여섯 살 때였다. 미영의 이민 결정에는 아마도 좌익 집안이라는 피해의식이 작용했을지도 모른다. 예쁘고 똑똑했던 제인은 미국으로 이민을 간 이후에도 공부를 잘해 미국의 명문 법대에 입학했다. 그런데 그 제인에게 또다시 끔찍한 사건이 발생했다. 제인의 엄마가 친정아버지가 돌아가셔서 서울에 장례를 치르러 갔을 때 일어난 일이다. 제인은 새로 사귀기 시작한 남자친구와 전화 통화를 하고 있는 중이었다. 그때 그전에 잠깐 사귀었던 남자친구 영진이가 제인의 아파트에 찾아왔다. 제인은 문을 열어주었다. 제인을 흠모하던 영진은 아마도 제인에게 새로운 남자친구가 생겼다는 사실을 알고 온 모양이었다. 제인이 아무 생각 없이 커피 물을 올려놓고 있을 때 영진은 제인의 등 뒤에서 권총을 발사했다. 오십 년 전에 이모 미경이 해변에서 치정 사건으로 사망했던 것과 유사하게 조카 제인이 치정 사건으로 총에 맞아 사망한 것이다. 제인의 이모 미경의 이야기는 아무도 발설하지 않은 '집안의 비밀'이었다. 그런데 왜 한 집안에서 대를 이어 비슷한 사건이 재발하는 것일까?

가족사의 비밀, 인생의 수수께끼

왜 아무도 원치 않는 불행한 사건이 한 가족 내에서 대를 이어 발생하는가? 외할아버지의 이혼과 연애 사건, 미경 이모의 연애 총기 사건, 진아의 이혼, 제인의 연애 총기 사건에서 보듯이 한 집안에서 이혼과 치정 살인 사건이 대를 이어 발생하는 이유는 무엇인가? 전 세대에 일어났던 사건이 치유되지 않은 채 침묵의 벽 속에 억지로 가두어져 있었기 때문은 아닐까? 먼저 진아는 18년 동안의 결혼생활을 왜 이혼으로 마감했을까? 진아는 자라면서 엄마와 계속 갈등 관계에 있었다. 진아뿐만이 아니라 동생 진영도 엄마와의 관계가 힘들었다. 거기엔 먼저 엄마의 문제가 있었다. 미란의 언니 미경의 치정 사건은 집안의 수치였으며 그 일 때문에 진아의 엄마 미란은 나이 차이가 많이 나는 무뚝뚝한 남자와 서둘러 결혼했다. 그 결혼생활은 그리 행복하지 않았다. 미란은 미경의 치정 총기 사건을 침묵 속에 가둔 상태에서 차갑고 거만한 태도를 유지하며 살았다. 미란은 집안의 수치스러운 사건을 감추었을 뿐만 아니라 불행한 결혼생활도 감추고 살았다(미란은 어느 날 친한 친구에게 자신의 결혼생활이 불행해서 "달리는 차 속으로 뛰어들거나, 아니면 자신이 운전하고 있는 차의 엑셀러레이터를 밟아서 콱 죽어버리고 싶다"고 고백한 적이 있다). 엄마가 사는 모습은 딸에게 지대한 영향을 미친다. 조건만 보고 결혼하여 불행한 결혼생활을 하는 엄마를 보며 딸은 '나는 엄마처럼 살지 않을 거야!'라는 생각을 하게 된다. 그래서 진아는 결혼 상대자의 '조건'을 보지 않고 '뜻'이 맞는 달동네 출신 운동권 남자와 결혼했다. 엄마와는 정반대 방식으로 결혼한 것이다. 그러나 그 결혼은 이혼으로 끝났다. 진아의 이혼은 한때 좌익의 편에 섰다가 침묵 속에서 살아가는 아버지가 싫어서 정반대 유형의 남자와 결혼했다가 이혼한 명회의 경우를 상기시킨다. 여기서도 우리는 한 집안에서 비슷한 사건이 재발recurrence되는 것을 본다.

진아가 무리하게 출신 배경이 다른 은균과 결혼을 결정한 배경에도 가족의 역사가 작용했을 것이다. 1980년대 대학가에는 1920년대 그리고 해방 정국에 이어 세번째로 마르크스주의의 물결이 일어났다. '노학연대'의 깃발 아래 대학생들이 공장에 들어가 노동자로 살아가며 노동운동을 하는 것이 그 시대 운동권 학생들이 추구한 양심적 삶의 모델이었다. 그런 상황은 과거 좌익 집안이었다는 침묵 속의 '수치심'을 떳떳한 '자부심'으로 바꿀 수 있는 여건이 되었다. 진아가 출신 계급이 다른 은균과 결혼을 결정하게 된 배경에는 그런 가족사가 은밀하게 작용했을 것이다. 1980년대 운동권 문화라는 사회사적 배경 위에, 한때 좌익이어서 힘들었던 집안의 분위기, 이모의 치정 사건과 엄마의 불행한 결혼생활 등이 진아의 결정에 복합적으로 영향을 미쳤을 것이다. 진아의 엄마 미란은 여자는 결혼해서 한 남자와 끝까지 잘사는 것을 규범으로 받아들인 세대에 속한다. 그래서 딸들에게 좋은 조건의 남자와 결혼해서 순탄한 결혼생활을 하기를 알게 모르게 강요했을 것이다. "진아는 침묵 속에서 자란 아이였다. 아니 위장된 망각 속에서 자란 아이였다. 진아는 오랜 침묵에 길들여져 침묵에 묻힌 이야기들을 읽을 생각을 못했다. 침묵이 공기처럼 집안에 깔려 있어서 침묵인지도 몰랐다." 바로 그 침묵이 문제였다. 진아의 엄마 미란은 뼈대 있는 자기 집안에 대해 자부심을 갖고 있었지만, 다른 한편 수치심의 근원인 미경 언니의 치정 살인 사건을 깊이 묻어둔 채 차갑고 거만한 태도로 살았다. 딸들에게는 그 사건을 결코 이야기하지 않았다. 그저 딸들이 곱게 자라 남들처럼 행복하게 살기만을 원했다. 진아가 이혼하게 되었을 때 진아 엄마 미란이 툭 하고 던진 말은 언니의 치정 살인 사건이 남긴 숨겨져 있던 수치심을 반영한다. 엄마는 딸에게 이혼은 괜찮은데 하필이면 그런 "궂은 일"로 이혼하게 되었느냐는 말만 했다. 미란에게 이혼보다 더 큰 수치심의 근원은 삼각관계로 나타나는 남녀 사이의 치정 문제였던 것이고 미란은 그렇게 피하려고 했던 미경 언니 사건이 딸의 인생에서 다시 반복된 것을 받아들이지 못했던 것이다.

미영의 딸 제인에게 일어난 치정 총기 사건은 또 어떻게 설명할 것인가? 제인의 엄마 미영이 언니의 치정 사건 당시 몇 살이었는지, 미영이 현재의 남편을 어떻게 만나서 결혼하게 되었는지는 소설 속에 나와 있지 않다. 왜 미국으로 이민을 가게 되었는지도 나오지 않는다. 이민의 숨은 동기 가운데 언니의 치정 살인 사건이라는 악몽 같은 비밀에 더 이상 시달리고 싶지 않다는 생각이 자리 잡고 있었는지도 모른다. 미영의 딸 제인의 사망은 애인을 빼앗긴 남자의 질투심으로 다 설명될 수 없다. 미영은 딸 제인에게 이모의 사건에 대해 이야기하지 않았을 것이다. 침묵의 벽에 갇혀 있던 이모의 치정 사건은 제인의 불행한 사건에 어떤 영향을 미쳤을까? 대물림되는 이 사건들 사이의 관계는 무엇일까? 잊혀진 것 같았던 이모의 옛 사건의 유령이 제인의 삶에 다시 나타나 뒤통수를 때린 것은 아닐까? 제인의 치정 총기 사건은 제인의 여동생과 미래에 태어날 그의 딸들에게 어떤 영향을 미칠 것인가? 그 비슷비슷한 사건은 또다시 반복될 것인가?

불행한 사건의 반복 뒤에는 수치심을 불러일으키는 끔찍한 사건을 서둘러 덮어버리고 침묵 속에 가라앉혀 잊어버리려는 심리적 기제가 자리잡고 있다. 타인의 시선이 두렵고 부끄럽고 창피하고 수치스러워서 차마 입밖에 내지 못하고 잊어버리려고 할수록 그 수치심은 더 깊숙이 숨어 있다가 어느 날 갑자기 모습을 드러내며 인생의 행로를 흐트러트리는 것은 아닐까? 제인의 죽음에도 진아의 이혼에도 잘 처리되지 못하고 침묵 속에 갇혀 있던 억압된 수치심이 은밀히 작용한 것은 아닐까? 치유되지 않고 서둘러 망각 속에 구겨넣어버린 수치심이라는 유령이 복잡한 우회로를 거쳐 그 모습을 드러내는 것은 아닐까? 지나간 세대에 만들어진 '가족의 비밀'이 다음 세대에 미치는 부정적 영향을 막으려면 어떻게 해야 할 것인가? 이것이 중요한 질문이다. 과거는 흘러가버린 시간들이다. 엎질러진 물이고 깨진 유리창이다. 지나간 과거는 내 마음대로 어떻게 다시 바꿔놓을 수가 없다. 그러나 과거에 대한 나의 해석은 달라질수 있다. 지난 일에 대한 해석을 달리함으로써 내가 과거와 맺는 관계가 달라지고 과거가 나와 나의 다음 세대에 미치는 영향이 달라질 수 있다. 그러므로 "과거를 묻지 마세요"가 아니라 과거를 다시 물어야 한다. 화자의 "집안의 누구도 옛날의 어떤 것도 캐내고 싶어 하지 않았(고),

묻을 수만 있다면 모든 것을 다 묻고 싶어 했다."[37] 그럼에도 불구하고 저자가 『침묵으로 지은 집』을 써내려가는 일은 "봉인封印된 기억 속으로 들어가는 일"이었고 "아무도 기억하고 싶어 하지 않는 역사의 미로로 들어서는 일"이었다.[38] 그러나 그렇게 묻혀 있던 모든 기억을 되살려 그것들에 새로운 의미를 부여하는 과정이야말로 반복되는 비극을 차단하고 새로운 미래를 여는 출발점이 될 것이다.[39]

친일파와 빨갱이

프랑스에는 "나의 아버지는 독일 치하 협력분자였다"라는 내용을 수기나 소설 형식으로 펴낸 사람들이 여러 명 있다. 언론인 도미니크 자메, 작가 프레데릭 페르낭데즈, 화가 제라르 가루스트, 작가 파스칼 부뤼크네르 등이 잘 알려진 보기들이다. 사회적 양심의 문제로 고민하던 그들은 개인 문제와 가족 문제를 구별하기 때문에 나치에 협력했던 아

---

37) 조은, 『침묵으로 지은 집』, p. 75.

38) 같은 책, p. 8.

39) 조은의 소설 쓰기를 프로이트 식으로 말하자면 사라진 아버지에 대한 일종의 '애도 작업'이라고 볼 수 있다. "우리가 옛날 대상을 잊는다는 것은 단순히 망각하는 것이 아니다. 사랑하는 사람이 죽었다. 그러면 그를 어떻게 잊을까? 그냥 잊어버리면 될 것이라고 생각하는데, 사실은 그렇지 않다. 절대로 그냥 그대로는 잊히지 않는다. 오히려 잊으려고 노력하면 잊히지 않는다. 왜 그런가? 그 대상이 리비도를 움켜쥐고 있기 때문이다. 그러면 어떻게 해야 하는가? 차라리 그 대상을 기억하고 회상해야 한다. 그렇게 기억하면 어떻게 되는가? 그 대상에 리비도가 투자되면서 조금씩 리비도가 그 대상으로부터 일탈하게 된다. 즉 그 대상에 투자되는 리비도의 양을 미리 앞질러서 고갈시켜버리는 것이다." 정신분석학에서는 이렇게 기억을 통해 리비도를 대상에서 떼어내는 과정을 '애도 작업'이라고 부른다(맹정현, 『멜랑꼴리의 검은 마술―애도와 멜랑꼴리의 정신분석』, 책담, 2015, pp. 49~50).

버지를 객관화시킬 수 있었다. 그들은 아버지의 잘못된 행적을 고발하면서도 아버지와 맺었던 개인적 관계는 그 자체로 간직할 수 있다고 생각한다. 우리나라에서는 개인을 가족으로 환원시키는 가족주의적 전통이 아버지에 대한 사회적 고발을 불가능하게 만든다. 어떻게 아들이 아버지를 고발할 수 있다는 말인가? 그래서 『친일인명사전』에는 그렇게 많은 친일파들의 이름과 행적이 나오지만, "나의 아버지는 친일파였다"라고 고백하는 아들의 글을 한번도 읽어보지 못했다.[40] 게다가 우리 사회에서는 친일파였다는 사실이 그렇게 수치스러운 일도 아닐 뿐더러 자식 세대에서 그 문제 때문에 심리적인 고통을 당하는 사람도 없다. 그것이 혹시 양심적인 문제가 되고 심리적인 고통을 불러일으킨다 해도 '효'라는 이데올로기는 아버지를 고발하는 행위를 근원적으로 금지시킨다. 나는 지금까지 내 주위에서 일제 시대에 자기 할아버지나 아버지가 군수였다, 도지사였다, 식산은행 간부였다라고 말하는 사람들을 여러 명 보았는데 그들은 그 사실에 수치심은커녕 오히려 자부심을 가지고 있는 것처럼 보였다. 해방 이후 우리 사회의 지배층이 친일파였기 때문에 그들의 친일 행적이 공식적으로는 비난의 대상이었지만 실생활에서는 문제시되기보다는 자부심의 근원이 되었다.

자부심과 수치심에도 사회적 차원이 있다. 과거사 청산과 역사 재해석의 흐름 속에서 『친일인명사전』이 출간되고 그들에 대한 사회적 차원의 비판이 일어나면서 '친일파'라는 말이 마음과 양심의 불편함을 불러일으키는 말이 되고 있지만, '친일파'라는 말과는 비교가 안 될 정도로 강력한 공포를 불러일으키는 말이 있다. '빨갱이'라는 말이다. 남

40) 친일인명사전편찬위원회 편찬, 『친일인명사전』1·2권, 민연, 2009.

한 사회에서 "빨갱이란 단지 공산주의 이념의 소지자를 지칭하는 낱말이 아니었다. '빨갱이'란 용어는 도덕적으로 파탄 난 비인간적 존재, 짐승만도 못한 존재, 국민과 민족을 배반한 존재를 천하게 지칭하는 용어가 되었다. 그렇기 때문에 공산주의자는 어떤 비난을 당하더라도 마땅한 존재, 죽음을 당하더라도 마땅한 존재, 누구라도 죽일 수 있는 존재, 죽음을 당하지만 항변하지 못하는 존재가 되었다."[41]

김대중-노무현 정권 때 완화되었던 '빨갱이'에 대한 알레르기 반응은 이명박-박근혜로 정권 교체가 이루어진 이후 다시 예민해지는 모습을 보였다. 2010년 남한의 반공 우익의 입장을 표방하는 현대사상사연구회가 펴낸 『6·25동란과 남한 좌익』이라는 책은 다음과 같은 역사관을 반복해서 천명한다. "6·25동란은 북한이 일으키고, 남한 내 좌익들이 이에 적극 동참함으로써 진행된 전쟁이다. 6·25동란이 세계 전쟁사에서도 유례가 없을 만큼 비참했던 것도 북한과 동조한 남한 좌익이 있었기 때문이다. [……] 북한이 남한 지역을 점령한 후에는 남한 내의 좌익들과 더불어 통치하고, 대한민국 국민들을 학살, 납북, 강제징집병(의용군) 투입, 노력 동원 등으로 내몰았다."[42] 이 책의 저자들은 "좌익은 대한민국 국민 아니냐?"는 항의나 "좌우 한편으로 치우치지 말고 중립적 입장에 서는 것이 타당하다" 등의 반대 의견을 일격에 거부하면서 좌익과 종북 척결이라는 반공 입장을 재천명하고 있다. 이렇게 정권만 교체되면 사회의 분위기가 달라지는 상황에서 사회적으로 낙인찍힌

---

41) 김득중, 「서문」, 『빨갱이의 탄생—여순사건과 반공국가의 형성』. "빨갱이들은 씨를 말려야 한다"는 말은 인종청소적 차원의 제노사이드를 연상시킨다. 한국전쟁 당시 민간인 학살에 대해서는 구술 자료와 현장 조사에 기반하여 피해자만이 아니라 가해자에 대해서도 사회학적으로 분석하고 있는 한성훈의 『가면권력—한국전쟁과 학살』(후마니타스, 2014)을 볼 것.
42) 현대사상사연구회, 『6·25동란과 남한 좌익』, 인영사, 2010, pp. 7, 11.

'빨갱이' 집안의 사람들이 평생 안고 사는 강요된 수치심과 공포의 심리는 개인 차원만으로는 치유하기 어려운 문제다. 그것은 어두운 지하 창고 속에 잊혀져 존재하는 희미한 형태의 물건이지만 소리 없이 영향을 미치는 무의식적 힘으로 작용한다. 문제 해결은 사회적 차원에서도 이루어져야 한다. '강요된 수치심'을 사회적으로 극복하기 위한 하나의 노력으로 볼 수 있는 조은의 『침묵으로 지은 집』이라는 소설의 출간도 김대중-노무현 정부로 이어지는 햇빛정책과 남북관계의 변화라는 사회적 분위기 속에서 이루어진 것이다. 정권 교체와 완화된 반공 이데올로기, 과거사를 재해석하려는 사회적 분위기의 형성 등이 가족사와 개인사 속에 오래 묻어두었던 침묵의 소리를 불러내 다시 논의할 수 있는 기회를 제공한 것이다.

개인의 정신적 고통이라는 문제가 가족과 사회의 영향을 받아 형성된 것이라면 그 치유에도 개인적 차원, 가족적 차원, 사회적 차원 모두에서의 접근이 필요하다. 남북의 화해와 평화의 분위기를 만드는 일은 기본적으로 중요하다. 그러나 그것만으로 과거의 끔찍한 사건이 한 개인에게 남긴 정신적 상처는 해결되지 않는다. 오래된 마음의 상처를 치유하기 위한 개인상담, 가족상담, 집단상담과 더불어 이 글의 앞부분에서 거칠게 윤곽을 제시한 '사회인간학적 개입'이라는 프로그램의 개발이 필요하다. 그것은 고통을 겪는 사람이 자신의 고통의 근원을 최소한 3대를 거슬러 올라가며 가족사와 사회사를 연결시키는 분석 능력을 키우는 개입 과정의 개발을 요구한다. 가족 구성원 한 사람에게 일어난 일을 그 개인이 속한 가족의 역사와 사회의 역사 속에 넣어 재해석하고 복잡한 마음의 실타래를 함께 풀어나가야 하는 것이다. 그런 과정에서 어둠에 싸여 있던 과거의 일들이 천천히 그 숨겨진 의미를 드러내게 될 것

이고 감추어두었던 과거사가 풍기던 음험한 분위기는 점차 사라지게 될
것이다.

'우물' 밖으로 나온 사회학
―송호근의 한국 근대 탐색

나는 순전히 질투심 때문에 남의 시를 읽지 못했었다. 요즈음은 나에게 남의 시가 잘 읽혀진다.

―황지우

큰 그림을 그리는 사회학

사회학은 사회과학의 한 분야가 아니라 사회과학 전체를 감싸 안으면서 인문학과 대화하는 기초 학문이다. 사회학자들이 스스로를 분과학문의 장벽 속에 가둔 채, 개별적 주제를 경험적 자료를 활용하여 분석하는 일에 머무른다면 그것은 사회학 본연의 모습을 저버리는 일이다. '사회학la sociologie'이라는 학문의 명칭을 만든 오귀스트 콩트에서부터 마르크스, 베버, 뒤르켐이라는 세 사람의 사회학 창건자들에 이르기까지 고전 사회학자들은 인류의 전 역사를 배경에 두고서 근대라는 새로운 시대를 만드는 사회 구성의 원리를 탐구하였다.[1] 고전 사회학자들은

---

1) 신용하, 『사회학의 성립과 역사사회학―오귀스트 콩트의 사회학 창설』(지식산업사, 2012)과 앤서니 기든스, 『자본주의와 현대사회이론―마르크스, 뒤르켕, 베버의 저작분석』(박노영·임영일 옮김, 한길사, 2008) 참조.

모두 역사사회학자이면서 동시에 미래사회학자였다. 그들은 19세기에 들어서 본격화된 근본적인 사회변동의 양상을 총체적으로 이해하고 장기적 관점에서 앞으로 도래할 세계의 모습을 전망하였다. 그러나 오늘날 한국의 사회학계를 바라보면 사회학 창건자들의 장기적이고 거시적인 관점이 사그라지고, 지금 여기 우리가 살고 있는 현재에 매몰된 파편화된 경험적 연구들이 학술논문이라는 형태로 양산되고 있다. 그 결과 사회학자들은 점점 '우물 안 개구리'가 되고 있다. 그러다보면 멀리 크게 보지 못하고 우물 위로 보이는 하늘이 세계의 전부라고 생각하게 된다. 포스트모더니즘의 물결이 지나간 이후 생긴 거대 담론에 대한 기피증으로 사회학자들은 점점 더 미시적이고 단편적이고 파편화된 연구에 몰두하고 있다.[2] 그러나 이제 그런 상황을 벗어날 때가 되었다. 다시 큰 그림을 그려야 할 때가 온 것이다. 그러려면 장기적이고 총체적인 관점을 가져야 한다. 이미 오래전에 레몽 아롱이 사회학은 역사학과 철학 사이로 난 사잇길을 걷는 학문이라고 말했지만, 사회학은 역사학과 대화하고 철학과 교섭할 때 장기적이고 거시적인 이론적 관점을 유지할 수 있다.

이런 상황에서 고전 사회학 본연의 자세로 돌아가 한국의 근대가 어떻게 도래했는지를 장기적이고 종합적인 관점에서 조망하는 두 권의 책이 간행되었다. 사회학자 송호근이 펴낸 『인민의 탄생』과 『시민의 탄생』이 바로 그것이다. 이 책들은 저자가 10여 년 이상 한국의 근대를 해명하기 위해 기울인 오랜 노력의 결실이다. 사회학이 한없이 파편화되는

---

2) 포스트모더니즘은 "역사와 사회의 현실을 하나의 틀에 의거하여 일관되게 설명하는 인식틀을 해체"시켰다(김기봉 외, 『포스트모더니즘과 역사학』, 푸른역사, 2002, p. 12). 그에 따라 역사와 사회에 관한 지식이 파편화되고 상대화되었다.

마당에 한국의 근대를 전체적이고 장기적으로 조망하는 묵직한 역사사회학 저서가 탄생했음은 한국 사회학계 전체가 기뻐할 일이다.

번역가이자 작가인 안정효는 젊은 시절 소설을 쓰고 싶다는 마음이 들기 시작하자 그런 정신의 상태를 "나는 생명을 잉태했다"라고 표현했다. 소설만이 아니라 학술 저서도 마찬가지다. 어떤 주제가 학자의 머릿속에 '잉태'되면 저자는 주제의식을 심화시켜 명확한 방식으로 문제를 설정하고, 그 주제에 해당하는 기존의 논의들을 점검하고 폭넓게 발굴한 자료를 정리하면서 일관된 논리를 가지고 독자를 설득할 수 있는 방식으로 논의를 전개한다. 저자는 오랜 기간 인내심을 가지고 그런 작업을 계속한다. 그러다 어느 날 원고가 완성되면 그 초고는 출판사 편집자의 손을 거쳐 책의 형태로 세상에 나오게 된다. 아이의 경우에는 탄생 이후 부모의 보살핌이 더욱 필요해지는 데 반해 출판된 책은 더 이상 저자의 손길을 필요로 하지 않는다. 책은 이미 다 커서 태어난다. 이후 책이 책 구실을 하게 만드는 일은 저자가 아니라 독자들의 몫이다. 세상에 나온 책에 대한 서평 쓰기는 어렵사리 태어난 책에 대한 관심의 표현이고 그 책을 함께 키우는 일이다.

그런데 어떤 이유에서인지 지금까지 우리 학계에서는 이미 출간된 지 한참 된 송호근의 두 권의 대작에 대한 본격적인 서평과 논의를 찾아보기 어려웠다.[3] 그 이유를 짐작해보면 첫째, 대작이라서 다 읽으려면 시간이 많이 들어가는데 요즈음 학자들이 그걸 통독할 시간을 내기가 그리 쉽지 않다는 점이다. 『인민의 탄생』과 『시민의 탄생』을 합치면 1000

---

3) 『인민의 탄생』에 대해서는 국사학자 이경구의 서평이 있고 『시민의 탄생』에 대해서는 김상준의 서평을 발견했지만 두 서평 모두 통상의 짧은 서평 형식을 취하고 있어 두 책에 대한 충분한 논의가 이루어졌다고 말하기는 힘들다.

쪽이 넘는다.[4] 내가 만난 한 역사학자는 언제 시간을 내어서 꼭 읽어보아야 할 책이긴 한데 요즈음 이 일 저 일로 쫓겨 시간 내기가 힘들다고 말한 적이 있다. 그러나 동료 학자가 쓴 책을 꼼꼼히 챙겨 읽어보는 것은 학자로서의 기본 업무다. 둘째, 저자와 문제의식을 공유하는 학자가 그리 많지 않기 때문인 듯하다. 요즈음 대다수의 사회학자들이 작은 주제로 세밀한 논문을 쓰는 일에 몰두하느라고 큰 틀에서 한국 사회 전체의 흐름을 설명하는 저서에는 무관심하다. 그러나 송호근이 주장하듯이 한국의 근대사를 모르고서는 우리가 살고 있는 오늘의 한국 사회를 설명할 수 없다.[5] 오늘의 한국 사회의 여러 측면들은 "역사적 진화 경로와 특성"을 고려하지 않고는 설명될 수 없기 때문이다.[6] 셋째로는 다른 사람의 업적을 인정하지 않는 학자들의 정신적 인색함을 들 수 있다. 학계도 다른 '업계'와 마찬가지로 인간들이 모여 사는 곳이다. 사람들이 모여 사는 곳은 겉으로는 서로 웃고 지내는 우정과 환대의 공동체처럼 보이지만 조금 깊이 들여다보면 경쟁과 질투의 공동체로 작용하는 측면도 있다.[7] 학계도 다른 곳과 크게 다르지 않다. 학자들 치고 자기 잘났

---

4) 여기에 『현대 한국 사회의 탄생—20세기 국가와 시민사회』(근간)가 합쳐지면 족히 1500쪽을 넘는 삼부작이 완성될 것이다. 그러나 송호근이 일제강점기를 넘어 해방과 6·25전쟁, 분단 체제의 성립과 권위주의적 산업화, 민주화운동과 시민운동을 경험한 한국 현대사의 전개 과정을 나머지 한 권의 저서로 모두 포괄할 수 있을지는 의문이다.

5) 송호근, 『인민의 탄생—공론장의 구조 변동』, 민음사, 2011, p. 18.

6) 김동노도 "시간의 개념이 들어가지 않는 연구가 가질 수 있는 위험성을 극복하는 데 역사사회학이 도움을 준 것은 물론이며, 보다 넓게 보면 사회에 대한 심층적 이해도 사회의 형성과 변화에 대한 역사적 접근을 통해 가능하다"는 의견을 표명했다(김동노, 「거시이론에서 사건사로, 그리고 다시 거시이론으로?—역사사회학의 연구 경향과 새로운 길의 탐색」, 『사회와 역사』 100집, 2013, p. 73).

7) 이경구가 서평의 마지막 문장에서 솔직하게 표현하였듯이 같은 분야에 속하는 동료 학자의 역저에 대해서 "관심, 기대, 선망, 약간의 질투가 어울린 마음"이 생기는 것이 인지상정이다(이경구, 「조선의 새로운 시간대와 인민—『인민의 탄생』」, 『개념과 소통』 9호, 2012, p.

다고 생각하지 않는 사람은 보기 드물다. "오십대 후반의 학문과 삶이 이 책에 담겼다"[8]라는 송호근의 지적 자부심은 다른 사람의 선망을 받기에 충분하다. 그런데 타인의 저서에 대한 부러움은 짐짓 그 책을 슬쩍 무시하는 마음으로 표현되기도 한다. 넷째로 학계의 비학문적인 위계질서의 문제가 있다. 사제 관계, 선후배 관계, 출신학교 등으로 이루어진 학계의 서열 구조는 한 사람의 저작에 대해 자유롭게 토론하는 것을 방해하는 요인으로 작동한다. 스승이나 선배나 가까운 동문의 저작에 대한 비판적 논의가 이루어지기 어려운 형편이다. 학계가 사사로운 인간관계의 망을 벗어나 오로지 학문의 논리가 지배적으로 관철되는 장이 되지 못하고 있는 것이다.[9] 김경만은 이런 학계의 분위기를 비판하면서 한국 사회학이 세계적 수준으로 올라서기 위한 다섯 가지 조건 가운데 하나로 같은 분야나 같은 주제를 다루는 학자들 사이의 부단한 경계와 감시 그리고 상호비판과 토론이 이루어지는 학문공동체mutually-monitoring academic community의 형성을 제시한 바 있다.[10] 서평은 그런 학자들 사이의 지적인 상호교류의 한 방식이다. 최근 들어서 『사회와 역사』의 편집진이 "서평과 반론criticism and reply"이라는 제목으로 서평란을 강화하여 역사사회학 분야의 저서를 놓고 저자와 서평자 사이의 진지한 대화를 시도한 것은 매우 바람직한 일이다. 이 서평이 아무쪼록 그

---

239). 문제는 그런 마음을 학문적 에너지로 전환시키는 일이다.

8) 송호근, 『시민의 탄생─조선의 근대와 공론장의 지각 변동』, 민음사, 2013, p. 22.

9) 송호근은 "학문공동체에 깊게 뿌리내려 있는 유유상종 관행과 업적 평가의 느슨함"을 우리나라의 "학문 후진성 탈피를 방해하는 전통적 장애물"의 하나로 들고 있다(송호근, 「大河에 닿기 위하여」, 『사회와 역사』 100집, 2013년 겨울, p. 128).

10) 김경만, 「세계 수준의 한국사회학을 향하여: 과학사회학적 관점에서 본 몇 가지 제안」, 『한국사회학』 35집, 2001년 2호, 2001, pp. 1~28.

런 분위기 형성에 조금이나마 기여하기를 바란다.[11]

신문 칼럼에서 '대하' 사회학까지

지난 10여 년 동안 우리 학계는 등재지에 게재하는 논문의 편수로 학자의 학문적 업적을 산술적으로 평가하는 방식을 제도화했다. 그 결과 두 가지 부정적 효과가 나타났다. 첫째, 원고지 150매 내외로 한정되는 규격화된 논문은 양산되었으나 오랜 기간 동안 긴 호흡으로 이루어지는 학문적 저작은 점차 자취를 감추게 되었다. 둘째, 학문적 논의가 교양 시민과 분리되어 몇 명 안 되는 전공 분야 학자들 사이에서만 폐쇄적으로 이루어지고 있다. 무엇을 위한 사회학이고 누구를 위한 사회학인가를 묻지 않고 그냥 자신의 전공 논문 생산에 매진하게 된 것이다. 이런 일반적인 분위기 속에서도 드문드문 묵직한 저서를 만나게 되는 것

---

11) 2014년 11월 21일 저녁 '푸른역사아카데미'에서 『시민의 탄생』을 놓고 저자와 여섯 명의 토론자가 함께 모여 집단서평회 모임을 가졌다. 『국민·인민·시민』(소화, 2014)의 저자이며 우리나라 역사사회학 분야를 대표하는 박명규(서울대 사회학과), 『맹자의 땀 성왕의 피』(아카넷, 2011)를 발표했고 서구중심주의를 넘어서면서 유교 사상을 현대적으로 재해석하고 있는 김상준(경희대 공공대학원), 『'역사란 무엇인가'를 넘어서』(푸른역사, 2000)의 저자이며 포스트모던 시대 새로운 역사학의 지평을 열고 있는 김기봉(경기대 역사학과), 『조선후기 사상사의 미래를 위하여』(푸른역사, 2013)의 저자이며 조선 후기 역사, 특히 안동 김씨 가문을 연구한 이경구(한림대 한림과학원), 『음란과 혁명』(책세상, 2013)의 저자이면서 문학 연구를 문화와 사회 연구로 확장시킨 권명아(동아대 국문학과), 『신문읽기의 혁명』(개마고원, 2003)의 저자이면서 현대 한국 공론장의 구조 변동을 연구한 손석춘(건국대 미디어커뮤니케이션학과)이 토론자로 참여했다. 이 서평회에서는 그동안 분리되었던 사회학과 인문학 사이의 장벽을 허물고 진지한 대화가 이루어졌다. 이 글은 이 모임을 주관하고 서평회에서 사회를 맡았던 내가 위의 서평회를 준비하는 과정에서 마련한 초고를 바탕으로, 그날 토론회에서 나온 논의들을 염두에 두면서 쓴 것이다.

은 학문하는 사람으로서 큰 기쁨이 아닐 수 없다. 송호근의 『시민의 탄생』도 그런 저서의 하나로 꼽을 수 있다. 이 저서는 전작인 『인민의 탄생』과 함께 지난 150여 년의 역사의 흐름 속에서 공론장은 어떻게 형성되고 변화되었으며 그런 와중에서 '인민'과 '시민'은 어떻게 모습을 드러냈는가라는 거시적 문제의식을 담고 있다.

모든 작품은 시대의 표현이면서 그와 동시에 작가 개인의 표현이기도 하다. 학문적 저작도 마찬가지다. 그렇다면 저서에 대해 논하기 전에 저자에 대한 간단한 소개가 필요할 듯하다.[12] 1970년대까지만 해도 외국에서 박사학위를 받고 귀국한 사람은 극소수에 불과했다. 그래서 당시 '박사'라는 칭호는 대단한 존경심을 자아냈다. 박사가 너무 흔해진 요즈음은 하버드 대학을 비롯한 외국의 명문 대학 출신이라 해도 오로지 연구 업적을 통해서만 실력을 인정받는 분위기가 형성되고 있다. 30대 초중반에 학위를 받고 귀국하여 20여 년이 지나 50대 중후반에 이르면 한 학자가 가지고 있는 학문적 역량은 그 모습을 거의 드러내게 된다. 그런데 학계의 풍경을 오랫동안 지켜보다보면 화려한 학벌이 꼭 존경할 만한 학문적 업적으로 이어지는 것은 아님을 알 수 있다. 소박한 학벌이지만 뛰어난 학문적 업적을 내는 사람도 있고 내로라하는 학벌이지만 그에 걸맞은 연구 업적을 산출하지 못하는 경우도 있다. 그런데 송호근의 경우는 서울대 출신 하버드 대학 박사라는 화려한 학벌에 뒤지지 않는 풍요로운 결과물을 내놓고 있다. 귀국 이후 한림대 재직 시절부터 노동과 산업, 복지와 정치사회학 분야에서 두각을 나타내는 논문과 저서

---

12) 송호근은 베이비붐 세대의 애환을 그린 『그들은 소리내 울지 않는다』(이와우, 2013)의 군데군데에서 자신의 성장 과정을 자전적으로 그리고 있다. 특히 「잃어버린 나를 찾아서」(pp. 82~93)를 볼 것.

를 발표했으며, 서울대 교수로 가르치면서부터는 중앙 일간지에 빼어난 칼럼을 싣는 명 칼럼니스트로서 문명文名을 떨치고 있음은 주지의 사실이다. 일찍부터 지식사회학과 사회학 이론에 관심을 가지고 있던 그는 이미 1983년 젊은 나이에 『칼 만하임의 지식사회학 연구』[13]라는 저서를 출간한 바 있거니와 1990년대 말부터는 『또 하나의 기적을 향한 짧은 시련』(1988)에서 시작하여 『한국, 무슨 일이 일어나고 있나』(2003), 『이분법 사회를 넘어서』(2012)와 『그들은 소리내 울지 않는다』(2013)에 이르는 여러 권의 독서 대중을 위한 교양 저서도 출간해왔다. 탄탄한 학술논문과 학술 저서, 대중을 위한 사회학적 교양 도서, 일간지의 칼럼이라는 여러 장르의 글쓰기에서 두각을 나타낸 그가 2011년 『인민의 탄생』을 발간하고 그에 이어 2013년에는 『시민의 탄생』을 펴냈다. 이로써 송호근은 현재적 국면에서 시시각각으로 변하는 현실을 대상으로 시사 칼럼을 쓰는 능력과 함께, 긴 시간의 흐름 속에서 이루어지는 사회변동을 대상으로 대작을 저술하는 능력까지 겸비한 보기 드문 사회학자의 모습을 드러냈다.

송호근의 『인민의 탄생』과 『시민의 탄생』 연작(이하 '탄생 연작')은 박경리의 대하소설 『토지』를 연상시킨다.[14] 어쩌면 송호근의 연작을 '대하大河 사회학'이라고 부를 수 있을지도 모르겠다. '탄생 연작'은 150년이 넘는 긴 시간을 다루고 있으며 여러 학문 분과를 아우르는 종합학문적 접근을 하고 있기 때문이다. '탄생 연작'은 사회학, 역사학, 문학, 철학,

---

13) 이 책은 『지식사회학』(나남, 1990)이라는 제목으로 다시 출간되었다.
14) 송호근이 박경리의 『김약국의 딸들』에 대해 쓴 짧은 서평과 『토지』를 놓고 박경리와 나눈 긴 인터뷰를 볼 것(송호근, 『나타샤와 자작나무―사회학자 송호근의 세상과 문학 겹쳐 읽기』, 하늘연못, 2005, pp. 160~207).

인류학, 정치학 등 분과학문의 울타리를 넘어서는 통합적 연구의 보기이며 그 안에는 사회사, 사회운동사, 정치사, 경제사, 문화사, 종교사, 지성사, 사상사, 문학사, 심지어는 미술사까지 망라되어 있다.[15]

『태백산맥』에서 『아리랑』을 거쳐 『한강』으로 이어지는 우리 근현대사 100년의 역사를 32권의 대하소설로 펴낸 조정래는 "사회적 고민을 가진 책이라는 것은 한 사람의, 짧게는 10년, 길게는 평생의 영혼의 작업이 응축, 줄여서 모아진 엑기스"라고 말한 바 있다.[16] 송호근의 연작도 그런 작업의 보기라고 할 수 있다. 한 작가나 학자가 긴 세월을 바쳐 무언가를 기록으로 남겨놓으려고 한다면 그건 그가 다음 세대에 꼭 전해주고 싶은 간절한 이야기가 있기 때문이다. 김상준이 『시민의 탄생』에 대한 짧은 서평에서 지적했듯이 송호근의 '탄생 연작'은 "상당 기간의 치밀한 준비 없이는 쓸 수 없는 내용"[17]을 담은 대작이다. 실제로 송호근은 이 책을 쓰기 위해 10여 년 동안 한국 근현대사에 대한 책과 논문을 닥치는 대로 읽었다고 한다. 이 책을 쓰면서 그의 50대가 지나갔다고 한다. 그렇다면 그는 이 책을 통해 무언가 중요한 것을 말하려고 했을 것이다. 그것은 무엇인가?

---

15) 미술사와 관련하여 『시민의 탄생』에는 다음과 같은 해석이 나온다. "단원 김홍도, 혜원 신윤복의 풍속화는 평민의 소소한 일상생활과 애환을 담고 있는데 표현과 정서의 대상이 산수山水에서 인간으로 바뀌었다는 것은 주체적 인간에 눈을 떴다는 뜻이다"(송호근, 같은 책, pp. 76~77). 프랑스의 문학평론가 츠베탕 토도로프는 17세기 네덜란드의 일상화를 같은 방식으로 해석했다(Tzvetan Todorov, *Éloge du quotidien. Essai sur la peinture hollandaise du 17ème siècle*, Paris: Adam Biro, 1993).

16) '네이버캐스트 지식인의 서재—소설가 조정래의 서재(http://navercast.naver.com/contents.nhn?rid=254&contents_id=53474)' 참조.

17) 김상준, 「조선 근대의 기원에 대한 탐색—송호근, 『인민의 탄생』, 『시민의 탄생』」, 『시민과 세계』 25호, 2014년 8월호.

명제 만들기

1980년대 초 신용하 교수가 중심이 되어 시작된 한국사회사학회는 한국의 사회학이 서구 사회학을 수입하는 과정에서 잃어버린 우리 사회의 역사적 경험을 다시 찾아 재구성하는 의미 있는 작업을 계속해왔다. 신용하는 "한국사회사가 한국에서 학문적 주체성을 확립하고 한국에서 독창적 사회학 이론을 정립하여 발전시키는 기초학문이 될 것을 기대(했)다."[18] 한국사회사학회에서 펴내는 학술지 『사회와역사』는 2013년 100호를 넘기면서 거의 천 편에 가까운 학술 논문을 산출했다. 이제 일차적 문헌을 자료로 하여 세부적 주제를 다룬 연구 논문이나 저서들이 상당 부분 축적되었으므로 기존의 연구 성과를 종합하여 한국 사회의 역사적 변동을 거시적으로 설명하는 저서가 나올 때가 되었다. 김필동이 사회 전체의 모습을 그리는 '전체사회사'란 "구조사의 제 영역과 의식, 사상사, 운동사가 종합되면서 특정 시대 전체 사회의 성격과 그 변동 양상 및 결과를 거시적·이론적으로 설명하는 것"[19]이라고 요약하였듯이 사회사를 전공하는 사회학자들의 연구물은 국사학자들과 달리 사회학적 개념들을 구사하면서 거시적 설명을 추구하는 방향으로 나아가야 한다. 그동안 한국사회사학회가 쌓아올린 개별적 연구 업적은 한국 사회학계의 귀중한 성과로 기록될 것이다. 그러나 김백영이 적절하게 지적하였듯이 한국사회사학회가 펴내는 "논문집에 게재된 대부

---

18) 신용하 엮음, 『사회사와 사회학』, 창비, 1982, p. 584.
19) 김필동, 「한국 사회사를 어떻게 이해할 것인가?」, 신용하·박명규·김필동, 『한국 사회사의 이해』, 문학과지성사, 1995, p. 27.

분의 글들이 역사학 논문들과 별다른 차별성을 띠지 못했던 점"[20]을 인정하면서, 축적된 연구 업적들을 '사회학적으로' 활용하여 우리 나름의 한국 사회의 변동 이론을 만드는 작업을 수행해야 할 단계에 이른 것 같다. 구슬이 서 말이라도 꿰어야 보배로서의 진가를 발휘하는 법이다.

송호근의 '탄생 연작'은 그런 시대적·학문적 요구에 대한 하나의 응답이라고 할 수 있다. 그는 한국사회사연구회를 주 무대로 활동했다기보다는 그곳에서 몇 발짝 떨어진 자리에서 자기 나름의 사회학 연구를 계속해왔다. 그 역시 대부분의 동료 학자들과 마찬가지로 서양산 사회과학을 배워 그것을 활용하여 한국 사회를 설명하는 일반적인 해외 유학파의 학문적 경로를 밟았다. 그런데 그는 10여 년 전부터 그런 작업에 회의를 느끼기 시작했다. 사회학은 '근대'의 학문이고 근대라는 개념은 서구 사회학이 만들어낸 '빅뱅 이론'이다.[21] 그 이전에 역사를 떠돌던 수많은 경험과 개념 들이 사회학을 통해 '근대'라는 개념으로 태어난 것이다. 그런데 송호근에게 서구 사회과학에서 근대의 탄생은 분명했지만 한국 사회에서 근대는 늘 불투명했고 확연하게 잡히지 않았다. 그래서 그는 1860년대 민란의 시대 이후 한국 사회가 근대로 진입하는 시기에 대한 글을 '닥치는 대로' 읽기 시작했다. 그렇게 10년 가까운 세월이 흐르면서 그의 머릿속에는 한국의 근대를 나름 일목요연하게 설명할 수

---

20) 김백영, 「사회과학과 역사학 사이의 한국학」, 권보드래 외, 『지식의 현장, 담론의 풍경』, 한길사, 2012, p. 306.

21) "천체물리학의 빅뱅처럼, 근대성은 정말 거대한 무언가를 기억하게 하고 우리가 의식하지 못했던 많은 것을 설명할 수 있는 이름표였다. 우주가 어떻게 시작되었는지에 대한 개념이 빅뱅이라면 지금 우리가 사는 사회가 어떻게 시작되었는지를 밝히는 게 '근대'에 대한 탐색이다"(랠프 페브르·앵거스 밴크로프트, 『스무 살의 사회학—콩트에서 푸코까지 정말 알고 싶은 사회학 이야기』, 이가람 옮김, 민음사, 2013, p. 51). 사회학은 근대의 도래라는 '역사적 빅뱅' 현상을 설명하고 미래를 예견하려는 지적 노력으로 태어났다.

있는 틀이 서서히 형성되기 시작했다. 서양학자들의 이론이 그의 설명 틀 형성에 직간접적으로 도움이 되었다. 송호근은 '탄생 연작'에서 알렉시스 드 토크빌, 위르겐 하버마스, 베링턴 무어, 라인하르트 코젤렉, 위르겐 코카, 테다 스카치폴, 로버트 퍼트넘, 베네딕트 앤더슨, 찰스 틸리, 에릭 홉스봄, E. P. 톰슨 등 서구 학자들의 이론을 원용하면서 김용섭, 이광린, 한우근, 유영익, 신용하, 안병욱, 정석종, 이태진, 김인걸, 조광, 조동일, 박명규, 김필동, 주진오 등 국내 국사학자들의 다양한 연구 성과를 종합하고 있다.[22]

송호근은 두 권의 연작에서 그동안 축적된 역사학자들의 연구를 활용하면서 이를 이론적 개념을 활용하여 거시적으로 설명하는 '역사사회학' 쪽으로 이동시키고 있다. 그동안 이루어진 소재주의적 연구들은 서로 연결되어 하나로 꿰어지기를 기다리는 수많은 보석들이다. 일차 사료를 바탕으로 개별 사건이나 주제에 대해 서술한 연구가 아니라 수많은 개별 연구들을 활용하면서 이론적 관점을 가지고 150여 년 동안의 역사를 크게 그리는 게 송호근의 작업이다. 이와 관련하여 나의 개인적인 에피소드 하나가 생각난다. 오래전의 일이다. 우리 집에는 커다란 레고 보자기가 있었다. 그 안에는 아들 녀석이 설계도를 보고 만든 레고 자동차, 군함, 비행기, 로봇 등이 해체된 채 어지럽게 뒤섞여 있었다. 어느 날 나는 그 레고 보따리를 열어 아들과 함께 갖가지 레고 조각들을 자유롭게 활용하면서 큰 건조물을 만들어보았다. 그것은 하나의 도시였는데 거기에는 성곽도 있고 집도 있고 자동차도 있고 사람들도 있

---

22) 『시민의 탄생』의 참고문헌을 보면 우리 학계의 연구 성과가 주를 이루고 영문 참고문헌은 논문 2편과 저서 3권에 불과하다. 『인민의 탄생』의 참고문헌에는 영문 저서가 10권 나온다. 영문 저서의 번역본은 한글 참고문헌에 포함되어 있다.

었다. 송호근의 '탄생 연작'을 아마도 그런 레고 놀이에 비유할 수 있을 것 같다. 그의 '탄생 연작'은 흩어져 있던 수많은 논문과 저서를 자신의 머릿속에 있는 희미한 설계도에 따라 재구성한 거대한 건조물이다.

송호근은 『사회와 역사』 100집 기념호에 실린 「大河에 닿기 위하여」라는 글에서 역사사회학 연구가 발전하기 위해서는 작은 주제에 대한 구체적인 묘사도 좋지만 그것들을 하나로 아울러 큰 명제를 만들어내야 한다고 주장했다. 그는 한국사회사학회 회원들을 염두에 두고 이렇게 썼다. "사회사의 문외한으로서 한국사회사학회 회원들에게 감히 바라고 싶은 것이 있다면 절절한 문제의식과 방법론이다. 수많은 소재들로는 명제를 만들지 못한다. 대하에 닿지 못한다. 사회과학의 성벽은 수많은 소재들로 쌓지만 소재를 잇고 벽돌을 놓는 방식이 없으면 그냥 돌더미일 뿐이다. 내가 그 돌더미를 쌓고 있는지도 모르겠다.[23] 송호근은 「사회과학자의 즐거운 외출」이라는 제목의 글에서 역사학자들에게도 역사사회학을 전공하는 학자들에게 한 말과 거의 비슷한 말을 반복하고 있다. 그는 일단 다음과 같은 말로 시작한다. "나는 사학자들의 사료 집착증과 자기 전공 아니면 입을 닫는 과묵함을 존경하는 편이다. 사료가 말하는 것 외에 주관적 판단과 사설을 가능한 억제하는 그 놀라운 자제력, 자기 영역을 넘어서면 말하기를 아예 단념하는 담화 통제력은 연구 주제의 자유로운 변환, 이념적 변신, 영토 확장욕, 화려한 말솜씨가 난무하는 사회학계의 모범이 되기에 부족함이 없다."[24] 그러나 그는 역사학자들의 작업에 만족할 수가 없다. 그래서 다음과 같이 자신의 생

---

23) 송호근, 「大河에 닿기 위하여」, p. 164.
24) 송호근, 「사회과학자의 즐거운 외출」, 『한국사 시민강좌』 48집, 2011, pp. 177~78.

각을 풀어놓는다. "오직 사료로 말한다는 역사학계의 준엄한 내규가 조각 그림이라도 정밀하게 그려 보이겠다는 소박한 태도로 귀결"되며 그 결과 소재별로 분절되고 주제별로 구획된 연구들 사이의 소통의 결핍이 나타난다. "통사가 필요하다는 것이 아니라, 개화기 변동을 설명하는 거시명제와 변인들의 정립, 각 분야의 연구를 가로지르는 인과분석이 아쉽다"는 것이다.[25]

송호근은 소재주의적 연구 성과들을 부품으로 하여 거시 프레임으로 건축한 공작품, 조형물을 만들고 있는 것이다. 그것은 천지사방으로 흩어진 '인민'과 '시민'의 흔적을 한곳으로 모아 조립 복원하는 작업이다. 의당 그런 작업에는 희미하나마 전체를 조망하는 설계도가 있어야 한다. 송호근은 그 설계도를 "소재를 잇고 벽돌을 놓는 방식"이라고 표현했다. 송호근의 목표는 명제를 탄생시키는 것이다. 그렇다면 그렇게 탄생한 명제는 어디에 쓰이는가? 문학평론가 정과리에 따르면 "명제의 기능은 상징의 순기능이 그러하듯이 지식의 내용을 제공하는 데 있는 게 아니라, 인식의 내용을 스스로 만들도록 마중물을 붓는 것이다. 그 명제에 의해 방황의 미궁은 섬세히 설계된 건축으로 바뀔 가능성을 확보한다."[26] 박명규는 푸른역사아카데미 서평회에서 '탄생 연작'은 일반 이론은 아니고 중범위 수준에서 이루어진 연구라고 논평했다.[27] 그렇다면 송호근이 부품을 조립하거나 벽돌을 쌓을 때 활용한 설계도는 무엇

---

25) 같은 글, pp. 185~86.
26) 정과리, 「문학의 사회적 지평을 열어야 할 때」, 『21세기문학』, 2014년 봄, pp. 203~204.
27) 정근식도 한국의 역사사회학은 "'실사구시'에 바탕을 둔 중범위이론화로 연결되어야 한다"면서 그래야만 "소재주의로 흐를지도 모르는 현재의 경향을 균형 잡는 지침"을 마련할 수 있다고 보았다(정근식, 「한국사회사학 30년의 성과와 과제」, 『사회와 역사』 100집, 2013, p. 32).

인가? 그리고 그가 산출한 명제는 무엇인가? 그 명제는 미궁을 성곽으로 바꾸어놓고 있는가?

'분석적 서사'의 문체

학자의 연구 결과는 글로 표현된다. 훌륭한 학자는 결국 글을 잘 쓰는 사람이다. 그런 점에서 송호근의 글쓰기에 대해 언급할 필요가 있다. 글쓰기는 연구 결과가 나온 다음 그것을 돋보이게 포장하는 수준의 문제가 아니다. 글쓰기는 자기 개성의 표현이면서 독자와의 소통 과정에 결정적으로 중요한 요소이다. 사회학자들의 자기만족적 글쓰기가 소통을 위한 글쓰기로 전환하지 않는다면 아무리 훌륭한 사회학 연구라도 무용지물이 되고 말기 때문이다.[28]

송호근은 글쓰기의 중요성을 잘 인식하고 있는 사회학자 가운데 한 사람이다. 그는 조선 시대 선비들의 글쓰기에 대해 다음과 같이 썼다. "'글을 잘한다'는 것은 세계 인식의 범위가 넓고 깊다는 것을, 자기 성찰과 심성의 본질에 도달했다는 것을, 따라서 문장가의 인격이 치인治人의 자격에 합당하다는 것을 뜻했다. 수기修己는 문장의 전제조건이었다. 문장은 자기 수양을 얼마나 잘했는지 가늠하는 측정자였으며, 천리를 어느 정도 터득했는지를 알려주는 징표였다."[29] 오늘날 사회학자들

---

28) 사회학에서 작품으로서의 글쓰기가 갖는 중요성에 대해서는 정수복, 『책인시공―책 읽는 사람의 시간과 공간』(문학동네, 2013)과 『도시를 걷는 사회학자』(문학동네, 2015, pp. 19~29)를 볼 것.
29) 송호근, 『시민의 탄생―조선의 근대와 공론장의 지각 변동』, p. 46.

의 글쓰기는 논문 투의 글쓰기로 표준화되어 있다. 다시 말해서 사회학자는 자기 나름의 개성 있는 글쓰기를 구사하지 않도록 훈련받았다. 누가 써도 다 비슷비슷한 건조하고 밋밋한 문체여서 학자마다 고유한 특성이 드러나지 않는다. 사회학을 객관적 진리를 탐구하는 '과학'으로 여긴 실증주의 시대의 기계론적 인식론이 사회학자들의 글쓰기를 그렇게 만들었다. 파리라는 좁은 지리적 범위를 중심으로 중요한 지적 작업이 소통되는 프랑스에서는 그나마 학자마다 남과 구별되는 고유한 문체가 있다. 그러나 지리적으로 넓은 지역에 퍼져 있어 누가 누구인지를 모르는 미국의 사회학자들은 익명의 독자 누구나 알아들을 수 있도록 쉽고 분명하게 연구를 요약하는 글쓰기 전통을 갖고 있고, 미국에 유학한 한국 사회학자들도 그런 글쓰기 훈련을 했다고 할 수 있다. 그런데 미국 유학파인 송호근은 그런 건조한 글쓰기에 머무르지 않고 자기 자신의 개성이 드러나는 글쓰기를 하고 있다. 송호근이 쓴 글을 읽으면 송호근식 문체가 느껴진다. 폭이 넓고 깊이 있는 박학다식으로, 변화하는 현실을 날카롭게 관찰하면서 그 나름의 문장력으로 연구의 결과를 전달하고 있는 것이다.[30] 그는 일찍이 문학에 관심을 갖고 오랫동안 문학적 감수성을 상실하지 않은 독특한 사회학자다. 문학이란 무엇인가. 그것은 자신의 체험을 고유한 감수성으로 갈고 다듬어 타인이 읽어도 공감할 수 있도록 글로 표현하는 작업 아닌가. 송호근은 그런 남다른 능력

---

30) 김종엽은 송호근의 문체에 대해서 다음과 같이 썼다. "송호근 교수는 우리나라의 대표적인 교수이자 문필가이다. 그의 신문 칼럼은 그저 당면한 현실을 분석해서 전하는 여느 사회과학자들의 글과는 다른 매력이 있다. 역사와 문학을 종횡하는 박람강기도 눈부시고 그것을 엮어내는 솜씨 또한 날렵한 검기劍氣 같은 문체미를 가지고 있기 때문이다"(김종엽, 『좌충우돌—노무현에서 이명박까지 사회학자 김종엽의 우리 시대 관찰기』, 문학동네, 2014, p. 227).

을 발휘하고 있다.

나는 송호근의 문체를 이야기와 분석이 곁들여진 '분석적 서사analytic narrative'의 문체라고 부르고 싶다. 그의 글 속에는 길든 짧든 이야기가 들어 있고 분석적 개념들이 등장한다. 그의 글을 읽고 나면 머리가 개운해지면서도 무언가 여운이 남는다. 그는 뛰어난 이야기 구성 능력을 갖추고 있으며, 때로는 논쟁적이면서도 우아하게 여운을 남기는 문체를 구사하는 사회학자다. 감수성 예민한 문학청년이 분석적 개념을 만들고 자기 나름의 문체를 구사하는 사회학자로 성숙한 것이다. 그는 문학의 세계에 머무르지 않고 사회학을 통해 역사와 사회를 거시적으로 보고 해석하는 방식을 배웠다. 그가 거시적 차원과 미시적 차원을 종합하는 능력을 보이고 있다면 그건 그가 문학적 소양과 사회학적 분석 능력을 함께 구비하고 있는 데서 나온다.

송호근의 문학적 소양은 자유로운 메타포의 구사로도 나타난다. '동굴 속의 공론장'이라는 메타포가 그 보기이다. "시민과 사회는 동굴 속에 갇혔다. [……] 동굴 속의 공론장 그것이 식민지 현실이었다."[31] 겉으로 드러나는 자유로운 공론장이 아니라 비합법적인 공간에서 암암리에 전개되는 공론의 장이 '동굴 속의 공론장'이다. 송호근은 1910년 한일합방 이후 그 이전에 활성화되었던 평민공론장과 엘리트공론장이 일제 식민지 체제하의 비합법적이거나 반半합법적인 공간에서 그 활동을 계속했음을 두고 그렇게 표현함으로써 '공론장 분석'이라는 자신의 분석 도구를 일관되게 활용하고 있는 것이다.

---

31) 송호근, 『시민의 탄생―조선의 근대와 공론장의 지각 변동』, p. 21.

이름 붙이기와 개념 구사

역사학자들은 일반적으로 특정 시기를 중점적으로 연구한다. 보기를 들자면 조선 전기를 전공하는 학자가 있는가 하면 프랑스 혁명사를 전공하는 학자도 있다. 그러나 역사는 특정 단위로 구획되지 않고 마치 하나의 강처럼 연속해서 흐른다. 전체를 보는 관점으로 그 토막 난 시대별 연구를 하나로 잇는 작업이 필요하다. 재일동포 역사학자 윤건차尹健次는 한국의 근현대사 연구가 "개항 이후, 식민지 시기, 해방 이후로 토막토막 끊어져서 근현대사를 포괄적으로 파악하는 시각과 방법론이 아직 확립되지 않고 있다"고 지적한 바 있다.[32] 송호근의 작업은 그런 지적에 답하여 나름 하나의 관점으로 한국 근현대사를 통합적으로 이해하려는 노력이다. 이제 '탄생 연작'은 개항 이후를 지나 식민지 시기로 진입했다. 다음 펴낼 책에서 식민지 시기와 더불어 해방 이후의 시기를 다루게 되면 한국의 근현대사를 '포괄적으로' 파악하는 하나의 시점이 드러날 것이다. 송호근은 한국 근대를 하나의 축으로 일관성 있게 파악하기 위해 여러 개념적 장치들을 활용하고 있다. '탄생 연작'에서 그는 '근대' '공론장' '말안장 시대' '성스러운 천개' '지식국가' '상상의 국가' '인민' '시민' '개인' 등 서구 학계에서 산출된 개념들을 자유롭게 구사한다. 공론장이라는 개념은 양반공론장, 유림공론장, 조정공론장, 지식인공론장, 평민공론장, 종교적 평민공론장, 세속적 평민공론장으로 분화되며, 인민은 문해인민, 자각인민, 개명인민으로 분화되고, 시민은

---

32) 윤건차, 『현대 한국의 사상흐름』, 장화경 옮김, 당대, 2000, p. 220.

교양시민과 경제시민으로 구별된다. 인민과 시민 옆에는 신민, 근대인, 개인이라는 개념도 등장한다. 유교적 지식국가와 대칭되는 세속적 근대 국가라는 개념도 등장하며 문자공동체의 탄생과 민족 개념이 합쳐져 형성된 민족국가 개념도 등장한다. 이런 개념화 작업과 관련하여 푸른 역사아카데미 서평회에서 박명규는 "송호근의 다양한 개념 구사가 설명으로 이어지지 않고 단순한 '이름 붙이기'에 머무르고 있는 것은 아닌가"라는 문제를 제기했고 손석춘은 하버마스의 공론장 개념이 서구의 부르주아 공론장을 지칭하는 것인데 송호근의 개념 활용이 원래의 뜻에서 지나치게 벗어난 남용이 아닌가를 물었다.

작은 주제로 세부적이고 구체적인 연구를 하는 학자들이 보면 송호근의 저작은 사실에 근거해서 개념을 만든 것이 아니라, 개념에 맞추어 사실을 끼워 맞춘 작업으로 보일 수도 있다. 국사학자들의 시각에서 보면 거시적인 사회변동을 다루는 역사사회학자들의 작업은 도식적, 선언적, 자의적으로 보일 수 있다. 그러나 송호근의 '탄생 연작'은 개념의 프로크루스테스의 침대가 되는 측면보다는 개념의 날개를 단 사회학적 상상력의 발휘라는 측면이 강하다. 이경구도 "언어와 그 언어가 사용되는 공론장을 통해 민民의 독자적 세계관이 성장한다는 [송호근의] 지적은 조선 시대 이해의 새 패러다임으로 매우 주목된다"[33]고 인정한 바 있거니와 내가 읽은 바로는 송호근의 자유로운 개념 구사는 자칫 지루하게 이어질 수도 있는 글에 긴장감을 부여한다. 그뿐 아니라 헝클어졌던 머릿속을 깨끗하게 구획하고 정리해주기도 한다. 송호근은 자신이 구사하는 개념을 요약해서 제시하고 그 개념의 출처를 간단하게 밝힌 다음

---

33) 이경구, 「19세기 전반, 민·지식인·문자관에 대한 시론」, 『개념과 소통』 12호, 2013, p. 141.

그것들을 자기 나름의 방식으로 자유롭게 활용한다. 개념은 개념에 머무르지 않고 경험세계와 만나 현실을 설명하고 이해하는 도구로 바뀐다. 물론 서구라는 문맥에서 만들어진 개념들을 서구의 역사적 경험과 대조하여 이해해야 한다. 그것은 개념 형성의 역사적 맥락을 이해하는 작업이다. 그러나 그것을 다른 문맥에 적용하여 변형시키면서 우리 것으로 만드는 작업은 그 나름대로 또 다른 의미를 갖는다. 그 과정에서 원래의 개념이 가졌던 의미가 변화를 겪는다고 해서 크게 문제될 것은 없을 것 같다.

생각해볼 점은 두 가지다. 첫째로 변형되고 분화된 다양한 공론장을 비롯하여 송호근이 구사하는 개념들이 우리 역사의 새로운 이해에 어떤 도움을 주는가이다. 이에 대해서는 큰 이의가 없을 것 같다. 공론장 분석이 민의 성장을 언문을 통한 자각, 그리고 그들 사이의 소통 증가로 집합적 주체의식이 성장되는 과정을 설득력 있게 보여주고 있기 때문이다.[34] 둘째로 개념들을 뒷받침하는 역사적 사실들을 풍부하게 제시하고 있느냐이다. 여기에는 여러 가지 이의 제기가 가능할 것이다. 이경구는 송호근이 구사하는 개념적 장치의 유효성을 인정하면서도 언문 인민담론장의 세계관이 한문 양반담론장의 세계관과 완전히 구별되는 대안적 세계관이었음을 보여주는 자료의 제시가 부족하다고 지적한다.[35] 역사학 연구는 기존의 연구를 강화시켜주는 새로운 사료 발굴과 더불

---

34) 물론 우리의 역사적 경험을 근거로 하여 새로운 개념을 창출하고 그것을 우리 역사의 문맥을 떠나 보편성을 갖는 개념으로 확장시키는 작업이 우리 학문이 나아가야 할 길임을 부인할 수는 없을 것이다(조희연, 「우리 안의 보편성—지적·학문적 주체화로 가는 창」, 조희연 외, 『우리 안의 보편성—학문 주체화의 새로운 모색』, 한울아카데미, 2006, pp. 25~82).

35) 이경구, 「조선의 새로운 시간대와 인민—『인민의 탄생』」, pp. 232~39.

어 기존 자료의 새로운 해석을 통해 발전한다.[36] 물론 '인민의 탄생'을 연구하려면 인민이 남긴 사료를 발굴해서 분석해야 한다. 그런데 이에 대해 송호근은 이렇게 답한다. "조선사에 인민의 기록은 없다. 인민은 기록을 남기지 않는다. 그러니 사료에 집착하는 역사학자들이 어떻게 인민의 역사를 연속적 스토리로 그려낼 수 있겠는가? 기록이 없으면 방법론에 호소하는 것이 사회과학자의 장점이자 주특기이다."[37] 기록이 없으면 방법론에 호소할 것이 아니라 기존의 자료를 새롭게 해석하는 해석적 상상력이 필요한 것은 아닐까?

책 제목은 적절한가?

『한국 전쟁의 기원Origins of the Korean War』『프랑스혁명의 지적 기원Origines intellectuelles de la révolution française』『영국 노동계급의 형성Making of the English Working Class』과 같은 책들의 제목에서 보듯이 역사학과 사회과학 저술에서 '기원origin'과 '형성making'이라는 단어는 한 사건이나 주체의 출현 과정을 살피는 저서에 즐겨 사용되었다. 『남자의 탄

---

36) 프랑스 역사학의 경우를 보기로 들어보자면 프랑스 혁명사 연구가 미셸 보벨은 프랑스의 인민들이 프랑스혁명 이전에 이미 외면적인 신앙에서 벗어나 내면적이고 개인주의적인 신앙생활을 했음을 그들이 남긴 유언장 분석을 통하여 밝혀냈다. 신앙 차원에서 개인의 등장을 보여준 것이다. 이후 로제 샤르티에는 구체제하에서 출판과 독서 시장의 형성을 통해 공론장이 탄생하고 탈기독교화와 국왕의 탈신성화 등이 일어나며 개인의식이 성장했음을 확인했다. 그런데 두 학자는 서로 대립적인 학파에 속하는 사람들이었다. 김응종, 『관용의 역사—르네상스에서 계몽주의까지』(푸른역사, 2014, p. 427)와 로제 샤르티에, 『프랑스 혁명의 문화적 기원』(백인호 옮김, 일월서각, 1998)을 볼 것.
37) 송호근, 『시민의 탄생—조선의 근대와 공론장의 지각 변동』, p. 163.

생』『엄마의 탄생』『빨갱이의 탄생』등 한국에서 출판되는 저서에 자주 등장하는 '탄생birth'이라는 말도 '기원'이나 '형성'과 비슷한 의미를 함축하고 있다. 『시민의 탄생』 뒤표지에는 이 책이 "20세기 한국인의 기원을 밝히는 사회학적 탐구"라는 문구가 들어 있기도 하다. '탄생'이라는 단어가 들어간 저서들은 모두 배태와 출생의 조건과 과정을 다룬다. 탄생은 이후 성장과 변화, 성숙과 소멸의 과정을 함축한다. '탄생 연작' 1권의 제목은 '인민의 탄생'이다. 그렇다면 2권에서는 그 인민이 어떻게 성장, 변화, 소멸하는가를 살펴야 한다. 그런데 2권의 제목은 '시민의 탄생'이다. 푸른역사아카데미 서평회에서 박명규가 적절하게 지적했듯이 "1권에서 인민이 탄생했다면 2권은 그 성장과 진화를 다루어야 하는데 2권에서는 시민이 탄생한다. 그렇다면 인민은 소멸하고 그 자리에 시민이 탄생했다는 이야기인지 아니면 인민이 시민으로 발전했다는 것인지 분명치가 않다. 인민이 시민으로 발전했다면 2권의 제목은 '인민에서 시민으로'로 하는 것이 더 적합했을 것이다." 이에 대해 송호근은 "보기를 들자면 '근대 농업사 연구'와 같은 고답적인 제목은 답답하고 '무엇에서 무엇으로'라는 제목은 너무 흔해서 피하고 싶었다. 그리고 제목은 책 내용을 너무 명확하게 제시하기보다는 다소 모호한 측면을 가지고 있는 게 독자들의 궁금증을 자아낼 수 있다"고 답했다. 독자들을 다소 헷갈리게 하는 제목이 좋은 제목이라는 것이다. 제목 짓기는 저자의 권한이니 여기에서 길게 논의할 필요는 없다. 중요한 것은 1권 『인민의 탄생』과 2권 『시민의 탄생』을 통해 19세기 중반 이후 조선 사회에서 근대적인 주체가 형성되는 과정이 일목요연하게 서술되고 있느냐이다.

시민은 탄생했는가?

사회학자들은 근대 사회를 막스 베버의 명제에 따라 마술의 세계에서 벗어나 합리성이 증대된 사회로 이해해왔다. 그러나 사회체계의 합리성 증가는 근대적 행위 주체의 형성 없이는 생각할 수 없는 개념이다. 그러므로 '합리화'와 '주체화'는 한 사회의 근대 진입 여부를 알려주는 두 개의 지표라고 할 수 있다.[38] '식민지 근대'를 불완전한 근대로 볼 수밖에 없는 것은 사회체계의 '합리성'은 증가했지만 사회체계를 구성하고 운영하는 근대적 '주체' 형성이 함께 이루어지지 않았기 때문이다. 그런 점에서 1860년대 이후 한국사의 전개를 '인민'과 '시민'이라는 근대적 주체 형성의 관점에서 접근하는 송호근의 '탄생 연작'은 한국 근대 연구의 커다란 한 축을 구성한다. 전근대의 '신민臣民' 또는 '적자赤子'가 어떤 과정을 거쳐 인민과 시민으로 태어나는가? 이것이 '탄생 연작'의 문제의식이다.

송호근은 자신의 문제의식을 이렇게 요약한다. "이 연구는 자각인민이 개인을 거쳐 시민으로 태어나는 과정을 추적한다. 근대적 개인은 사회를 구성하는 주체이고, 개인과 사회가 근대성을 획득해가는 과정에서 개인은 시민으로 발전한다. 시민사회의 일원이 되는 것이다. 이것이 현대 (서구) 사회과학이 발을 딛고 있는 기원에 해당한다. 조선에서 근대적인 개인, 근대 사회, 그리고 근대 국가는 과연 태동했는가? 그랬다

---

38) 알랭 투렌, 『현대성 비판』(정수복·이기현 옮김, 문예출판사, 1995)의 3부 "주체의 탄생"을 볼 것.

면 어떤 과정을 통해 형성되었고 그 초기 모습은 어떠했는가? 이 질문이 이 연구의 핵심 주제다."[39] 저자는 한국 사회에서 개인의 발견, 사회의 발견, 결사체의 확산, 시민의식의 성장이 어떤 방식으로 이루어졌는가를 밝히기 위해 여러 자료를 동원하고 해석하면서 근대적 개인과 사회가 탄생하는 과정을 보여주었다. 그럼에도 불구하고 19세기 말, 20세기 초에 탄생한 개인과 사회가 과연 '얼마나' 근대적이었을까라는 질문이 떠오른다. 다시 말해서 현재 우리가 이해하는 개인과 사회라는 개념과 당시의 현실이 얼마큼 조응하는 것일까라는 의문이 생기는 것이다. 보다 직접적으로 표현하자면 시민과 시민사회가 탄생했다는 해석이 과장된 해석은 아닌가라는 질문이 제기된다. 푸른역사아카데미 서평회에서 박명규는 송호근이 우리 역사에서 근대는 언제 어떻게 등장했는가를 묻고 거기에 똑 떨어지는 답을 하려고 했는데 우리의 근대를 있는 그대로 묘사해보면 거기에는 전통과 근대가 착종하는 복잡하고 어지러운 모습이 그려질 것이라고 지적했다. 그렇다면 우리의 근대기에는 신민과 시민이 공존했으며, 시민 속에 신민의 요소가 남아 있고 신민 속에 시민의 맹아가 들어 있는 상태였다고 해석할 수 있다.[40]

그리고 인민의 탄생이나 시민의 탄생을 논의하기에 앞서 인민과 시민이라는 개념에 대한 정리가 필요하다. 일찍 작고한 역사사회학자 최재현이 오래전에 지적했듯이 "우리의 현대 학문은 서양의 역사 속에서 형성·발전된 것을 거의 그대로 수입해 옮긴 것이다. 이 과정에서 전통 학

---

39) 송호근, 『시민의 탄생―조선의 근대와 공론장의 지각 변동』, p. 9.
40) 이를 두고 '비동시성의 동시성'이라는 개념의 적용이 가능할 것이다. 이에 대해서는 강정인을 볼 것(강정인, 『넘나듦通涉의 정치사상』, 후마니타스, 2013, pp. 277~80). 그는 후발국가latecomer에 해당하는 독일이나 일본보다 식민지 경험을 한 한국 같은 후-후발국가late-latecomer에서 비동시성의 동시성이 심하게 나타난다고 본다.

문의 체계는 대체로 무시된 셈이다. 그 결과 우리가 구사하고 있는 많은 사회과학적 개념들은 과학적인 것 같으면서도 어딘가 모르게 우리의 역사, 우리의 문화적 전통과는 꼭 부합하지 않는다는 느낌을 준다."[41] 주지하듯이 개인individual, 시민citizen, 사회society 등 사회학의 주요 개념들은 서구 근대를 설명하기 위해 만들어진 것으로서 메이지 시대 일본에서 한자어로 번역된 개념이다.[42] 이 개념들은 아직도 우리에게 어색한 느낌을 준다. 개념사적 접근이 필요한 이유가 여기에 있다. 일단 '탄생 연작'의 책 제목에 등장하는 '인민'과 '시민' 개념에 대한 개념사적 정리가 필요하다. 박명규가 지적하듯이 『조선왕조실록』에 빈번하게 등장하는 '인민'이라는 개념은 "지금도 북한에서는 가장 많이 사용되는 단어이지만 남한에서는 좀처럼 잘 쓰이지 않고 있다." 또 오늘날에는 시민이라는 단어가 널리 쓰이고 있지만 "19세기 말 이래의 근대 전환기에 시민 개념이 차지하는 비중은 작아 보인다."[43] 근대 사회의 출현을 설명할 수 있는 개인, 사회, 인민, 시민 등의 개념이 한국 근현대사를 통해 어떻게 사용되고 왜곡되고 독점되고 확산되었는지에 대한 논의가 필요하다.[44] 따라서 '탄생 연작' 3권에서는 19세기 말에서 오늘날에 이르기까

---

41) 최재현, 『열린 사회과학의 과제』, 창작과비평사, 1992, p. 45.

42) '사회'라는 개념을 보기로 들자면 그것은 일본을 통해서 유입되어 1896년 이후 사용되기 시작했다. 1900년대에 들어서 자발적인 결사체가 늘어나고 조직을 통한 개인들의 결속이 이루어지면서 공론을 결집하고 권력을 민주화시키는 영역으로 이해되기 시작했다(박명규, 「한말 '사회' 개념의 수용과 그 의미체계」, 『사회와 역사』 59집, 2001년 5월, p. 80). 근대, 사회, 개인, 자유, 권리, 연애 등의 서양 언어가 일본어로 번역되는 과정을 다루고 있는 야나부 아키라, 『번역어의 성립—서구어가 일본어를 만나 새로운 언어가 되기까지』(김옥희 옮김, 마음산책, 2011)도 참조할 것.

43) 박명규, 『국민·인민·시민—개념사로 본 한국의 정치주체』, pp. 177~78.

44) '개인'과 '시민' 그리고 민주주의의 관계에 대해서는 김석근을 참조하라(김석근, 「민본과 민주 사이의 거리와 함의」, 강정인 엮음, 『현대한국정치사상—탈서구중심주의를 지향하며』,

지 인민과 시민, 개인과 사회에 대한 개념이 어떻게 수용되고 이해되었는지에 대한 논의가 이루어지기를 기대한다.

한말 자발적 결사체는 얼마나 근대적이었나?

송호근이 『시민의 탄생』에서 자신의 주장을 입증하기 위해 가장 중요하게 제시하는 자료는 자발적 결사체의 양적 증가 현상이다. 그가 볼 때 "자발적 결사체는 동서양을 막론하고 시민사회가 형성되는 공통적 징후이다."[45] 그리고 한말에 자발적 결사체가 출현하고 급증했다는 사실을 근대의 징후로 읽어도 무방하다고 추론한다. 『시민의 탄생』의 맨 뒤에는 부록으로 400여 개에 이르는 결사체의 목록이 무려 25쪽에 걸쳐 제시되고 있다. 그러나 1894년에서 1909년 사이에 자발적 결사체가 출현하여 양적으로 증가했다는 사실만으로 시민이 탄생했음을 입증하기는 어렵다. 송호근이 제시한 자발적 결사체의 목록을 자세히 들여다보면 거기에는 향우회나 동창회 같은 전근대적 연고주의에 의해 이루어진 모임이 다수 눈에 들어오며 단순한 공부 모임도 많다. 결사체의 구성원들이 어떤 동기로 모여서 어떤 방식으로 결사체를 운영했으며 과연 그들의 의식이 근대적이었는가를 보여주는 질적 분석이 필요하다. 자료가 없다는 이유로 상상력을 지나치게 발휘하여 그 의의를 확대해석하는

아산서원, 2014, pp. 490~536; 김석근, 「마루야마 마사오에서의 '개인'과 '시민'─'주체' 문제와 관련해서」, 김석근·가루베 다다시 엮음, 『마루야마 마사오와 자유주의』, 아산서원, 2014, pp. 27~48).

45) 송호근, 「사회과학자의 즐거운 외출」, p. 199.

우를 범해서는 안 된다. 이에 대해 송호근은 이미 다음과 같은 답변을 마련해두고 있다. "아직 시민의 한 요소만을 충족할 뿐인 자각인민이 정치적 공간에 선뜻 나선 그 상황을 시민사회의 출현이라고 과대평가하려는 것은 아니다. 보편적 관점에서 '시민사회'는 계약적 질서와 개인적 권리 의식에 충만한 개인들이 모여 자신들을 관리할 법과 규칙을 강제할 힘을 갖췄을 때에나 가능하다."[46]

시대를 한 세기 건너뛰어 1990년대에도 시민단체가 우후죽순처럼 증가했다. 그런데 그때 흔히 듣던 말로 "시민 없는 시민운동"이라는 표현이 있었다. 시민이 직접 참여하는 시민운동이 아니라 사회운동가들과 상근 간사들이 시민의 이름으로 '시민운동'을 조직하고 운영했다는 것이다. 다시 말하자면 1987년 민주화 이후에도 송호근이 말하는 '계약적 질서'를 존중하고 '개인적 권리 의식'을 가진 시민이 충분하게 형성되지 않았다는 말이다. 게다가 최근 사회학계 일각에서는 '사회적인 것의 소멸'이 이야기되고 있다. 그렇다면 19세기 말, 20세기 초 한일합방 이전에 시민은 불완전한 형태로 태어났다가 일제강점기와 6·25전쟁, 권위주의적 산업화 과정에서 변형되고 왜곡되어 회복 불가능한 상태가 되어버린 것은 아닐까? 앞으로 나올 '탄생 연작'의 3권에서는 이런 문제들에 대한 천착이 이루어지기를 기대한다.[47]

---

46) 송호근, 『시민의 탄생―조선의 근대와 공론장의 지각 변동』, p. 152.
47) '탄생 연작' 3권 이전에 나온 『나는 시민인가』(문학동네, 2015)에서 송호근은 현재의 한국 사회의 시민의식의 결핍과 공공성 부재를 논의하고 있다. 1990년대 시민운동 현장 체험을 바탕으로 시민운동의 한계를 논의한 정수복, 『시민의식과 시민참여』(아르케, 2002)도 볼 것.

서구중심주의라는 기본 틀

한국의 사회과학이 서구 특히 미국 학계에 의존하고 있음은 주지의 사실이다. 그러나 학자들 스스로의 문제의식과 한국연구재단의 방향 제시에 힘입어, 서구중심주의를 넘어서 우리 나름의 목소리를 내자는 주장이 힘을 얻고 있다. 그런 점에서 보았을 때 '탄생 연작'은 서구 사회 과학의 세례를 받은 사회학자가 한국의 '근대'를 본격적으로 조명하고 있다는 점에서 커다란 의미를 가진다. 그런데 한국 '근대'의 기원을 다루고 있는 '탄생 연작'이 서구중심주의의 틀 안에 머무르고 있는 것은 아니냐는 비판이 제기될 수 있다. '근대'라는 것을 서구에서 발생한 현상으로 보고 사회학이 서구의 근대를 해명하면서 성립한 학문이라면 '탄생 연작'은 서구중심주의를 어떻게 극복하고 있는가? 아니면 '탄생 연작'은 서구 사회과학의 틀 안에서 이루어진 논의에 머무르고 있는가?

송호근은 몰역사적인 사회과학적 분석의 허망함에서 벗어나고, 역사 학계의 민족주의 사관과 민중사관 등 목적론적 역사연구를 넘어서, 한 국의 근대를 거시 분석적으로 재조망하고 있다.[48] 그는 한국 역사학계 를 주도했던 '내재적 발전론'과 '식민지 근대화론'이라는 두 관점이 모 두 조선의 통치 구조와의 연결성이 없다는 점을 한계로 지적한다. 그가 볼 때 조선 사회의 통치 구조는 다음과 같은 특성을 갖는다. 조선 사회 는 유교라는 종교와 정치와 문예(지식)가 천天을 정점으로 하는 하나의

---

48) 송호근의 표현을 빌리자면 목적론적 연구는 "사료가 말하는 것을 연구자의 말과 의도로 정 렬하는 태도"에서 비롯된 연구를 말한다(송호근, 「사회과학자의 즐거운 외출」, p. 188).

체계로 통합되어 있어서 밑으로부터 이를 깨기 어려웠다. 조선 사회의 특별한 통치 구조를 깨려면 종교적 차원에서 이에 도전할 수 있는 새로운 신념체계가 필요했다. 19세기 후반에 형성되고 발전한 동학이야말로 유교적 통치체계에 도전한 새로운 종교로 볼 수 있다. 동학은 글을 읽을 줄 아는 문해인민이 자각인민으로 성장하는 과정에서 탄생했다. 송호근이 볼 때 동학의 확산은 유럽의 종교개혁과 같은 수준의 대전환이었다. 그런데 송호근의 이러한 설명에 대해, 강정인의 표현을 빌리자면 "서구 이론에 따른 동화주의적 해석"[49]에 머무르고 있는 것은 아닌가라는 질문이 나올 법하다. 다른 한편 송호근은 구미 열강과의 수교 이후 1880년대 고종의 동도서기적 개화 노력을 '발아하는 근대의 징후'로 보고 있다.[50] 그런데 '초기 근대'라는 개념으로 서양의 근대 이전의 근대 개념을 모색하는 김상준은 19세기 말 "오직 서구문명과의 만남을 통해 동아시아의 근대가 시작되었다는 시각"을 "서구중심주의 역사관의 무비판적 수용"이라고 본다. 그는 구미 열강에 의한 문호 개방 이후 시작된 '식민-피식민 근대성' 훨씬 이전에 발아한 근대의 싹을 찾는 '초기 근대' 연구가 필요하다고 주장한다.[51]

정치학자 강정인이나 사회학자 김상준만이 아니라 국문학자 김흥규와 국사학자 이경구도 서구중심주의의 넘어서려는 시도를 하고 있다. 김흥규는 우리 역사의 근대에서 발견되는 새로운 현상들을 서구에서

---

49) 강정인, 『넘나듦通涉의 정치사상』, p. 78.
50) 송호근, 『시민의 탄생─조선의 근대와 공론장의 지각 변동』, pp. 218~38.
51) 식민지 근대 이전에 이루어진 비서구의 '초기 근대'에 관심을 보이는 김상준은 일본사의 경우 도쿠가와 막부 성립 이후를, 중국의 경우에는 송대 또는 명 말 청 초를 초기 근대로 보고 있다(김상준, 『맹자의 땀, 성왕의 피』, 아카넷, 2011; 김상준, 「조선 근대의 기원에 대한 탐색─송호근, 『인민의 탄생』」). 그렇다면 한국의 '초기 근대'는 언제인가?

유입된 것으로 환원시키는 근대 해석을 '난폭한 근대주의'라고 부르면서 "역사적 시간의 여러 국면이 형성하는 다중적 관계"에 주의를 기울여한다는 경고의 메시지를 보낸다. 다시 말해서 '근대에 대한 전근대의 예속'을 물리쳐야 한다는 것이다. 그는 "근대 사회의 현상들을 근대라는 시공간 안에서만 보려는 폐쇄성"에 대해 경고하면서 근대적 현상을 우리 역사의 내재적 흐름과 연결시키는 연구를 진행하고 있다.[52] 그 가운데 재미있는 보기를 하나 들자면, 김흥규는 '연애'라는 것이 개항 이후 출현한 외래적 근대성의 일부분이었다는 주류 담론에 비판적 입장을 취하면서 '한국 정념사'를 재구성하려는 시도를 보여주었다. 김흥규는 영국의 사회학자 앤서니 기든스 등이 로맨틱한 사랑은 근대적인 것이고 근대성은 유럽적인 것이므로 연애라는 것은 오로지 유럽의 산물이라는 순환논리적 주장을 비판한다. 김흥규는 18~19세기 우리나라 시조 60여 편에 나타난 연애 감정을 분석함으로써 기든스 등의 서구중심주의적 연애관을 설득력 있게 물리친다.[53] 그 과정에서 김흥규는 권보드래, 김지영 등이 주장한바 연애와 연애 감정이라는 것이 1920년대 초에 유럽과 일본을 거쳐 한반도에 상륙했다는 주장에도 재고를 요청한다.[54] 국사학자 이경구도 전통과 근대를 양분하는 '근대 패러다임'을 고수하

---

52) 김흥규, 『근대의 특권을 넘어서』, 창비, 2013. pp. 10~19.

53) 김흥규가 자신의 글에서 언급하지 않고 있지만 이런 논의는 이미 오래전에 김현과 김윤식이 함께 쓴 『한국문학사』(민음사, 1974)에서 다음과 같이 표명된 바 있다. "그런 의미에서 우리는 이조 사회의 구조적 모순을 문자로 표현하고 그것을 극복하려 한 체계적인 노력이 싹을 보인 영정조 시대를 근대문학의 시작으로 잡으려 했다." 인용은 김현, 「한국문학사 시대구분론」, 『한국문학의 위상/문학사회학』, 김현문학전집 1권, 문학과지성사, 1991, p. 32.

54) 권보드래, 『연애의 시대—1920년대 초반의 문화와 유행』, 현실문화연구, 2003; 김지영, 『연애라는 표상—한국 근대소설의 형성과 사랑』, 소명출판, 2007; 김흥규, 「조선 후기 시조의 불안한 사랑과 근대의 연애」, 『근대의 특권화를 넘어서』, pp. 23~62. 기든스 비판은 p. 61.

다보면 '앞선 서양'과 '뒤따르는 동아시아'라는 이분법을 벗어날 수 없게 된다면서 '한국 전근대의 근대성'을 논의한다.[55] 조선사의 경우 18세기 중반부터는 중세를 균열시키는 새로운 사유가 다양한 영역에 등장했다는 것이다. 민의를 억압하는 통치자는 언제라도 추방할 수 있다고 주장한 정약용의 '탕론'(1811)은 그 보기이다. 이런 논의를 바탕으로 이경구는 전통과 근대의 이분법을 넘어 '동아시아의 장기근대'라는 새로운 패러다임 구성을 제안한다. 그에 따르면 "서양은 자신을 상대화시켜 본 역사적 경험"이 없어서 자신이 "압도적 보편을 만들어내었다고 상상하면서, 그 보편이 갖는 한계에 대한 고찰을 게을리하였다." 그러나 "세계의 압도적 다수는 중심의 바깥에서 고통받으며 다양해지고 예민해지고 중심에 대한 긴장을 늦추지 않았다. 그리고 점점 더 서양=보편의 신화를 벗겨내면서 각자 구심을 만들고 서양을 지역화시킨다. 과거의 포위자였던 서양은 어느새 포위당하는 자가 되고 있다."[56]

21세기에 들어서 중국과 인도가 부상하면서 지구적 차원에서 '근대'가 등장하는 과정에 대한 해석에도 변화가 일어나고 있다. 서구 역사학계와 사회과학계에서도 이미 서구중심주의를 넘어서는 중국과 인도의 근대에 대한 연구가 나오고 있는 실정이다.[57] 한국의 학계가 서구중심

55) 이경구, 『조선 후기 사상사의 미래를 위하여』, 푸른역사, 2013, pp. 15~24.
56) 같은 책, pp. 231~32.
57) 그 보기로 Dipesh Chakrabarty, *Provincializing Europe: Postcolonial Thought and Historical Difference*(Princeton: Princeton University Press, 2000)를 들 수 있다. 이 책의 우리말 번역본에 실린 한국어판 서문에서 차크라바르티는 다음과 같이 자신의 입장을 밝혔다. "이 책에서 정치적 근대성이라는 대의를 위한 추상적 사유의 필요성을 일체 부정하는 것이 아니라 어느 구체적이고 특수한 실체가 스스로를 유일하게 보편적으로 간주하려고 욕망하는 경우들에 주의하면서 경계심을 갖자고 주장하고 있는 것입니다. 제국주의 유럽은, 특히 진보의 시대에, 스스로를 보편적 관념들의 구현체로 간주했고, 그런 식의 사유 경향은 [서구 '따라잡기'에 관한 오늘날의 모든 논의에서 볼 수 있듯이] 아직 우리를 완전히 떠나지

주의를 극복하기 위한 하나의 방안으로 비서구 근대의 비교 연구를 생각해볼 수 있다. 송호근은『인민의 탄생』에서 이미 조선, 일본, 베트남의 지식인과 문해인민의 형성을 비교하고 있다. 그러나『시민의 탄생』에서는 이러한 비교가 계속되지 않고 있어서 아쉬운 점으로 남아 있다. 앞으로 누군가가 한국, 중국, 일본, 베트남의 시민사회 형성 과정을 비교역사사회학의 관점에서 연구한다면 영국, 프랑스, 독일, 러시아 등 서구의 경험에서 비롯된 서구 사회과학의 명제들과 구별되는 동아시아 사회과학의 명제가 만들어질 수 있을 것이다.

우리 학문 공론장의 문제

송호근은 국사학계가 산출한 수많은 연구 결과를 활용하고 있다. 잘하는 일이다. 그런데 그는 미국 역사사회학자들의 작업은 활용하면서 정작 한국의 선배 사회학자들이 이룩한 역사사회학 연구의 중요한 성과를 빠뜨리고 있다. 특히 서울대 밖에서 이루어진 연구의 경우는 더 심하다. 그렇다면 그 이유는 무엇인가? 일반적으로 국내 학계의 연구를 무시하고 외국 학계에서 인정받은 학자들의 저서에 지나치게 의존하는 한국 학자들의 경향이 첫번째 이유일 것이고, 둘째로는 서울대학교가 우리나라 학계를 주도하고 있으므로 비서울대 출신 학자들이 산출한 연구 성과를 무시해도 괜찮다는 무의식적 관행이 두번째 이유일 것이

않았습니다. 우리에게는 분명 보편 관념이 필요하지만 어떤 구체적인 역사도 결코 보편사가 될 수 없다고 저는 주장합니다"(디페시 차크라바르티 지음, 『유럽을 지방화하기—포스트식민 사상과 역사적 차이』, 김택현·안준범 옮김, 그린비, 2014, pp. 7~8).

다.[58] 일단 학계의 의사소통망의 주류를 형성하고 있는 경성제국대학의 후신인 관립대학 출신들 사이의 사적 연결망이 학계의 학문적 평가를 좌우하고 있으며 이들의 의견이 방송과 언론을 통해 일반 시민들에게 전달된다. 입시경쟁에서 최고의 위치를 차지한 대학의 교수들이 차지하는 위세는 일반 시민들에게 요지부동이다. 그 대학의 교수가 되면 연구업적에 관계없이 최고의 학자 대우를 받는다.[59] 그 대학 소속 학자들 스스로도 일반적 분위기에 알게 모르게 편승한다. 사회학계는 우리 학계의 그런 폐쇄성과 상호대화의 결핍이 잘 드러나고 있는 보기이다. 한 대학의 사회학과가 오랫동안 전국에서 유일한 사회학과였고 그 대학 출신들이 그 이후에 생긴 다른 대학 사회학과에도 파견되었기 때문이다.[60] 먼저 생긴 국립대학 출신의 학자들이 나중 생긴 대학의 사회학과를 '식민지화'했다는 표현이 있을 정도이다. 그래서 이후 다른 대학 출신 사회학자가 중요한 학문적 업적을 발표해도 주목하지 않고 흘려보내는 경향이 생겼다.

학문의 발전은 학문 공동체 내부의 상호대화와 토론을 통해 발전한

---

58) 일류고-서울대-미국 박사 출신의 학자들이 지배하는 한국 학계에 대한 사회학적 연구를 위해서는 피에르 부르디외, 『호모 아카데미쿠스』(김정곤 옮김, 동문선, 2005)를 참조할 수 있다. 이 책에서 부르디외는 프랑스 학술장을 분석하면서 출신 고등학교와 대학교, 출생지, 아버지의 직업, 거주지, 저서 및 연구 업적, 미디어 활동, 정부나 기업의 자문활동 등을 변수로 삼아 대학교수들의 학계 권력구조를 분석하고 있다.

59) 김경만은 한국 사회학이 세계 수준으로 올라가기 위한 다섯 가지 조건 가운데 하나로 학문적 업적에 대한 정당한 평가와 보상체계의 확립을 들고 있다. 오로지 학문적 기준에 의한 위치 배분과 사회통제가 이루어져야 한다는 것이다(김경만, 「세계 수준의 한국사회학을 향하여—과학사회학적 관점에서 본 몇 가지 제안」).

60) 박명규는 1930년대 연희전문에서 가르친 하경덕을 비롯하여 사회학과의 제도화 이전에 사회학을 가르친 초기 사회학자들에 대해 서술하고 있다(박명규, 「한국사회학의 전개와 분과학문으로서의 제도화」, 이화여자대학교 한국문화연구원, 『사회학연구 50년』, 혜안, 2004).

다. 그러나 우리 학계는 상호대화와 상호존중보다는 홀로 고립과 상호 무시라는 풍토를 보여주고 있다. 그러면서 우리 학계가 이룩한 학문적 성과보다는 현재 서구의 대학에서 이루어지고 있는 학문적 유행에 민감하게 반응하는 것이 한국의 학자들이 보여주는 일반적 속성이다. 송호근은 서구 사회학의 방법론으로는 "잡히지 않는 현실, 분석이 끝남과 동시에 빠져나가는 한국 현실과 그에 대한 시한부적 결론을 내려야 하는 사회학적 연구 작업에 허망함"을 느껴 한국의 역사 속으로 발걸음을 옮겨 근대를 탐색하게 되었다고 술회했다.[61] 그래서 '탄생 연작'을 집필하면서 우리 학계의 해외 의존적 경향을 거슬러 국내 학자들의 연구 업적을 광범위하게 수용하고 활용하고 있다. 그러나 이미 오래전부터 한국 사회학의 흐름 속에는 서구 사회학의 방법론을 활용한 조사 연구의 한계를 넘어 사회사와 역사사회학 분야를 개척한 학자들이 존재했다. 한국에 사회학이라는 학문을 대학 내에 제도화한 이상백이 사회사 연구자였고 최문환, 김채윤, 최재석, 최홍기, 신용하, 김영모 등도 역사적 접근을 활용했다. 작고한 사회학자 최재현, 박영은 등도 한국의 근대에 대한 역사사회학적 접근을 시도한 바 있다.[62] 다른 한편 미국에 유학했지만 미국의 주류 사회학에 동화되지 않고 역사사회학적 접근으로 한국 사회를 설명하는 흐름이 있다. 한국 교회사 연구를 개척한 백낙준에서 비롯된 이러한 흐름이 사회학에서는 정재식, 박영신 등으로 이어졌다고 볼 수 있을 것이다. 정재식은 1950년대에 미국에 유학하여 기독교와 유교를 중심으로 한국의 근대화 과정을 연구했고 그곳에서 가르치

---

61) 송호근, 『시민의 탄생—조선의 근대와 공론장의 지각변동』, p. 159.
62) 김백영, 「사회과학과 역사학 사이의 한국학—한국사회사학회, 역사문제연구소」, 권보드래 외, 『지식의 현장, 담론의 풍경』, p. 302.

다가 1980년대에는 연세대학교에서 가르치기도 했다.[63] 한편 1960년대에 미국에 유학하고 1970년대에 귀국하여 연세대학교에서 줄곧 가르친 박영신의 역사사회학 저작은 한국 역사사회학계의 공유 자산이 되었다고 할 수 있다.[64] 그런데 송호근의 '탄생 연작'에는 이러한 연구 성과들이 전혀 언급되지 않고 있는 것이다. 자신의 주장을 지지하거나 자신의 논지를 설명하는 데 도움이 되지 않는 연구들을 무시하는 것은 상관없다. 세상에 나온 모든 연구를 다 참조할 수는 없는 일이다. 그러나 이미 오래전에 자신의 주장과 거의 유사한 논의가 이루어진 것을 모르고 있었다면 그건 문제가 아닐 수 없다. 송호근은 『인민의 탄생』 서문에서 자신의 체험을 중심으로 넓게는 한국의 학계 전체를, 좁게는 한국 사회과학의 역사를 일별하고 있다. 만약에 송호근이 한국 사회학의 역사를 고찰하면서 사회사 또는 역사사회학 분야의 연구 성과를 조금 더 침착하게 천착했더라면 기존의 중요한 연구 성과를 일방적으로 무시하는 우는 범하지 않았을 것이다. 무슨 말인가?

내가 볼 때 송호근의 '명제'는 이미 1970년대 말에 이루어진 박영신의 역사사회학 연구의 성과와 그리 멀리 떨어져 있지 않다. 조선 사회는 유교가 종교와 정치와 문예(지식)의 세 영역을 지배하는 하나의 통합체를

---

63) 정재식과 대화 중에 나온 이야기인데 그가 보스턴 대학에서 박사학위를 취득하고 1960년대 중반 에모리 대학에서 강의를 시작했는데 그 무렵에 한완상이 유학을 왔다고 한다. 다른 한편 사소한 이야기처럼 들리지만 한 사회학자가 미국에서 논문을 쓰면서 정재식의 영어 논문들을 읽었다고 말했는데 그가 쓴 글 어디에도 정재식이 언급되지 않는다. 이는 특정 개인의 문제에 한정되지 않고 우리 학계 전체에 정직한 각주와 참고문헌 제시의 윤리가 필요함을 말해준다.

64) 2014년 한국사회학회 회장으로 일한 윤정로는 이미 오래전 미국의 사회학 학술지에 한국 현대 사회학을 소개하는 논문에서 최재석, 신용하, 박영신 세 사람의 학문적 업적을 소개한 바 있다(Jeong-ro Yoon, "In search of Identity in Korean Sociology", *Contemporary Sociology*, vol. 26, No. 3, 1997, pp. 308~10).

이루고 있어 조선 사회에 대한 도전은 종교적 수준에서 가능하다고 보는 송호근의 기본 명제는 무려 35년 전 박영신이 말한, 조선 사회가 종교적 차원과 현실적 차원이 '용해'되어 있어 종교적 차원에서의 도전이 아니면 변동이 불가능한 구조로 짜여 있었다는 명제와 유사성을 보인다. 이런 선행 연구를 모르고 있었다는 것은 연구자의 '지적 태만'이고, 알고도 그냥 지나갔다면 '지적 위선'이라고 할 수 있다. 두 논의의 유사성을 입증하기 위해 조금 장황하지만 송호근의 논의와 박영신의 논의를 대비시켜보자.

선행 연구와의 관계

송호근은 조선 사회의 기본 구조를 '천天' 개념을 활용하여 설명한다. 조선 사회에서 "진리의 근원으로서의 하늘[天]이 상정됐고, 하늘의 이치를 깨닫고 그것을 세상에 펴는 것은 군왕과 사대부, 양반의 몫이었다. 통치체계는 세 개의 축으로 축조되었다. 제례와 생활윤리를 관장하는 유교를 중심축으로 하고, 정치와 문예가 권력 행사와 이념 생산을 각각 담당했다. 정치와 문예는 모두 유교의 상위 개념인 성리학에 의해 규정되었으며, 정치권력과 학문은 성리학적 원리와 정확히 부합해야 했다. 성리학은 조선인의 의식과 도덕, 현실생활을 지배한 최고의 원리였으며, 그런 의미에서 매우 철저한 정교일치 국가였다. 종교, 정치, 문예가 빈틈없이 짜인 견고한 통치 구조에서 벗어난다는 것은 상상할 수 없었다."[65]

『시민의 탄생』보다 35년 전에 출판된 『현대사회의 구조와 이론』에 실린 「한국 전통사회의 구조적 인식」이라는 글에서 박영신은 조선 사회의 구조를 다음과 같이 풀이했다. "조선 왕조의 통치 기간을 통틀어 유교적 가치체계는 모든 지적활동을 독점하였으며, 지배의 교리가 되어 사회 및 정치적 활동을 석권하였고, 국가, 사회의 제도적 유형을 결정지은 것이다. 무엇보다도 유교주의는 도덕적, 종교적 그리고 정치적 관심의 한 통합된 체계였다. 인륜 관계, 제사, 의식, 기타 예의범절에 관한 거의 모든 사회행위에 대한 상세한 규칙뿐만 아니라 가족, 교육, 그리고 행정 관료제와 같은 모든 사회 제도에 대한 정교한 지침을 마련하여준 것이 조선 사회의 유교 이념이었다. 〔……〕 조선 사회는 자체의 질서와 종교적 용해성이 주장하고 요구한 기본적인 정당성의 문제를 강하게 질문해본 적이 없기 때문에, 그 정당성을 유지하는 데 어려움을 당해보지도 않았다."[66] 종교와 세속적 영역이 하나로 용해fusion되어 있는 상태에서는 "사회의 어느 제한된 국면만 논의할 때도, 필연적으로 사회의 가장 깊은 바탕이 되고 있는 종교적 상징과 가치체계를 들먹이지 않을 수 없게 되어 있어, 부분적 또는 하위 수준의 사회변동도 깊은 사회적 바탕을 따지게 되어 있었다."[67] 다른 말로 하자면 "문화적 상징과 사회적 이념의 다른 수준들 사이에 분화가 되어 있지 않아, 고착된 통상적 틀로부터 조금이라도 이탈한다는 것은 '규정적 체계'에서 나타나는 것처럼 궁극적인 종교적 제재를 불러일으킬 수 있었다. 그렇기 때문에 적응·존속할 수 있는 새로운 제도를 발전시켜나갈 수 있는 개혁운동뿐만 아니라, 더욱 중요한 것은 사회 내에 어떤 중심 세력이 형성되어서 사회

---

65) 송호근, 『시민의 탄생—조선의 근대와 공론장의 지각변동』, pp. 7~8.
66) 박영신, 『현대사회의 구조와 이론』, 일지사, 1978, pp. 133~34, 138.
67) 같은 책, p. 139.

의 변형을 정당화시킬 수 있는 새로운 상징을 구축할 가능성의 여지를 제한하는 구조적 경향성을 띠게 되었다."[68]

여기에서 한국 사회학계의 문제점을 지적하지 않을 수 없다. 어떤 문제인가? 위의 대비에서 보았듯이 박영신은 오래전에 이미 정교한 이론적 논의를 통해 조선 사회의 구조가 바뀌기 어려운 이유를 설명했다. 그런데 송호근은 이러한 논의를 언급조차 하지 않고 자신의 논의를 전개하고 있다.[69] 송호근의 저서에 나오는 참고문헌을 보아도 박영신의 연구는 한 편도 나오지 않는다. 송호근은 학계의 기존 연구를 광범위하게 참고하면서 '탄생 연작'을 썼는데 거기에서 사회학자로서 한국의 근대적 사회변동을 다룬 박영신의 연구가 전혀 논의되지 않는 것은 어쩐 일인가? 그것을 어떻게 설명할 수 있을까? 지적 태만인가 지적 위선인가?

다시 박영신과 송호근의 주장을 대비시키는 논의를 계속하자. 송호근은 1860년대에 이른바 '민란의 시대'가 도래했음은 "조선의 지배 구조에 심각한 균열이 발생했음을 뜻한다"[70]면서 독일의 개념사가 라인하르트 코젤렉의 개념을 빌려 이 시대를 한 시대가 사양길에 접어들고 질적으로 다른 시대가 시작되는 '말안장 시대'(1860~1894)라고 이름 붙였다. 말안장 시대에 접어들면서 문자 해독력을 가진 '문해인민literate subject'이 "기존 체제에 안주하던 인민이 아니고 주체의식과 함께 존재

---

68) 같은 책, pp. 141~42.

69) 송호근은 '향촌지배'를 종교(유교) 그리고 교육과 함께 조선의 삼중 지배구조의 하나로 분석하고 있으며 폭넓은 자료를 활용하면서 세부적인 서술에서 탁월함을 보이고 있다는 점에서 박영신의 연구보다 부분적으로 진전된 측면을 보인다. 이에 대해서는 유교적 규범이 향촌 사회까지 스며드는 과정을 상세하게 논의하고 있는 정수복의 『한국인의 문화적 문법』(생각의 나무, 2007, pp. 212~56)을 참조할 것.

70) 송호근, 『시민의 탄생—조선의 근대와 공론장의 지각 변동』, pp. 8~9.

론적 자각을 하게 된 '자각인민self-realizing subject'으로" 진화했다는 것이다. 자각인민은 "이미 취약해진 양반공론장을 대체해 평민공론장을 형성해나갔던 주체였다. 이 주체들은 주로 동학교문에서 배출되었다. 양반의 전유물이던 하늘을 인민의 것으로 인격화했고(한울님), 그를 통해 최초로 존재론적 자각을 품었던 동학도는 근대인의 원형이었다. 인즉천人卽天, 사람이 하늘이라는 자각은 양반처럼 인민도 인격체라는 사실을 일깨워주었다. 나를 하늘의 이치에 맞추는 것이 아니라 하늘이 나에게로 왔다. 동학에서 강조하는 수심정기守心正氣는 자신을 한울님과 일치시키는 과정이다. 자신이 하늘이 될 수 있다는 믿음은 조선 최초의 종교개혁이었다. 지배층이 전유한 천리天理를 사적 신념private conviction으로 변환시킨 일대 변혁이었다. 천天 개념이 흔들리자 그것에 기초한 조선의 통치 구조가 무너지기 시작했다. 그 무너져내리는 진동의 와중에 서양이 몰려왔다. 조선의 말안장 시대는 그런 격변의 시기였다."[71] 송호근은 '동학'의 형성과 확산을 조선 사회의 기본 구조를 허물고 근대적 개인이 등장하여 근대적 사회를 구성하는 주체의 형성에 결정적인 출발점으로 보고 있는 것이다.

송호근의 이러한 주장을 다시 박영신의 논의와 대비시켜보자. 박영신은 『현대사회의 구조와 이론』에 실린 「조선 시대 말기의 사회변동과 사회운동」이라는 글에서 '구조적 긴장'이라는 용어를 사용한다. 신분제 이완과 삼정의 문란 등으로 인해 조선 사회의 구조에 긴장이 생기면서 천주교가 유입되고 민란이 발생하고 동학이 성립되었다고 해석한다. 송호근은 동학운동에 초점을 맞추어 한국 역사에서 근대의 출현을 설명하

71) 같은 책, p. 9.

고 있지만 박영신은 동학운동과 더불어 기독교운동을 한말에 나타난 근대 지향적 운동으로 보았다. 그리고 그 두 운동은 송호근이 말하는 조선 사회의 근간을 이루는 천의 개념에 도전할 수 있는 종교적 차원을 담은 사회운동이었다. 박영신은 두 사회운동에 대해 이렇게 썼다. "한말에 나타난 사회변동 지향적인 동학운동과 기독교운동이 모두 종교적 신념체계를 내세우고 있었다는 사실은 결코 우연으로 설명할 수 있는 것이 아니다. 특수주의적 가치에 의하여 조선 사회의 모든 수준과 제도가 용해되어 있던 사회체계[에] 근원적으로 도전하고 이를 변경시키려면 어차피 전통 사회의 중핵적 가치와 종교적 이상의 정당성을 부정할 수 있는 다른 차원의 종교적 이념으로 사회 변형적 운동이 정당화되어야 했던 것이다. [……] 그 출처가 어디이든, 높은 종교적 정당성을 내세워 신분적, 특수주의적 인륜 관계의 바탕을 부정할 수 있었다는 이론적 논리가 가능하다는 사실과, 동학운동과 기독교운동이 모두 한국 사회의 근대적 변동을 촉진시킬 수 있었다는 데 이들 사회운동의 역사적인 뜻이 큰 것임을 확인해두어야 할 것이다."[72]

송호근의 개념을 활용해서 말하자면 한말 이후 형성된 기독교운동이 언문공론장의 형성, 개인과 사회의 발견에 미친 영향은 지대하다. 외

---

72) 박영신, 같은 책, p. 172. 한국의 기독교와 사회변동을 이어보고 있는 박영신, 『역사와 사회변동』(민영사, 1990, pp. 345~71)도 볼 것. 다른 한편 정재식은 한국 근현대의 사회변동을 다룰 때 세계사적인 비교의 관점이나 준거틀을 무시하면서 주체적이고 민족주의적인 역사해석을 지나치게 강조하는 것을 경계한다(정재식, 『한국 유교와 서구 문명의 충돌』, 연세대학교출판부, 2005, pp. 6~7). 그가 볼 때 한국에서 현대 사회로의 변동은 "이를 무엇이라고 부르든 간에 한국 스스로 자진해서 현대 사회의 흐름에 동참한 것이 아니라 그와는 반대로 서구 사회와 접촉하면서 강제로 편입된 과정이었음을 부인할 수 없다." 한국의 전통과 현대를 제대로 이해하기 위해서는 "자화자찬식의 역사 미화나 자기 방어적인 역사 이해를" 벗어나야 한다는 것이 그의 생각이다.

래 종교라고 하더라도 기독교는 동학과 더불어 종교적 차원에서 유교에 도전한 중요한 세력이었다. 송호근은 『인민의 탄생』에서 조선 사회에 천주교(가톨릭)의 전래가 미친 영향을 풍부하게 다루었는데, 『시민의 탄생』에서 개신교가 차지하는 비중은 미비하다. 시민의 탄생에 개신교가 기여한 부분은 책의 부록에 나와 있는 자발적 결사체 가운데 기독교 계통의 결사체가 많다는 것으로도 분명하다. 따라서 개신교는 동학과 대비되는 수준으로 분석되었어야 마땅했다. 송호근이 자생적 운동인 동학을 중시하고 개신교를 외래 종교라고 경시하고 있는 국사학계의 일반적 경향을 따르고 있는 것은 아닌지 모르겠다. 그러나 언문공론장의 형성에 개신교는 특히나 커다란 역할을 했다. 한글을 통해 민족운동을 한 주시경은 상동교회에 한글연구회를 만들었다. 최현배가 그 회원이었다.[73] 한글 성서, 한글 찬송가가 한글의 보급에 크게 기여했음은 널리 알려진 사실이다. 송호근 스스로도 이렇게 쓰지 않았는가? "영국 성서공회가 1882년 한글로 번역한 「누가복음」 3천여 부가 시중에 유포되었고, 1884년에는 일본에서 독실한 신자가 된 이수정이 번역한 「마가복음」이 유포되어 신자들을 끌어 모았다. 1885년 황해도 장연에서 최초의 교회가 세워진 이후 1887년 서울 한복판에 정동교회가 문을 열었고, 10년 뒤에는 약현성당과 명동성당이 조선에 드디어 성령이 임했음을 알렸다."[74] 그렇다면 반상의식과 남녀차별을 거부하고 만민평등과 민주적 절차를 강조한 기독교가 자발적 결사체의 형성을 통한 시민사회의 형성에 기여한 부분이나 평민 언문공론장 형성에 기여한 점은 좀더

---

73) 최현배의 한글 연구와 사회사상에 대해서는 박영신을 참조할 것(박영신, 『겨레 학문의 선구자 외솔과 한결의 사상』, 연세대학교출판부, 2002).

74) 송호근, 『시민의 탄생—조선의 근대와 공론장의 지각 변동』, p. 235.

자세하게 논의되었어야 했다. 동학과 기독교운동을 같은 비중으로 다루었더라면 『시민의 탄생』이 훨씬 균형 있는 짜임새가 되었을 것이다.

'탄생 연작'의 보완을 위한 제언

송호근이 기존의 연구 성과를 풍부하게 동원하여 그것들을 '부품' 삼아 거대한 '공작물'을 만드는 작업 자체는 우리 학계에서 높게 평가받아야 마땅하다. 그가 세운 건조물은 그 규모와 구조에서 하나의 전범이 될 만하다. 그러나 어떤 건조물도 완전할 수는 없다. 파리의 노트르담 사원도 세월이 가면서 흔들리고 헐벗은 상태가 되어 19세기 중반에 빅토르 위고 등이 나서서 지지대를 강화하고 내부 구조를 다소 변경하는 과정을 거쳤다. 혹시 '탄생 연작'의 개정판이나 후속편을 낼 때 참고하면 좋을 이론적 자원을 담고 있는 저서들을 제안하면 다음과 같다. 먼저 모든 연구는 선행 연구에 대한 논의를 필요로 한다. 그런데 송호근의 '탄생 연작'에는, 그와 마찬가지로 하버마스의 '공론장' 개념을 뼈대로 하고 역사학과 사회과학의 연구 성과들을 종합하여 1876년 이후 공론장의 형성과 그 변화 과정을 구한말(1876~1910), 일제강점기(1910~1945), 분단 시대(1945~현재)라는 세 시기로 나누어 고찰하고 있는 손석춘의 「한국 공론장의 구조 변동에 관한 연구」가 누락되어 있다. 앞서도 누누이 지적했지만 한국 학계의 자율성과 주체성 형성은 우리 학자들끼리 연구 업적을 상호 모니터링하는 데서 시작한다. 이는 송호근에게만 해당하는 것이 아니라 학문하는 사람이라면 누구에게나 해당되는 말이다. 손석춘은 "한국 공론장은 출발부터 밖(외세)으로부터 그리고 위(기득권 세력)로부터 틀이 지워짐으로써 유럽의 길과 달리 아래로부터의 공론을 배제하는 구조가 형성됐다"고 보면서 현재 한국의 공론장은 상업화하고 사유화되어 심하게 왜곡된 상태라고 본다. 그는 "공론장의 왜곡이 한국 저널리즘은 물론, 한국 민주주의가 풀어야 할 숙제라면 왜곡이 어디에서 연유하는 것인지 냉철하게 성찰하고 분석해보아야 한다"고 제안했다.[75] 송호근은 앞으로 나올 '탄생 연작' 3권에서는 손석춘의 이러한 논의에 대해 어떤 방식으로든 응답해야 할 것이다.[76]

간결하고 익히기 쉬운 표음문자인 한글을 통한 독해 능력의 신장은 문해인민의 형성에 기여했다. 송호근은 언문공론장의 형성을 중시하면서, 세종대왕이 한글을 창조하면서 그것이 조선의 지배체제에 도전하는 문해인민의 형성에 기여할 것은 생각하지 못했을 것으로 본다. 이와 관련하여 한국 대학에 최초의 사회학과를 만든 이상백이 1957년 통문관에서 펴낸 『한글의 기원』도 참조할 필요가 있다.[77] 이상백은 이 책에서 이렇게 썼다. "우리들이 한글의 기원에 대하여 생각할 때 거기에 정

---

75) 손석춘, 「한국공론장의 구조 변동에 대한 연구」, 성균관대학교 신문방송학과 박사학위 논문, 2005, pp. 2~3.

76) 송호근은 이미 공론장에 작용했던 외적 구속요인과 내부 구성원의 시대적 성장 과정, 민주화 이후 공론장의 구조 변동과 시민 참여의 문제, 이명박 정권에서의 공론장의 특성과 문제점 등을 간략하게 분석한 바 있다(송호근, 「공론장의 역사적 형성 과정─왜 우리는 불통사회인가?」, 한국언론학회 엮음, 강준만 외, 『한국 사회의 소통 위기』, 커뮤니케이션북스, p. 30). 그에 따르면 "한국 최초의 공론장은 1894~1910년간 출현한 것으로 판단"되는데 곧바로 일제에 의해 붕괴 왜곡되었다. 그 유산은 매우 심각한 것이어서 첫째, 개인과 집단이 동의할 수 있는 공유 이념을 만들지 못했고, 둘째, 국가의 권리가 강조되는 유기체적 국가관과 공론장에 대한 국가 개입을 정당화시켰으며, 셋째, 공공선과 도덕에 대한 균형감각을 가진 교양 시민의 성장을 저해했다. 송호근에 따르면 위의 세 가지 유산이 한국 공론장의 구조적 결함이며 1990년대 이후 오늘에 이르기까지도 사회 민주화의 중요한 덕목인 결사체 문화와 토론 문화의 진작이 이루어지지 않고 있다.

77) 이 책은 이상백, 『이상백 저작집』 3권, 을유문화사, 1978, pp. 287~343에 다시 실렸다.

치적·문화적인 큰 의의를 발견할 수 있는 것은, 그 제작의 근본 동기가 자국 문화를 창조 현양하고자 하는 열렬한 의식에 있었던 일면, 또 일반 민중에게 그들의 의사를 발표할 수 있는 수단을 주고자 하는 목적이 있었던 것이다."[78]

저자는 15세기에서 19세기에 이르는 5세기 동안 근대 이전의 조선 시대를 움직이지 않는 하나의 단위로 보고 있는데 최소한 초기, 중기, 후기로 나누어 그 변화 양상을 보아야 하는 것은 아닌가 하는 질문도 가능하다. 조선 사회는 처음부터 유교화된 사회가 아니었다. 15세기와 16세기 동안 '유교화' 과정을 거쳐 17세기에 이르러야 비로소 유교적 제도가 안정되게 정착되었다고 볼 수 있다. 이에 대해서는 유교가 조선 사회의 근간을 이루어 제도화되는 과정을 다룬 마티나 도이힐러의 『한국 사회의 유교적 변환The Confucian Transformation of Korea』을 참조할 수 있을 것이다.

앞에서 박영신의 기존 논의를 길게 소개했지만 그와 더불어 정재식의 저서들도 한국의 근대 형성을 논의할 때 참고할 만한 풍부한 내용을 담고 있다.[79] 박영신과 정재식이 한국의 종교와 사회운동, 사회변동을 분석할 때 활용하는 벨라[80]와 아이젠스타트[81] 등의 저작도 참고할 수 있

78) 이상백, 같은 책 3권, p. 290.

79) 정재식, 『한국 유교와 서구 문명의 충돌』; 정재식, 『의식과 역사―한국의 문화전통과 사회변동』, 일조각, 1991; 정재식, 『종교와 사회변동』, 연세대학교출판부, 1982.

80) Robert Bellah, *Religion in Human Evolution*, Cambridge, Massachusetts: The Belknap Press of Harvard University Press, 2011; Robert Bellah, *Beyond Belief: Essays on Religion in a Post-Traditional World*, New York: Harper and Row; Robert Bellah, *Religion and Progress in Modern Asia*, New York: Free Press, 1965.

81) Shmuel Eisenstadt(ed.), *The Origins and Diversity of Axial Age Civilizations*, Albany: State University of New York Press, 1986; Shmuel Eisenstadt(ed.), *Mutiple Modernities*, New Brunswick, N. J.: Transaction Publishers, 2002.

을 것이다. 독일에서 사회학과 사회사를 공부했지만 일찍 작고한 최재현[82]과 박영은[79]의 저작들도 한국 사회학자들의 역사사회학 연구에 참조되어야 할 것이다. 조선 사회를 양반 관료제 국가로 보는 박영은은 조선 사회에서 "군주는 공권력의 소유자이며 동시에 '사회'를 초월한 존재로서 국가의 주권과 통치는 이러한 군주의 존재와 결합되어 있다"면서 "주권재민의 원칙과 대립되는 조선 사회의 국가 정당성의 근거에 도전하는 동학운동"[84]을 연구하였다.

공론장 분석에서 문해인민의 중요성이 강조되고 있는데, 조선 후기 이후 독서 인구의 형성, 출판시장의 확대 등을 다룬 국내외의 연구 결과들을 좀더 풍부하게 활용할 수 있을 것이다. 보기를 들자면 강명관, 천정환, 채백 등의 연구가 있다.[85] 프랑스의 역사학자들의 책과 독서에 대한 연구로는 프랑수아 퓌레와 자크 오주프가 쓴 『읽기와 쓰기』, 뤼시앵 페브르와 앙리 장 마르탱의 『책의 탄생』, 다니엘 모르네의 『프랑스 혁명의 지적 기원』, 로제 샤르티에와 굴리엘모 카발로가 편집한 『읽는다는 것의 역사』 등이 있다. 로제 샤르티에는 『프랑스 혁명의 문화적 기원』에서 독서를 통한 공론장 형성을 다루고 있다. 미국의 역사학자 로버트 단턴이 쓴 『책과 혁명』『고양이 대학살』『문화사 읽기』『시인을

82) 최재현, 『열린 사회과학의 과제』, 창작과비평사, 1992; 최재현, 『유럽의 봉건제도』, 역사비평사, 1992.

83) 박영은, 『현대와 탈현대를 넘어서』, 역사비평사, 2004; 박영은, 『한국의 근대성과 전통의 변용』, 한국정신문화연구원, 1990.

84) 박영은, 『현대와 탈현대를 넘어서』, p. 232.

85) 강명관, 『조선 시대 책과 지식의 역사』, 천년의상상, 2013; 천정환, 『근대의 책 읽기—독자의 탄생과 한국 근대문학』, 푸른역사, 2003; 채백, 「근대민족주의의 형성과 개화기 출판」, 『한국언론정보학보』 41호, 2008년 봄, pp. 7~40; 채백, 「근대민족국가관의 형성과 개화기 한국신문」, 『언론과 사회』 13권 4호, 2005년 가을, pp. 39~65.

체포하라』『책의 미래』 등도 참조할 수 있을 것이다.

사회운동론에 따르면 지식인과 민중이 만날 때 사회운동이 활성화되고 사회변동이 촉진된다.[86] 자각인민의 탄생에 기여한 동학의 확산 과정도 몰락한 양반 지식인과 민중의 만남으로 볼 수 있다. 송호근 스스로도 "근대 이행기에 지배층을 대리한 지식인 집단과 인민이 서로 상응했다는 것은 기적과도 같은 일이다. 근대가 그렇게 태어났다"[87]라고 썼다. 조선 후기 사상사를 연구하는 이경구에 따르면 19세기 전반부터 '일탈적 지식인' 또는 '주변적 지식인'의 역할이 민의 성장에 일정한 계기를 부여하였다.[88] 그렇다면 18세기 이후 '유랑지식인' '불만지식인' '평민지식인' 개념을 활용한 조선 후기 사회사 연구가 백승종의 『한국의 예언문화사』 등을 참조할 수 있을 것이다. 송호근은 1905년 이후 지식인공론장과 평민공론장의 공명 현상에 주목하고 있는데, 1894년 갑오개혁 이후 1897년 대한제국 수립 이후 지식인공론장과 평민공론장이 서로 만나서 활성화되는 과정에 대한 서술과 묘사가 강화되어야 한다. 송호근에 따르면 지식인과 민중의 공명 현상은 국권상실과 국권회복이라는 절체절명의 과제 앞에서 지식인이 평민들을 국민으로 호명하면서 생겨난 것이다. 그렇다면 독립협회운동을 주도한 지식인들에 대한 연구도 필요하다. 이에 대해서는 박영신의 『변동의 사회학』에 실린 「독립협회 지도세력의 상징적 의식구조」를 참조할 필요가 있다.

---

86) 지식인이 민중과 결합하는 거시-역사적 조건과 미시-사회심리적 조건에 대해서는 정수복, 『의미세계와 사회운동』, pp. 13~67)에 실린 두 편의 논문 「지식인과 이데올로기의 비교사회학적 인식」과 「지식인의 이데올로기적 개종」을 볼 것.

87) 송호근, 「大河에 닿기 위하여」, p. 163.

88) 이경구, 『조선 후기 사상사의 미래를 위하여』.

유교 전통을 보는 관점

한국의 근대를 논의할 때 근대의 도래와 함께 전통의 변형이라는 문제가 제기된다. 동학과 기독교가 유교적 세계관을 넘어서 근대적인 개인 주체의 형성에 기여했다 하더라도 오랜 세월 동안 일상의 습속으로 스며든 유교 전통은 사라지지 않고 지속되고 있다. 1945년 해방 이후 공적인 영역에서는 개인의 자유와 평등에 기초한 계약적 사회가 출현했지만 사적인 영역에서는 아직도 유교 전통의 영향력이 지속되고 있다. 이는 프랑스혁명으로 가톨릭 전통이 부인되었지만 심층적 수준에서는 기독교적 전통이 오늘날까지 지속되고 있는 것과 같다. 1910년 한일합방으로 왕조체제와 신분제, 서원과 향교를 중심으로 한 지역의 향권체제가 붕괴하면서 유교는 정치적으로는 붕괴했다. 하지만 유교는 정치문화와 생활문화 속에 남아서 영향력을 행사하고 있다. 나는 『한국인의 문화적 문법』에서 유교적 전통에서 비롯된 가족의식, 친족의식, 서열의식, 권위주의 등을 개인의 발견과 시민사회 형성에 걸림돌이 되는 요소로 분석하며, 가족주의와 연고주의라는 특수주의적 가치가 지속되면서 전체 사회의 보편적 이해를 추구하는 공공성에 대한 의식이 형성되지 못하고 있다고 주장했다. 다른 한편 김상준은 『맹자의 땀 성왕의 피』에서 유교의 민본사상과 천하위공天下爲公의 정신이 한국의 민주화운동의 정신적 자원으로 작용했다고 본다. 말하자면 그는 서구 민주주의와는 다른 유교 민주주의의 가능성을 모색하고 있는 것이다. 이런 두 가지 주장 사이에서 송호근의 유교 전통에 대한 해석은 무엇일까? 송호근은 "한국은 개화기를 통해 통치 이념으로서의 유교를 벗어던졌지만 500

년 동안 사회 저변에 형성된 그 끈질긴 습속까지 버린 것은 아니다. 유교는 오랫동안 종교였고 사회 조직의 원리였으며 교육과 문화의 핵심가치였다"[89]라고 썼다. 송호근이 말하는 "한국 사회의 심층에 놓여 있는 유교, 점차 소멸되는 듯이 보이지만 중요한 계기에 불쑥불쑥 얼굴을 들이밀고 있는 유교적 습속"이 오늘날 한국인의 의식과 행동에 어떤 영향을 미치고 있는가에 대한 분석이 심화되어야 한다. 1990년대 시민운동과 시민교육에 참여했던 나의 경험과 연구에 따르면, 나이에 따라 서열구조가 형성되는 '장유유서'를 비롯한 유교적 습속은 시민의식의 형성에 여전히 걸림돌이 되고 있다.[90] 그러나 중국에서 일어나고 있는 국민통합을 위한 유교 부흥 논리와 더불어 한국에서도 유교 전통에 대한 긍정적 해석이 힘을 얻고 있다.[91] 이런 상황에서 송호근이 오늘의 한국 사회와 관련하여 유교를 바라보는 관점이 무엇인지는 분명하지 않다. 앞으로 나올 3권에서 유교 전통이 오늘날 시민의식과 공공성의 형성에 어떤 영향을 미치고 있는가에 대한 분석이 이루어지기를 기대한다.

과거 해석과 미래 지향

모든 역사 해석에는 오늘을 바라보는 관점과 미래를 향한 지향성

---

89) 송호근, 「사회과학자의 즐거운 외출」, pp. 9~10.
90) 나는 『한국인의 문화적 문법』에서 '무교-유교 결합체'가 한국인의 문화적 문법의 내용 형성에 미친 영향을 검토하였다. 그러나 앞으로 나올 『한국인의 문화적 자원』에서는 우리 전통 가운데 긍정적인 요소를 발굴하여 재해석할 예정이다.
91) 현대 중국에서의 유교 비판과 유교 부활에 대해서는 조경란, 『현대 중국 지식인 지도』(글항아리, 2013)를 참조할 것.

이 녹아들어 있다. 한국의 근현대사를 해석할 때 피해갈 수 없는 지점은 일제에 의한 강점과 미소냉전에 의한 분단이라는 두 개의 트라우마다. 송호근의 '탄생 연작'은 아직 분단 시대에 이르지 않아서 일제 강점의 트라우마만 등장한다. 그동안 우리 학계에서 일제 강점이라는 트라우마를 치유하기 위해 널리 사용된 방법은 두 가지이다. 먼저 일제의 지배와 수탈의 메커니즘을 밝히고 그에 저항한 조선인들의 독립운동사를 정리하는 방식이다. 가해자를 고발하고 그에 대한 저항행위를 기술하는 작업은 조선의 정당성과 자부심을 회복하는 데 큰 도움을 주었다. 그러나 그것만으로 상처가 다 치유될 수는 없었다. 그래서 나온 것이 '자본주의 맹아론'이다. 일본이 탈아입구를 주장하면서 비서구 사회로서는 가장 먼저 근대화에 성공했다고 하지만 조선 사회도 일제의 강점만 없었더라면 자생적이고 내생적인 방식으로 근대에 도달할 수 있었다는 논리다. 그래서 근대로 가는 길목에서 나타나는 징후와 조짐들을 찾아내는 역사 연구가 진행되었다. '자본주의 맹아론'은 일제의 강점이 없었더라면 한국에서도 상업자본이 형성되고 그것이 근대적인 자본으로 발전하면서 자본주의 시장경제가 형성되었을 가능성이 있었음을 시사했다.

유교적 세계관이 지배한 조선 사회의 통치 구조가 금이 가면서 공론장이 형성되고 인민과 시민이 탄생하는 과정을 분석한 송호근의 저서도 또 하나의 '맹아론'이다. '탄생 연작'은 조선 사회 내부의 모순과 문제점을 해결하기 위해 조선 사회 내부에서 근대적 공론장과 근대적 주체가 형성되고 있었음을 밝히고 있다. 그러나 일제강점기로 들어가면서 근대적 시민사회의 형성과 시민 주체의 형성이 저지되어 공론장은 '동굴 속의 공론장'이 되었고 시민은 '상상의 국가'의 국민으로 변형되었다는 주장이다. 송호근의 이런 해석을 '시민사회 맹아론'이라고 볼 수 있다. '자본주의 맹아론'이 경제사 중심의 맹아론이라면 '시민사회 맹아론'은 사회사 중심의 맹아론이라고 볼 수 있다. 역사에는 '만약에 ~라면'이라는 가정이 없다고 하는데 맹아론은 가정법을 뒤에 깔고 있다. 송호근은 이를테면 다음과 같은 가정법을 구사한다. "대한제국의 근대화가 별 탈 없이 추진되었다면 도시와 농촌 지역의 계급 분화는 1920년대 말에 이르러 시민사회를 형성할 정도의 수준에 도달했을 것이다." "조선이 자율성을 확보한 독립 국가였다면 개인과 사회는 시민사회의 단초를 형성했을 것이다." "일제의 강점이 없었다고 가정하면, 조선의 1910년대는 정치체제를 두고 각축하는 기간이었을 것이다. 시민은 그런 과정에서 태어난다." "1910년 일제의 강점이 없었다면 근대 이행은 어쨌든 진전을 계속했을 것이다."[92] 그러나 역사 해석은 '만약에'를 벗어나 '그럼에도 불구하고'를 전제로 전개되어야 할 것이다. 3부작으로 구성될 '탄생 연작'의 세번째 책이 기대되는 이유이다.

앞으로 나올 세번째 책은 한일합방 이후 1970년에 이르는 시기를 다룰 예정이라고 한다.[93] 일제강점기와 해방, 분단과 6·25전쟁, 산업화와 민주화 과정을 거치는 과정에서 시민사회와 시민은 어떻게 분출하고 억압되고 변형되고 생성되는가를 밝히게 될 것이다. 세번째 책에서 '시민사회 맹아론'이 어떻게 진전될 것인지 궁금하다. 하나 덧붙일 것은 세번째 책이 1970년대까지만 다룬다고 한다면 1987년 민주화 이후 1990년대에 분출한 시민운동과 시민주체 형성은 연구의 대상에서 제외된다.[94]

---

92) 송호근, 『시민의 탄생―조선의 근대와 공론장의 지각 변동』, pp. 20~21.
93) 송호근은 자신이 "사회과학을 시작했고 사회에 눈을 떴던 1970년대까지 그 변동의 물결이 닿아야 나의 자화상이 비로소 완성된다"고 밝혔다(같은 책, p. 164).

송호근의 저서가 과거 재해석에 머무르지 않고 미래를 지향하는 한국 사회에 어떤 방향을 제시하려면 1990년대 활성화되었던 시민운동과 시민사회 담론을 포함해야 하지 않을까라는 생각이 든다.[95] '탄생 연작' 3권에서 1990년대의 노동운동과 시민운동의 활성화와 2000년대에 들어서 일어난 시민운동의 쇠퇴와 시민사회의 위축까지 다루기를 기대한다. 그래야 장기적 관점에서 이루어지는 역사사회학적 연구와 시사 문제에 대해 논평하는 칼럼니스트의 작업[96]이 서로 만나 하나의 접점을 이루게 될 것이다.

마지막으로 '탄생 연작'의 현재적 의미, 미래 비전 구성을 위한 의미는 무엇인가를 묻지 않을 수 없다. 송호근의 저서에 대한 두 사람의 서평자는 지난 역사에 대한 학문적 분석이 미래 사회에 대해 갖는 함의를 질문했다. 먼저 이경구는 송호근이 목적의식적 역사서술을 넘어서려고

---

94) 송호근은 이미 1990년대와 2000년대에 한국 사회의 변동에 대한 분석을 내놓은 바 있다 (송호근, 『한국, 무슨 일이 일어나고 있나―세대 그 갈등과 조화의 미학』, 삼성경제연구소, 2003; 송호근, 『또 하나의 기적을 향한 짧은 시련』, 나남, 1998). 그 내용을 일관된 문제틀 속에 넣어서 재해석할 수 있을 것이다.

95) 필자가 『한국인의 문화적 문법』에서 밝혔지만 한국에서 개인과 사회의 형성이 어려운 이유는 대한제국 시기, 근대 이행기, 문명개화기, 애국계몽 시기에 개인과 사회가 국가를 살리기 위한 방편으로 생각되었다는 점에 있다. 국가와 독립적인 개인과 사회가 아니라 국가를 위한 개인과 사회가 되어서 애국심과 국가중심주의가 강조되었고 일제 강점기를 거치면서 정치권력 중심의 국가중심주의는 더욱 강화되었으며 분단과 전쟁, 권위주의적 산업화 과정을 거치면서 국가중심주의는 당연시되었다. 1987년 이후의 노동운동과 시민운동의 활성화에도 불구하고 오늘날 한국의 시민사회는 여전히 허약하고 노동운동이나 시민운동을 대변하는 정당의 기능도 미비하다. 그래서 노동운동과 사민당이라는 세력 기반을 가진 북유럽식 사회민주주의와 복지 정책의 실현은 생각하기 어렵다. 송호근도 한국의 시민사회의 역사적 이유를 1894년~1909년 사이에 국가를 견제하는 사회가 아니라 국가를 살리기 위해 사회가 형성되었다는 점을 들고 있다. 1990년대 시민운동에 대해서는 정수복, 『시민의식과 시민참여』를 볼 것.

96) 송호근, 『독 안에서 별을 헤다』, 생각의나무, 2009; 송호근, 『다시 광장에서―사회학자 송호근의 시대 읽기』, 나남, 2006.

하지만 "역사서술이 목적의식적 서사구조를 띠지 않은 것은 없다"[97]고 말하고 있으며, 김상준은 "과거사 분석이 중요한 것은 우리가 나아가야 할 방향에 대한 단서를 주기 때문이라고 생각한다. 역사서술 속에 현 상황에 대한 인식과 미래에 대한 지향이 드러난다"[98]고 지적한다. 이와 비슷한 맥락에서 김기봉은 "우리가 원하는 미래를 만들고자 하는 의지와 자유를 포기하지 않는 한, 그러한 미래를 만들기 위한 재료를 제공하는 과거에 대한 우리의 탐구는 계속될 것"이라고 썼다.[99] 한 학자의 과거 해석은 그의 현상 분석과 미래 전망에 일정한 정도로 연관되어 있다.

시민은 한번 탄생했다고 영원히 살아 있는 것이 아니라 국면에 따라 탄생했다가 소멸하고 그러다가 다시 소생하는 매우 가변적인 주체다. 시민사회도 마찬가지다. 그것은 역사적 시기에 따라 태어났다 사라질 수 있는 특별한 현상이다. 오늘날 한국에 시민은 존재하는가? 시민사회는 사라지고 있는가? '사회적인 것'은 다시 소생할 것인가? 시민과 시민사회는 민주주의의 심화, 복지사회의 구현, 분단체제의 극복과 어떻게 연관되는가?[100] 이제 저자는 호흡을 가다듬으면서 세번째 책을 준비하고 있을 것이다. 세번째 책에서 이야기는 더욱더 흥미로워질 것이다. 저자는 일제 강점기를 지나 해방과 분단, 산업화와 민주화라는 역사적 과정을 어떻게 서술하고 분석할 것인가? 그러한 분석을 통해 한반도가 처

---

97) 이경구, 「조선의 새로운 시간대와 인민―『인민의 탄생』」.

98) 김상준, 「조선 근대의 기원에 대한 탐색―송호근, 『인민의 탄생』, 『시민의 탄생』」.

99) 김기봉, 『포스트모더니즘과 역사학』, 푸른역사, 2002, p. 7.

100) 박명규에 따르면 "국민, 인민, 시민의 개념은 여전히 활발한 지성사의 주제이면서 동시에 한국사회의 미래를 만들어가는 사회사의 쟁점으로 남아 있을 것이다"(박명규, 『국민, 인민, 시민―개념사로 본 한국의 정치주체』, p. 270). 한반도 통일 과정에서 국민, 인민, 시민이 어떻게 결합하여 새로운 정치적 주체로 재구성될 것인가는 통일사회학 연구에서도 중요한 주제이다.

한 역사적 상황의 이해와 역사적 과제의 해결에 어떻게 개입해 들어갈 것인가? '탄생 연작'의 저술에 기울인 저자의 노고에 깊은 감사를 드리며 지금 하고 있는 연구에 많은 진전이 있기를 기대한다.

참고문헌

가세트, 오르테가 이, 『대중의 반역』, 황보영조 옮김, 역사비평사, 2010.

강명관, 『조선시대 책과 지식의 역사―조선의 책과 지식은 조선사회와 어떻게 만나고 헤어졌을까?』, 천년의상상, 2013.

강수택, 『다시 지식인을 묻는다―현대 지식인론의 흐름과 시민적 지식인상의 모색』, 삼인, 2001.

강신표, 「전통문화문법과 세계관의 변화―한국사회학 토착이론은 불가능한가, 불필요한가?」, 『사회와 이론』 6집, 2005년 1호.

―――, 『한국사회학의 반성』, 현암사, 1984.

―――, 「한국에 있어서 문예사회학의 가능성」, 『한국사회학』 13집, 1979, pp. 139~50.

강정인, 『넘나듦通涉의 정치사상』, 후마니타스, 2013.

강정한 외, 『현대사회학이론―패러다임적 구도와 전환』, 다산출판사, 2013.

고은, 「아시아 서사 시대를 위하여」, 『Asia』 Vol. 6, No. 4, 2011.

고프만, 어빙, 『스티그마―장애의 세계와 사회적응』, 윤선길·정기현 옮김, 한신대학교출판부, 2009.

―――, 『자아표현과 인상관리―연극적 사회분석론』, 김병서 옮김, 경문사, 1987.

굴드너, 앨빈, 『지성인의 미래와 새 계급의 성장』, 박영신 옮김, 이화여자대학교출판부, 1983.

권보드래, 『연애의 시대―1920년대 초반의 문화와 유행』, 현실문화연구, 2003.

권헌익·정병호, 『극장국가 북한―카리스마 권력은 어떻게 세습되는가?』, 창비, 2013.

기든스, 앤서니·필립 W. 서튼, 『사회학의 핵심 개념들』, 김봉석 옮김, 동녘, 2015.

기든스, 앤서니, 『자본주의와 현대사회이론―마르크스, 뒤르켕, 베버의 저작분석』, 박노영·임영일 옮김, 한길사, 2008.

김광기, 『이방인의 사회학』, 글항아리, 2014.

김귀옥, 『구술사 연구―방법과 실천』, 한울, 2014.

―――, 『월남민의 생활 경험과 정체성―밑으로부터의 월남민 연구』, 서울대학교출판부, 1999.

김귀옥 외, 『전쟁의 기억 냉전의 구술』, 선인, 2008.

김경동, 『시니시즘을 위하여』, 민음사, 2000.

―――, 『현대의 사회학』, 박영사, 1982.

―――, 『인간주의 사회학』, 민음사, 1978.

김경만, 『진리와 문화변동의 정치학―하버마스와 로티의 논쟁』, 아카넷,

2015.

———, 『글로벌 지식장과 상징폭력―한국 사회과학에 대한 비판적 성찰』, 문학동네, 2015.

———, 『담론과 해방―비판이론의 해부』, 궁리, 2005.

———, 「세계 수준의 한국사회학을 향하여―과학사회학적 관점에서 본 몇 가지 제안」, 『한국사회학』 35집, 2001년 2호, pp. 1~28.

김기봉, 「태양왕과 만천명월주인옹―루이 14세와 정조」, 역사학회 편, 『정조와 18세기』, 푸른역사, 2013, pp. 270~305.

———, 『포스트모더니즘과 역사학』, 푸른역사, 2002.

김기봉 외, 『흥미진진한 우리 역사 읽기』, 동아일보사, 2007.

김기찬, 『골목 안 풍경 전집』, 눈빛, 2011.

김난도, 『아프니까 청춘이다―인생 앞에 홀로 선 젊은 그대에게』, 쌤앤파커스, 2010.

김덕영, 『사상의 고향을 찾아서―독일 지성 기행』, 길, 2015.

김동노, 「거시이론에서 사건사로, 그리고 다시 거시이론으로?―역사사회학의 연구 경향과 새로운 길의 탐색」, 『사회와 역사』 100집, 2013, pp. 73~102.

김득중, 『빨갱이의 탄생―여순사건과 반공국가의 형성』, 선인, 2009,.

김무경, 「건축에서의 '일상성'과 '공공성'―정기용의 공공건축 연작을 중심으로」, 『문화와 사회』 16권, 2014년 봄/여름호, pp. 105~41.

김백영, 「사회과학과 역사학 사이의 한국학」, 권보드래 외, 『지식의 현장, 담론의 풍경』, 한길사, 2012, pp. 293~322.

김백영·김민환·채오병 외, 「한국사회사·역사사회학의 미래를 말한다― 사회사·역사사회학 신진연구자 집담회」, 『사회와 역사』 100집,

2013, pp. 103~52.

김상준, 「서평: 조선 근대의 기원에 대한 탐색—송호근, 『인민의 탄생』, 『시민의 탄생』」, 『시민과 세계』 25호, 2014년 8월.

_____, 『맹자의 땀, 성왕의 피』, 아카넷, 2011.

김석근, 「민본과 민주 사이의 거리와 함의」, 강정인 편, 『현대한국정치사상—탈서구중심주의를 지향하며』, 아산서원, 2014, pp. 490~536.

_____, 「마루야마 마사오에서의 '개인'과 '시민'—'주체' 문제와 관련해서」, 김석근·가루베 다다시 엮음, 『마루야마 마사오와 자유주의』, 아산서원, 2014, pp. 27~48.

_____, 「근대 한국의 '개인' 개념 수용」, 하영선 외, 『근대 한국의 사회과학 개념 형성사』, 창비, 2009, pp. 345~61.

김성근, 「'科學'이라는 일본어 어휘의 조선 전래」, 황종연 엮음, 『문학과 과학 1—자연·문명·전쟁』, 소명출판, 2013, pp. 456~57.

김영민, 『탈식민성과 우리 인문학의 글쓰기』, 민음사, 1996.

김영선, 「열린, 윤리 공동체를 꿈꾸는 성찰하는 '지성인'의 초상—사회학자 박영신의 삶과 학문」, 『동방학지』 150집, 2010년 6월, pp. 355~427.

김용학 외, 「박사실업자—학력사회가 밀어낸 지식인」, 『사회비평』 10호, 1993, pp. 154~80.

김응종, 『관용의 역사—르네상스에서 계몽주의까지』, 푸른역사, 2014.

김원, 「대학 속의 지식인 어디로 가야 하나」, 당대비평 기획위원회 편, 『광장의 문화에서 현실의 정치로』, 2008, pp. 167~84.

김정근 엮음, 『학술연구에서 글쓰기의 혁신은 가능한가』, 한울, 1996.

김종엽, 『좌충우돌—노무현에서 이명박까지 사회학자 김종엽의 우리 시대 관찰기』, 문학동네, 2014.

김종영, 『지배받는 지배자—미국 유학과 한국 엘리트의 탄생』, 돌베개, 2015.

김지영, 『연애라는 표상—한국 근대소설의 형성과 사랑』, 소명출판, 2007.

김진균기념사업회 엮음, 『벗으로 스승으로—김진균 선생을 기리며』, 문화과학사, 2005.

김찬호, 『모멸감—굴욕과 존엄의 감정사회학』, 문학과지성사, 2014.

―――, 『돈의 인문학—머니 게임의 시대, 부富의 근원을 되묻는다』, 문학과지성사, 2011.

―――, 『문화의 발견—KTX에서 찜질방까지』, 문학과지성사, 2007.

―――, 『사회를 보는 논리』, 문학과지성사, 2001.

김필동, 「한국 사회사를 어떻게 이해할 것인가?」, 신용하·박명규·김필동 엮음, 『한국 사회사의 이해』, 문학과지성사, 1995, pp. 13~40.

김현, 『김현 예술 기행|반고비 나그네 길에』, 김현문학전집 13권, 문학과지성사, 1993.

―――, 『우리 시대의 문학|두꺼운 삶, 얇은 삶』, 김현문학전집 14권, 문학과지성사, 1993.

―――, 『행복한 책읽기』, 문학과지성사, 1992.

김현경, 『사람, 장소, 환대』, 문학과지성사, 2015.

김홍민, 『재미가 없으면 의미도 없다—다르거나, 튀거나, 어쨌거나』, 어크로스, 2015.

김홍중, 「서바이벌, 생존주의, 그리고 청년 세대—마음의 사회학의 관점에서」, 『한국사회학』 49집 1호, 2015, pp. 179~212.

_____, 「마음의 사회학을 이론화하기―기초 개념들과 설명 논리를 중심으로」, 『한국사회학』 48집 4호, 2014, pp. 179~213.

_____, 「소명으로서의 분열―〈사당동 더하기 22〉가 사회학에 제기하는 문제들」, 『문화와 사회』 12권, 2012년 봄, pp. 7~34.

_____, 『마음의 사회학』, 문학동네, 2009.

김홍규, 『근대의 특권을 넘어서―식민지 근대성론과 내재적 발전론에 대한 이중비판』, 창비, 2013.

남진우, 『나사로의 시학』, 문학동네, 2013.

너스바움, 마사, 『시적 정의―문학적 상상력과 공적인 삶』, 박용준 옮김, 궁리, 2013.

네그리, 안토니오, 『욥의 노동―고통과 노동의 창조적 존재론』, 박영기 옮김, 논밭출판, 2011.

네루다, 파블로, 『네루다 시선』, 정현종 옮김, 민음사, 2011.

네메스, 데이비드, 『제주 땅에 새겨진 신유가사상의 자취』, 고영자 옮김, 우당도서관, 2012.

노명우, 『세상물정의 사회학―세속을 산다는 것에 대하여』, 사계절, 2013.

_____, 『혼자 산다는 것에 대하여―고독한 사람들의 사회학』, 사월의책, 2013.

_____, 『호모 루덴스―놀이하는 인간을 꿈꾸다』, 사계절, 2011.

_____, 『텔레비전, 또 하나의 가족』, 웅진씽크빅, 2008.

_____, 『아방가르드―도전과 역사』, 책세상, 2008.

_____, 『계몽의 변증법―야만으로 후퇴하는 현대』, 살림, 2005.

_____, 『계몽의 변증법을 넘어서』, 문학과지성사, 2002.

_____, 「맑스 노동운동론의 형성과 발전에 관한 연구」, 서강대학교대학원

사회학과 석사학위 논문, 1989.

니어링, 스콧,『스콧 니어링 자서전』, 김라함 옮김, 실천문학사, 2000.

단턴, 로버트,『책과 혁명—프랑스혁명 이전의 금서 베스트셀러』, 주명철 옮김, 알마, 2014.

_____,『시인을 체포하라—14인 사건을 통해 보는 18세기 파리의 의사소통망』, 김지혜 옮김, 문학과지성사, 2013.

_____,『책의 미래—소멸과 진화의 갈림길에서 책의 운명을 말하다』, 김승완 옮김, 교보문고, 2011.

_____,『로버트 단턴의 문화사 읽기』, 김지혜 옮김, 길, 2008.

_____,『고양이 대학살—프랑스 문화사 속의 다른 이야기들』, 조한욱 옮김, 문학과지성사, 1996.

딜타이, 빌헬름,『정신과학과 개별화』, 이기홍 옮김, 지식을만드는지식, 2011.

로티, 리처드,『구원적 진리, 문학문화, 그리고 도덕철학』, 신중섭·이유선 옮김, 아카넷, 2001.

루소, 장-자크,『참회록』, 홍승오 옮김, 동서문화사, 2011.

_____,『루소, 장 자크를 심판하다—대화』, 진인혜 옮김, 책세상, 2012.

마라이, 산도르,『하늘과 땅』, 김인순 옮김, 솔, 2003.

마커, 크리스,『북녘 사람들』, 김무경 옮김, 눈빛, 1989.

맹정현,『멜랑꼴리의 검은 마술—애도와 멜랑꼴리의 정신분석』, 책담, 2015.

문성훈,『인정의 시대—현대사회 변동과 5대 인정』, 사월의책, 2014.

문영미,「나의 할머니, 김신묵의 살아온 이야기—한 여성의 삶에 대한 이야기 여성신학적 시론」, 한신대학교 신학대학원 석사학위 논문,

1997.

뮈소, 기욤, 『당신 없는 나는?』, 허지은 옮김, 밝은세상, 2009.

류동민, 『서울은 어떻게 작동하는가—그리고 삶은 어떻게 소진되는가』, 코난북스, 2014.

바우만, 지그문트, 『액체근대』, 이일수 옮김, 강, 2005.

박노해, 『그러니 그대 사라지지 말아라』, 느린걸음, 2010.

박명규, 『국민, 인민, 시민—개념사로 본 한국의 정치주체』, 소화, 2009.

_____, 「한국사회학의 전개와 분과학문으로서의 제도화」, 이화여자대학교 한국문화연구원 편, 『사회학연구 50년』, 혜안, 2004, pp. 35~92.

_____, 「한말 '사회' 개념의 수용과 그 의미체계」, 『사회와 역사』 59집, 2001, pp. 51~82.

박영신, 「개신교 정신과 '시민다움'의 삶」, 『현상과인식』 35권 제4호(통권 115호), 2011년 겨울호.

_____, 『겨레 학문의 선구자 외솔과 한결의 사상』, 연세대학교출판부, 2002.

_____, 『실천도덕으로서의 정치—바츨라브 하벨의 역사 참여』, 연세대학교출판부, 2000.

_____, 『역사와 사회변동』, 민영사, 1996.

_____, 『우리 사회의 성찰적 인식』, 현상과인식, 1995.

_____, 「'대학의 장막'과 정당성 위기」, 『우리 사회의 성찰적 인식—전통, 구조, 과정』, 현상과인식, 1995, pp. 261~88.

_____, 「즐거운 유배자, 지성인의 삶」, 『우리사회의 성찰적 인식』, 현상과인식, 1994, pp. 368~69.

———,「한국사회발전론 서설」, 한국사회학회 편,『한국사회 어디로 가고 있나』, 현대사회연구소, 1983, pp. 259~72.

———,『변동의 사회학』, 학문과사상사, 1980.

———,『현대사회의 구조와 이론』, 일지사, 1978.

박영은,『현대와 탈현대를 넘어서』, 역사비평사, 2004.

———,『한국의 근대성과 전통의 변용—현대·탈현대의 지평 넘어』, 한국 정신문화연구원, 1999.

박이문,『둥지의 철학—존재와 세계의 위기에 대한 전면적인 철학적 응전』, 생각의나무, 2010.

———,『이카루스의 날개와 예술』, 민음사, 2003.

———,『철학 전후』, 문학과지성사, 1993.

박찬승,『마을로 간 한국전쟁—한국전쟁기 마을에서 벌어진 작은 전쟁들』, 돌베개, 2010.

박형민,『자살, 차악의 선택—자살의 성찰성과 소통 지향성』, 이학사, 2010.

박혜란,『삶의 여성학』, 또하나의 문화, 1993.

박희병,『나는 골목길 부처다—이언진 평전』, 돌베개, 2010.

발자크, 오노레,『고리오 영감』, 박영근 옮김, 민음사, 1999.

방혜자,『마음의 침묵』, 여백, 2001.

백상현,『라캉 미술관의 유령들—그림으로 읽는 욕망의 윤리학』, 책세상, 2014.

백승종,『정조와 불량선비 강이천—18세기 조선의 문화투쟁』, 푸른역사, 2011.

———,『정감록 역모 사건의 진실게임』, 푸른역사, 2006.

버거, 피터·루크만, 토마스, 『실재의 사회적 구성—지식사회학 논고』, 하홍규 옮김, 문학과지성사, 2013.

버거, 피터, 『어쩌다 사회학자가 되어—피터 버거의 지적 모험담』, 노상미 옮김, 2012, 책세상.

──, 『사회학에의 초대』, 한완상 옮김, 현대사상사, 1977.

베일즈, 데이비드·올랜드, 테드, 『Art and Fear—예술가여, 무엇이 두려운가!』, 임경아 옮김, 루비박스, 2012.

부르디외, 피에르, 『자기 분석에 대한 초고』, 유민희 옮김, 동문선, 2008.

──, 『호모 아카데미쿠스』, 김정곤 옮김, 동문선, 2005.

──, 『구별짓기—문화와 취향의 사회학』 상·하권, 최종철 옮김, 새물결, 2005.

──, 『세계의 비참』 1~3권, 김주경 옮김, 동문선, 2000~2002.

──, 『사진의 사회적 정의』, 한경애 옮김, 눈빛, 1989.

부르디외, 피에르·바캉, 로익, 『성찰적 사회학으로의 초대—부르디외 사유의 지평』, 이상길 옮김, 그린비, 2015.

사이드, 에드워드, 『에드워드 사이드의 자서전』, 김석희 옮김, 살림출판사, 2001.

사쿠타 케이이치, 『한 단어 사전, 개인』, 김석근 옮김, 푸른역사, 2012.

샤르티에, 로제, 『프랑스 혁명의 문화적 기원』, 백인호 옮김, 일월서각, 1998.

서현, 『건축, 음악처럼 듣고 미술처럼 보다—인문적 건축이야기』, 효형출판, 2014.

──, 『빨간 도시—건축으로 목격한 대한민국』, 효형출판, 2014.

──, 『또 한 권의 벽돌—건축가 서현의 난독일기』, 효형출판, 2011.

성민엽 엮음, 『김병익 깊이 읽기』, 문학과지성사, 1998.

손석춘, 『우리 언론, 무엇으로 다시 살릴 것인가?』, 시대의창, 2007.

———, 「한국 공론장의 구조 변동에 대한 연구」, 성균관대학교 신문방송학과 박사학위 논문, 2005.

송강호, 『평화, 그 아득한 희망을 걷다—르완다에서 강정까지 송강호의 평화 이야기』, IVP, 2012.

송호근, 『나는 시민인가—사회학자 송호근, 시민의 길을 묻다』, 문학동네, 2015.

———, 『시민의 탄생—조선의 근대와 공론장의 지각 변동』, 민음사, 2013.

———, 「大河에 닿기 위하여」, 『사회와 역사』 100집, 2013년 겨울, pp. 159~64.

———, 『그들은 소리내 울지 않는다』, 이와우, 2013.

———, 「학문의 후진성에 대한 지성사적 고찰—사회학 혹은 사회과학의 역사적 굴레와 출구」, 권영민 외, 『한국 인문·사회과학연구, 이대로 좋은가』, 푸른역사, 2013, pp. 91~132.

———, 『이분법 사회를 넘어서』, 다산북스, 2012.

———, 「사회과학자의 즐거운 외출」, 『한국사 시민강좌』 48집, 2011, pp. 176~205.

———, 「공론장의 역사적 형성과정—왜 우리는 불통사회인가?」, 한국언론학회 엮음, 강준만 외, 『한국사회의 소통위기』, 커뮤니케이션북스, 2011, pp. 33~64.

———, 『인민의 탄생—공론장의 구조 변동』, 민음사, 2011.

———, 『독 안에서 별을 헤다—사회학자 송호근이 그린 21세기 한국사회 전람회』, 생각의나무, 2009.

———, 『다시 광장에서—사회학자 송호근의 시대 읽기』, 나남, 2006.

———, 『나타샤와 자작나무—사회학자 송호근의 세상과 문학 겹쳐읽기』, 하늘연못, 2005.

———, 『한국, 무슨 일이 일어나고 있나—세대 그 갈등과 조화의 미학』, 삼성경제연구소, 2003.

———, 『또 하나의 기적을 향한 짧은 시련』, 나남, 1998.

———, 『칼 만하임의 지식사회학 연구』, 홍성사, 1983.

슈와르츠, 바네사 R., 『구경꾼의 탄생—세기말 파리, 시각문화의 폭발』, 노명우·박성일 옮김, 마티, 2006.

승효상·홍동원, 『某用空間』, 분홍개구리, 2013.

신용하, 『사회학의 성립과 역사사회학—오귀스트 꽁트의 사회학 창설』, 지식산업사, 2012.

———, 「독창적 한국 사회학의 발전을 위한 제언」, 『한국사회학』 28집, 1994년 봄호, pp. 6~17.

——— 엮음, 『사회사와 사회학』, 창작과비평사, 1982.

심보선, 『그을린 예술—예술은 죽었다, 예술은 삶의 불길 속에서 되살아날 것이다』, 민음사, 2013.

아렌트, 한나, 『라헬 파른하겐—어느 유대인 여성의 삶』, 김희정 옮김, 텍스트, 2013.

———, 『어두운 시대의 사람들』, 홍원표 옮김, 인간사랑, 2010.

안정효, 「책을 읽다가 글을 쓰게 된 사연」, 김용택 외, 『내 인생의 글쓰기』, 나남출판, 2008, pp. 157~82.

야나부 아키라, 『번역어의 성립—서구어가 일본어를 만나 새로운 언어가 되기까지』, 김옥희 옮김, 마음산책, 2011.

어거스틴(아우구스티누스), 『(성 어거스틴)의 고백록』, 선한용 옮김, 대한기
　　독교서회, 1990.

에르노, 아니, 『남자의 자리』, 임호경 옮김, 열린책들, 2012.

─────, 『한 여자』, 정혜용 옮김, 열린책들, 2012.

─────, 『칼 같은 글쓰기─프레데리크 이브 자네와의 대담』, 최애영 옮김,
　　문학동네, 2005.

에셀, 스테판, 『멈추지 말고 진보하라』, 문학동네, 2013.

오세정, 「서울대 프리미엄─서울대는 국가와 사회가 주는 혜택에 보답하고
　　있나」, 네이버 "열린연단─문화의 안과 밖" 에세이, 2015년 2월 18
　　일 게재.

오세철, 『다시, 혁명을 말한다』, 빛나는전망, 2009.

오웰, 조지, 『나는 왜 쓰는가』, 이한중 옮김, 한겨레출판, 2010.

오정희, 「내 안에 드리운 전쟁의 그림자」, 김우창 엮음, 『평화를 위한 글쓰
　　기』, 민음사, 2006.

오찬호, 『우리는 차별에 찬성합니다─괴물이 된 이십대의 자화상』, 개마고
　　원, 2013.

─────, 『진격의 대학교─기업의 노예가 된 한국 대학의 자화상』, 문학동
　　네, 2015.

올리버, 로버트, 『리승만 박사전─신비에 싸인 인물』, 박마리아 옮김, 합동
　　도서, 1956.

와트, 이언, 『근대 개인주의 신화』, 이시연·강우나 옮김, 문학동네, 2004.

우실하, 「포스트모더니즘 논의가 지닌 오리엔탈리즘적 성격」, 『동양사회
　　사상』 12집, 2005, pp. 206~55.

유종호, 『과거라는 이름의 외국』, 현대문학, 2011.

윤건차, 『현대 한국의 사상흐름—지식인과 그 사상 1980~90년대』, 장화경 옮김, 당대, 2000.

윤택림, 『문화와 역사 연구를 위한 질적연구 방법론』, 아르케, 2013.

＿＿＿, 『인류학자의 과거여행—한 빨갱이 마을의 역사를 찾아서』, 역사비평사, 2003.

원재연, 「사회주의 중국에서 '진리 안의 삶'의 모색—저항 지식인 류 샤오보를 중심으로」, 『현상과인식』 35권 3호(통권 111호), 2010년 9월, pp. 225~50.

이경구, 『조선 후기 사상사의 미래를 위하여—개념과 사유 체계의 지속과 대립으로 본 18, 19세기 한국의 사상』, 푸른역사, 2013.

＿＿＿, 「19세기 전반, 민·지식인·문자관에 대한 시론」, 『개념과 소통』 12호, 2013, pp. 133~60.

＿＿＿, 「조선의 새로운 시간대와 인민—송호근 『인민의 탄생』」, 『개념과 소통』 9호, 2012, pp. 232~39.

이경구·박노자 외, 『개념의 번역과 창조—개념사로 본 동아시아 근대』, 돌베개, 2012.

이광주, 『아름다운 지상의 책 한 권』, 한길사, 2001.

이규호, 『앎과 삶』, 연세대학교출판부, 1972.

이기홍, 『사회과학의 철학적 기초』, 한울, 2014.

이명현, 「인문학 연구 활성화를 위한 획기적 정책이 요구된다」, 『인문정책 포럼』 12호, 2012.

이상백, 『이상백 저작집』 1~3권, 을유문화사, 1978.

이성호, 『세계의 대학교수』, 문이당, 1995.

이어령, 『지성채집』, 나남, 1986.

이영림, 「18세기 프랑스의 종교와 정치」, 역사학회 편, 『정조와 18세기』, 푸른역사, 2013, pp. 238~68.

이영석, 『나를 사로잡은 역사가들—사회사의 유혹 I』, 푸른역사, 2006.

이윤영 엮고옮김, 『사유 속의 영화—영화 이론 선집』, 문학과지성사, 2011.

이윤영, 「안드레이 타르코프스키의 영화에서 회화 작품의 역할과 의미」, 『美學』 45호, 2006, pp. 77~118.

이희영, 「사회학 방법론으로서의 생애사 재구성」, 『한국사회학』 39권 3호, 2005.

윈치, 피터, 『사회과학의 빈곤』, 박동천 편역, 모티브북, 2011.

전상인, 『편의점 사회학』, 민음사, 2014.

전상인·김미영, 『옥상의 공간사회학』, 건축도시공간연구소, 2012.

전상인, 『아파트에 미치다—현대 한국의 주거사회학』, 이숲, 2008.

전상진, 『음모론의 시대』, 문학과지성사, 2014.

장정현, 『한국의 대학교수시장』, 내일을여는책, 1996.

정과리, 「문학의 사회적 지평을 열어야 할 때」, 『21세기문학』, 2014년 봄, 2014, pp. 192~219.

정기용, 『서울 이야기』, 현실문화, 2008.

──, 『사람 건축 도시』, 현실문화, 2008.

정근식, 「한국사회사학 30년의 성과와 과제」, 『사회와 역사』 100호, 2013, pp. 9~37.

정민우, 「지식 장의 구조변동과 대학원생의 계보학」, 『문화와 사회』 15권, 20013년 가을/겨울호, pp. 7~78.

정수복, 『도시를 걷는 사회학자』, 문학동네, 2015.

──, 『책인시공—책 읽는 사람의 시간과 공간』, 문학동네, 2013.

———, 『삶을 긍정하는 허무주의—걷는 사회학자 정수복이 둥지 철학자 박이문을 만나다』, 알마, 2013.

———, 『프로방스에서의 완전한 휴식』, 문학동네, 2011.

———, 『파리의 장소들—풍경과 기억의 도시미학』, 문학과지성사, 2010.

———, 『파리를 생각한다—도시 걷기의 인문학』, 문학과지성사, 2009.

———, 『한국인의 문화적 문법—당연의 세계 낯설게 보기』, 생각의나무, 2007.

———, 『시민의식과 시민참여—문명전환을 꿈꾸는 새로운 시민운동』, 아르케, 2002.

———, 『녹색 대안을 찾는 생태학적 상상력』, 문학과지성사, 1994.

———, 『의미세계와 사회운동』, 민영사, 1993

정수복·장미란, 『바다로 간 게으름뱅이』, 동아일보사, 2001.

정약용, 『유배지에서 보낸 편지』, 박석무 엮고 옮김, 창비, 2009.

정재식, 『한국 유교와 서구 문명의 충돌』, 연세대학교출판부, 2005.

———, 『의식과 역사—한국의 문화전통과 사회변동』, 일조각, 1991.

———, 『종교와 사회변동』, 연세대학교출판부, 1982.

정현기, 『정현기 비평선집—1978~2011』, 비평선집간행위원회 편찬, 채륜, 2011.

정현종, 『날아라 버스야』, 백년글사랑, 2003.

조동일, 『학문에 바친 나날, 되돌아보며』, 지식산업사, 2004.

조은, 『사당동 더하기 25—가난에 대한 스물다섯 해의 기록』, 또하나의문화, 2012.

———, 「부르디외를 빌려도 될까요?—월남가족과 월북가족의 계급재생산에서 문화자본 읽기」, 『문화와 사회』 11권, 2010, pp. 65~106.

──, 「침묵에 말 걸기」, 김우창 엮음, 『평화를 위한 글쓰기』, 민음사, 2006.

──, 『침묵으로 지은 집』, 문학동네, 2003.

──, 「차가운 전쟁의 기억—'여성적' 글쓰기와 역사의 침묵 읽기」, 『한국 문학연구』 26집, 동국대학교 한국문학연구소, 2003.

조주은·박한경, 『소설에서 만난 사회학—픽션보다 재미있는 사회학 이야 기』, 경북대학교출판부, 2014.

조프랭, 로랑, 『캐비어 좌파의 역사—가난한 자들의 편에 선 부자들의 이야 기』, 양영란 옮김, 워드앤코드, 2012.

조한, 『서울, 공간의 기억 기억의 공간—건축가 조한의 서울 탐구』, 돌베개, 2013.

조한혜정, 『(탈식민지 시대 지식인의) 글 읽기와 삶 읽기 2』, 또하나의문화, 1994.

조희연 외, 『우리 안의 보편성—학문 주체화의 새로운 모색』, 한울아카데 미, 2006.

주경철, 『문학으로 역사 읽기, 역사로 문학 읽기』, 사계절, 2009.

질로크, 그램, 『발터 벤야민과 메트로폴리스』, 노명우 옮김, 효형출판, 2005.

차크라바르티, 디페시, 『유럽을 지방화하기—포스트식민 사상과 역사적 차이』, 김택현·안준범 옮김, 그린비, 2014.

채백, 「근대 민족주의의 형성과 개화기 출판」, 『한국언론정보학보』 41호, 2008년 봄, pp. 7~40.

──, 「근대 민족국가관의 형성과 개화기 한국 신문」, 『언론과사회』 13 권 4호, 2005년 가을, pp. 39~65.

천선영, 『죽음을 살다—우리 시대 죽음의 의미와 담론』, 나남, 2012.

천정환, 「신자유주의 대학체제의 평가제도와 글쓰기」, 『역사비평』 92호, 2010년 가을호, pp. 185~209.

———, 『근대의 책 읽기—독자의 탄생과 한국 근대문학』, 푸른역사, 2003.

최경환 외, 『장욱진 이야기』, 김영사, 1991.

최인훈, 『바다의 편지』, 삼인, 2012.

최재현, 『열린 사회과학의 과제』, 창작과비평사, 1992.

———, 『유럽의 봉건제도』, 역사비평사, 1992.

최종렬, 『지구화의 이방인들—섹슈얼리티·노동·탈영토화』, 마음의거울, 2013.

———, 「사회학, 서사를 어떻게 할 것인가?」, 『사회이론』 41호, 2012년, pp. 121~68.

———, 「모던 미국사회학과 과학주의」, 『사회와 이론』 16집, 2010년 1호, pp. 7~46.

———, 『사회학의 문화적 전환—과학에서 미학으로 되살아난 고전 사회학』, 살림, 2009.

———, 「탈영토화된 공간에서의 다문화주의—문제적 상황과 의미화 실천」, 『사회이론』 35호, 2009년 봄/여름호, pp. 47~78.

최형선, 『낙타는 왜 사막으로 갔을까—살아남은 동물들의 비결』, 부키, 2011.

친일인명사전편찬위원회 편, 『친일인명사전』 1~2권, 민연, 2009.

카뮈, 알베르·그르니에, 장, 『카뮈-그르니에 서한집—1932~1960』, 김화영 옮김, 책세상, 2012.

쿨하스, 렘, 『정신착란병의 뉴욕』, 김원갑 옮김, 태림문화사, 1987.

투렌, 알랭, 『현대성 비판』, 정수복·이기현 옮김, 문예출판사.

페로, 미셸, 『방의 역사』, 이영림·이은주 옮김, 글항아리, 2013.

페브르, 랠프·뱅크로프트, 앵거스, 『스무 살의 사회학―콩트에서 푸코까지 정말 알고 싶은 사회학 이야기』, 이가람 옮김, 민음사, 2013.

페브르, 뤼시앵·장 마르탱, 앙리, 『책의 탄생』, 강주헌·배영란 옮김, 돌베개, 2014.

프루스트, 마르셀, 『잃어버린 시간을 찾아서 1권―스완네 집 쪽으로 1』, 김희영 옮김, 민음사, 2012.

핀토, 루이, 『부르디외 사회학 이론』, 김용숙·김은희 옮김, 동문선, 2003.

한국구술사학회 편, 『구술사로 읽는 한국전쟁』, 휴머니스트, 2011.

한병철, 『피로사회』, 김태환 옮김, 문학과지성사, 2012.

한성훈, 『가면권력―한국전쟁과 학살』, 후마니타스, 2014.

한완상, 『우아한 패배―승자만 있고 패자는 없는 시대, 진짜 이기는 힘은 무엇인가?』, 김영사, 2009.

함성호, 『56억 7천만 년의 고독』, 문학과지성사, 1992.

현대사상사연구회, 『6.25동란과 남한 좌익』, 인영사, 2010.

호네트, 악셀, 『인정투쟁―사회적 갈등의 도덕적 형식론』, 문성훈·이현재 옮김, 사월의책, 2011(1992).

_____, 『정의의 타자』, 문성훈·이현재 외 옮김, 나남, 2009(2000).

_____, 『물화―인정이론적 탐구』, 강병호 옮김, 나남, 2006.

호르카이머, 막스·아도르노, 테오도르, 『계몽의 변증법』, 김유동 옮김, 문학과지성사, 2001.

홍성민, 『취향의 정치학―피에르 부르디외의 「구별짓기」 읽기와 쓰기』, 현암사, 2012.

_____,『피에르 부르디외와 한국사회―이론과 현실의 비교정치학』, 살림,
2004.

_____,『문화와 아비투스―부르디외와 유럽정치사상』, 나남, 2000.

황석영 엮음,『황석영의 한국 명단편선 101』1~10권, 문학동네, 2015.

Becker, Howard, *Telling About Society*, Chicago: University of
Chicago Press, 2007.

Bellah, Robert, *Religion in Human Evolution*, Cambridge,
Massachusetts: The Belknap Press of Harvard University
Press, 2011.

Bellah, Robert etal., *Habits of the Heart*, New York: Harper and Row,
1985.

_____, *Beyond Belief: Essays on Religion in a Post-Traditional World*,
New York: Harper and Row, 1970.

_____, *Religion and Progress in Modern Asia*, New York: Free Press,
1965.

Bergouniou, Pierre, *L'Héritage, entretiens avec Gabriel Bergounioux*,
Flohic éditeur, 2002

Bertaux, Daniel, *Le récit de vie*, Paris: Arman Colin, 2010.

_____, "Les transmissions en situation extrême―Familles expropriées
par la révolution d'octobre", *Communications*, no. 59, 1994.

Badiou, Alain, *Saint-Paul, La Fondation de l'Universalisme*, Paris:
PUF, 1998.

Bourdieu, Pierre, *Esquisse pour une auto-analyse*, Paris: Raisons d'
agir, 2004.

————, *Sketch for a Self-Analysis*, Richard Nice(translated by), Chicago: The University of Chicago Press, 2008.

————, *Choses dites*, Paris: Minuit, 1987.

————, "L'illusion biographique", *Actes de la recherche en sciences sociales*, No. 62/63, juin, 1986, pp. 69~72.

————, *La Distinction—Critique sociale du jugement*, Paris: Minuit, 1979.

Burawoy, Michael, "For Public Sociology", *American Sociological Review*, vol. 70, no. 1, Feburary 2005, pp. 4~28.

Chakrabarty, Dipesh, *Provincializing Europe: Postcolonial Thought and Historical Difference*, Princeton: Princeton University Press, 2000.

Choi, Jongryul, *Postmodern American Sociology: A Response to the Aesthetic Challenge*, Dallas and New York: University Press of America, 2004.

Collins, Randall, *Interaction Ritual Chains*, Princeton: Princeton University Press, 2004.

————, *The Sociology of Philosophies: A global theory of intellectual change*, Cambridge, Massachusetts: The Belknap Press of Harvard University, 2000.

Coser, Lewis, *Sociology through Literature*, Englewood Cliffs, N.J.: Prentice-Hall, 1963.

Edouard, Louis, *En finir avec Eddy Bellegueule*, Paris: Seuil, 2014.

Eisenstadt, Shumuel(ed.), *Multiple Modernities*, New Brunswick, N.J.:

Transaction Publishers, 2002.

_____, *The Origins and Diversity of Axial Age Civilizations*, Albany: State University of New York Press, 1986.

Eribon, Didier, *La société comme verdict*, Paris: Fayard, 2013.

_____, *Retour à Reims*, Paris: Fayard, 2009.

Ernaux, Annie, *Écrire la vie*, Paris: Gallimard, 2001.

Fleck, Christan and Helga Nowonty, "A Marginal Discipline in the Making: Austrian Sociology in a European Context" in Brigitta Nedelmann and Piotr Sztompka(eds.), *Sociology in Europe. In search of Identity*, Berlin and New York: Walter de Gruyter, 1993, pp. 99~118.

Gauljac, Vincent de, *La névrose de classe*, Paris: Hommes et groupes, 1987.

Goffman, Erving, *Stigma: Notes on the Management of Spoiled Identity*, New York: Simon & Schuster, 1963.

Gouldner, Alvin Ward, *The Coming Crisis of Western Sociology*, New York: Basic books, 1970.

Lepenies, Wolf, *Between Literature and Science: The Rise of Sociology*, Cambridge: Cambridge University Press, 1985.

Mills, C. Wright, *The Sociological Imagination*, Oxford: Oxford University Press, 1968(1959).

Negri, Antonio, *The Labor of Job: The Biblical Text as a Parable of Human Labor*, Duke University Press, 2009.

Nisbet, Robert, *Sociology as an Art Form*, New Brunswick and

London: Transation Publishers, 2002(1976).

Rogers, Carl, *On Becoming a Person*, London: Constable, 1961.

Todorov, Tzvetan, *Éloge du quotidien. Essai sur la peinture hollandaise du 17ème siècle*, Paris: Adam Biro, 1993.

Said, Edward, *Out of Place, A Memoir*, London: Granta Books, 1998.

———, *Representations of the Intellectual*, New York: Pantheon Books, 1994.

Starobinski, Jean, *Les Enchanteresses*, Paris: Seuil, 2005.

Yoon, Jeong-ro, "In Search of Identity in Korean Sociology", *Contemporary Sociology*, vol. 26, No. 3, 1997, pp. 308~10.

White, Hayden, *Tropics of Discourses*, Baltimore: Johns Hopkins University Press, 1978.

찾아보기